성 요한 크리소스토모스의
신성한 성찬 예배

교회 교부들의 가르침에 따른 해설

성 요한 크리소스토모스의
신성한 성찬 예배

교회 교부들의 가르침에 따른 해설

아토스 성산의 수도 사제 그레고리오스
박노양 그레고리오스 옮김

정교회출판사

Ἱερομονάχου Γρηγορίου
Ἡ Θεία Λειτουργία, Σχόλια
© ΙΕΡΟΜΟΝΑΧΟΣ ΓΡΗΓΟΡΙΟΣ

Hiéromoine Grégoire du Mont Athos, La Divine liturgie de Saint Jean Chrysostome
: Commentaire à la lumière des Pères de l'Église, traduction du grec en français,
par Bernard Le Caro, Éditions des Syrtes, Genève, 2015.

Translated by PARK Noyang
Korean Translation Copyright © 2018 Korean Orthodox Editions
본 역서는 저자의 동의를 얻어 그리스어 원저를 참고하며 프랑스어 번역본에서 번역하였다.

차 례

머리글   7

서론 ▮ 11

I. 신성한 성찬 예배 준비 ▮ 45

    1. '캐로스' 예식   47
    2. 집전자들의 착복 예식   71
    3. 프로스코미디 : 감사의 성찬 예물 준비예식   88

II. 신성한 성찬 예배 ▮ 139

    1. 평화의 대(大)연도(엑테니아 Ἐκτενής)와 안티폰(Ἀντίφωνον)   141
    2. 복음경의 입당과 거룩한 봉독   193
    3. 자비의 대(大)연도와 대(大)입당   220
    4. '봉헌 준비 예식'(프로스코미디)의 연도와 신앙의 신조   253
    5. 거룩한 아나포라(Ἀναφορά, 봉헌기도)   272
    6. 기도명부(디프틱하 Δίπτυχα)와 간구들   315
    7. 거룩한 성찬 교제   339
    8. 폐식사   386

III. 거룩한 성찬 교제 후의 감사 기도 ▮ 370

    후기   405
    성 요한 크리소스토모스의 부활절 설교   407
    용어설명   411
    신성한 성찬 예배와 관련된 교부 문헌들   429

"신비성사들의 기적을 이해할 필요가 있습니다. 그것이 무엇이고, 왜 우리에게 주어지며, 그 유익은 무엇인가를 말입니다."

성 요한 크리소스토모스

"주님께서 다락방에 준비해 두신 불멸의 거룩한 식탁에, 신자들이여, 어서 와서 우리 마음 드높이며 참여할지어다. 말씀께서 그곳에 계시니, 우리가 무엇을 찬미해야할지, 말씀이신 그분 자신이 가르쳐 주시는도다."

성 대 목요일 대카논*(M. Κανών)

◼ 머리말

신성한 성찬 예배(리투르기아* Λειτουργία)는 그리스도시다

처음으로 신성한 감사 예배의 신비에 대해 말씀하실 때, 그리스도는 자신을 "세상의 생명과 구원을 위해 바쳐지기 위해"[01] 하늘에서 내려온 "생명의 빵"이라 부르시면서 이렇게 이르셨다.

> "나는 생명의 빵이다. 너희의 조상들은 광야에서 만나를 먹고도 다 죽었지만 하늘에서 내려온 이 빵을 먹는 사람은 죽지 않는다. 나는 하늘에서 내려온 살아 있는 빵이다. 이 빵을 먹는 사람은 누구든지 영원히 살 것이다. 내가 줄 빵은 곧 나의 살이다. 세상은 그것으로 생명을 얻게 될 것이다."(요한 6:48-51)

그리스도는 성령의 권능으로 하늘에서 내려오신 생명의 빵이시다. 성모희보의 날에 그분은 지극히 복되신 동정녀의 태에 내려오셨고, 동정녀는 복되고 좋은 토양이 되셔서 생명의 빵을 출산하셨다.[02] 그리스도는 성령의 권능으로 하늘에서 끊임없이 내려오시는 생명의 빵이시다. 그분은 '교회(동정녀)' 안에 '감사의 성찬(희보)'의 순간에 내려오시

---

01 감사의 성찬 봉헌물 준비 예식(프로스코미디* Προσκομιδή)
02 거룩한 영성체 준비 예식, 카논*의 1 오디*(Ὠδή).

고, 거룩한 교회는 생명의 빵을 출산하는 복되고 좋은 토양이 된다. 그리스도의 강생과 교회 안에서의 그분의 현존, 이 사건들을 우리는 신성한 성찬 예배에서 삶으로 누린다. 왜냐하면 신성한 성찬 예배는 우리 안에 계신 그리스도, "내가 세상 끝날까지 항상 너희와 함께 있겠다."(마태오 28:20)고 하신 그리스도이시기 때문이다.

신성한 성찬 예배는 "우리와 함께 계신" 그리스도이기 때문에, 그것에 관한 모든 해설은 결국 그리스도에 대한 한편의 설교이다. 거룩한 복음 사도들과 하느님을 품은 교부들은 그들 곁에 계신 그리스도와 함께 살았고, 또 신성한 성찬 예배 안에서 그분을 누리며 살았다고 말하면서, 우리에게 그리스도를 증언한다.

> "그 말씀은 천지가 창조되기 전부터 계셨습니다. 우리는 그 말씀을 듣고 눈으로 보고 실제로 목격하고 손으로 만져보았습니다. 그 생명이 나타났을 때에 우리는 그 생명을 보았기 때문에 그것을 증언합니다. 우리가 여러분에게 선포하는 이 영원한 생명은 아버지와 함께 있다가 우리에게 분명히 나타난 것입니다."(1요한 1:1)

이런 까닭에 신성한 성찬 예배 해설을 내놓고자 하는 사람은, 참 빛을 보았던 이들, 말씀이신 그분을 듣고 또 "주님의 순결한 머리"03를 만져보았던 이들에게로 시선을 돌렸던 것이다. 이렇게 해서 이 책은 성인들의 감사 예배 경험들로 구성되었을 뿐만 아니라, 신성한 성찬 예배를 성인들이 경험하고 누린 것으로, 또 오늘날 우리 교회가 살아가는 것으로 제시한다. 힘겨운 시대인 오늘날에도, 그분을 향한 사랑으로 뜨겁게 감동하여(루가 24:32) 제단 곁에서 그분의 현존을 경험하는 사람들이 존재하고, 또 신성한 성찬 예배가 거행되는 동안 성 삼위 하

---

03   신현 대축일, 대(大) 시과*, 9 시과의 트로파리온*(Τροπάριον).

느님의 복된 왕국에 살면서 천사들과 성인들과 함께 공동으로 예배를 드리는 영혼들이 존재하기 때문이다.

이 책에 담겨있는 성인들의 성찬 예배 경험을 읽으면서, 어떤 독자들은 그러한 경험, 다시 말해 그리스도께 다가가는 경험을 하는데 필요한 도움을 발견하게 될 것이다. 또한 성인들의 광채 안에서, 사람을 기쁘게 하고 양육하는 영적인 꿀을 얻었던 이 사람을 위해, "모든 성인들과 함께"(에페소 3:18) 기도해주시길, 나는 독자 여러분들에게 요청 드린다.04

우리는 이 책이 겸손히 기도드리는 계기로 사용되길, 신성한 성찬 예배를 잘 이해하고 그리하여 예배에 더욱 깊이 참여할 수 있게 하는데 기여하길, 또한 우리 모두로 하여금 신비성사의 기적을, "그것이 무엇이고, 왜 우리에게 주어지며, 그 유익은 무엇인가"를 실존적으로 이해할 수 있게 해주길 원한다. 다시 말해 신성한 성찬 예배가 하느님 사랑의 신비라는 것을, 이 신성한 성찬 예배가 주어진 것은 하느님께서 우리를 먼저 사랑하셨기 때문임을, 그리고 우리는 그리스도에 참여하는 자, 그분의 사랑의 형상이 되는 복을 얻었음을 충분히 깨닫게 되길 바란다.

그리고 마지막으로, 하느님의 이 사랑을 체험함이 우리로 하여금 다시 온 마음을 다해 그분을 사랑하도록 자극하게 되길 바란다.

수도사제 **그레고리오스**

---

04 "내 아들아, 꿀은 좋은 것이니 먹어두어라. 송이꿀은 입에 다니 먹어두어라. 지혜도 네 영혼에는 그와 같은 줄 알아라. 지혜를 얻으면 앞날이 열리고 희망이 끊기지 아니하리라."(잠언 24:13-14)

* 일러두기

- 성경 인용은 한글판 공동번역을 주로 사용하였으나, 필요한 경우 칠십인역 그리스어 구약 성경과 그리스어 신약 성경을 사역하여 인용한 곳도 있다. 이럴 경우 각주로 표시하였다.
- 이 책에 실린 성 요한 크리소스토모스 성찬 예배 본문은, 그리스어판과 불어판 성찬예배서에 기초하여 번역한 것으로, 한국 정교회에서 공식적으로 사용하는 성찬예배서와 그 표현에 있어서 다소 차이가 있을 수 있음을 미리 밝혀둔다.
- 이 책에서 사용된 정교회 전례, 신학 용어들에 대해 <용어 설명>을 부록으로 첨가하였다. 여기에 소개된 용어가 본문에서 처음 사용될 때 용어 옆에 *표로 표시해두었다. 낯선 용어들을 접할 때 용어 설명에서 도움을 얻을 수 있을 것이다.

* 약어표기

이 책은 수많은 교부 문헌 인용을 담고 있다. 각주에 사용된 약자의 원래 표기는 다음과 같다.

- PG : Patrologia Graeca (Patrologiae Cursus Completus, Series Graeca) - 그리스어를 사용한 교부들의 글들을 모아놓은 총 161권으로 된 전집
- SC : Sources Chrétiennes – 20세기 중반 이래 프랑스에서 간행되고 있는 교부 전집으로, 라틴 교부, 그리스 교부, 시리아 교부 등 초기 그리스도교 교부들의 저작을, 편집 비평판 원본과 이를 바탕으로 한 프랑스어 번역으로 출판하고 있다. 현재 600권에 육박하고 있다.

서론

"당신과 당신의 외아들과 당신의 성령은 거룩하시나이다. 지극히 거룩하시나이다. 당신은 이 세상을 사랑하시어 당신의 외아들을 보내주시고, 그를 믿는 사람은 누구나 멸망하지 않고 영생을 누리게 하셨으니, 거룩하시고 지극히 거룩하신 이여, 당신의 영광은 크고도 크나이다."

신성한 성찬 예배,
제 2 봉헌 기도문(아나포라* Αναφορά 기도문 중에서)

1. 마지막 만찬과 초기 그리스도인들의 성찬 예배

유대교의 파스카*(Πάσχα, 유월절) 식사를 나누실 때, 주 예수 그리스도는 처음으로, 감사의 성찬 신비, 교회의 파스카 성찬을 거행하셨다. 그것은 그리스도가 지상에서 제자들과 함께 기념한 마지막 파스카였다.

파스카 하루 전날, 제자들은 주님께 여쭈었다. "선생님께서 드실 파스카 음식을 어디에다 차렸으면 좋겠습니까?" 예수께서는 이렇게 일러주셨다.

> "성안에 들어가면 이러이러한 사람이 있을 터이니 그 사람더러 '우리 선생님께서 자기 때가 가까이 왔다고 하시며 제자들과 함께 댁에서 파스카를 지내시겠다고 하십니다.'하고 말하여라."(마태오 26:17-19)

제자들은 예수가 시키신 대로 파스카 준비를 하였다.

제자들이 그리스도께 어디서 파스카를 준비하면 좋겠냐고 여쭈었을 때, 그들은 당연히 유대인의 파스카를 생각하고 있었다. 그리고 그들은 바로 이 파스카를 준비했다. "반면 우리의 파스카, 우리 그리스도

서론 13

인들의 파스카, 그것을 준비하신 분은 바로 그리스도이시다. 그분은 파스카를 준비하셨을 뿐만 아니라, 그분 자신이 파스카가 되셨다."[01] 마지막 만찬에서 그리스도는 유대인의 파스카와 그리스도인의 파스카를 동시에 거행하셨다. 다시 말해 "예형의 파스카와 실제의 파스카를 말이다. 그리스도는 정확히 말해 화가들과 똑같은 일을 행하신 것이다. 화가들은 화폭 위에 먼저 밑그림을 그리고, 명암을 추구한 뒤 실제 색깔로 완성한다. 동일한 하나의 식탁 위에, 그리스도는 예형이었던 파스카의 윤곽을 잡은 후, 참된 파스카로 채우셨다."[02]

세 복음 사도와 사도 바울로는 처음으로 이 첫 번째 성찬 예배에 대한 묘사를 우리에게 제공해준다.

> "그들이 음식을 먹을 때에 예수께서 빵을 들어 축복하시고 제자들에게 나누어주시며 '받아먹어라. 이것은 내 몸이다.' 하시고 또 잔을 들어 감사의 기도를 올리시고 그들에게 돌리시며 '너희는 모두 이 잔을 받아 마셔라. 이것은 나의 피다. 죄를 용서해 주려고 많은 사람을 위하여 내가 흘리는 계약의 피다. 잘 들어두어라. 이제부터 나는 아버지의 나라에서 너희와 함께 새 포도주를 마실 그 날까지 결코 포도로 빚은 것을 마시지 않겠다.' 하고 말씀하셨다."(마태오 26:26-29, 마르코 14:22-25, 루가 22:15-20, I 고린토 11:23-26)

첫 번째 성찬 예배에 대한 묘사는 동시에 사도 시대의 감사의 성찬 시낙시스*(Σύναξις, 모임)에 대한 묘사이기도 하다. 물론 그것은 더 이상 그리스도가 아니라 주님의 살아있는 형상인 성 사도들이 집전한 것이었다. 이렇게 초기 그리스도인들은 감사의 성찬 안에서 그리스도의 현

---

01 Saint Jean Chrysostome, *Sur la trahison de Judas*, I, 4, PG 49, 378-378.
02 위와 같은 곳.

존을 경험하며 살았고, 그분이 영광 속에 다시 오실 것을 기다렸다. 구세주의 현존을 감지하고 그의 재림을 기다리는 것은 초기 그리스도인들의 성찬 모임을 기쁨과 환희의 분위기로 가득 채웠다.(사도행전 2:46-47)

사도 시대에는, 아가페*(Ἀγάπη)가 신성한 성찬 예배 이전에 제공되었다. 그리스도인들은 또한 감사의 성찬을 사랑의 만찬처럼 경험했다. 주님의 신비로운 마지막 만찬은 제자들을 향한 그리스도의 형용할 수 없는 사랑의 만찬이었기 때문이다. 하지만 세월이 흐르면서 몇몇 문제들로 인해, 신성한 성찬 예배는 아가페와 분리되었다(I고린토 11:17 이하).

성 사도들이 지역 교회들에 편지를 보내기 시작했을 때, 감사의 성찬 모임은 이 편지들 중 하나를 읽는 것으로 시작되었다.(골로사이 4:16, I디모테오 5:17)[03] 그런 다음 사도 바울로가 그의 편지에서 언급한 바와 같은 평화의 입맞춤이 이어졌다. 이어서 집전자는 "주 예수 그리스도의 은총과 하느님의 사랑과 성령께서 이루어주시는 친교를 여러분 모두가 누리시기를 빕니다."(II고린토 13:13) 라고 말하면서 신자들을 축복했다. 축복에 이어, 감사 기도를 드린 후 주님의 말씀 "너희는 이것을 받아먹어라⋯ 너희는 모두 이것을 마셔라⋯"을 읊고, 성령임재 기도 혹은 '에피클리시스*'(Ἐπίκλησις) 기도를 드렸다. 이 기도는 신비의 성사 제정 후에 그리스도가 말씀하신 것에 근거를 둔 것이었다.

> "내가 아버지께 청하여 너희에게 보낼 위로자 곧 아버지께로부터 나오시는 진리의 성령이 오시면 그분이 나를 증언할 것이다. ⋯ 또 그분은 나에게서 들은 것을 너희에게 전하여 나를 영광스럽게 하실 것이다."(요한 15:26, 16:14)

---

03 신자들의 모임은 예배 장소로 사용되는 가정 집의 위층 방에서 저녁에 이뤄졌다.(사도행전 20:7 이하)

마지막으로 그리스도의 거룩한 몸이 잘리고, 곧 성찬 교제가 이어진다. 사도들의 시대에 감사의 성찬 예배는 이렇게 거행되었다.

2. 첫 번째 성찬 예배 기도문들

2세기, 3세기는 박해의 시기였다. 이 시기의 몇몇 감사의 성만찬 기도문들은 『디다케』(『열두 사도의 가르침』)[04]와 성 히폴리투스의 『사도 전승』[05]을 통해서 우리에게까지 전해진다. 그때까지만 해도 아직 성찬 예배 기도문은 상대적으로 자유로웠던 것 같다. 『디다케』에는 이렇게 전해진다. "예언의 은사를 가진 사람들에게 원하는 만큼 감사의 기도를 드리도록 허락하라."[06] 성 유스티노스에 의하면 집전자는 "힘닿는 데까지 기도와 감사를 드렸다."[07]

이 시기는 감사의 성찬 예배와 아가페가 결정적으로 분리된 시기와 일치한다. 교회는 여러 지역 교회를 방문했던 사도들과 은사자들과 예언자들의 시대에서 상시적 목자들의 시대로 건너간다. 감사의 성찬 모임은 저녁 대신 아침에 순교자들의 무덤에서 이뤄졌다. 첫 세기 마지막 몇 년 동안, 승리의 삼성송*(트리사기온 Τρισάγιον)이 성찬 예배에 추가되었다.[08]

---

04 *Didaché des douze apôtres*. 그리스어 '디다케'(Διδαχή)는 "가르침"을 뜻한다.
05 *La Tradition apostolique*
06 *Didaché*, X, 7, SC 248, 183.
07 Saint Justin, *Première apologie*, LXVII, SC 507, 311.
08 Saint Clément de Rome, *Première Épître aux Corinthiens*, XXXIV, 5-7, SC 167, 157.
    수천수만의 천사들이 그분의 뜻을 받들며 그 곁에 서있음을 생각합시다. 성경도 이렇게 말합니다. "그분을 시중드는 이가 백만이요, 그분을 모시는 이가 억만인데"(다니엘 7:10) "그들이 서로 주고 받으며 외쳤나니 '거룩하시다. 거룩하시다. 거룩하시다. 만군의 주님! 온땅에 그분의 영광이 가득하다.'"(이사야 6:3) 그러므로 우리도 조화롭게 한데 모여, 한입으로 간절히 외칩시다.

주후 100년경에 쓰인 『디다케』에서 우리는 첫 번째 성찬 예배 기도문을 발견한다.

> "감사의 성찬에 있어서, 먼저 성작*(聖爵, 포티리온 Ποτήριον)에 대하여 다음과 같이 감사드리십시오. '우리 아버지시여, 당신의 종 다윗의 거룩한 포도밭으로 인하여 당신께 감사드리나이다. 당신은 당신의 아들 예수를 통하여 우리로 하여금 그것을 알게 하셨나니, 영광이 당신께 영원히 있나이다.' 그리고 빵을 찢으면서 '우리 아버지시여, 당신의 아들 예수를 통하여 우리에게 주신 생명과 지식으로 인해 당신께 감사드리나니, 영광이 당신께 영원히 있나이다. 이 찢겨진 빵이 먼저는 온 산에 흩어져 있다가 이제 하나가 되기 위해 모여진 것처럼, 당신의 교회도 지상 곳곳으로부터 당신의 왕국 안으로 모였나이다. 영광과 권능이 예수 그리스도를 통하여 당신께 영원히 있기 때문이나이다.'"

『디다케』는 계속해서 아마도 집전자와 회중 사이에 있었던 것으로 보이는 대화의 몇몇 구절들을 언급한다.

집전자 : 은총이 오게 하시고 (혹은 그리스도는 오시고) 이 세상은 지나가게 하소서.
회 중 : 다윗의 하느님께 호산나.
집전자 : 거룩한 사람은 오십시오. 거룩하지 못한 사람은 참회하십시오. 마라나타.(주여 오소서)
회 중 : 아멘.[09]

성 유스티노스는 주후 150년 경 저술한 『첫 번째 변호』에서 신성한 성찬 예배의 두 가지 요소를 우리에게 전해준다. 감사의 성찬 모임은

---

09 *Didaché*, IX, 1-4 et X, 6, SC 248, 181.

성경을 읽는 것으로 시작하고 이어서 집전자는 신자들에게 가르침을 준다. 모임 전체의 기도가 뒤따르고, 평화의 입맞춤 그리고 빵과 포도주의 봉헌이 행해지고, 집전자가 올려드리는 기도들이 이어진다. 회중은 아멘으로 응답한다. 그런 다음 "그곳에 있는 이들은 감사의 성찬 선물(성체성혈)을 나눈다."[10] 그 선물들은 보제를 통해 참석치 못한 이들에게도 나눠진다. 성 유스티노스는 또한 "말씀의 기도"[11]라고 불리는 '성령 임재 기도'에 대해서도 언급한다.

주후 113년경에 순교하신 안티오키아의 성 이그나티오스와 리용의 성 이레네오스(140-202)는 기도문 형식에 대해서는 덜 언급하고 대신 신비성사의 신학에 더욱 관심을 둔다. 리용의 성 이레네오스는 거룩한 아나포라* 기도를 "하느님의 부름" 혹은 "하느님의 말씀"이라고 부른다.[12]

성 히폴리투스가 217년경에 저술한 『사도 전승』에서 우리는 집전자와 회중 간의 다음과 같은 대화를 발견한다.

> 집전자 : 주님께서 여러분 모두와 함께 하시길.
> 회　중 : 또한 당신과 함께.
> 집전자 : 우리 마음을 드높입시다.
> 회　중 : 우리가 마음을 주님께 가져가나이다.
> 집전자 : 주님께 감사드립시다.
> 회　중 : 그것이 마땅하고 올바르나이다.

10　Saint Justin, *Première apologie*, LXVII, 2, SC 507, 307.
11　Saint Justin, *Première apologie*, XXXIII, 6, SC 507, 219.
12　*Contre les hérésies*, IV, 18, 5, SC 100, 611 et V, 2, 3, SC 153, 37.

이어서 거룩한 아나포라 기도가 시작된다.

"하느님이시여, 우리는 당신의 사랑하는 아들 예수 그리스도를 통하여 당신께 감사드리나이다. 당신은 마지막 때에 당신 아들을 구세주와 해방자로, 당신의 협의의 천사로 보내셨나니, … 그는 넘겨지신 후에 자발적으로 수난을 겪으시고, … 빵을 집으신 후 감사드리고 말씀하셨나이다. '받아 먹어라. 이것은 너희를 위해 찢기는 나의 몸이니라.' 그분은 또한 잔을 드시고 말씀하셨나이다. '이것은 너희들을 위해 흘린 나의 피이니라. 너희는 이것을 행할 때마다 나를 기념하여라.'

그러므로 그분의 죽으심과 그분의 부활하심을 기념하며, 우리는 당신께 감사드리고 … 이 빵과 잔을 당신께 바치나이다. 그리고 우리는 거룩한 교회의 이 봉헌물 위에 당신의 성령을 내려 보내주시길 간청하나니, 이 거룩한 것들(선물들)에 참여하는(참여할 수 있는) 이들을 한데 모으시고, 그들에게 성령의 충만을 허락하시어, 진리 안에서 그들의 믿음을 굳세게 하소서. 그리하여 우리가 당신의 아들 예수 그리스도를 통하여 당신을 찬양하고 당신께 영광 돌리게 하소서. 그분을 통하여 당신께 영광이, 또한 당신의 거룩한 교회 안에서 영예가 아버지와 아들과 성령께 이제와 항상 또 영원히 있게 하소서. 아멘."[13]

『사도 전승』의 아나포라 기도문에서 이미 대화, 그리스도의 말씀들, 아남니시스*(Ἀνάμνησις, 기념), 에피클리시스가 구분된다.

3. 기록으로 전해진 초기 성찬 예배들

우리가 현재 알고 있는 대로의 신성한 성찬 예배는 4세기 초부터 그

---

13 *La Tradition apostolique*, 4, SC 11 bis, 47-51 et P. Trembelas, *Archa kai charaktir tis christianikis latreias*(그리스도교 예배의 원리와 특징들), p. 175-176, éditions Sotir, 1962.

모습을 취했다. 이 시기, 예루살렘, 콘스탄티노플, 알렉산드리아 등 각 지역 교회들은 각각 고유한 형식의 성찬 예배를 발전시켰다. 이렇게 해서 우리는 마르코 사도, 주님의 형제 야고보, 성 클레멘트, 성 대 바실리오스, 성 요한 크리소스토모스의 성찬 예배를 가지게 되었다.

오늘날 정교회에서는 다음과 같은 신성한 성찬 예배를 거행한다.

(1) 주님의 형제 성 야고보의 성찬 예배. 이 성찬 예배의 핵이 되는 내용들은 사도적 기원을 갖는다. 반면 현재의 형식은 추후 몇 가지가 추가되는 4세기경으로 소급된다. 어휘의 단순성, 구약 성경 봉독 그리고 그리스도인들에 대한 박해와 관련된 간구들은 그것의 고대성을 확증해준다.

이 성찬 예배는 예루살렘에서 형성되었고, 그로부터 많은 지역 교회로 확산되었다. 많은 성 교부들이 이 성찬 예배에 대해 언급한다. 성 야고보의 이름을 언급하지 않고 이 성찬 예배를 설명했던 예루살렘의 성 끼릴로스[14], 콘스탄티노플의 성 프로클리스[15], 에페소의 성 마르코스[16], 5-6차(퀸섹스트) 공의회 규범 32항[17] 등. 성 야고보의 성찬 예배는 성 야고보를 기념하는 축일(10월 23일과 성탄대축일 다음 주일)에 거행된다.

(2) 성 대 바실리오스의 성찬 예배. 이것은 우리를 카파도키아의 케사리아로 이끌어간다. 성 대 바실리오스는 아마도 365년 경 그가 사제였을 때 이 성찬 예배 예식서를 작성했을 것이다. 신학자 성 그레고리오스는 이 시기 성 대 바실리오스의 활약상에 대해 언급하면서 그가

---

14 *Cathéchèses mystagogiques*, 5, SC 126, 147-175.

15 Saint Proclus, *Homélie sur la tradition de la divine liturgie*, PG 65, 849B-852B.

16 Saint Marc d'Ephèse, *Sur la sainte Eucharistie*, PG 160, 1081B.

17 Joannou, *Canons des conciles oecuméniques, Discipline générale antique*, Fonti I, 1, Rome 1961.

교회에 공헌한 것 중에는 성찬 예배 기도문과 이 예배가 드려지는 방식을 언급한 예배 규칙이 있다고 말한다.[18] 이 성찬 예배는 신학자 성 그레고리오스에 의해 콘스탄티노플에 도입되었고, 그로부터 알렉산드리아에도 전래되었다. 오늘날 이 성찬 예배는 일 년에 열 번, 대사순절 기간의 다섯 번의 주일, 성대 목요일, 성대 토요일, 그리스도 탄생 축일 전야와 신현 축일 전야, 그리고 성 대 바실리오스 축일(1월 1일)에 거행된다.

(3) 성 요한 크리소스토모스의 성찬 예배. 이것은 이 책의 주제이니, 앞으로 자세히 다룰 것이다.

4. 성 요한 크리소스토모스와 신성한 성찬 예배

성인의 생애

성 요한 크리소스토모스는 350년 경 안티오키아에서 신실한 부모에게서 태어났다. 그의 부친 세쿤도스는 장군이었고, 모친 안투사는 귀족 가문 태생이었다. 성인이 출생한 뒤 몇 달 만에 그의 부친은 돌아가셨고 모친이 그의 교육을 책임졌다.

매우 젊었을 때 성 요한은 수사학과 철학을 공부했다. 안티오키아의 대주교였던 성 멜레티오스는 이 젊은이를 높이 평가해서 그의 곁에 있게 했다. 그는 "그의 아름다운 마음을 사랑했고, 예언자적인 통찰력으로 이 젊은이의 발전을 예고했다."[19]

---

18 Saint Grégoire le Théologien, *Oraison funèbre de saint Basile*, Homélie XLIII, 34, SC 384, 201.

19 Pallade d'Hélénopolis, *Dialogue sur la vie de saint Jean Chrysostome*, V, 10, SC 341, 109.

열여덟 살에 그는 세례를 받았고 삼년 동안 안티오키아의 신학교에서 공부했다. 371년 그는 봉독자로 임명되었고, 그 당시의 관습에 따라 그는 신자들에게 성경을 읽어주고 해설해주었다.

372년 성인의 모친이 돌아가셨다. 성인은 오래전부터 품어오던 열망, 광야로 물러나고자 했던 열망을 실현했고, 그곳에서 6년을 꼬박 보냈다. 그는 금욕적 삶의 첫 4년을, 한 금욕 수도승에게 순종하며 보냈고, 뒤 이은 2년 동안은 더욱 엄격한 금욕 생활을 실천하며 동굴에서 홀로 살았다. 이 두 해 동안 그는 결코 눕지 않았고 "대부분의 시간을 성경을 공부하며 잠자지 않고 지냈다."[20] 하지만 극한의 추위와 금욕은 그의 건강을 크게 해쳤다. 그래서 그는 다시 안티오키아로 돌아오지 않을 수 없었고, 380년 혹은 381년경 그곳에서 성 멜레티오스 주교에 의해 보제로 서품되었다. 5년 후 그는 안티오키아의 새로운 대주교 성 플라비아노스에 의해 사제로 서품되었다.

성 요한은 397년까지 안티오키아에서 사제로 봉직했다. 청중을 사로잡는 설교를 통해 그는 끊임없이 백성을 가르쳤고 어려운 시기를 지날 때마다 그들을 격려했다. 그의 명성은 안티오키아와 시리아 너머로 확산되었다. 또한 모든 사람은 그가 성 플라비아노스를 이어 안티오키아의 주교좌에 오를 것이라고 기대했다. 하지만 콘스탄티노플의 총대주교 넥타리오스가 사망하자 하느님은 성 요한의 발걸음을 제국의 수도로 인도하시어 그곳에서 397년 12월 15일 주교로 축성되게 하셨고, 398년 2월 26일 착좌하게 하셨다.

콘스탄티노플에서는 새로운 싸움들이 성인을 기다리고 있었다. 이교는 여전히 그리스도교 신앙과 전쟁 중이었다. 아리우스파, 아폴리

---

20 위의 책, SC 341, 111.

나리우스파 등의 이단들은 교회의 통일성을 깨뜨렸다. 사역에 무관심한 성직자들은 백성들의 빈축을 샀다. 바로 이와 같은 힘겨운 상황 속에서 성 요한 크리소스토모스는 자신의 사역을 실천해나가야만 했다. "황금의 입"(크리소스토모스)에서 나오는 영감이 충만한 말씀을 통해서 그는 백성을 사로잡았고, 슬픔에 빠진 이들을 위로했으며, 절망한 이들에게 용기를 주었고, 참회를 권면했다. 그는 자신이 경험하고 있는 악을 행동과 말로 신랄하게 공격했다. 합당치 못한 성직자들을 벌했고, 교회의 영적 사업뿐만 아니라 사랑의 자선 사업을 조직해 나갔다. 또한 고트족, 스키티아족, 페니키아족에 선교사들을 파송했다. 그는 일하는 이들도 참여할 수 있게 심야 예배를 제정하기도 했다.

그토록 방대한 활동, 그리고 특별히 합당치 못한 성직자들에 대한 처벌은 엄청난 반대를 불러왔다. 성인의 적대자들은 황후 에브도키아의 후광을 이용하여 결국 성인을 직위에서 내쫓고 유배시키는데 성공했다.[21] 성인은 멀리 비티니아로 쫓겨났지만 백성들은 크게 반발했다. 그리고 하나의 특별한 사건으로 인해 두려움에 빠진 에브도키아 황후는 결국 성인의 복귀를 요청했다. 이렇게 해서 성인은 다시 수도로 돌아왔고 백성은 기쁨의 눈물로 그를 영접했다.

그럼에도 불구하고 그의 적대자들은 결코 무장을 풀지 않았다. 온갖 속임수와 계속적인 중상모략으로 그들은 다시 한 번 에브도키아의 분노를 충동질했고 황제로 하여금 그를 주교좌 저택에 연금시키도록 설득했다. 404년 성 대 토요일 밤, 성인에게 충성하고자 다짐한 신자들이 모여 있던 성당에서 모두를 슬픔에 빠뜨리는 사건이 발생했다. 예비신자들의 세례식과 부활대축일 예배를 준비하고 있는 와중에, 남녀

21　403년에 개최된 '드리(Δρυ) 공의회'(Concile de Chêne) 혹은 '강도 공의회'.

노소 많은 신자들이 군인들에게 얻어맞고 발가벗겨진 채 밖으로 쫓겨났던 것이다. 성인이 직접 증언하고 있는 것처럼, 세례조의 "축성된 물은 부상자들의 피로 붉어졌고 … 그리스도의 지극히 거룩한 피는 그 같은 소동 중에 군인들의 제복 위로 쏟아져 흘렀다."[22]

404년 6월 20일 마침내 성인은 성직자들에게 마지막 작별인사를 한 뒤 백성 몰래 스스로 적대자들의 손에 자신을 넘겼고, 이어서 아르메니아의 쿠쿠스로 유배당했다. 성인은 육체적으로나 심리적으로 상상할 수 없이 쇠약해진 채 3년 이상을 버티다가 407년 9월 14일 새로운 유배지인 피티온으로 가던 중 주님 안에서 안식했다. 거룩한 신비의 성체 성혈을 모신 뒤, 그는 평소 즐겨하듯이 "모든 것에 대해 하느님께 영광"(Δόξα τῷ Θεῷ πάντων ἕνεκεν)[23]이라는 말씀을 남기셨다.

438년 성인의 거룩한 유해는 수습되어 콘스탄티노플로 옮겨졌다. "성인의 유해는 먼저 '성 사도 토마스 성당'으로 옮겨졌고 … 이어서 '성 이리니 성당'에 도착했다. 성인의 거룩한 유해는 주교좌에 안치되었고 군중들은 외쳤다. '오 성인이시여, 당신의 주교좌에 다시 오르소서!' 이어서 사람들은 그의 유해함을 황제의 마차에 싣고 '성 사도들 성당'으로 운구했다. 사람들이 거룩한 유해를 주교좌에 안치했을 때, 오 놀라운 기적이여! 유해는 백성에게 '모든 이에게 평화'하고 말했다."[24]

성 요한 크리소스토모스의 순교의 삶은 그 여정을 끝냈다. 진리는 다시 한 번 승리했다. 그리고 성인은 죽음 후에도 온전히 살아서, 그의

22　Pallade d'Hélénopolis, 앞의 책, IX, SC 341, 199.
23　Théodore, évêque de Trimythonte, *Vie de saint Jean Chrysostome*, 25, Halkin, p. 31.
24　Saint Nicodème l'Hagiorite, *Synaxaire des douze mois*, volume III, éditions Orthodoxos Kypseli, Thessalonique, 1982, p. 163 (27 janvier) ; version française in hiéromoine Macaire de Simonos Petras, *Le Synaxaire, Vie des saints de l'Eglise orthodoxe*, tome II, p. 531, Thessalonique, Perivoli tis Panaghias, 1988.

적대자들과 그를 사랑했던 이들 모두에게 평화를 가져다주었다.

신성한 성찬 예배

성 요한 크리소스토모스의 순교자와 같은 거룩한 삶의 마지막 장면은 우리의 걸음을 그의 신성한 성찬 예배의 초입부로 이끈다. 그 시대에 신성한 성찬 예배의 시작은 주교가 성당에 들어가는 행위와 백성들에게 평화를 선물로 주는 행위로부터 시작되었다.[25] 이어서 백성은 주교에게 "또한 당신의 영과 함께."라고 응답했다. 이어서 성경봉독이 이어졌는데, 예언서에서 하나, 서신서(사도경)에서 하나, 복음서(복음경)에서 하나를 읽었다.[26] 이어서 주교가 하느님 말씀을 설교하고 곧이어 세례 예비자들(catéchumènes)과 참회자들(pénitents)을 위한 기도를 드렸다. 이들이 성당을 떠난 뒤, 신자들은 성당의 문을 닫았다. 그러고 나서 신자들을 위한 기도가 드려지고, 대입당*(메갈리 이소도스 Μεγάλη Εἴσοδος)과 평화의 입맞춤이 행해진다. 거룩한 아나포라 기도가 뒤따르고 승리의 삼성송, 제정의 말씀들, 성령 강림 기도가 이어진다. 마지막으로 주님의 기도를 읊고, 성체성혈 모심과 신자들의 파송이 따른다.

성 요한 크리소스토모스는 성찬 예배에서 자신이 직접 썼던 기도문 외에도 보다 오래된 몇몇 기도문을 사용했다. 성인의 전기 작가인 알렉산드리아의 게오르기오스(요르고스) 주교의 언급에 따르면, 아르메니아에 유배되어 있을 때 성인은 지역 교회의 필요에 따라 일곱 명의 대주교와 많은 수의 사제와 보제를 서품했고, "어떻게 찬양을 불러야 하

---

25 성 요한은 이렇게 썼다. "성당에 들어갈 때, 주교는 주교좌에 오르기 전에 먼저 모든 신자들에게 평화를 기원했다." (*Contre les Juifs*, III, 6, PG 48, 870).

26 Saint Jean Chrysostome, *Sur la Pentecôte*, I, 4, PG 50, 458. ; *Sur les paroles prophétiques*, 3, PG 56, 145-146.

는지 그 방법을 규정해주고 또 그들에게 신성한 신비학(Mystagogie)을 손수 가르쳐주었다."고 한다.[27]

성인의 저술을 연구해보면 "신성한 성찬 예배의 형식에 있어서 중심이 되는 핵은, 콘스탄티노플의 주교였을 때 성 요한 크리소스토모스가 드렸던 것과 똑같은 일련의 기도문들인데, 그것들은 본질적으로 변함없이 우리에게까지 전해져왔다"는 결론이 나온다.[28] 내용뿐만 아니라 그 문체 또한 이 기도문이 교회의 이 거룩한 교부의 것임을 증언해준다.

현재 형태의 성 요한 크리소스토모스의 신성한 성찬 예배는 본래의 것에 몇 가지가 첨가되고 약간의 변화를 겪었다. 시작이 다르게 이뤄지게 되었고, '독생자 성가'와 '헤루빔 성가*'(Χερουβικός)가 추가되었다. 그 밖에도 예언서 봉독은 없어졌고, 8세기경부터는 '프로테시스*'(Πρόθεσις, 봉헌물 준비예식)가 성찬 예배 시작 전으로 옮겨졌다.

하지만 성찬 예배 형성의 역사를 지나치게 강조하는 것은 크게 유익하지 못하다. 신자들에게 중요한 것은 누가 언제 이 성찬 예배 기도문을 썼느냐가 아니라, 매 시대마다 그리스도의 사랑으로 불타오른 심령들이(루가 24:32) 이 빵 나눔 안에서 어떻게 그분을 알아보았느냐(루가 24:35) 하는 것이다.

집전자

집전자로서의 성 요한 크리소스토모스에 관한 가장 근본적인 증언

---

27 Georges, archevêque d'Alexandrie, *Vie de saint Jean Chrysostome*, 59, Halkin, p. 238.
28 Georges Wagner, évêque d'Eudociade, *Der Ursprung der Chrysostomus liturgie*, Münster, Aschendorff, 1973, p. 133.

은 바로 그 자신의 저술들이다. 성인은 사제의 성찬 예배 봉사에 대해 할 때 우리에게 자신의 생생한 성찬 예배 경험을 들려준다.

감사의 성찬 신비를 진짜로 집전하시는 분은 그리스도시다. "마지막 만찬 때 감사의 성찬을 거행하신 분과 지금 이 신비를 성취하시는 분은 동일한 분이시다. 우리 사제들은 종의 위치에 있을 뿐이다. 그것들을 거룩하게 하고 변화시키는 분은 그리스도시다."[29] 집전자는 성령의 도구로서 그리스도의 자리를 차지한다.

가장 높은 경지의 성찬 예배 사역을 펼쳤던 성 요한 크리소스토모스는 사제가 "하느님과 사람들 사이에 서서 하늘의 영광을 우리에게까지 내려오게도 하고, 우리의 간청을 그곳으로 올려주기도 한다"[30]고 말한다. 감사의 성찬의 거행은 집전자를 하늘에 옮겨 놓는다. "사제직의 보좌는 하늘에 있다."[31] 이런 까닭에 사제에게는 천사와 같은 순결함이 요구되니, 하느님이 천사들에게도 맡기지 않으신 임무를 실행할 수 있기 위해서다. "사제는 성령을 부르고, 지극히 두려운 희생제를 완수하며, 만물의 주님을 끊임없이 만지기 때문이다."[32]

사제는 땅에 있고 또 동시에 하늘에서 살아간다. 그는 거룩한 천사들 중에 서서 대천사들과 함께 하느님께 영광 돌리고, 그리스도와 함께 공동 집전한다.[33] 신성한 성찬 예배가 거행되는 동안 "천상의 권세들이 지성소를 온통 채우고 우리와 함께 협력하여 예배를 거행한다"[34]

---

29 Saint Jean Chrysostome, *Sur Matthieu*, LXXXII, 5, PG 58, 744.
30 *Homélie Sur Ozias*, V, 1, PG 56, 131.
31 위의 설교, PG 56, 130.
32 *Sur le sacerdoce*, VI, 4, SC 272, 317.
33 Saint Grégoire le Théologien, *Homélie*, II, 73, PG 35, 481AB.
34 *Sur le sacerdoce*, VI, 4, SC 272, 317.

고 성 요한은 우리에게 밝혀준다. 성인과 같은 시대를 살았던 사람들은 성인에 대해 이렇게 증언한다. "신성한 성찬 예배가 거행될 때면, '보이지 않는 세상'을 보는 이 사람이 누구인지가 확연하게 드러났는데, 왜냐하면 그는 사멸할 육신을 입고 있는 한 사람이 아니라 오히려 인간의 모습을 한 천사와 흡사했기 때문이었다."[35]

성 요한 크리소스토모스를 비롯하여 모든 성인들이 바로 이렇게 "신비성사의 기적"[36]을 거행했다. 거룩한 제단 앞에서 성인은 하느님 사랑의 신비를 경험하며 살았다. 그는 하늘로부터 신성한 사랑을 받았고 그것을 지상의 자녀들에게 주었다. 그 결과 그의 생애, 그의 말씀 그리고 그의 증언이야말로 신성한 성찬 예배에 대한 최상의 주해이다. 왜냐하면 그리스도는 그의 생명이었기 때문이다. 그리고 그의 생애 전체가 하나의 성찬 예배, 끊임없이 이어진 감사기도였기 때문이다.

5. 신성한 성찬 예배란 무엇인가?

하느님의 경륜* 전체의 총괄

불순종한 사람을 다시 하느님의 집으로 이끄시고 하느님의 것으로 만드시기 위해 하느님이 행하신 모든 숭고한 사역들을 '하느님의 경륜'(이코노미아 Οἰκονομία)이라 한다. "사람과 관련된 우리 하느님 구세주의 경륜은 사람을 타락에서 다시 일으키고 불순종의 결과인 적대의 상태에서 하느님과의 친밀함으로 다시 돌아오게 하는 것이다."[37]

그리스도 안에서 성취된 이 구원 사건을 우리는 신성한 성찬 예배

---

35 Anonyme, *Vie de saint Jean Chrysostome*, XIV, Halkin, p. 399.
36 Saint Jean Chrysostome, *Sur Jean*, XLVI, 2, PG 59, 260.
37 Saint Basile, *Sur le Saint-Esprit*, XV, 35, SC 7 bis, 365.

안에서 경험하고 하느님께 감사드린다. "신자들이 모일 때마다 성취되고, 구원을 넘치도록 부어주는 이 두려운 신비는 '에프카리스티아*'(Εὐχαριστία, 감사의 성찬)라고 불리는데, 그 까닭은 그 신비성사가 수많은 은혜를 기억하는 것으로 구성되고, 하느님 섭리의 절정을 우리에게 드러내주기 때문이다."[38] 신성한 성찬 예배는 실제로 이 은혜들을 성사적인 방식으로 다시 경험하게 해주고 그래서 "모든 경륜을 총괄한다."[39] 이것이 바로 성 대 바실리오스의 신성한 성찬 예배 마지막에 집전자가 "그리스도 우리 하느님이시여, 보소서, 당신의 신성한 경륜의 신비가 완성되었고 성취되었나이다."라고 말하는 이유이다.

하느님 경륜의 신비는 사람의 불순종과 동시적으로 나타났다. 사람들을 사랑하시는 주님은 "즉각 타락과 상처의 심각성을 보셨고, 상처가 번지지 않도록, 불치의 부상으로 변하지 않도록 서둘러 치료하셨다. 그분은 사랑이시기에, 단 한 순간도 사람을 위한 섭리를 멈추지 않으셨다."[40] 하느님은 숭고한 사건들과 예언자들을 통한 말씀으로 사람이 다시 생명과 사랑의 충만에 참여할 수 있도록 준비하셨다.

구약 성경의 많은 사건들과 예언들은 감사의 성찬 신비를 예시했다. 그중 첫 번째는 참된 대사제이신 그리스도의 예형이요 형상이었던 멜기세덱이 빵과 포도주를 봉헌한 것으로(참고. 시편 109:4), 그의 봉헌은 주님의 봉헌에 대한 모방이다. 멜기세덱은 "예언자의 영으로 감동되어, 모든 민족을 위해 행해질 미래의 봉헌을 보았다. 이런 이유로 앞으로 오실 것이 틀림없는 그리스도를 모방하여, 그는 빵과 포도주를 바

---

38 Saint Jean Chrysostome, *Sur Matthieu*, XXV, 3, PG 57, 331.
39 Saint Théodore le Stoudite, *Antirrhétique*, 1, PG 99, 340C.
40 Saint Jean Chrysostome, *Sur la Genèse*, XVII, 2, PG 53, 136.

침으로써 하느님께 영광 돌렸다."⁴¹ 멜기세덱은 성령 안에서 현재 안에 있는 미래를 보았고 아직 실현되지 않은 것을 모방했다.

그리스도의 희생과 감사의 성찬의 또 다른 예형은 아브라함에 의한 이삭의 희생(창세기 22:1-14), 그리고 예언자 엘리야의 제사(열왕기상 18:17-40)이다. 이사야의 환상(이사야 6:1-7) 또한 성찬 예배의 분위기 안에서 전개된다. 주님은 분향의 제사가 드려지는 동안 세라핌들이 삼성송(거룩 삼창)을 부르며 받들고 있는 보좌에 앉아 계신다. 성 교부들에 의하면, 족장 야곱의 한 예언(창세기 49:10-11)과 예언자 말라기의 또 따른 예언(말라기 1:11) 역시 감사의 성찬과 관련된 것이다.⁴²

그렇지만 감사의 성찬을 예시하는 가장 탁월한 사건은 유대인들의 파스카(과월절)였다. 이 축제는 이집트의 손아귀에서 탈출한 유대민족의, 구원에 대한 계속된 기념이었고, 끊임없이 은혜를 베푸시는 하느님을 향한 감사였다. 유대인들이 이집트에서 탈출할 때 일어난 모든 사건은 "지극히 두렵고 심오한 신비"였다. "만약 예형도 그러할진대, 실제로 일어난 그 신비들은 얼마나 더 그렇겠는가. … 실재는 우리가 먹는 파스카요, 우리가 먹는 파스카는 곧 그리스도시다!"⁴³

이 모든 사건은 그리스도의 오심을 준비했다. 이리하여 때가 찼을 때, 그때까진 그저 희미한 윤곽만 드러났던 진리가 온전히 계시되었

---

41 멜기세덱은 살렘의 왕 다시 말해 "평화의 왕"으로서, 엘람 왕을 무찌르고 승리하여 돌아오던 족장 아브라함을 축복했다. 아브라함은 멜기세덱에게 전리품의 십분의 일을 바쳤고, 멜기세덱은 그에게 빵과 포도주를 바쳤다.(히브리 7:2) ; Saint Jean Damascène, *Sur la foi orthodoxe*, IV, 86, PG 94, 1149C ; Saint Jean Chrysostome, *Sur Melchisédec*, III, PG 56, 261.

42 Saint Justin, *Première apologie*, XXXIII, SC 507, 213 ; Saint Jean Chrysostome, *Contre les Juifs*, V, 12, PG 48, 902-3.

43 Saint Jean Chrysostome, *Sur l'Épître aux Éphésiens*, XXIII, 2, PG 62, 165-166.

다. 동시에 하느님 경륜의 신비의 참된 지평들이 확연하게 드러났다. 그리스도가 이 신비의 총괄이신 까닭이다.

신성한 성찬 예배에선 그리스도의 생애의 모든 사건이 거룩한 방식으로 경축된다. "신성한 성찬 예배 동안 성취되는 것은 구원을 가져다주는 그리스도의 수난과 묻히심과 부활, 구원을 위한 그분의 오심 전체, 그리고 그분의 신성한 경륜, 이 모든 것의 형상이다."[44] 신성한 성찬 예배에서 집전자는 "신성한 제단 앞에서 예수 그리스도의 거룩하고도 신성한 업적들을 노래한다. 이어서 그는 신성한 신비들을 거행하고 이어서 그것을 우리 눈앞에 가져온다."[45] 우리 앞에 그리스도의 생애가 드러난다. "'신비로의 입문'(Mystagogie) 전체(성찬 예배 전체)는 구세주가 육신으로 지상에서 사신 생애의 유일한 형상과 같기 때문이다."[46]

성 요한 크리소스토모스는 "신앙의 눈은 보이지 않는 것을 본다"[47]고 말한다. 그러니 성인이 성찬 예배 안에서 알게 된 것이 무엇인지 들어보자.

신성한 감사의 성찬이 거행되는 거룩한 교회는 베들레헴이다. "영적인 '빵의 집'(베들레헴)인 참된 베들레헴(교회)으로 달려가자."[48] 조금 있으면, 우리는 시온의 다락방에서 제자들과 함께 신비로운 만찬에 참여할 것이다. 사실, 신성한 성찬 예배에는 "그리스도가 앉으셨던 만찬 식탁과 동일한 식탁이 이뤄진다. 우리가 거행하는 이 감사의 성찬은 그

44　Théodore d'Andida, *Sur les symboles et mystères dans la divine liturgie*, 1, PG 140, 417A.
45　Saint Denys l'Aréopagite, *Traité de la hiérarchie ecclésiastique*, III, 3, 12, PG 3, 441C-444A, traduction de Maurice de Gandillac, Paris 1943, p. 277.
46　Saint Nicolas Cabasilas, *Explication de la divine liturgie*, 1, SC 4 bis, 63.
47　*Sur les dernières jours*, 2, PG 56, 272.
48　Sanit Jean Chrysostome, *Sur saint Matthieu*, VII, 5, PG 57, 78.

리스도의 그 만찬과 조금도 다르지 않다."⁴⁹ "이 거룩한 교회는 그리스도와 제자들이 함께 모였던 다락방이다. 거기서 그들은 올리브 산으로 떠날 것이다."⁵⁰

이어서 거룩한 제단은 해골 골짜기, 끔찍한 골고타가 된다. 신성한 감사의 성찬 신비는 "이 골고타에서의 희생의 형상이다. 그렇게 바쳐진 희생을 우리는 지금 똑같이 바치고 있는 것이다."⁵¹ 골고타 다음에 우리는 부활을 경험한다. "(십자가의 죽음을 통한) 주님의 파스카에서 완성된 신비는 우리가 지금 (성찬의 파스카를 통해) 성취하는 것보다 조금이라도 더 나은 것이 아니다. 그것은 단 하나의 동일한 신비요, 성령의 동일한 은총이다. 그것은 언제나 같은 파스카이다."⁵²

감사의 성찬은 교회의 끊이지 않는 파스카이다. 그것은 옛 것 안에서 용솟음쳐 옛것을 새롭게 하는 새로운 시대의 시작이다. 그것은 다가올 왕국의 은사적 현존(présence charismatique)이다. "당신은 우리를 하늘로 올려주시고 다가올 당신의 왕국을 우리에게 선물로 주시기까지 잠시도 쉬지 않고 모든 일을 하셨나이다."⁵³ 그리스도는 다가올 왕국을 이미 지금부터 우리에게 주시고 하늘을 우리의 것이 되게 하셨다. "그분은 우리가 하늘에 다가갈 수 있게 하셨다."⁵⁴ 이보다 더욱 숭고한 것은, 바로 그리스도가 우리로 하여금 하늘의 주인이신 그분 자신을 우리 안에 받아들이게 해주셨다는 것이다.

---

49   위의 책, L, 3, PG 58, 507.
50   위의 책, LXXXII, 5, PG 58, 744.
51   Sanit Jean Chrysostome, *Sur l'Épitre aux Hébreux*, XVII, 3, PG 63, 131.
52   Sanit Jean Chrysostome, *Sur I Timothée*, V, 3, PG 62, 529-530.
53   아나포라 기도문.
54   Sanit Jean Chrysostome, *Sur Jean*, XLVI, 3, PG 59, 261.

신성한 성찬 예배는 그리스도의 신비이다. 그 안에, 가까운 것과 먼 것, 시작과 끝이 공존한다. "그리스도의 파스카가 나타나니, 모든 시대 하나로 모이고(시간의 구별이 없어졌고), 우주의 질서가 확립된다."[55] 그리스도가 알파와 오메가, 처음과 마지막, 시작과 끝이시듯, 신성한 성찬 예배 또한 공간과 시간을 그리스도 안에 다 모아내서, 그것들을 성찬 예배의 초월적 시·공간으로 변화시킨다.

성 삼위 하느님의 현현

하느님의 경륜은 사람을 향한 성 삼위 하느님의 사랑의 현현이다. 우리 구원의 주체는 하느님의 말씀이고, 성부는 하느님 말씀이신 성자의 업적에 기뻐하며, 성령은 그것에 협력한다. "평생 동정녀 마리아를 통해 신-인(神-人)이신 하느님이 육신으로 현현하심은 성부의 뜻과 성자의 육화와 성령의 협력을 통해 실현된다."[56]

하느님 경륜의 신비는 하나의 신현현(théophanie)이고, 결과적으로 은총을 통해 이 신비를 다시금 경험하게 해주는 신성한 성찬 예배 또한 성 삼위 하느님의 현현이다. 신성한 성찬 예배를 통해서 집전자는 "우리에게 성 삼위 하느님을 드러내준다."[57]

신성한 성찬 예배는 처음부터 끝까지 우리가 성 삼위 하느님의 현존의 신비를 경험하도록 도와준다. 사제는 성 삼위 하느님께 바치는 영광송으로 시작한다. "성부와 성자와 성령의 나라가 찬미되나이

---

55 *Épître à Diognète*, XII, 9, SC 33, 85.
56 Saint Césqire de Nazianze, *Dialogue*, III, 167, PG 38, 1129.
57 Saint Grégoire le Théologien, *Discours* XLIII, 72, SC 384, 288.

다."⁵⁸ 성 삼위 하느님께 바치는 엑포니시스*(Ἐκφώνησις), 세 번의 안티폰*(Ἀντίφωνον), 생명을 주시는 성 삼위 하느님을 찬양하는 삼성송(트리스아기온)이 뒤따른다. 거룩한 봉헌 기도(아나포라) 직전에 집전자는 "우리 주 예수 그리스도의 은총과 성부 하느님의 사랑과 성령의 친교"⁵⁹가 우리에게 내리게 한다.

이어서 하느님의 사랑이 우리를 위해 행하신 모든 것에 대해 우리는 하느님께 감사드린다.

> "당신은 우리를 무에서 존재로 이끌어내셨고, 우리를 타락에서 일으키셨으며, 우리를 하늘로 올리시고 다가올 당신의 왕국을 선물로 주시기까지 잠시도 멈추지 않으시고 모든 것을 행하셨나이다. 그러므로 이 모든 것에 대해, 우리는 당신께, 당신과 당신의 외아들과 당신의 성령께 감사드리나이다."⁶⁰

이렇게 감사드린 후, 우리는 성부께 파라클리토스*(Παράκλητος, 위로자) 성령을 보내주시어 성자의 봉헌을 축성케 해달라고 간청한다. 파라클리토스는 "조용하고 여린 소리"(열왕기상 19:12)로 오시어, 축성을 완성하시고 우리에게 그리스도를 주신다. 모든 것이 신성의 삼중 태양 빛으로 가득 찬다. 그리고 우리는 성 삼위 하느님의 사랑을 소유한 자가 된다.

우리는 그리스도의 거룩한 몸에 참여하고 지극히 거룩한 성 삼위 하느님의 성전이 된다. "성 삼위 하느님의 한 위격이 우리 안에 머물면, 우리 안에 성 삼위 하느님 전체가 계시기 때문이다."⁶¹ 신자의 몸은 성

---

58 참고. Saint Germain de Constantinople, *Contemplation*, PG 98, 401B.
59 성 요한 크리소스토모스의 신성한 성찬 예배
60 성 요한 크리소스토모스의 신성한 성찬 예배
61 Saint Athanase le Grand, *Lettre I à Sérapion de Thmuis*, 20, SC 15, 118.

삼위 하느님이 머무시는 거처가 된다. 성찬 교제에 참여하는 사람은 "그 안에 확고하게 자리하신 그리스도와 성부와 파라클리토스(성령)를 가진다."⁶²

신성한 성찬 예배 마지막에, 자기 안에 그리스도를 지닌 영혼은 감사한 마음으로 성 삼위 하느님께 흠숭드린다. "우리가 참 빛을 보았고, 하늘의 성령을 받았으니, 우리는 참된 신앙을 발견했고, 우리를 구원하신 나뉘지 않는 성 삼위 하느님을 흠숭하나이다."⁶³

하늘과 땅의 재결합

성 삼위 하느님의 현존은 감사의 성찬 회중에게 그 실제적인 차원을 제공한다. 그것은 바로 하늘과 땅의 재결합이다. 거룩한 봉헌 기도가 이뤄지는 공간은 "사람들 가운데 있는 하느님의 장막(거처)"(묵시록 21:3)이 된다. 온 피조세계가 사람과 함께 하느님께 영광 돌린다. 하느님은 만물을 부르셔서 한 곳에, 그분의 보좌 앞에 있는 제단 위에 모이게 하셨기 때문이다.(묵시록 8:3) 하느님은 "만물을 그분께로 부르시고 모이게 하시어 하나가 되게 하시기 때문에 '본질을 뛰어넘는 아름다움'(le Beau suressentiel)"⁶⁴이라 불리신다.

신성한 성찬 예배는 정확히 이 시낙시스, 온 우주가 함께 모인 이 모임이고, 이 모임이 하느님 왕국을 향해 나아가는 여정이다. 성 교부들은 신성한 성찬 예배에 참여한 신자들의 모임을 '신-오드'(syn-ode, συν-οδός)⁶⁵라고 불렀는데, 모든 신자들과 주님이 함께 천상의 예루살렘을

---

62 Saint Jean Chrysostome, *Á Théodore*, I, SC 117, 82.
63 성 요한 크리소스토모스의 신성한 성찬 예배
64 Saint Denys l'Aréopasite, *Traité des Noms divins*, IV, 7, PG 3, 701C.
65 문자 그대로 "함께 길을 가는 사람들"이라는 의미이다.

향해 길을 가기 때문이다. 이 모임은 교회의 존재 이유가 신자들의 일치라는 것을 증명해준다. "교회는 우리를 하나가 되게 하기 위해 만들어졌다. 그리고 우리의 모임, 우리의 '시노드'가 드러내주는 것 또한 바로 이것이다."[66] 성 요한 크리소스토모스는 감탄하며 이렇게 외친다. "어떤 낙원이 우리의 모임과 같겠는가!"[67] 그리고 그는 "이 파스카(거룩한 감사의 성찬)를 먹는 이들 중 누구도 이집트(이 헛된 세상)로 내려가지 않고, 모두가 하늘로, 천상의 예루살렘으로 가까이 가길 빈다"[68]고 우리에게 권면한다.

신성한 성찬 예배는 그리스도의 현존이다. 거룩한 제단 위에 "만물의 왕께서 현존하신다."[69] "모든 피조물을 호출하시고 모으시는"[70] 그리스도는 "그분의 섭리를 통하여 지성적인 것만 아니라 감각적인 모든 것을 거룩한 제단 주위로 불러 모아 결합하시고, 그것들 서로를, 그리고 그것들을 자신에게 강력하게 묶어두신다."[71]

* * *

그리스도 곁에는 '하느님의 어머니'(테오토코스* Θεοτόκος)가 계신다. 그리스도는 마지막 만찬을 베풀기 전에 이미 지극히 거룩하신 여인 안에

---

66 Saint Jean Chrysostome, *Sur la première Épître aux Corinthiens*, XXVII, 3, PG 61, 228.
67 *Sur la Pénitence*, VIII, 1, PG 49, 336.
68 *Sur l'Épître aux Éphésiens*, XXIII, 2, PG 62, 166. 또한 다음을 보라. Saint Cyrille d'Alexandrie, *Sur saint Jean*, XII, PG 74, 708B : "이 거룩한 모임(시노드)이 있을 때마다, 우리는 서로가 서로에게 그것('모든 이에게 평화')를 말합니다." 또 PG 74, 725C : "이런 까닭에 정당하게도 우리는 교회에서의 이 모임을 제8요일(다시 말해 일요일)에 여는 것입니다."
69 Saint Jean Chrysostome, *Homélie Sur Ozias*, VI, 4, PG 56, 140.
70 인용문의 '모으시는'에 해당하는 그리스어 단어는 '에클레지아존'(Εκκλησιαζων)이다. Saint Maxime le Confesseur, *Mystagogie* I, PG 91, 664 D, traduction française, Paris, éd. Migne, collection <Les Pères dans la foi>, 2005, p. 81.
71 Saint Grégoire de Nysse, *Sur l'Ecclésiaste*, III, PG 44, 649C.

서 성령의 능력을 통하여 우리 구원의 신비를 성취하셨다. "성모의 태는 천상의 빵을 지니신 거룩한 제단이 되었다."[72] 신성한 성찬 예배에서 하늘의 여왕은 왕의 오른 편에 계신다. "그리스도가 계신 곳, 그곳에 하느님의 어머니 또한 계신다. … 성모는 진실로 그분의 보좌이기에, 왕이 앉아 있는 곳에는 또한 당연히 그의 보좌(이신 성모)가 있다."[73]

천사들은 그리스도의 호위대를 구성한다. 주님은 "천사들의 호위를 받으시며"[74] 골고타를 향해 전진하신다. 봉헌의 순간에, 천사들은 우리와 함께 하느님의 선하심에 영광 돌린다.

성인들의 무리 또한 감사의 성찬에 참여한다. 그래서 신성한 성찬 예배 동안 "성인들이 호명되는 것이고, 그것은 그리스도와의 거룩한 연합을 통해서 그들 사이도 분리될 수 없이 결합되어 있음을 보여준다."[75] 감사의 성찬 모임은 그리스도의 승리의 잔치이다. 그리스도와 동행했던 모든 이들이 이 순간 그리스도와 함께 있다. "황제의 승리를 경축할 때 승리에 참여한 모든 이들이 또한 함께 환호를 받듯이, 여기서도 그렇다. 신성한 성찬 예배의 거행은 승리의 시간이기 때문이다."[76]

신성한 성찬 예배에는 앞서 돌아가신 우리의 선조, 형제들도 현존한다. 그리고 우리는 그들을 위해 하느님의 자비를 간청한다. 이것은 신성한 성찬 예배에서 그들을 기억하는 것이 그들의 영혼에 "크나큰 이

---

72 오순절 정중일 조과* (오르트로스 Ὄρθρος), 카논, 5 오디 성가.
73 Saint Grégoire Palamas, *Homélie* LIII, 21, édition Oikonomou, p. 157.
74 신성한 성찬 예배, 헤루빔 성가.
75 Saint Denys l'Aréopagite, *Traité de la hiérarchie ecclésiastique*, III, 3, 9, PG 3, 347C.
76 Saint Jean Chrysostome, *Sur les Actes*, XXI, 5, PG 60, 170.

득이요 많은 유익"⁷⁷이 됨을 의미한다.

하늘과 땅, 천사들과 사람들, 살아있는 자들과 죽은 자들이 함께 주님의 사랑으로 인해 그분께 감사드리고 경하 드린다. "땅과 바다, 사람이 사는 곳과 살지 않는 곳이 모두 그분에게서 받은 호의들로 인해 온전히 영원토록 찬양하고 감사드린다."[78] 만물이 감사드린다.

"옥좌에 앉으신 분과 어린양*이시여, 찬양과 영예와 영광과 권능을 영원무궁토록 받으소서!"(묵시록 5:13)

6. 신성한 성찬 예배의 열매

신자와 그리스도의 합체

감사의 성찬 신비를 통하여, 사람은 그리스도의 거룩한 몸(성체)과 고귀한 피(성혈)를 받아서, "그분과 한 몸, 한 피를 가진 존재"[79]가 된다. 처음으로 이 신비에 대해 말씀하실 때, 그리스도 자신이 이렇게 말씀하신다.

> "내 살을 먹고 내 피를 마시는 사람은 내 안에서 살고 나도 그 안에서 산다."(요한 6:56)

사람은 자기 안에 그리스도를 받아 모시고 그리스도는 사람을 받아들이신다. 이렇게 예수 그리스도는 사람의 거처가 되시고, 동시에 사람을 자신의 거처로 삼으신다. 이것은 사람을 향하신 그리스도의 사랑의 가장 드높은 경지의 발현이다. 성 요한 크리소스토모스는 말한다.

---

77 Saint Jean Chrysostome, *Sur l'Épître aux Philippiens*, III, 4, PG 62, 204.
78 Saint Jean Chrysostome, *Sur le psaume 44*, XIII, PG 55, 203.
79 Saint Cyrille de Jérusalem, *Catéchèses mystagogiques* IV, 1, SC 126, 134.

"거룩한 감사의 성찬의 기적과 신비를 이해할 필요가 있다. 그것이 무엇이고, 왜 주어지는 것이며, 그 유익은 또 무엇일까를 말이다. 바울로 사도가 말하듯, 우리는 한 몸이 되고 그분의 살과 뼈의 구성원이 된다.(에페소 5:30) … 단지 사랑의 감정으로만 그리스도의 지체가 되기 위해서가 아니라 실제로 우리는 그리스도의 살과 섞인다. 그리고 이것은 그분이 우리에게 제공해주시는 양식을 통해 얻어지고, 이를 통해 그분은 우리를 향한 그 자신의 사랑이 얼마나 큰 지 보여주시길 원하신다. 우리와 뒤섞이고 우리와 한 몸이 되시니, 몸이 머리와 결합되어 있듯이 우리가 또한 그분과 연합되게 하려는 것이다."[80]

거룩한 성찬 교제를 통해 신자는 그리스도와 하나의 몸, 하나의 섞임, 하나의 반죽이 된다. 그리고 이것은 단지 이론적으로 그렇게 되는 것이 아니라 실제로 실존적으로 그렇게 된다. 우리를 향한 사랑으로 그리스도는 "사람이 되시고, 따귀를 맞으시고, 희생되시는 것에 그치지 않으시고, 그것에 더하여 우리와 뒤섞이고 혼합되길 원하셨다. 그분은 단지 믿음으로만 아니라 또한 실제로도 우리를 그분 자신의 몸으로 변하게 하신다."[81]

언젠가 한번 성 요한 크리소스토모스는 그리스도가 그에게 말씀하시는 것을 듣는다.

"나는 단지 너와 연합될 뿐만 아니라, 너의 존재 전체를 관통한다. 나는 너에게 먹히며 조금씩 야위어져 간다. 이 결합이, 이 연합이 더욱 완벽해지도록 말이다. 나와 연합된 것은 여전히 그 자신의 한계 안에 머물지만, 나는 너와 하나다. 나는 너와 나 사이에 그 어떤 것이라도

---

80 *Sur saint Jean*, XLVI, 2-3, PG 59, 260.
81 Saint Jean Chrysostome, *Sur saint Matthieu*, LXXXII, 5, PG 58, 743.

존재하길 원치 않는다. 나는 우리 둘이 단 하나이길 원한다."⁸²

그리스도와 신자 사이에는 어떤 것도 끼어들지 않는다. 모두가 그 사랑의 불 속에 용해된다. "우리와 그리스도는 하나다."⁸³

오직 성인만이 온전히 자유롭게 말할 수 있다. 실제로 성인들은 이렇게 설명했다.

> "우리는 그리스도의 지체들이 된다. 그리고 그리스도는 우리의 지체가 된다. 그리스도는 나의 손이 되고, 나의 발이 되신다. 비참하기 짝이 없는 내게 말이다. 그리스도의 손, 그리스도의 발, 그것은 바로 나이다. 오, 이를 어쩌면 좋단 말인가!"⁸⁴

성인들의 말씀은 감동을 주려는 문학적 수사가 아니다. 그것은 그리스도에 흠뻑 빠진 마음의 표출이다. 생명과 빛의 이 넘침 안에서 사람은 온통 빛난다. 그 존재 모두가 빛을 발한다. 성인이 살고 죽는 세상은 그리스도의 빛으로 충만해진다. "그리스도의 빛이 모두에게 비칠지어다."⁸⁵

빵과 포도주를 하느님께 바침으로써, 우리는 세상을 바치고 세상은 온통 감사의 성찬이 된다.⁸⁶ 우리와 봉헌된 선물 위에 파라클리토스 성령이 내려옴으로써, 사람은 성화되고 자연은 새롭게 된다. 만물이 새로워진다. 세상은 하느님의 강복을 받고, 사람은 그리스도화된다. 세상은 하느님의 집이 되고, 사람은 은총으로 그리스도가 된다.

---

82 *Sur I Timothée*, XV, 4, PG 62, 586.
83 *Sur l'Épître aux Hébreux*, VII, 3, PG 63, 58.
84 Saint Syméon le Nouveau Théologien, *Hymnes*, XV, 141-143, SC 156, 288.
85 '미리 축성된 성찬예배'*.
86 Saint Irénée, *Contre les hérésies*, V, 2, 3, SC 153, 35.

이렇게 해서 우리는 새로운 세상, 새로운 시대를 미리 맛본다. "주님께서 나타나실 때, 선한 종의 무리가 그분을 둘러쌀 것이고, 그분은 찬란하게 빛을 발할 것이니, 그들 또한 그렇게 찬란하게 빛날 것이다."[87] '사람이 되신 하느님'(Dieu-homme)은 성인들의 회중 한 가운데서 신성한 광채로 빛날 것이고, "훌륭한 합창대의 아름다운 지휘자이신 하느님을 신들인 백성이 둘러쌀 것이다."(참고. 시편 82:1)[88]

교회의 모임

신성한 성찬 예배를 거행하기 위해 신자들이 정해진 시간, 정해진 한 장소에 모일 때, 그들의 모임은 교회의 신비를 드러낸다. 교회와 감사의 성찬은 둘 다 그리스도의 몸이다. 그 둘은 그리스도 자체이다. 우리가 세례를 통해 교회와 결합될 때, 그리스도는 "우리를 그의 몸으로 구성하시고, (거룩한 감사의 성찬을 통해) 우리에게 그 자신의 몸을 내어주신다."[89]

신비의 만찬 혹은 마지막 만찬은 신성한 감사의 성찬과 교회의 역사적 출발이다. 그리스도의 마지막 만찬은 그의 십자가 희생에 의해 지배된다. 이 십자가의 희생은 교회가 세워진 토대이다. 백부장이 창으로 주님을 찔렀을 때, 주님의 옆구리에서 흘러나온 피와 물은 세례와 감사의 성찬, 이 두 성사를 상징한다. 그리스도의 옆구리가 창이 찔림으로써, 우리에게 두 성사가 시작되었고 교회가 창조되었다. "군인들이 주님의 옆구리를 창으로 찔렀고, 그로부터 피와 물이 솟구쳐 나왔

---

87 Saint Nicolas Cabasilas, *La Vie en Christ*, VI, 23, SC 361, 59.
88 위의 책, IV, 104, SC 355, 353.
89 Saint Jean Chrysostome, *Sur l'Épître aux Éphésiens*, III, 3, PG 62, 27.

다. 이 사건은 하느님이 감사의 성찬과 거룩한 세례라는 두 신비의 형상과 맏물로서, 제시해주신 것이다."⁹⁰ 옆구리에서 피와 물이 흘러 나왔다.(요한 19:34) "피와 물은 거룩한 세례와 감사의 성찬의 상징이다. 이 둘로부터 교회가 태어났다."⁹¹ 거룩한 세례와 신성한 감사의 성찬, 이 두 신비는 그리스도의 십자가에서 시작되었고, 바로 이 두 신비성사가 교회를 세운다.

교회는 그리스도로부터 태어났고, 그분에 의해 양육된다. "그리스도는 자신이 -세례를 통해서- 낳으신 이들을 자기 자신으로 먹이신다."⁹² 이 신성한 양식이 교회를 세우고, 교회는 그리스도의 몸임을 분명하게 해준다. "우리 신자들은 그리스도의 거룩한 몸으로 양육되고, 그분과 뒤섞인다. 그리고 우리는 그리스도의 단 하나의 몸이 되었다."⁹³ 사도 바울로는 이렇게 쓴다.

> "빵은 하나이고 우리 모두가 그 한 덩어리의 빵을 나누어 먹는 사람들이니, 비록 우리가 여럿이지만 모두 한 몸인 것입니다."(I고린토 10:17)

많은 신자가 단 하나의 빵, 그리스도이신 빵을 받아 모심으로써, 한 몸인 교회를 형성한다. 이렇게 감사의 성찬 모임은 매번 전체 교회가 다 모이는 모임이다. 왜냐하면 감사의 성찬은 그리스도의 신비이기 때문이다.

그리스도의 육화에 의해 "교회는 육신을 취한다."⁹⁴ 주님은 "그 자신

---

90 Saint Cyrille d'Alexandrie, *Sur Jean*, XII, PG 74, 677B.
91 Saint Jean Chrysostome, *Sur Jean*, LXXXV, 3, PG 59, 463.
92 Saint Jean Chrysostome, *Sur Matthieu*, LXXXII, 5, PG 58, 744, 743-744.
93 Saint Jean Chrysostome, *Sur Matthieu*, LXXXII, 5, PG 58, 744, 743-744.
94 Saint Jean Chrysostome, *Homélie avant l'exil*, II, PG 52, 429.

의 집에 오셨다. 그런데 그 집이 더럽고 때가 묻고 헐벗고 피로 얼룩진 것을 보셨다. 그래서 그것을 (세례로) 씻어내시고 기름과 향료로 (다시 말해 견진성사로) 발라주시고, (거룩한 영성체로) 양육하시고, 어디서도 찾아볼 수 없는 아름다운 옷으로 입히셨다. 그분 자신이 교회의 옷이 되셨고, 손으로 이 교회를 붙잡아 드높여주셨다."[95] 주님은 신성한 성찬 예배가 거행되는 하늘 왕국으로 교회를 인도하신다.

---

95 Saint Jean Chrysostome, *Sur le psaume 5*, 2, PG 55, 63.

I
신성한 성찬 예배 준비

이 거룩한 예식은, 상징적인 방식으로 거행되는 신비들을 통해서, 우리의 참 하느님 구세주 예수 그리스도 우리를 위해 보여주신 관용과 선대의 모든 경륜들을 보여준다.

안디다(Andida)의 주교, 테오도로스,
Protheoria, PG 140, 421 AB.

"합당치 못한 내가 어찌 당신의 성인들의 찬란한 빛 속으로 들어가리이까? 혼인방에 들어가려 해도, 내가 입은 옷, 예복이 아니니, 내 옷이 나를 욕되게 할 것이고, 천사들은 나를 묶어 밖에 내던질 것이나이다. 하오니 사람을 사랑하시는 주여, 내 영혼의 더러움을 깨끗게 하사, 나를 구원하소서."

성 대화요일 조과, 애니*(Aĩvoι) 첫 번째 성가

"이 놀라운 부활의 날에, 포도나무의 새 열매를 맛봅시다. 신성한 기쁨을 나눕시다. 그리스도를 하느님으로 영원히 찬양하면서, 그분의 왕국에 참여합시다."

부활 대축일 조과, 카논, 8 오디* 첫 번째 트로파리온

1. '캐로스*' 예식

> 신성한 신비의 성사를 집전하게 될 사제는 먼저 모든 사람과 화해해야 하고, 누구에게든지 어떤 반감도 가져서는 안 된다. 그는 할 수 있는 한 최선을 다해서, 악한 생각들로부터 자기 마음을 지켜야 한다. 전날 저녁부터 거룩한 예배의 시간까지 절제와 경성(警省) 속에 머물러야 한다.

집전자의 준비

사제는 인간 구원의 신비를 거드는 봉사자이다. 그의 직무를 통해 인간은 죄와 분리되고 하느님께로 인도된다. 사제직의 목표는 "영혼에 날개를 달아주어 영혼을 세상에서 빼낸 뒤 하느님께 되돌려 드리는 것이며, … 성령을 통하여 사람들의 마음 안에 그리스도를 정주시키는 것이다. 즉 사제직의 핵심은 바로 사람을 신화시키는 것이다."[01] 집전자의 도움으로 사람은 "지극히 높은 곳의 지복"[02]으로 높여진다. 사제직은 "형제들이여 영원한 산들에 다가갈지어다."[03](칠십인역, 미가 2:9)라는

---

01 Saint Grégoire le Théologien, *Discours*, II, 22, SC 247, 119.
02 Saint Grégoire le Théologien, *Discours*, IX, 3, SC 405, 309.
03 칠십인역 그리스어 구약 성경. 미가 2:9 : "ἐγγίσατε ὄρεσιν αἰωνίοις."

미가 예언자의 설교를 육화한 것이다.

그 직무를 통해 사제는 그리스도가 우리에게 가져다주신 새로운 생명, 다시 말해 그분의 자신의 생명을 드러낸다. 신성한 성찬 예배는 그리스도의 생명이 신자들에게 제공되는 신비이고, 그래서 또한 사제의 중심적인 직무이다.

거룩한 제단에 다가가는 사제가 갖추어야할 조건은 너그러움과 사랑이다. 그리스도가 집전자에게 요구하는 것, 그래서 또한 각 신자들에게도 해당되는 그 요구는 바로 이것이다.

> "그러므로 제단에 예물을 드리려 할 때에 너에게 원한을 품고 있는 형제가 생각나거든 그 예물을 제단 앞에 두고 먼저 그를 찾아가 화해하고 나서 돌아와 예물을 드려라."(마태오 5:23-24)

성 요한 크리소스토모스는 그리스도의 사랑에 경탄했다. "사람을 향한 넘치는 사랑이로다! 그리스도는 자신에게 주어진 영예를 우리 이웃을 향한 사랑보다 아래에 두셨다. … 그리스도가 말씀하신다. '차라리 나에 대한 경배를 멈추고, 네 형제를 향한 사랑이 보존되게 하여라.'" 주님은 이 말씀을 통해서 "그분은 사랑을 매우 높이 치신다는 것, 또 사랑을 다른 모든 것보다 탁월한 희생으로 여기신다는 것, 이 희생 없이는 다른 어떤 것도 받지 않으신다는 것"을 우리에게 보여주시고자 했던 것이다. 이렇게 그리스도는 "서로 간에 적의를 품고 있는 자들을 거룩한 제단은 절대 받아들이지 않으신다는 것"을 우리에게 가르쳐주신다.[04]

『영적인 초지』(Πνευματικός Λειμών)는 요한 주교의 생애 중 있었던 이 사

---

04 Sur Matthieu, XVI, 9, PG 57, 250-251.

건을 전해준다.

"요한 주교는 한 보제를 데리고 있었는데, 어느 축일, 곧 예배를 드려야 하는 시점에, 그가 갑자기 화를 내며 면전에서 주교에게 욕설을 퍼부었다. 예배를 거행해야 할 때가 되자 그 둘은 제의를 입어야 했다. 그런데 보제는 자기가 주교에게 했던 말 때문에 부끄러웠고, 그래서 같이 예배를 집전하러 오지 않았다. 그러자 주교는 '보제 에피파니오스가 오지 않으면 오늘 성찬 예배는 없을 것'이라고 말하면서 선한 목자처럼 잃어버린 양을 찾으러 나섰다. 곧이어 보제가 당도했고, 선한 목자는 그를 껴안아준 다음, 마치 자기가 잘못이라도 한 듯 그 앞에 무릎을 꿇었다. 이어서 제의를 입은 다음 주교는 보제에게 리피디온*(Ριπίδιον, 세라핌 천사상)을 주어 신성한 성찬 예배가 거행되는 동안 그가 그의 곁에 머물 수 있게 하라고 명했다. … 폐식사 후 그는 보제를 점심 식사에 초대했고 … 그를 평화로이 돌려보냈다. 주교의 주변 사람들은 이 모든 것에 대해 볼멘소리를 했다. … 하지만 하느님의 사람은 이렇게 말하며 그들을 꾸짖었다. '그리스도는 모욕한 것이 아니리 모욕 당하셨다는 것을, 또 얻어맞고도 결코 되갚음을 하지 않았다는 것을 여러분들은 다 잊은 것이로군요. … 내 자녀들이여 내 말을 듣고 믿으십시오. 피 흘림 없는 제사를 바칠 때, 나는 프로테시스(준비예식)를 시작하기 전에, 먼저 나 자신과 여러분 모두를 위해 하느님께 한 가지 간청을 드립니다. 하지만 오늘 그 기도를 드리려 할 때, 나는 나 자신과 여러분을 위한 이 간청을 빠뜨리고, 하느님께 눈물로 간곡히 호소했습니다. 그 보제를 불쌍히 여기시고 용서해 달라고 말입니다. 바로 그 순간 거룩한 은총이 제단 위에 내려오는 것을 나는 보았습니다. 그러므로 여러분이 그러한 신비를 보고자 한다면, 어떤 앙심도 없는 신실한 마음으로 하느님께 피 흘림 없는 희생 제사를 바치십시오. 여러분들을 이만큼 신속하게 하느님께로 인도해주

는 다른 길은 없기 때문입니다.'"⁰⁵

오 하느님, 내 마음 준비되었나이다.

감사의 성찬 희생 제사를 드리기 전, 집전자는 자기 자신을 또한 희생제물로 바쳐야 한다. "자기 자신을 살아있는 거룩한 희생 제물로 하느님께 바치지 않는다면(로마 12:1), … 혹은 모든 것을 내어주신 분이 우리에게 요구하시는 유일한 희생 제사인, 찬양의 희생 제사와 상한 심령을 하느님께 바치지 않는다면, 아무도 제물이시며 동시에 대사제이신 위대한 하느님께 합당치 않다."⁰⁶ 이 희생 제사는 집전자의 영혼과 몸의 순결함을 전제한다. 그리고 절대적으로 순결하신 하느님은 오직 "깨끗한 손과 고양되고 정화된 영혼"⁰⁷으로 드려지는 희생 제사만 기뻐하신다.

만약 사제가 사전에 자기 자신의 인격을 제물로 바치지 않고 거룩한 신비들에 다가간다면, 그는 참된 빛이신 하느님이 아니라 "태워버리시는 불"(히브리 12:29)에 다가가게 될 것이다. 성 테오그노스토스는 이와 관련하여 이렇게 적고 있다. "신성하고 고귀한 사제직에 합당하게 받아들여졌다면, 이제 당신은 정념들과 쾌락들을 죽임으로써 당신 자신을 희생 제물로 내놓아야하는 의무를 진다. 그리고 나서야 당신은 두렵

---

05   Jean Eucratès et Sophrone le Sophiste, *Pré Spirituel*, 3e édition, Volos, Aghioreitiki Bibliothiki, 1959, "Concernant Jean évêque d'Amathonte en Chypre", p. 65-66 ; également le *Synaxaire*, 앞의 책, 12 novembre, p. 138 ; 리피디온은 일종의 부채 같은 것으로서 옛날 보제가 성작 위를 날아다니는 곤충들을 쫓아내기 위한 것이었다. 그것의 상징성은 보제와 연결된다. 리피디온과 보제는 "여섯 날개를 가진 세라핌 천사"를 보여주기 때문이다. Saint Germain de Constantinople, *Contemplation*, PG 98, 432D.

06   Saint Grégoire le Théologien, *Discours*, II, 95, SC 247, 212.

07   Saint Grégoire le Théologien, *Discours*, IV, 29, SC 309, 124.

고 살아있는 이 희생 제사에 감히 참여할 수 있다. 금방 타버리는 물질처럼 신성한 불에 완전히 연소되는 것을 원치 않는다면 말이다."08 정념들을 죽임으로써, 다시 말해 회개함으로써, 우리는 우리 자신의 인격을 희생 제물로 바친다. 이런 까닭에 성인은 집전자에게 다음과 같이 조언한다. "눈물을 강물처럼 흘림으로써 눈보다 더 희게 된(시편 51:7) 다음, 특히 당신의 삶의 순결함을 통해 당신의 양심을 정화한 다음에, 당신은 거룩한 사람으로서 거룩한 선물들에 다가갈 수 있다."09 "절대 순결함이신 하느님을 섬기는 사람들은 거룩해야하기 때문이다."10

　신성한 성찬 예배를 드리기 전날 저녁, 집전자는 홀로 주님 면전에서 자기의 마음을 준비한다. 원한이나 앙심 등 나쁜 감정과 악한 생각들을 쫓아내고, 절제로 자신을 정화하며, 기도 안에서 깨어 머문다. 아침이 되면 성당에 가서 거룩한 제단에 다가갈 수 있도록, 또 주님께 "마음을 정했습니다, 하느님. 마음을 정했습니다. 노래하리이다. 거문고 타며 노래하리이다."(시편 108:1) 이렇게 말할 수 있도록, 위로부터의 힘을 간청한다.

> 신성한 신비의 성사 시간이 되면, 사제와 보제는 지성소에서 나와 주교좌 앞에서 한번 메타니아*(μετάνοια)를 하고, 임금의 문* 앞에 와서 세번 절한 다음, 각각 속으로 "하느님이시여, 죄인인 저에게 자비를 베푸소서. 저를 불쌍히 여기소서."라고 말한 다음,

---

08　*Sur le sacerdoce*, XIII et XVIII, *Philocalie*, édition grecque, volume II, p. 257-258 ; traduction française in *Philocalie des pères neptiques*, tome A, Abbaye de Bellefontaine, 2004, p. 620-621.

09　위의 책. 또한 다음을 보라. Saint Cyrille d'Alexandrie, *Sur le culte en Esprit et en Vérité*, VII, PG 68, 492A.

10　위의 책.

보 제 사제여, 축복하소서.

사 제 우리 하느님은 이제와 항상 또 영원히 찬미 받으시도다.

보 제 아멘.

사 제 우리의 희망이신 하느님이시여, 당신께 영광을 돌리나이다. 하늘의 임금이시여, 위로자시여, 진리의 성령이시며 어디에나 현존하시며 온갖 것을 채워주시는 이여, 행복과 생명을 주시는 이여, 오시어 우리 안에 머무르시어 우리의 불결하게 된 모든 것을 깨끗하게 하시고 선하신 이여, 우리 영혼을 구원해주소서. 아멘.

보 제 거룩한 하느님이시여, 거룩하고 전능하신 이여, 거룩하고 영원하신 이여, 우리를 불쌍히 여기소서.(세 번)
영광이 성부와 성자와 성령께 이제와 항상 또 영원히 있나이다. 아멘.
지극히 거룩하신 삼위일체여, 우리를 불쌍히 여기소서. 주여 우리 죄를 사해주소서. 주여, 우리 잘못을 용서해주소서. 거룩하신 이여, 오시어 당신의 이름으로 병들고 약한 우리를 낫게 해주소서.
주여, 불쌍히 여기소서.(세 번)
영광이 성부와 성자와 성령께 이제와 항상 또 영원히 있나이다. 아멘.
하늘에 계신 우리 아버지, 아버지의 이름이 거룩하게 하시며, 아버지의 나라가 오게 하시며, 아버지의 뜻이 하늘에서와 같이 땅에서도 이루어지게 하소서. 오늘 우리에게 필요한 양식을 주시고 우리가 우리에게 잘못한 이를 용서하듯이 우리의 잘못을 용서하시고, 우리를 유혹에 빠지지 않게 하시고 우리를 악에서 구하소서.

사 제 나라와 권세와 영광이 영원히 성부와 성자와 성령의 것이나이다.

보 제 아멘.

저물지 않는 낮

신성한 성찬 예배의 정해진 시간이 되면, 집전자는 옆에 보제를 거느리고 '캐로스'¹¹(Καιρός) 예식을 거행한다.

'캐로스'는 성화벽*(이코노스타시온 Εἰκονοστάσιον)의 임금의 문 앞에서 펼쳐지는 간략한 예식을 일컫는 명칭으로, 신성한 성찬 예배를 예고하는 예식이다. 그것은 또한 그리스도의 육화의 순간을 상징하고, "때가 다 되어 하느님의 나라가 다가왔다."(마르코 1:15)는 말씀을 우리로 하여금 떠올리게 한다.¹² 이렇게 캐로스 예식은 임금이신 그리스도를 맞이할 수 있게, 또 그분의 왕국의 식탁에 참여할 수 있게 우리를 준비시켜 준다.

하느님의 영원하신 계획에 따라, 역사의 정해진 순간이 되자, "시작이 없으신 분이 시작을 가지셨고, 말씀은 육화되셨다."¹³ 영원 전부터 계신 하느님이 "어린 아이"¹⁴가 되신다. 모든 날의 주님께서 세상 안에 오시고 만물을 새롭게 하신다.

> "당신께서 이 땅에 오시기로 정해진 때에, … 영원하고도 시작이 없는
> 당신의 왕국이 새로운 시작을 취했나이다."¹⁵

말씀의 육화 사건은 시간을 갈라놓고 그것을 새롭게 한다. 시간 밖에 계신 분이 시간을 입으시고, 시간은 시간을 초월해 계신 분께 환대

---

11 그리스어 '캐로스'(Καιρός, 보통 '카이로스'로 발음하나 그리스식 발음은 '캐로스'다)는 더 정확하게는 '최적의 시간', '알맞은 순간'을 의미한다. '캐로스' 예식은 오래되지 않았고, 슬라브 전례서에는 없다. 신성한 성찬 예배의 고대 사본들은 "오 하느님, 우리 하느님이시여, 당신은 우리에게 천상의 빵을 내려보내주셨나니…" 라는 프로테시스의 기도로 시작한다. 14세기 콘스탄티노플의 필로테오스 총대주교의 전례규칙은 집전할 사제가 "주여, 당신의 높은 거처에서 당신의 손을 보내주소서. …"(Trembelas, *Ai treis Leitourghiai*, Athènes, 1935, p. 1)라는 기도로 시작했음을 보여준다.

12 Saint Germain de Constantinople, *Contemplation*, PG 98, 401A.

13 성탄대축일 조과, 애니 성가.

14 성탄대축일 조과, 콘다키온*(Κοντάκιον).

15 성탄대축일 조과. 애니 독사스티콘*(Δοξαστικόν).

를 베푼다. 지극히 거룩하신 성모님은 "자연과 시간이 새로워지는"[16] 장소가 되신다. 새로워진 시간 안에서, 우리는 새로운 사건, 시간과 죽음에 대한 사랑의 승리를 경험한다.

> "죽음의 죽음을, 전혀 다른 영원한 생명의 시작을 … 경축합시다. 기뻐 뛰며 그 생명의 주인이신 분을 찬양합시다."[17]

그리스도의 부활 후, 이젠 죽음 대신에 생명이 통치하고, 영원이 시간을 지배한다. 신성한 성찬 예배에서 우리가 경축하는 것은 바로 그리스도의 이 승리이다. 그래서 그것은 계속되는 파스카이다. "항상 파스카이다."[18] 이런 까닭에 감사의 성찬 신비에 가장 탁월하게 적합한 날은 주님의 부활의 날, 시간의 초월을 상징하는 날인 일요일이다. 일요일은 창조의 첫날이면서 또한 하느님 나라에 속하는 '여덟 번째 날'이기 때문이다. 그것은 "저녁도 내일도 끝도 없는"[19] 날이고, "어느 시점에서는 더 이상 존재하지 않게 될 날, 혹은 장차 존재하게 될 날, 그래서 시작을 가지는 그런 날이 아니라, 그와는 반대로 영원 전부터 존재해왔고 지금도 존재하며 영원토록 존재하게 될 날이기 때문에, 시작도 끝도 없는 날"[20]이다.

생명의 식탁으로부터 "구원의 날이 떠오른다."[21] 그 날은 '여덟 번째 날', "이 부패하고 찰나적인 시간이 멈추게 될 때"[22] 드러나게 될 다가

---

16 7월 2일 만과*(저녁 기도 예식, 에스페리노스 Ἑσπερινός), 아폴리티키온*(Ἀπολυτίκιον).
17 부활대축일 조과, 카논, 7 오디.
18 Saint Jean Chrysostome, *Sur I Timothée*, V, 3, PG 62, 529-530.
19 Saint Basile le Grand, *Hexaemeron*, II, 8, SC 26 bis, 185.
20 Saint Syméon le Nouveau Théologien, *Discours éthiques*, I, SC 122, 182.
21 Saint Jean Damascène, *Homélie sur la Dormition*, III, 3, PG 96, 757B.
22 Saint Grégoire de Nysse, *Sur le psaume 2*, V, PG 44, 504D-505A.

올 세상의 날이다. 신성한 성찬 예배의 날은 "바로 지금 오는"(요한 4:23) 하느님 나라의 날이다. 신성한 성찬 예배에서 우리는 과거의 사건들을 경험하고, 우리에게 이미 주어진 다가올 지복들에 대해 감사를 드리기 때문이다.

> "… 우리에게 당신의 미래의 왕국을 주시기 위해 잠시도 쉬지 않고 일하셨나니, 이 모든 것에 대해 당신께 감사드리나이다."[23]

그리스도 육화의 선구자였던 예언자들이 그리스도를 맞이할 수 있게 사람들을 준비시켰던 것과 마찬가지로, 그리스도는 손수 "그분 자신의 거룩하고 가시적인 강생을 받아들이도록 자신의 말씀을 통해 영혼들을 가르치심으로써, 그분 자신의 영적 강생의 선구자가 되셨고, 또한 합당한 덕을 지닌 이들을 육적인 것에서 영적인 것으로 건너가게 하실 때마다, 그 영적인 강생을 언제나 성취하신다. 그것은 또한 이 세상이 다하고 끝날 때, 그분이 하실 일이기도 한데, 그때는 지금은 모두에게 숨겨져 있는 것을 분명하게 드러내심으로써 그렇게 하실 것이다."[24]

그리스도가 육화를 통해 하신 일을, 우리는 신성한 성찬 예배 안에서 성사적인 방식으로 경험한다. "전에도 계셨고 지금도 항상 계시는 분은 우리에게 오실 분을 계시해준다."(묵시록 4:8) 왜냐하면 신성한 성찬 예배는 모든 이성적 피조물이 그리스도와 함께 하는 "영원히 복된 존재의 형언할 수 없는 신비"[25]를 경험하고 살아갈 수 있게 하는 가능

---

23 신성한 성찬 예배, 아나포라 기도문 중 제 1 봉헌기도.
24 Saint Maxime le Confesseur, *Centuries sur la théologie*, II, 29, PG 90, 1137CD, traduction française dans *Philocalie des pères neptiques*, tome A, p. 443.
25 위의 책, 1, 56, PG 90, 1104C.

성이기 때문이다.

신성한 성찬 예배는 하나의 시낙시스, 하나의 모임이다. 하느님의 모든 자녀가, 하늘과 땅이, 과거와 현재와 미래가 함께 하느님을 경축하는 곳에 모인다. 교회의 모임은 "온 우주뿐만 아니라, 또한 온 시대"[26]로 확장된다.

> 이어서 사제와 보제는 통회하는 마음으로 이 트로파리온(찬양송)들을 읊는다.
>
> **사 제** 주여, 우리를 불쌍히 여기소서. 우리를 불쌍히 여기소서. 무력한 우리 죄인들이 주께 간구하오니, 주여, 우리를 불쌍히 여기소서.
>
> **보 제** 영광이 성부와 성자와 성령께.
> 주여, 우리를 불쌍히 여기소서. 당신께 의탁하오니, 우리에게 진노하지 마시고, 당신의 자비로 우리의 죄악을 살피소서. 우리를 굽어보시고, 원수의 손에서 건져 주소서. 주여, 당신은 우리 하느님이시고, 우리는 당신의 백성이오며, 또한 우리 모두는 주님 당신의 손이 빚으신 피조물이므로 주님 당신의 이름을 부르나이다.
>
> **사 제** 이제와 항상 또 영원히 있나이다. 아멘.
> 지극히 복되신 테오토코스여, 우리에게 당신 자애의 문을 열어주소서. 당신께 바라오니, 우리가 방황하지 말게 하시고, 당신의 도움으로 불행에서 벗어나게 하소서. 당신은 그리스도 신자들의 구원이시나이다.

테오토코스 : 동쪽을 바라보는 문

그리스도가 세상 안으로 들어오시기 위해 넘으신 문, 그 문은 사람을 향한 그분의 사랑이다. 신신학자 성 시메온은 이 하느님의 사랑에

---

26 Saint Jean Chrysostome, *Sur le psaume 44*, 3, PG 55, 203.

호소한다. 그 사랑이 그리스도를 우리 곁에 오게 해주는, 우리를 위한 문이 되게 해달라고 말이다.

> "오 신성한 사랑이여, 그리스도를 어디에 붙잡고 계십니까? 그분을 어디에 감추셨습니까? … 자격 없는 우리에게 열어주소서. 우리에게 당신의 문을 활짝 열어주소서. 그리하여 우리도 우리를 위해 수난 당하신 그리스도를 볼 수 있게 해주소서. 당신은 육신 안에서 그분을 드러나게 하신 문이셨고, 우리 주님의 애끓는 관대하심과 순결하심으로 하여금 모든 이의 죄를 지니게 하셨으니, 우리에게 당신을 열어주소서. … 우리 안에 장착되시어, 당신을 통해서 비천한 우리도 주님의 방문을 맞이할 수 있게 하소서."[27]

그리스도가 세상에 오시기 위해 넘으신 사랑의 문은 지극히 거룩하신 성모님에 의해 열렸다. 성모의 거룩함은 인류를 향한 하느님의 자비를 끌어오셨다. 하느님의 경륜의 신비 안에서 그녀가 행한 봉사를 통해, 지극히 거룩하신 성모님은 "동쪽을 바라보는"[28] 문, "동쪽으로 난 대문"(에제키엘 46:12)이 되셨다. 그 동쪽에서 인간을 위한 생명(la Vie)이 떠올랐고, 그로 인해 죽음의 어둠이 산산이 흩어졌다. 성모 탄생 축일에 교회는 축제를 지낸다. "동쪽을 바라보는 문"[29]이 태어났기 때문이다. 그 문은 "대사제의 입당, 우리 영혼의 구원을 위해 단 한 분이신 유일한 그리스도가 우주 안에 들어오시는 입당을 기다린다."[30]

지극히 복되신 성모님은 동정의(아무도 넘지 않은) 문이고 그 문을 통해 하느님 자비의 빛이 떠올랐다. "자비로우신 이여, 당신을 통해 인류의

---

27 *Catéchèse*, I, SC 96, 232.
28 Saint Jean Damascène, *Sur la Nativité de la Mère de Dieu*, Homélie II, 7, PG 96, 689D.
29 9월 8일 성모 탄생 축일 대만과, 스틱히라*.
30 위와 동일.

본성은 자비를 얻었나이다."³¹ 이런 까닭에 신성한 성찬 예배가 시작되기 전, 우리는 먼저 지극히 순결하신 성모님께 그 모성애의 문을 열어주시어 그리스도 우리 안에 들어오시고 우리 또한 그리스도가 안에 들어갈 수 있게 해달라고 간청하는 것이다.

> 보　제　주여, 불쌍히 여기소서.(열두 번)
> 　　　　영광이 성부와 성자와 성령께 이제와 항상 또 영원히 있나이다. 아멘.
>
> 이어서 사제와 보제는 십자성호를 하며 세 번 고개 숙여 절을 한다.

십자가 : 그리스도의 영광

신자들은 십자 성호를 그으며 죽음과 악마에 대한 그리스도의 승리를 선언한다. 십자가는 "모든 복의 원천이고 모든 위험을 막아주는 성벽이다. … 십자가는 죽음을 죽음에 처했고, 악마의 요새를 파멸시켰으며, … 온 우주를 단죄의 심판에서 빼냈다."³² 십자가는 "낙원의 문을 열였고, 인간 본성을 하느님 보좌 오른편에 있게 하였다."³³

십자가를 통하여, 성 삼위 하느님의 사랑이 인간에게 나타났다.

> "십자가는 하느님 아버지의 의지, 독생 성자의 영광, 성령의 환희이다. 십자가는 천사들의 치장, 교회의 견고함, 성인들의 성벽, 사도 바울로의 찬양, 온 우주의 빛이다."³⁴

---

31 『8조 예식서』*(옥토이코스 Ὀκτώηχος) 8조, 수요일 조과, 카논, 6 오디.
32 Saint Jean Chrysostome, *Contre les juifs et les Païens*, X, PG 48, 827.
33 Saint Jean Chrysostome, *Contre les juifs*, III, 4, PG 48, 867.
34 Saint Jean Chrysostome, *Sur le nom cimetière*, II, PG 49, 396-397.

이런 까닭에 "모든 신자는 끊임없이 몸의 가장 중요한 부분인, 이마 위에 십자가 형상을 그린다. 이렇게 하여 매일 그들 위엔 승전기념비처럼 십자가가 그려진다."[35] "그리스도를 믿는 그리스도인들은 십자 성호를 긋는다. 아무렇게나 소홀하게 긋지 않고, 매우 집중하여, 혹은 두려움과 떨림과 경건함으로 가지고 긋는다. … 왜냐하면 각자는 십자가에 돌리는 공경심만큼 하느님의 힘과 도움을 얻기 때문이다."[36]

여러분의 몸으로 하느님을 영광되게 하십시오.

우리가 이미 언급한 바와 같이 집전자는 영적으로나 육적으로 자신을 준비해야 한다. 그는 금식하고, 철야하고, 기도한다. 각 신자의 준비 또한 그와 같아야 한다. 몸도 영혼처럼 자신 안에 위대한 방문자, 그리스도를 맞이하기 위해서 감사의 성찬 예배에 참여할 준비를 해야 한다. 몸은 결코 신성한 성찬 예배의 수동적인 관객일 수 없다. 그것 또한 예배에 능동적으로 참여한다.

사도 바울로는 우리의 몸이 '성령의 전'이라고 말했고, 이 성전에서 하느님께 영광 돌리라고 권고한다.

> "여러분의 몸은 여러분 자신의 것이 아닙니다. 하느님께서는 값을 치르고 여러분의 몸을 사셨습니다. 그러므로 여러분은 자기 몸으로 하느님의 영광을 드러내십시오."(I고린토 6:19-20)

실제로 신성한 성찬 예배 안에서 신자의 몸은 주님이 영광 받으시는 장소가 된다. 움직임으로 혹은 부동의 자세로, 말로 혹은 침묵으로, 우

---

35 Saint Jean Chrysostome, *Contre les juifs et les Païens*, IX, PG 48, 826.

36 Saint Syméon le Nouveau Théologien, *Discours*, I, 4, *Ta euriskomena*, Tessalonique, édition Zagoraios, 1969, p. 31-32.

리는 주님께 영광 돌린다.

이때 사제와 보제는 세 번 십자성호를 하며 작은 절을 한다. 절 혹은 메타니아에는 두 가지 종류가 있다. 작은 절(작은 메타니아)과 큰 절(큰 메타니아)이 그것이다. 작은 절에서는 십자 성호를 그으며 주님 앞에서 혹은 성인들 앞에서 고개 숙여 절을 한다. '무릎 꿇기'라고도 하는 큰 절에서는 무릎을 땅에 대고 절을 한다. 이렇게 함으로써 피조물은 겸손하게 창조주의 존엄하심에 경배한다.

복음사도 요한은 하느님 나라의 성찬 예배를 묘사하면서 이렇게 말한다.

> "어린양이 봉인된 두루마리를 받아들자, 네 생물과 스물네 원로는 각각 거문고와 향이 가득 담긴 금대접을 가지고 어린양 앞에 엎드렸습니다. 그 향은 곧 성도들의 기도입니다. 그리고 그들은 다음과 같은 새로운 노래를 불렀습니다."(묵시록 5:8-9)

주석가들에 따르면, 네 생물은 천사들의 세상을 상징하고, 원로들은 승리의 교회를 상징한다.[37] 그러므로 지상에서 싸우고 있는 우리는, 천사들과 성인들과 함께, 자신의 희생을 통해 우리를 하느님의 보좌로까지 올려주신 어린양 그리스도를 흠숭한다. 우리는 무릎 꿇고, 이마를 땅에 댄다. 이렇게 하여 그리스도를 맞이하기에 알맞고 좋은 땅이 된다.(루가 8:8)

몸은 하느님 경배에 협력한다. 영혼과 몸을 결합시키는 에너지는 기도에 장애가 될 뿐이라고 주장한 이단자 발람을 반박하면서, 성 그레고리오스 팔라마스는 이렇게 쓰고 있다. "이런 것을 주장하는 사람에게 우리는 내적 기도에 매진하고자 하는 자는 더 이상 금식, 철야, 무

---

37 Aréthas de Césarée, *Commentaire de l'Apocalypse*, Athènes, 1845, p. 57, 67, 70.

를 꿇기, 절하기, 특히 서있기 등과 같은 행위를 해서는 안 된다고 말할 수 도 있겠다." 하지만 성인은 계속해서 말한다. 우리는 기도할 때 "어떤 것이든지 금식과 철야 그밖에 다른 유사한 실천으로부터 오는 육체적인 고통이 필요하다고 여긴다."[38]

육체의 고통을 통해 우리의 기도는 열매를 맺는다. 우리는 그리스도께 이렇게 말씀드리자.

> "나를 굽어보소서. 고통 받고 불쌍한 이 몸입니다. 나의 죄를 말끔히 씻어주소서."(시편 25:18)

메타니아(절기도)는 이 고통과 겸손을 탁월한 방식으로 표현해준다.

이어서 사제와 보제는 모자를 벗고 그리스도 이콘 앞에 가서 절하며 말한다.

사제와 보제 선하신 주여, 지극히 순결하신 당신의 성화상에 경배하나이다. 그리스도 하느님이시여, 비오니 우리의 잘못을 용서하소서. 당신께서 창조하신 이들을 원수의 종살이에서 해방시키기 위하여 당신은 친히 당신의 몸으로 기꺼이 십자가에 오르셨나이다. 그러므로 우리 모두 기뻐 외치나니, 세상을 구원하러 오신 우리 구세주여, 당신은 온 세상을 기쁨으로 충만케 하셨나이다.

이어서 테오토코스 이콘 앞에서 절하며 이렇게 말한다.

사제와 보제 자애의 근원이신 테오토코스여, 우리가 당신의 자비를 받기에 합당한 자 되게 하소서. 죄지은 이 백성을 살피시어, 언제나 당신의 권능을 드러내 보여주소서. 당신께는 희망이 가득하시니, 형체 없

---

[38] *Défense des saints hésychastes*, 2.2.4. et 2.2.6. traduction française Jean Meyendorff, Louvain, éd. Spicilegium sacrum Lovaniense, 1959, tome I, p. 324 et 330.

> 는 가브리엘 천사장이 그렇게 하였듯이, 우리도 "기뻐하소서"라고 외치나이다.
>
> 그리고 또 선구자 요한 이콘 앞에서 절하며 이렇게 말한다.
>
> **사제와 보제** 의인은 찬사로 기념되지만, 선구자여 당신께는 주님의 증언으로 충분하나이다. 예언자들은 단지 선포만 했을 뿐인 분께 당신은 손수 물로 세례를 베푸셨나니, 당신은 참으로 예언자 중에서도 가장 위대하시나이다. 또한 당신은 진리를 위해 투쟁하셨고, 세상 죄를 제거하시고 우리에게 큰 자비를 베푸시는, 육신이 되신 하느님의 출현을 저승에 붙잡혀 있는 자들에게도 기쁨으로 전하였나이다.
>
> 마지막으로 성당 주보 성인 이콘 혹은 성당 명명 축일 이콘에 절하며 그에 해당하는 아폴리티키온을 읊는다.

이콘을 통해 우리는 주님과 성인들을 본다.

우리는 거룩한 예배를 준비하면서, 주님과 지극히 거룩한 성모님과 공경스러운 선구자와 그 밖의 다른 성인들의 흠 없는 이콘에 절한다. 이콘들도 우리의 영을 하느님 경륜의 신비로 이끌어준다. "글을 읽을 수 있는 자에게 성경이 있듯이, 글을 읽지 못하는 자들에게는 이콘이 있다. 이콘은 성경과 같다. 귀로 듣는 말씀이 있듯이, 이콘은 눈으로 보는 말씀이다."[39]

교회의 성가에 따르면, 주님의 첫 번째 이콘은 그분의 육화와 함께 등장했고, 이렇게 해서 지극히 거룩하신 성모님은 첫 번째 이코노그라포스(이콘작가)였다.

---

39 Saint Jean Damascène, *Défense des saintes icônes*, I, 17, PG 94, 1248C.

"테오토코스여, 아버지의 경계 지을 수 없는 말씀이 당신에게서 육화하심으로써 경계 안에 들어오셨나이다. 더러워진 형상을 그 옛날의 면모로 회복하시어, 그것을 하느님의 아름다움과 섞으셨나이다. 그러므로 구원(그리스도의 육화)을 고백하며, 우리는 그것을 행동(거룩한 이콘을 가지고)과 말(말로 그것을 전하여)로 표상하나이다."[40]

거룩한 복음경의 '말씀'과 이콘의 '말씀'은 우리가 하느님 경륜의 신비를 경험하도록 도와준다. "몸의 눈은 이콘을 정면으로 바라보고, 마음의 영적인 눈과 지성은 육화의 경륜의 신비에 고정된다."[41] 이콘을 통해서, 우리는 주님과 성인들을 본다. 우리는 그들과 대화한다. "성사도들은 주님을 육안으로 보았고, 다른 이들은 사도들을 보았으며, 또 다른 이들은 거룩한 순교자들을 보았다. 하지만 나 또한 영혼과 몸으로 그들을 보길, 모든 악에 대한 치료자로서 그들을 보길 열망한다. … 나는 사람이고, 몸을 가졌기 때문에 나는 또한 육체적인 방법으로 거룩한 것과 교제하고 보길 열망한다."[42]

이콘은 우리로 하여금 하느님께 영광돌리도록 추동한다. "비록 생각들이 가시처럼 나를 목 조르지만, 나는 영혼을 위한 공동의 병원인 교회에 들어간다. 거기서 아름다운 이콘들은 내 눈길을 사로잡고 마치 풀 우거진 초지처럼 내 눈은 즐겁다. 내가 다 이해할 수는 없지만, 그것은 내 영혼 안에서 하느님께 영광 돌리게 만든다. 나는 순교자들의 인내를 보았고, 월계관의 보상을 보았다. 그들을 열심히 본받고자 하는 열망이 불처럼 내 안에 타오른다. 나는 무릎을 꿇고 순교자를 통하

---

40 정교 주일(대사순절 첫 번째 주일), 콘다키온.
41 Saint Jean Damascène, *Contre les iconoclastes*, XIII, PG 96, 1360B.
42 Saint Jean Damascène, *Défense des saintes icônes*, I, 36, PG 94, 1264BC.

여 하느님께 흠숭 드리고 구원을 얻는다."⁴³

거룩한 이콘들로 가득 찬 성당은 신성한 성찬 예배가 이뤄지는 장소이다. 거기서 우리는 지극히 거룩하신 성모님과 모든 성인들의 동시대인이 된다. 그리고 우리는 그들의 거처를 함께 공유한다.

> 거룩한 이콘들에 절한 다음, 사제와 보제가 다시 임금의 문 앞에 와서 서면, 보제는 이렇게 말한다.
>
> 보 제   주님께 기도드립시다.
>
> 이때 사제는 고개를 숙이고 다음과 같이 기도드린다.
>
> 사 제   주여, 당신의 높은 처소에서 손(시편 144:7)을 뻗으시어 이제 이 봉사의 직무를 수행할 저에게 힘을 주소서. 그리하여 당신의 두려운 제단 앞에 흠 없이 서서 피 흘림 없는 제사를 거행하게 하소서. 권세와 영광이 오직 당신께 영원히 속하기 때문이나이다.
>
> 보 제   아멘.
>
> 사제는 폐식사*(Ἀπόλυσις)를 한다.

사제직 : 봉사의 직무

피 흘림 없는 제사를 거행하는 것은 대사제이신 그리스도의 일이다. 그리스도는 하느님 아버지의 손이시고, 사제는 아버지의 보좌로부터 그 손을 보내달라고 간청한다. "그리스도는 전능하신 아들, 아버지의 강한 손이시다."⁴⁴ 거룩한 제단 앞에 선 사제는 그리스도의 형상이다.⁴⁵

---

43 위의 책, 1, 47, PG 94, 1268AB.

44 Saint Méthode d'Olympe, *Sur les choses créées*, VII, PG 18, 341A.

45 Saint Maxime le Confesseur, *Lettre XXX*, PG 91, 624B : 여기서 막시모스는 한 주교에게 이렇게 말한다. "거룩한 아버지여, 그분은 당신을 선택하시어, 이 땅에서 하느님의 형상을 지

"봉헌의 선물을 그리스도의 몸과 피로 변화시키는 분은, 그 어떤 사람이 아니라, 우리를 위해 십자가에 달리신 그리스도 그분 자신이시다. 사제는 그리스도의 형상으로 서서 (그리스도가 마지막 만찬에서 하셨던) 말씀을 반복해서 말하지만, 권능과 은총은 하느님께 속한다."[46]

신성한 성찬 예배에서 "아버지와 아들과 성령은 모든 것을 이루신다. 사제는 자신의 혀를 빌려주고 자신의 손은 바친다."[47] 위대한 신비를 위해 봉사하기 위해서다. 결과적으로 "사제는 종일뿐이다. … 실제로 그렇다. 사제직은 이 거룩한 신비의 작동을 성취하는 능력 이외에 다른 것이 아니다."[48]

사제는 이제 자신의 봉사직을 감당할 수 있도록 힘을 달라고 그리스도께 간청한다. 실제로, 그리스도는 섬김을 받기 위해서가 아니라 섬기기 위해서 세상에 오셨다. "나는 섬기는 사람으로 너희 가운데 있다."(루가 22:27) 그리스도가 사람에게 행하신 봉사는 육화의 경륜의 신비이고, 그것은 신성한 성찬 예배를 통해서 계속된다. 이런 까닭에 이 기도에서 신성한 성찬 예배는 그리스도의 봉사라 불리는 것이다.

주님은 우리 가운데서 봉사자로 계신다. 하지만 그리스도는 "단지 그분이 인간의 연약함을 입고 나타나셨던 지상 생애 동안만 봉사하신 것이 아니라, … 장차 권능으로 다시 오셔서 아버지의 영광 안에 나타나실 미래의 삶에서도 그러하실 것이다. … 그러면 다시 한 번 주님이신 '그분은 띠를 띠고 그들을 식탁에 앉히고 곁에 와서 시중을 들어줄

니게 하셨습니다."

46 Saint Jean Chrysostome, *Sur la trahison de Judas*, I, 6, PG 49, 380.
47 Saint Jean Chrysostome, *Sur Jean*, LXXXVI, 4, PG 59, 472.
48 Saint Nicolas Cabasilas, *Explication de la divine liturgie*, XLVI, SC 4 bis, 265.

것이다.'(루가 12:37)"[49]

* * *

13세기의 한 사본에 의하면, 사제는 이렇게 기도하는 시간을 가졌다.

"오, 하느님, 헤루빔들도 볼 수 없고, 세라핌들도 이해할 수 없으시며, 천상의 모든 권세들도 범접할 수 없는 우리 하느님이시여, 당신은 사람들을 향한 헤아릴 수 없는 사랑과 그 깊이를 알 수 없는 선하심으로, 우리의 가난과 비천에 연합되시고, 죄인들인 우리, 당신의 자격 없는 종들에게 사제직의 법도를 주셨나이다. 당신은 선하시고 자비가 충만하시나니, 저를 굳세게 하소서. 저의 구세주여, 당신은 사람들을 사랑하시나니, 하느님의 은총의 직무를 이행할 수 있도록 저를 준비시켜주소서. 저는 제 자신의 힘과 저의 순결함을 신뢰해서가 아니라, 오히려 당신의 연민의 형용할 수 없는 바다에 저를 내던지며, 당신의 두렵고도 무서운 제단에 가까이 가나니, 저의 죄들은 당신의 한없는 자비를 결코 능가할 수 없기 때문이나이다.

사람의 친구이신 주님이시여, 당신께 간구하오니, 당신의 무익한 종인 저를 이 사제의 의복으로, 당신의 신성하고 지극히 거룩한 영의 은총으로 입혀주소서. 제 지성의 눈을 밝혀주시어, 제가 횃불 같은 당신 은총의 광채를 볼 수 있게 해주시고, 제 혀를 부드럽게 만드시어 제가 합당하게 당신을 찬양할 수 있게 해주시며, 저의 지성을 방황에서 지켜주시고, 저의 영이 흩어지지 않게 해주시며, 저의 존재 전체를 당신의 거룩하게 하심 안에 보존해주시고, 저의 간구들을 들어주소서. 거룩하신 주님이시여, 제가 드리는 희생 제사를 흠 없는 분향처럼, 거룩한 번제물처럼 받아주시고, 제게 당신의 찬란한 빛의 그윽함을 허락해 주소서.

함께 집전하며 제게 힘을 주도록, 빛의 천사를 제게 보내주시고,

---

49 Saint Nicolas Cabasilas, *Sur la vie en Christ*, IV, SC 355, 343.

제가 충직하게 당신의 참된 지혜의 말씀들을 전하게 하시며, 불멸하는 천상의 신비들에 참여하기에 합당케 하시고, 그 신비들을 통하여 영혼과 몸 안에서 빛이 비치게 하시며, 당신의 계명들을 진실로 사랑하고 따르는 이들과 함께 당신의 영원하신 선물들을 누릴 수 있게 해주소서. 주여, 당신은 말씀하시길, 당신 이름으로 구하는 것은 무엇이든지 당신의 영원하신 아버지 하느님으로부터 부족함 없이 받게 될 것이라 하셨으니, 죄인인 내가 사제의 의복을 입고 당신의 신성에 간구하나니, 구원을 위해 당신께 간구한 모든 것을 내게 허락해주소서.

당신은 사람들의 친구시며, 시작이 없으신 당신의 아버지와 당신의 지극히 거룩하시고 선하시고 생명을 주시는 성령과 함께, 이제와 항상 또 영원히 영광 받으시기 때문이나이다. 아멘."[50]

> 폐식사 후, 사제와 보제는 회중을 향해 돌아서서 머리를 숙이며 용서를 구한다. 이어서 아래와 같이 말하며 지성소로 들어간다.
>
> **사제와 보제** 주님이시여, 제가 당신의 집에 왔사옵니다. 두려워하는 마음으로 당신의 거룩한 성당을 향하여 부복하겠나이다.
>
> 거룩한 제단 앞에서 세 번 절한 뒤, 사제는 복음경과 제단에, 보제는 제단 옆모서리에 입을 맞춘다.

집전자들은 하늘에 들어선다.

성당 건물은 세상의 형상으로 이해된다. 회중석은 지상의 형상이요, 거룩한 지성소는 하늘의 형상이다. "하느님이 만드신 온 세상은 … 또 하나의 교회로서 지혜롭게 드러난다. 그것은 사람의 손으로 만들어진

---

50 Trembelas, *Ai treis Leitourgiai* (Les trois liturgies), p. 228-229.

것이 아니다. 왜냐하면 그것은 천상의 권세들에 속하는 천상의 세계를 지성소로 갖고, 감각을 가진 것들에게 주어진, 그것들에게 공동으로 속한 지상의 세계를 회중석으로 갖기 때문이다."[51]

이제 집전자는 하늘을 상징하는 지성소 안으로 들어간다. 그곳에서 그는 천사와 같은 직무를 다 행할 것이다. "이런 까닭에 사제는 이 순간 순결해야 한다. 천상에서, 천상의 권세들과 함께 서 있는 것처럼 말이다."[52]

사람을 향한 하느님의 넘치는 사랑, 각 신자들을 생명의 식탁에 앉으라고 부르시는 그 사랑은, 이제 집전자로 하여금 '거룩함 중에서도 거룩함'(le Saint des Saints) 즉 '지성소' 안으로 들어오라고, 그리고 무릎 꿇고 거룩한 제단에 절하라고 부른다. 하지만 집전자의 영혼은 하느님의 보좌에 대한 두려움 없이는 감히 그에 가까이 나아갈 수 없다. "거룩하고 순결한 영혼은 말한다 : 주님이시여, 당신의 영광에 봉헌된 이 성당에서 내가 끊임없이 당신께 흠숭을 바치나이다. 사람을 향한 당신의 사랑을 내가 받았고, 당신의 우편에 서도록 나를 지켜주셨기 때문이나이다. 내가 항상 당신 향한 두려움 간직하고 있기에, 사람을 향한 당신의 사랑 안에서 용기를 내지만, 결코 그 두려움 버릴 수 없기 때문이나이다."[53]

성령의 선물들이 만들어지는 작업장

지성소 한 가운데는, 순결하고 거룩하게 유지하도록 주님이 천상의

---

51 Saint Maxime le Confesseur, *Mystagogie*, II, PG 91, 669AB, traduction française, Paris, éditions Migne, collection 《Les Pères dans la foi》, p. 87.
52 Saint Jean Chrysostome, *Sur le sacerdoce*, III, 4, PG 48, 642.
53 Saint Athanase le Grand, *Sur le psaume* 5, PG 27, 76A.

권세들에게 맡기신 제단이 있다. 『영적인 초지』에 나오는 아빠스 레온티오스는 이렇게 이야기 한다. "어느 일요일, 나는 성찬 교제를 위해 성당에 갔다. 안으로 들어갔을 때, 나는 제단 오른편에 서 있는 한 천사를 보았다. … 그리고 천사가 이렇게 말하는 것을 들었다. '이 제단이 축성된 이래로, 그것은 언제나 여기 있도록 내게 맡겨졌다.'"[54]

거룩한 제단은 "천상과 지상의 경계선"이다.[55] 그것은 "영광의 보좌이고 하느님의 거처이며, 성령의 선물들이 만들어지는 작업장이다."[56] 그것은 주님의 사랑의 선물이 넘쳐흐르는 낙원의 샘이다. "에덴의 낙원에는 하나의 샘이 솟구쳐 세상의 강물들로 흘러갔다. 거룩한 식탁으로부터 하나의 샘이 솟구쳐, 영적인 강물들로 흘러넘친다. 이 샘 곁에 … 하늘에까지 닿는 나무들이 심겨졌다. 언제나 잘 익고 결코 부패하지 않는 열매를 가진 나무들이."[57] "이 거룩한 식탁에서 … 영적인 샘들의 근원이 되는 하나의 샘, 영혼들을 목축여주고 하늘로까지 높여주는 하나의 샘이 흘러넘친다."[58]

신성한 성찬 예배가 거행되는 동안, 사제는 "이 식탁이 영적인 불로 충만함을, 또 샘물을 넘치게 함을, 그리고 이 물 또한 형용할 수 없는 어떤 불꽃으로 이글거림"[59]을 확인한다. 그리스도를 찬양하는 "성인들을 신선하게 해주는 불꽃"[60] 말이다.

54　Jean Moschos, *Pré Spirituel*, IV, SC 12, 50.
55　Saint Germain de Constantinople, *Contemplation*, PG 98, 421C.
56　Saint Syméon de Thessalonique, *Sur le saint temple et sa consécration*, CXI, PG 155, 316D.C.
57　Saint Jean Chrysostome, *Sur Jean*, XLVI, 4, PG 59, 261.
58　Saint Grégoire Palamas, *Homélie LVI*, 8, éd. Oikonomou, p. 209.
59　Saint Jean Chrysostome, *Sur l'incompréhensibilité de Dieu*, VI, 4, PG 48, 756.
60　성모안식축일 조과, 카논, 8 오디 이르모스*(Εἱρμός) 1조.

거룩한 만찬 때, 주님이신 그리스도의 흠 없는 손은 두렵고도 천상을 초월하는 제단이 되었다. 신성한 성찬 예배가 거행되는 동안, 신자들은 성찬 교제를 위해 다가간다. 그들은 마치 열두 제자들처럼 구세주의 흠 없이 순결한 손을 향해 다가간다. "제단은 구세주의 손을 표상하고, 주님의 지극히 순결한 손으로부터 그리스도의 몸을 받듯이 우리는 축성된 식탁으로부터 빵을 받는다. … 그리스도 그분 자신이 사제이고, 제단이고 또 희생제물이기 때문이다."[61]

피 흘림이 없는 희생제사는 수많은 장소와 서로 다른 시간에 계속해서 거행된다. 하지만 유일하신 그리스도의 현존은 공간과 시간을 없애 버린다. 교회는 뜨거운 열망으로 생명의 유일한 샘으로 달려가라고 우리를 초대한다. "여러분 모두 단 하나의 교회로, 단 하나의 제단으로, 단 한 분 예수 그리스도께로 달려가십시오."[62]

---

61 Saint Nicolas Cabasilas, *La Vie en Christ*, III, SC 355, 258.
62 Saint Ignace d'Antioche, *Aux Magnésiens*, VII, SC 10, 86.

2. 집전자들의 착복 예식

사제와 보제는 스틱하리온*(Στοιχάριον)을 들고 동쪽을 향해 세 번 절하면서 이렇게 말한다.

사제와 보제 하느님이시여, 저에게 자비를 베푸시고, 이 죄인을 불쌍히 여기소서.

보제는 사제에게 다가가 자기의 스틱하리온과 오라리온*(Ὀράριον)과 수대*(手帶, 에피마니키아 Ἐπιμανίκια)를 들고 이렇게 말한다.

보 제 사제여, 이 스틱하리온과 오라리온을 축복하소서.

사제는 십자 성호로 그 제의를 축복하며 이렇게 말한다.

사 제 우리 하느님이시여, 이제와 항상 또 영원히 찬미 받으소서. 아멘.

보 제 아멘.

보제는 사제의 오른 손에 입 맞추고 제의들을 입기 위해 보제의 자리로 물러난다.

제의들은 거룩하고, 또 거룩해짐을 전해준다.

교회 밖에서 살아가는 사람은 하느님의 은총을 빼앗기고, 하느님의 집이 아니라 죽음의 장소를 거처로 갖는다. 그는 마치 "옷을 걸치지 않고 집 없이 무덤들 사이에서 살고 있었던"(루가 8:27) 게르게사 지방의 귀신들린 자와 같다. 하지만 거룩한 세례를 통해서 사람은 하느님이 지어주신 통옷을 입는다.

> "세례를 받아서 그리스도 안으로 들어간 여러분은 모두 그리스도를 옷 입듯이 입었습니다."(갈라디아 3:27)

사제는 거룩한 세례를 통해서 그 자신에게 주신 하느님의 은총을 받은 다음, 신품성사를 통해서 또 한 번 하느님의 은총을 받고 그 은총을 세상에 공급해준다. 사제직의 신비를 통해 사람은 은총의 관리자가 된다. 그리고 거룩한 신비성사들의 집전자라는 이 고귀한 직무는 거룩한 제의들을 통해 표현된다.

사제의 제의가 갖는 거룩한 특성은 구약 시대부터 강조되었다. 에제키엘 예언자는 이렇게 말한다. "그것은 거룩한 옷이기 때문에, 다른 옷으로 갈아입어야 백성을 가까이할 수 있다."(에제키엘 42:14)

신품 성사 때 사제는 처음으로 "거룩한 긴 통옷 … 그리고 성령의 사제 의복"[01]을 입는다. 이 날부터 그는 예배를 드리기 위해 준비할 때마다 거룩한 제의들을 하나씩 들고 십자가를 그으며 축복한 후 입는다. 이 행위를 통해서 그는 이 제의들이 "거룩한 것이고, 또한 그리스도의 십자가로 거룩해지며, 그것들을 입음으로써 성화(거룩해짐)가 전해짐"[02]을 보여준다. 이런 까닭에 공경심으로 제의들을 다루고 그것에 입 맞추는 사람은 "하나의 신앙 행위를 한 것이고, 그래서 예수님의 옷자락을 만졌던 모든 사람이 구원받고 치유 받았듯이(마태오 14:36), 그 또한

01　Eusèbe de Césarée, *Histoire ecclésiastique*, X, 4, SC 55, 81.
02　Saint Syméon de Thessalonique, *Sur la sainte liturgie*, LXXXIII, PG 155, 261C.

구원받는다."03

신자들은 사제의 제의를 깊은 공경심을 가지고 다룬다. 거룩한 것이기 때문이다. 그리고 사제는 그것을 입음으로써, 그가 비록 이 세상에 있지만 단지 이 세상에만 속한 사람이 아님을 우리에게 상기시켜준다. 그는 사람과 하느님 사이에 서 있고, 그래서 하나의 다리가 되어, 우리의 기도가 지극히 높으신 분께로 올라갈 수 있게 해주고, 또 하느님의 선물들이 우리에게로 내려오게 해준다.

> 사제는 자신의 스틱하리온을 들고 십자성호로 축복하며 말한다.
>
> **사 제** 우리 하느님이시여, 이제와 항상 또 영원히 찬미 받으소서. 아멘.
>
> 또 그것을 입으며 이렇게 말한다.
>
> **사 제** 주는 구원의 빛나는 옷을 제게 입혀 주셨고, 정의가 펄럭이는 겉옷을 제게 둘러 주셨으니, 제 영혼이 이제와 항상 또 영원히 주님 안에서 기뻐 뛰겠나이다. (이사야 61:10) 아멘.

그리스도 : 하늘에서 내려온 옷

집전자는 기쁨 안에 있다. 주님이 "구원 옷과 기쁨의 통옷"으로 그를 입혀주셨기 때문이다. 그는 "세상에 짝 없이 멋지신 분"(시편 45:2)이신 그리스도께 감사드린다. 주님이 자신의 아름다움으로 그를 입혀주셨기 때문이다. "주님은 나를 신부처럼 보석으로 치장해주셨다." 신부 즉 영혼의 치장은, "하늘에서 내려오신 옷 … 불멸의 통옷, 그리스

---

03 Saint Syméon de Thessalonique, *Réponse à l'Archevêque Gabriel*, XXIX, PG 155, 880C.

도"⁰⁴이신 신랑 그 자신이다.

거룩한 세례를 통해서 주님은 세례 받은 자에게 의복으로 주어지신다. "그리스도는 각각의 성인에게 맞는 의복이다. 그분은 우리에게 힘과 영광을 가져다주는 환희의 통옷이다."⁰⁵ 그러므로 결과적으로 스틱하리온은 성직의 세 단계(주교·사제·보제)에 공통된 의복이고, 세례의 빛나는 통옷, 모든 신자들에게 공통되게 주어진 은총을 상징한다.

사제는 각각의 신자들과 마찬가지로 그리스도의 몸의 지체이다. 성령의 선물들(은사들)은 똑같은 방식으로 신자들에게 주어진다. "가장 위대한 복들을 포함하여 모든 것이 사제들에게나 평신도들에게나 똑같이 주어졌다." 감사의 성찬 식탁에 참여하는 것이 똑같듯이 말이다.⁰⁶ 집전자와 신자들의 이 평등함은 스틱하리온을 통해 강조된다.

본래 스틱하리온은 완전히 흰색이었다. 그것은 순결의 상징이면서 동시에 성직의 직무가 천사의 것처럼 고귀한 것임을 상징했다. 스틱하리온은 "천사들의 빛나는 의복을 표현한다. 주님의 무덤에 빛나는 옷을 입고 나타난 천사처럼 말이다.(마태오 28:3) 그 밖에도 여러 번 천사들은 빛나는 옷을 입고 나타났다. 스틱하리온은 또한 사제직의 순결하고도 무결한 특성을 보여준다."⁰⁷ "천사들과 같이 외적인 흰색 옷을 통해서, 집전자는 영혼의 내적 아름다움을 짐작하게 해준다."⁰⁸

빛나는 옷을 입은 천사처럼(루가 24:4) 집전자는 신자들을 부활의 만

---

04 Saint Cyrille d'Alexandrie, *Sur Isaïe*, V, 5, PG 70, 1365D.
05 Saint Cyrille d'Alexandrie, *Sur Isaïe*, V, 5, PG 70, 1144D.
06 Saint Jean Chrysostome, *Sur la deuxième Épître aux Thessaloniciens*, IV, 4, PG 62, 492.
07 Saint Syméon de Thessalonique, *Sur l'édifice de l'Église*, 33,
08 Saint Théognoste, *Sur la pratique des vertus, la Contemplation et le sacerdoce*, XVIII, *Philocalie*, volume II, p. 258 ; traduction française, 앞의 책, tome A, p. 621.

찬, 감사의 성찬의 잔치로 부르기 위해서, 그리스도의 '생명을 주는' 무덤인 거룩한 제단에서 그들을 기다린다.

> 이어서 사제는 에피트라킬리온*(Επιτραχήλιον, 영대)을 들고 그 위에 십자 성호를 한 뒤 에피트라킬리온의 목깃 위에 자수된 십자가에 입 맞추고 입으며 이렇게 말한다.
>
> 사 제 주의 은총은 아론의 머리에서 수염타고 흐르는, 옷깃으로 흘러내리는 향긋한 기름 같나니(시편 133:2), 당신의 사제들에게 은총을 내리내리시는 하느님이시여, 이제와 항상 또 영원히 찬미 받으소서. 아멘.

에피트라킬리온 : 은총의 상징

에피트라킬리온은 사제직의 은총을, 사제가 그리스도의 사제직에 참여함을 상징한다. 사제는 "모든 예식을 거행할 때마다 이것을 걸친다. 그것은 성령의 효력 있는 은총을 상징하기 때문이다."[09]

사제에게 주어진 은총은, 유대교에서 대사제가 사제직의 복된 상징인 기름부음을 받을 때 사용된 특별한 향유와 같다.(출애굽기 30:25-30) 향유로 기름부음 받은 사람은 "기쁜 얼굴로, 좋은 향기에 흠뻑 젖어, 그를 보는 모든 사람에게 기쁨을 퍼뜨리듯이"[10], 사제도 마찬가지다. 그의 얼굴에는 참 빛이 반사되고, 그의 현존은 신자들에게 영적 기쁨의 계기가 된다.

에피트라킬리온을 입을 때 사제가 읊는 시편 말씀, "아론의 머리에서 수염타고 흐르는, 옷깃으로 흘러내리는 향긋한 기름 같나니"(시편

---

09 Saint Syméon de Thessalonique, *Sur l'édifice de l'Église*, XXXIX, PG 155, 713A.
10 Saint Jean Chrysostome, *Sur le psaume 132*, PG 55, 385.

133:2)는 다음과 같은 의미를 가진다. "교회가 모이고 계속해서 조화를 이뤄간 후에, 비로소 성령의 기름부음이 주어진다. … 먼저 교회의 머리 곧 그리스도 위에, 이어서 교회의 기품 있는 얼굴을 이루는 사도들. 그리고 마침내 기름부음은 몸 전체에, 다시 말해 교회에 속하여 그리스도를 덧입은 모든 신자들에게 주어진다."[11] 고귀한 향유와 같은 신성한 은총은 교회의 머리되신 그리스도로부터 수염과도 같은 사도들의 계승자인 집전자에게로, 이어서 옷깃으로 상징되는 모든 신자들에게까지 흘러내린다.

사제는 하느님과 신자들 사이의 연결이다. 다시 말해 그는 하느님의 은총이 신자들에게 이르도록 안내하는 끈이다. 에피트라킬리온이 우리에게 상기시켜주는 것은 바로 이러한 현실이다. 목걸이 부분은 그리스도를 상징하고, 끝에 달려있는 술 장식은 하느님이 사제에게 맡기신 영혼들을 상징한다. 사제를 통해 신자들은 그리스도의 은총을 받는다.

에피트라킬리온은 또한 "사제는 그리스도이신 머리 아래 있으며, 그래서 그분의 권위 아래서 예배 거행을 완수해야 하고, 그 자신은 겸손하게 그리스도의 멍에에 이끌려 그리스도와 함께 그분의 신성한 행위를 이루어야 하며, 그리스도 없이는 아무 것도 행해서는 안 된다"[12]는 것을 드러낸다.

사제는 신성한 성찬 예배의 신비를, 즉 그리스도의 신비를 주님 자신과 함께 거행한다. "그리스도께 속한 것을, 사제는 그리스도와 함께 행한다."[13]

---

11 Saint Athanase le Grand, *Sur le psaume 132*, PG 27, 524B.
12 Saint Syméon de Thessalonique, *Sur l'édifice de l'Église*, XXXIX, PG 155, 713A.
13 위와 같은 곳.

> 사제는 허리띠를 들고 축복한 뒤 다음과 같이 기도하며 그것을 찬다.
>
> **사 제** 저에게 힘을 입혀 주시어 나무랄 데 없이 살게 해 주신(시편 18:33) 하느님은 이제와 항상 또 영원히 찬미 받으소서. 아멘.

허리띠의 상징적 의미

사제의 기도처럼, 허리띠의 상징적 의미는 다음과 같다. 먼저 그것은 신성한 신비 안에 있는 집전자에게 힘을 주시는 하느님의 권능이요, 두 번째는 사제를 치장하는 순결과 정결이다. 허리띠는 "허리둘레에 착용되는 것으로, (사제가 부여받는) 하느님의 권능을 드러낸다. … 그것은 또 허리에 착용됨으로써, 정결과 순결을 나타낸다."[14] 허리는 욕망의 중심 자리로 여겨지는 것이고, 이렇게 하여 이 욕망들이 절제되어야 함을 상기시킨다.

사제들을 본받아 각 신자도 주님의 식탁에 참여하기 위해 "허리띠를 차야" 한다. 유대인들이 약속된 땅을 향한 여정을 준비하기 위해 허리띠를 차고 첫 파스카 음식을 먹었던 것처럼(출애굽기 12:11), 이렇게 신자들도 "이생을 벗어나 떠날 채비를 하기 위해 허리띠를 차고 우리의 파스카 그리스도를 먹어야 한다. … 허리띠를 찬다는 것은 깨어있는 영혼의 표징이기 때문이다."[15]

집전자와 모든 신자는 주님의 식탁에 참여할 준비를 한다. 불 켜진 영혼의 빛으로 깨어서, 주님의 거룩한 회중을 기다린다. 주님은명하셨다.

"너희는 허리에 띠를 띠고 등불을 켜놓고 준비하고 있어라. 마치 혼

---

14 Saint Syméon de Thessalonique, *Sur la sainte liturgie*, LXXXI, PG 155, 260A.
15 Saint Jean Chrysostome, *Sur l'Épître aux Éphésiens*, XXIII, 2, PG 62, 166.

인 잔치에서 돌아오는 주인이 문을 두드리면 곧 열어주려고 기다리고 있는 사람들처럼 되어라. 주인이 돌아왔을 때 깨어 있다가 주인을 맞이하는 종들은 행복하다. 그 주인은 띠를 띠고 그들을 식탁에 앉히고 곁에 와서 시중을 들어줄 것이다. … 사람의 아들도 너희가 생각지도 않은 때에 올 것이니 항상 준비하고 있어라."(루가 12:35-40)

> 사제는 수대 위에 십자 성호를 그은 다음, 오른손에 차면서 이렇게 기도한다.
>
> **사 제** 주여, 주의 오른 손이 힘차 영광스럽나이다. 주여, 주의 오른손이 원수를 짓부쉈습니다. 무서운 힘으로 당신은 적수를 꺾으셨습니다.(출애굽기 15:6-7)
>
> 또 왼손에 차면서 이렇게 기도한다.
>
> **사 제** 주의 손이 저를 빚으셨으니 깨우침을 주소서. 주께서 명하신 것을 가르쳐 주소서.(시편 119:73)

사제는 그리스도의 손처럼 움직인다.

수대의 상징성은 인간의 창조와 하느님의 경륜과 연관된다. 왼손에 수대를 차면서, 집전자는 "주의 손이 저를 빚으셨으니"라고 말한다. "왜냐하면 아버지(성부)의 두 손, 다시 말해 아들(성자)과 성령을 통하여, 사람은 '하느님의 형상과 닮음'(à l'image et à la ressemblance de Dieu, 창세기 1:26)을 가진 존재가 되기 때문이다."[16]

하느님의 지극히 거룩한 두 손, 말씀과 성령께서 사람을 창조하셨다. 하지만 사람은 하느님과의 친교보다 악마에게 종속되는 것을 선호

---

16 Saint Irénée, *Contre les hérésies*, V, 6. 1. SC 153, 73.

했다. 그래서 그는 지극히 높으신 분의 오른손이 "원수들을 짓부수시고 적대자들을 부서뜨릴" 때까지, 악마의 포로로 붙잡혀 있게 되었다. 그리스도는 단지 원수의 힘을 부서뜨렸을 뿐만 아니라, 사람을 하늘로 들어올리셨다. 만물을 창조하신 하느님의 오른손, 주 예수 그리스도는 신성한 육화를 통해 그 오른손과 연합되어 있는 사람을 그 자신의 신성한 거처로 들어 올리셨다. (은총으로) 사람으로 하여금 그분 자신의 본성상의 특성들, 다시 말해 주님과 임금이 되게 하셨다.(참고. 사도행전 2:36)[17] 처음에 창조된 사람처럼 '새사람' 또한 하느님의 두 손이 빚으신 작품이다.

사람을 창조하고 빚으신 두 손이 또한 감사의 성찬 신비를 완수한다. 수대는 "그리스도가 자신의 손으로 그 거룩한 몸과 피의 고귀한 희생을 완수하신다"[18]는 것을 드러낸다. 하느님의 평화를 주고 봉헌물을 강복하는 손은 대사제 그리스도의 손이다.

하늘로 오르시기 전에 그리스도는 성 사도들에게, 그리고 그들을 통하여 주교들과 사제들에게, "성령의 창조적 은총"을 주셨다. "존재했었고 또 앞으로 세상 끝날까지 존재할 모든 사람의 재창조와 재생이 바로 이 은총을 통해 완수된다. … 그리스도는 그들에게 그분의 일을 완수하도록 맡기셨다."[19] 사제는 그리스도의 손으로서 행동한다. 이런 까닭에 성 요한 크리소스토모스는 이렇게 썼다. "사제가 그대에게 거룩한 신비체(성체와 성혈)를 주는 것을 보게 될 때, 이것을 행하는 이가 사제라고 생각지 말라. 오히려 그대에게 뻗는 손이 그리스도의 손이라고

---

17 Saint Grégoire de Nysse, *Contre Eunome*, V, dans l'édition critique, III, 3, 43, Leiden, ed. Jaeger, 1960, p. 123.
18 Saint Syméon de Thessalonique, *Sur l'édifice de l'Église*, XLII, PG 155, 713CD.
19 Théophane de Nicée, *Lettre aux prêtres*, III, 6, PG 150, 336C-337A.

믿으라."[20]

지극히 높으신 분의 오른손은 "저물지 않는" 시간 안에서 공간을 초월하여 뻗친다. 그 손은 각 신자에게 이르고 평화를 준다. 그 손은 자신의 거룩한 몸과 순결한 피를 주신다.

> 만약 이에 합당한 자격이 부여된 사제라면, 이제 에피고나티온*(Επιγον-άτιον)을 집어 축복하고 입 맞춘 후 이렇게 기도한다.
>
> 사 제   전능하신 이여, 당신의 아름다움과 찬란함 안에서 허리에 칼을 차고 당당하게 나서시옵소서. 진실을 지키고 정의를 세우시옵소서. 당신의 오른팔 무섭게 위세를 떨치시옵소서.(시편 45:3-4) 이제와 항상 또 영원히 그러하소서.

전능하신 이여, 허리에 칼을 차시옵소서.

에피고나티온은 허리띠에 매달려 있는 마름모꼴의 두껍고 딱딱한 천으로, 그 위에 십자가 혹은 부활대축일 이콘이 수놓아진다. 본래 그 것은 주교에게만 허락된 치장이었지만, 후에 어떤 정해진 지위에 있는 사제에게도 허락되었다.

주교로 선출된 이는 서품식 때 처음으로 신부인 교회와의 거룩한 성혼(成婚)을 확증하는 것으로서 에피고나티온을 착용한다. 실제로 에피고나티온은 "신랑 예수 그리스도의 십자가와 부활을 통한 승리를 상징한다."[21] 더 특별하게 보자면 에피고나티온은 "죽음에 대한 승리, 우리 본성의 비부패성, 악마의 폭정에 대한 하느님 권능의 위대성 등을 나타낸다. … 이런 이유로, 그것은 칼의 형태를 띤다. … 이는 사제가

---

20 Sur Matthieu, L, 3, PG 58, 507.
21 Saint Syméon de Thessalonique, Sur les ordinations, 203, PG 155, 412BC.

이것을 착용할 때 '전능하신 이여, 허리에 칼을 차시옵소서'라고 말하는 것을 통해서도 확인된다."[22] 성 니코데모스에 따르면, 여기서 언급되는 시편 말씀을 통해 "다윗은 악마에 맞선 전쟁으로 그리스도를 초대한다. 그분이 악마에 대한 승전과 승리를 우리에게 주시고, 그 폭정 아래서 신음하던 우리를 해방시켜 주시도록 말이다. …" 니코데모스 성인은 또 이렇게 말한다. "당신의 아름다움과 당신의 찬란함으로 당당히 허리에 칼을 차시옵소서. 그리하여 당신의 칼로 원수들을 두려워 떨게 하소서. 하지만 또한 당신 영혼의 아름다움과 당신 덕의 찬란함으로 당신의 친구들을 당신께로 이끄소서."[23]

에피고나티온은 대사제이신 그리스도의 승리를 상기시키고, 시편 구절은 이 상징성을 확인시켜준다. 감사의 성찬 예배를 통해 그분과 함께 있게 된 이들의 영혼 안에서, 그리스도는 그 아름다움을 빛내시며 통치하신다.

> 사제는 이어서 펠로니온*(Φελώνιον)을 들고 축복한 뒤 입으며 이렇게 기도한다.
>
> **사 제** 주여, 당신의 사제들은 정의의 옷을 입고, 당신의 성인들은 기쁨으로 환호하리니(시편 132:9), 이제와 항상 또 영원히 그러하리이다.

사제들이여, 정의의 옷, 그리스도를 입으십시오.

펠로니온은 하느님의 정의, 곧 "우리에게 하느님으로부터 오는 지혜가 되시고, 의로움과 거룩함과 속량이 되신"(I고린토 1:30) 그리스도를

---

22 Saint Syméon de Thessalonique, *Sur l'édifice de l'Église*, XLI, PG 155, 713BC.
23 Euthyme Zigabène, Nocodème l'Hagiorite, *Commentaire du psaume 150*, volume 1, 2e édition, Thessalonique, Orthodoxos Kypseli, 1979, p. 633-634.

상징한다. 신학자 성 그레고리오스는 말한다. "사제들이여 정의를 입으라. 흠 없는 커다란 옷, 우리의 치장이신 그리스도를 입으라."[24]

말씀의 육화 이전에는 "땅 위에서 정의를 발견하는 것이 불가능했다."[25] 그리스도의 육화를 통해서 정의는 하늘에서 내려왔고 "처음으로 사람들에게 가장 참되고 완벽한 모습으로 드러났다."[26] 예전에 단죄 받았던 우리는 "그분의 죽음을 통해 하느님의 친구, 의인이 되었다."[27] 우리가 거룩한 신비들에 참여하게 하심으로써 "그리스도는 우리 영혼 안에 그분 자신의 정의와 그분 자신의 생명을 일으키신다."[28]

하느님의 정의는 사람을 향한 하느님의 사랑이다. 하느님의 정의는 그리스도의 죽음을 통해서 우리를 하느님의 친구로 만든다. 이런 까닭에 하느님의 정의를 상징하는 펠로니온은 "또한 구세주 그리스도의 수난을 나타내고, 또한 그것을 입음으로써 사제는 그리스도의 본을 따른다. 다시 말하면 사제는 자신의 수난과 십자가 죽음을 통해 참된 정의를 성취하신 그리스도를 본받는다. … 그래서 사제는 펠로니온을 입으며 '주여 당신의 사제들은 정의의 옷 펄럭이고, 당신의 성인들은 기쁨으로 환호하리이다.'라고 기도하는 것이다. 왜냐하면 참으로 십자가를 통해서 정의가 우리에게 기쁨을 주기 때문이다."[29]

주님의 사제들은 정의이신 그리스도를 입고 신성한 기쁨에 환호한다.

---

24 *Discours*, V, 30, SC 309, 354.
25 Saint Nicolas Cabasilas, *La Vie en Christ*, I, SC 355, 106.
26 위의 책.
27 위의 책, 107.
28 위의 책.
29 Saint Syméon de Thessalonique, *Sur l'édifice de l'Église*, XLIII, PG 155, 716AB.

> 보제가 수대들을 착용할 때도, 사제가 했던 기도를 똑같이 드린다. 보제는 이어서 오라리온을 들고 입 맞춘 후 자신의 왼쪽 어깨에 올리고 이렇게 기도한다.
>
> **보 제** 거룩하고 거룩하고 거룩하신 만군의 주여, 하늘과 땅이 당신의 영광으로 가득하나이다.(이사야 6:3)

보제(diacre), 예수 그리스도의 신비들의 직무자.

보제의 직무는 사도 시대에 그 기원을 두고 있고(사도행전 6:3-6), 그 직무는 거룩한 신비들의 거행을 보조하는 성격을 지닌다. '하느님을 품은'(Théophore) 성 이그나티오스는 보제들을 "교회의 종들" 그리고 "예수 그리스도 신비들의 봉사 직무자들"이라고 불렀다. 또한 그는 신자들에게 이렇게 권면한다. "모든 신자는 보제를 예수 그리스도처럼 공경하십시오."[30] 보제가 입는 치장 제의는 스틱하리온, 수대, 오라리온(Orarion) 이렇게 세 가지이다. 오라리온은 특별히 보제만 착용하는 것으로, 라오디게아 공의회(4세기)에서 처음으로 언급되었다. '오라리온'이라는 단어는 "어원상 '입'을 뜻하는 라틴어 '오스'(os, 소유격 oris)에서 파생된 것이다. … 이렇듯, 오라리온은 입을 닦을 때 쓰이는 천이다. 보제가 신자들에게 성작을 내밀 때, 성작을 받는 이들은 즉각 오라리온으로 입술을 닦곤 했기 때문이다."[31]

---

30 *Tralliens*, 2-3, SC 10, 97.

31 Saint Nicodème l'Hagiorite, commentaire du 22ᵉ Canon de Laodicée dans le *Pedalion* [배의 '타(舵)'를 의미, 거룩한 규범(Canon) 모음집], 6ᵉ édition, Athène, Astir, 1957, p. 429-430. 니코데모스 성인은 또한 어떤 이들은 라틴어로 '기도하다'라는 뜻을 가진 '오라레'(orare)를 어원으로 제시하기도 했다고 전한다. 왜냐하면 보제는 예배 중에 오라리온의 끝자락을 잡아들고 회중을 대표하여 연도*(聯禱, 엑테니아 Ἐκτενής)를 드리기 때문이다.

오라리온은 또한 "천사의 영적인 특성"³²을 상징한다. 보제직은 천사의 전례적 직무를 본받는 것이기 때문이다. 그래서 오라리온을 들어 자신의 어깨에 걸칠 때, 보제는 "거룩하고 거룩하고 거룩하신 만군의 주여, …"라며 천사들의 삼성송(세 번 거룩)을 읊는 것이다. 사실 "천사들의 고운 날개들과 비슷한 아마포 오라리온을 걸친 보제들은 '섬김의 직무를 위해 파송된 영적 존재들'(히브리 1:14)로서, 한 곳에서 다른 곳으로 신속하게 이동하는 천사들의 권세를 상징한다."³³

사제는 주님의 대사제의 직무를 수행하고, 보제는 성직이 주님의 겸손으로 치장되어야 함을 상기시킨다. 이런 의미에서 오라리온은 "제자들의 발을 씻고 닦아주신 주님의 겸손을 우리에게 상기시켜준다."(참고. 요한 13:4-5)³⁴

이어서 사제와 보제는 손을 씻으면서 이렇게 기도한다.

사제와 보제 주여, 제가 결백한 자들 가운데서 손을 씻고 죄 없는 몸으로 당신의 제단을 두루 돌면서 저에게 하신 놀라운 일을 모두 전하며, 고마운심 노래로 찬미하겠나이다. 주여, 저는 당신 집의 아름다움, 당신의 영광 깃든 곳을 사랑하옵니다. 제 영혼이 불경한 자들과 함께, 제 목숨이 피에 굶주린 자들과 함께 멸망하지 않게 해주시옵소서. 그들은 손으로 불의를 저지르고, 그들의 손에는 뇌물만 가득하옵니다. 하지만 저는 흠 없는 길 걸었사오니, 주여 저를 건져주시고, 저를 불쌍히 여기소서. 제 발은 올바른 곳에 서있나니, 주여, '예배하는 모임'(교회)에서 제가 당신을 찬양하겠나이다.(시편 26:6-12)

32　Saint Syméon de Thessalonique, *Sur les ordinations*, 173, PG 155, 381C.
33　Saint Sophrone de Jérusalem, *Commentaire liturgique*, VII, PG 87C, 3988AB.
34　Saint Isidore de Péluse, *Lettres*, I, 136, PG 78, 272C.

내가 결백한 자들 가운데서 손을 씻으리이다.

참회하지 않고 죄 속에서 사는 사람은 주님께 영광을 돌릴 수 없다. 그는 하느님께 '낯선 땅'이다. 유대인들이 "낯선 땅(남의 나라)에서 주님을 노래 할 수 없었다"(시편 137:4)고 했듯이, 정념의 제국에 살고 있는 사람은 하느님의 경이로움을 찬양할 수 없다. "모세의 율법이 낯선 땅에서 노예가 된 포로들에게 침묵을 명했다면, 죄의 노예가 되어 하느님께 낯선 삶을 살고 있는 자들은 얼마나 더 큰 침묵을 지켜야 하겠는가!"[35] 실제로 "죄는 하느님으로부터의 소외이다."[36]

주님이 세우신 집전자는 삶 속에서 여러 번 하느님의 사랑에 상처 입혔음을 느낀다. 비록 고백성사를 통해서 죄 용서를 받았지만, 그는 하느님의 경이로움을 찬양할 자격이 없다고 느낀다. 집전자의 영적 감수성은 '거룩한 봉헌기도문'(아나포라 기도문)에서도 표현된다.

> "당신의 권능에 대해 말하고, 당신에 대한 모든 칭송 들려주며, 세세대대 당신께서 행하신 모든 이적을 말할 수 있는 자 누구이겠나이까?"[37]

우리는 "정화된 생각들"[38]을 가지고 거룩한 제단에 다가가야 한다. 손 씻음이 상징하는 바가 바로 이 순결함이다. 이 행위는 "우리 영혼의 손들인 순결한 양심과 정신과 마음을 가지고 두려움과 온유함으로 거룩한 식탁에 다가가자"[39]는 의미이다. 우리는 우리 손으로 모든 일을 이뤄낸다. 결과적으로 "손은 행동의 상징이라는 점에서, 손을 씻음으

---

35 Saint Jean Chrysostomos, *Sur l'Épître aux Romains*, VI, 6, PG 60, 440.
36 Saint Grégoire de Nysse, *Contre Eunome*, II, PG 45, 545B.
37 성 대 바실리오스 성찬예배, 아나포라 기도문 중 제 1 봉헌기도에서.
38 성대월요일 조과, 애니성가.
39 Saint Germain de Constantinople, *Contemplation*, PG 98, 424C.

로써 우리는 우리 행위의 순수하고도 무결한 특징을 암시한다."⁴⁰

성당에 들어갈 때마다 손을 씻던 당시 그리스도인들의 관습을 언급하면서, 성 요한 크리소스토모스는 이렇게 묻는다. "성당에 들어갈 때, 손만 씻고, 마음은 씻지 않을 것인가? 손이 말을 한단 말인가? 기도하는 것은 우리 영혼이다. 하느님이 보시는 것도 바로 영혼이다. … 정화되지 않은 정신으로 기도하는 것은 그 어떤 것보다도 더 악한 것이다."⁴¹ "지극히 거룩한 신비성사의 거행에 참여하는 이들은 영혼을 뒤덮고 있는 모든 망상으로부터 온전히 정화되어야 하고, 이 신비성사의 순결함에 가능한 한 가장 가깝도록 순결해져서 이 신성한 신비들을 집전해야 한다. 그렇게 해야 하느님 관상의 밝은 빛으로 조명될 것이다."⁴² 감사의 성찬 신비의 빛으로 말이다.

우리 영혼의 정화는, 우리가 원하기만 한다면, 마지막 만찬때 수건을 두르고 제자들의 발을 씻어주셨던 것처럼, 바로 그리스도를 통해서 성취된다. 그때 그리스도에 대한 신실한 공경으로 발 씻김을 거부했던 베드로에게 그리스도는 분명히 말씀하셨다. "내가 너를 씻어주지 않는다면, 너는 나와 아무 상관도 없게 될 것이다."(요한 13:8) 그리스도와 함께 하는 감사의 성찬 식탁에서는, 주님이 정신과 마음을 정화시켜주실 것임을 겸손과 공경의 마음으로 받아들이는 이들에게만 자리가 주어진다. "그리스도의 은총을 통해 죄와 잘못의 더러움에서 씻기고 정화되지 않는다면, 그 누구도 그리스도가 주시는 생명에 참여할 수 없고 하늘나라를 맛볼 수 없다. 천상의 거처에 들어갈 수 있도록 허락된

40　Saint Cyrille de Jérusalem, *Catéchèses mystagogiques*, V, 2, SC 126, 148.
41　*Sur Jean*, LXXIII, 3, PG 59, 399-400.
42　Saint Denys l'Aréopagite, *Traité de la hiérarchie ecclésiastique*, III, 3; 10, PG 3, 440AB, traduction de Maurice de Gandillac, p. 275.

자는 불결한 자가 아니라 그리스도를 향한 사랑으로 순결한 양심을 가진 이들이기 때문이다."[43]

신성한 성찬 예배에 참여하여 성체성혈을 영하려고 나오는 각 신자에게 주님은 말씀하신다. "내가 너를 씻어주지 않는다면, 너는 나와 아무 상관이 없게 될 것이다."(요한 13:8) 즉 주님이 우리를 다시 주님의 집에 받아들일 수 있도록, 미리 탕자의 참회로 준비하고 주님께 다가가지 않는다면, 우리는 임금의 혼인잔치 식탁인 신성한 성찬 예배에 참여할 자격이 없다는 말이다. 그러므로 '영혼의 씻음' 곧 고백성사를 통해서 신비의 성사에 나아가는 것이 필요하다.

이렇게 순결한 영혼과 육신을 가질 때, 우리는 거룩한 제단 둘레에 모여 천사들의 찬양을 들을 수 있고, 또 거기에 우리의 감사의 찬양을 보탤 수 있으며, 하느님 사랑의 놀라운 업적을 말할 수 있게 된다. 하느님으로부터 받은 모든 호의에 대해 빚진 자임을 인정하면서 우리는 "하느님이 인류를 오류에서 해방시켜주셨음을, 그리고 세상에서 희망도 없이 하느님도 없이 살았던 우리이지만, 그분은 우리를 그분의 형제들로 그분의 공동상속자로 만들어 주셨음을 감사드리며 그분께 감사의 성찬을 바치고, 성찬 교제를 누린다."(참고. 에페소 2:12, 로마 8:17)[44]

감사로 충만한 영혼이 되어 우리는 하느님의 사랑과 지혜의 업적, "그 위대하고 놀라운 일들"을 말한다. "죽음을 통해 생명이 왔고, 죄를 통해 정의가 왔다. 저주를 통해 축복이 왔고, 불명예를 통해 영광이 왔다."[45] 이 모든 것에 대해 감사드리며 우리는 은총의 보좌로 나아간다.

---

43 Saint Cyrille d'Alexandrie, *Sur Jean*, IX, PG 74, 117B.
44 Saint Jean Chrysostome, *Sur la première Épître aux Corinthiens*, XXIV, 1, PG 61, 199.
45 Saint Grégoire de Nysse, *Sur le Cantique des cantiques*, VIII, PG 44, 948C.

3. 프로스코미디 : 감사의 성찬 예물 준비예식

> 이어서 보제는 거룩한 예비제단(프로테시스)으로 가서 거룩한 그릇들을 준비한다. 왼쪽에는 성반*(聖盤, 디스코스 Δίσκος)을 놓고, 오른쪽에는 성작을 놓는다. 그리고 다른 도구들은 그 옆에 놓는다.

성작과 성반

두 개의 거룩한 그릇이 신성한 성찬 예배 중에 사용된다. 성작과 성반이 그것이다. 성작에는 봉헌된 포도주가 부어지고, 성반에는 봉헌된 빵이 놓인다.

성작의 상징적 의미는 십자가 희생을 아버지가 주신 "잔"(요한 18:11)이라고 부르신 그리스도 자신에 의해 드러났다. 그리스도의 십자가 희생 이후, 죽음의 잔은 사람을 위한 축복의 잔(I고린토 10:16), 구원의 잔(시편 116:13)이 된다. 또 성반은 그리스도의 무죄한 수난과 관련된다. "성반은 주님의 주검이 놓인 침상이다."[01] 동시에 그것은 "하늘을 상징하는 것이어서, 둥근 모양으로 되어있고, 하늘의 주인이신 분을 그 안에

---

01 Saint Germain de Constantinople, *Contemplation*, PG 98, 397B.

담는다."⁰²

사도 시대에는 거룩한 그릇들이 유리나 금속 혹은 나무로 만들어졌다. 세월이 흐르면서, 특별히 박해가 멈추면서, 그리스도인들은 금이나 은으로 된 그릇들을 교회에 봉헌하기 시작했다. 그것은 그리스도를 향한 신심의 자연스러운 발로였다. 하지만 이에 더하여 그리스도는 우리에게 형제들을 사랑하라고 요청하신다. 우리 마음을 사랑의 불꽃으로 타오르게 하라고, 금빛 찬란한 빛으로 빛나게 하라고, 그렇게 해서 그분께 그것을 바치라고 요청하신다. "왜냐하면 하느님은 금으로 된 그릇이 아니라 찬란히 빛나는 영혼을 원하시기 때문이다." 성 요한 크리소스토모스의 말이다. 만약 그대가 하느님에 대한 사랑을 보여주고 그분의 희생에 공경을 표하고자 한다면, "그대의 영혼을 바쳐라. 그분은 바로 그대의 영혼을 위해 희생되셨다. 그대의 영혼을 금으로 만들라. 그렇지 않고 그릇은 금으로 된 것인데 영혼은 납이나 구운흙으로 된 그릇이라면, 그대가 얻을 유익이 무엇이란 말인가? … 교회는 금을 녹이는 용광로나 세공소가 아니라 천사들의 축제다."⁰³ 천사들의 이 축제에 참여하려면, 우리 영혼은 거룩한 그릇보다 더 순결하고 더 빛나야 한다. 왜냐하면 "이 그릇들은 그 안에 담기신 그리스도에 참여할 수 없고, 아무것도 느낄 수 없기 때문이다. 그런데 우리는 어떤가? 우리는 그분에 참여한다. 그렇다면 더러운 그릇이 사용되는 것은 참지 못하면서, 더러운 영혼을 가지고 그분께 다가오겠는가?"⁰⁴

거룩한 만찬의 식탁은 은으로 만들어진 것이 아니었고, 그리스도

---

02 Saint Syméon de Thessalonique, *Sur la sainte liturgie*, 85, PG 155, 264C.
03 *Sur Matthieu*, L, 3, PG 58, 508.
04 Saint Jean Chrysostome, *Sur l'Épître aux Éphésiens*, III, 4, PG 62, 28-29.

가 사용하신 잔 또한 금으로 만든 것이 아니었다. 하지만 "그것들은 거룩하고 두렵기까지 한 것이었으니, 성령으로 충만한 것이었기 때문이다."05 성찬 예배에 사용되는 그릇들을 거룩하고 신성한 것으로 만드는 것은 재료의 귀함이 아니라 그것을 거룩하게 하는 성령의 은총이다. 이런 까닭에 새로운 그릇을 사용하기 전에 교회는 특별한 예식을 통해 그것들을 축성하는데, 이때 주교는 성령의 선물을 상징하는 성유(saint chrême)를 성작과 성반에 바른다. 이어서 주교는 이렇게 기도한다. "우리 하느님 주 그리스도시여, 당신의 성령을 이 새 잔 위에 보내시어, 거룩하게 하시고 완전케 하소서."06

거룩한 그릇들은 무엇보다도 감사의 성찬 신비 중에 사용됨으로써 강복되고 성화된다. 테살로니키의 성 시메온은 사제들이 대입당 때 각각 성작을 들고 행진하던 그 시대의 관습을 언급하면서 이렇게 쓰고 있다. "비록 사제들 중 일부는 빈 성작을 들고 있을 수도 있겠지만, 어쨌든 신자들은 거룩한 그릇들로 인해 사제들 앞에서 무릎을 꿇어야 한다. 이 거룩한 그릇들은 고귀한 선물들(성체와 성혈)이 그 안에 담겨있기에 거룩하게 되었고, 그래서 경배 받는다."07 그리스도의 신자와 집전자, 우리 모두는 그 거룩한 그릇들을 보는 것만으로도 우리가 성화된다는 것을 알기에 이 거룩한 그릇들을 존귀하게 여기고 공경한다.

---

05 Saint Jean Chrysostome., *Sur Matthieu*, L, 3, PG 58, 508.
06 *Grand Euchologe*, "Office de consécration d'un nouveau discos et d'un nouveau calice"(새 성반과 성작 축성 예식), Athènes, Astir, 1980, p. 482-483.
07 *Sur l'édifice de l'Église*, 78-79, PG 155, 729BC. 성 시메온은 이렇게 추가한다. "사제들은 신성한 선물들에 대한 공경으로 이 그릇들을 든다. 그 그릇을 바라보는 이들뿐만 아니라 그것에 다가오는 이들 모두가 성화되게 하기 위해서…."

> 사제와 보제는 예비제단 앞에서 세 번 메타니아(절)을 하면서 각각 이렇게 기도한다.
>
> **사제와 보제** 하느님이시여, 죄인인 저에게 속전이 되어 주시고, 저를 불쌍히 여기소서.(세 번)
>
> 사제는 다음의 찬양송을 읊는다.
>
> **사 제** 베들레헴아 준비하라. 에덴이 열렸노라. 에브라다[08]야 채비하라. 동굴에서 동정녀로부터 생명나무가 피어났기 때문이로다. 그녀의 태는 신성한 나무가 심어진 영적 낙원이 되었나니, 그 나무 열매를 먹으면 아담처럼 죽지 않고 살게 될 것이로다. 옛날 추락해 버린 하느님 형상을 다시 일으키시기 위해, 그리스도 태어나시는도다.[09]

베들레헴아, 준비하라.

사제와 보제는 거룩한 예비제단 앞에서 피 흘림 없는 희생 제사를 거행할 준비를 갖춘다. 신자들은 그곳에 그들의 노동의 열매인 빵과 포도주를 가져와 하느님 앞에 내놓는다. 집전자는 이 봉헌물(프로스포라* Προσφορά) 중 성찬 예배에서 사용될 빵을 선택한다

선물들을 준비하기 위한 목적으로 지성소 한쪽 측면에 마련된 예비제단은 그리스도가 나신 베들레헴과 동굴을 상징한다. 이런 까닭에 이 제단 뒤쪽 공간에는 보통 '그리스도 탄생 대축일 이콘'이 모셔진다. 베들레헴이 주님의 거룩한 무덤이 있는 예루살렘에서 멀지 않은 곳에 위치해 있었던 것처럼, 예비제단 또한 거룩한 제단 가까운 곳에 있다. 지성소 한쪽 구석에 예비제단이 조성되는 것은 또한 "그리스도의 첫 번

---

[08] "에브라다"는 히브리어로 "비옥한 곳, 다산의 땅"을 의미하며, 베들레헴의 또 다른 이름이다.
[09] 그리스도 탄생 대축일 준비 기간(대림절), 아폴리티키온.

째 강생의 가난함, 그분이 나신 동굴의 소박함과 비밀스러움을 상징한다."[10]

베들레헴은 "하느님이 육신으로 나타나신"(I디모테오 3:16) 장소였다. 이런 까닭에 성찬 예배 안에서 그리스도의 나타나심 또한 예비제단에서 시작된다.

> 사제는 프로스포라(봉헌된 빵)와 성창*(聖槍, 롱히 Λόγχη)을 집고, 둘 다 이마 높이까지 들어 올린 뒤, 커다란 두려움과 회한의 감정을 가지고, 하늘을 바라보며 이렇게 읊는다.
>
> 사 제 당신은 당신의 고귀한 피로 우리를 율법의 저주에서 되사셨고, 십자가에 못 박히시고 창에 찔리심으로써 사람들을 위해 불멸을 솟아나게 하셨나니, 우리 구세주시여, 당신께 영광 돌리나이다.[11]

당신은 우리를 율법의 저주에서 되사셨나이다.

이전 찬양송에서 사제는 그리스도의 탄생을 노래했지만 지금은 그분의 십자가 달리심을 드러낸다. 그리스도는 십자가에 달리시기 위해 태어나셨다. "바로 이것 때문에 내가 이때에 온 것이다."(요한 12:27) 다시 말해 수난과 십자가를 위한 때이다. 그 십자가 희생을 통해 그리스도는 인간을 율법의 저주에서 되사셨고 인간에게 성령의 자유를 제공하셨다. "그리스도가 죽으셨을 때, … 우리는 자유를 얻었고 양자가 되었다."[12] "왜냐하면 아버지는 화해를 받아들이셨고, 아들은 화해시키셨으며, 성령은 친구로 승격된 이들에게 주어진 선물이시기 때문이

---

10 Saint Syméon de Thessalonique, *Consécration*, 137, PG 153, 348A.

11 성 대 금요일, 아폴리티키온.

12 Saint Nicolas Cabasilas, *La vie en Christ*, I, 64, SC 355, 133.

다. 아버지는 풀어주셨고, 아들은 우리를 풀어주시기 위해 지불된 몸값이셨고, 성령은 자유이시다."[13]

집전자가 봉헌된 빵(프로스포라)를 높이 들 때, 이것은 그리스도가 십자가에 오르신 것을 상기시키고 그분이 우리에게 베풀어주신 사랑을 드러낸다. 예비제단의 빵은 "하느님의 놀랍도록 풍요로운 선하심"을 의미하는데, "왜냐하면 세상의 생명과 구원을 위해, … 하느님의 아들이 사람이 되셨고 그 자신을 희생물과 봉헌물로 내어놓으셨기 때문이다."(참고. 요한 6:51)[14]

보 제	사제여, 축복하소서.
사 제	우리 하느님은 이제와 항상 또 영원히 찬미 받으시도다. 아멘.

빵과 포도주의 봉헌

신성한 성찬 예배를 통해서 하느님은 자신의 생명을 인간에게 주신다. 하지만 신성한 선물이 단지 은총으로만 이해되는 것을 원치 않으시기에, 하느님은 인간의 봉헌물을 받으시고, 그렇게 해서 "은총이 하나의 교환으로 나타나게 하시고, 또 하느님의 무한하신 자비가 얼마간이라도 정의의 요소를 가질 수 있게 하신다."[15] 이렇게 신성한 성찬 예배는 하느님이 인간에게 주시는 선물이요 동시에 인간이 하느님께 바치는 봉헌이다.

지금 시작되는 '예비제단 예식' 혹은 '거룩한 선물들의 준비 예식'은

---

13 위의 책, II, 32, SC 355, 160.
14 Saint Germain de Constantinople, *Contemplation*, PG 98, 397A.
15 Saint Nicolas Cabasilas, *Explication de la divine liturgie*, IV, SC 4 bis, 76.

인간이 하느님께 바치는 봉헌이다. 집전자는 신자들이 바친 프로스포라(봉헌된 빵)를 받아 감사의 성찬 신비를 위해 바쳐지고 축성될 빵을 따로 떼어놓는다.

　신성한 성찬 예배는 그리스도의 삶의 이콘이다. 그리스도는 태어나셨고 새 창조의 맏물, 첫 열매로 하느님께 봉헌되신다. 지극히 순결하신 어머니와 요셉은 "주님께 바치기 위해 예루살렘으로"(루가 2:22) 그리스도를 데려가셨다. 이런 이유로 빵과 포도주는 "곧바로 제단으로 옮겨져 희생 제물로 바쳐지지 않는다. 이것은 먼저 하느님께 봉헌되고, 그런 다음 나중에야 고귀한 선물들이 되고 그렇게 불리게 될 것이다."[16] 예비제단 예식은 그리스도의 탄생과 그분이 성전에서 성 시메온에 의해 영접 받으신 것을 상징한다.

　몸은 양식을 통해 생명을 유지한다. 그래서 우리가, 특별히 감사의 성찬 신비 안에서, 하느님께 양식을 바치는 것은 결코 우연이 아니다. 하느님은 "영원한 생명, 다시 말해 자신의 살과 자신의 생명의 피를 주시고자 했던 이들에게 먼저 썩어 없어질 생명을 위한 양식을 바치라고"[17] 명하셨다. 신비의 마지막 만찬 때 그리스도는 빵과 포도주의 형태로 자신의 거룩한 몸과 거룩한 피를 주셨다. 이 행위를 통하여, 그리스도는 우리도 신성한 성찬 예배에서 인간의 양식 중 가장 근본적인 두 가지 요소인 빵과 포도주를 사용하라고 가르치신다. 유대인들의 봉헌물 또한 토지의 산물, 동물 등과 같은 양식으로 이뤄졌었다. 하지만 그것은 단지 인간만이 아니라 동물의 양식이기도 했다. 그런데 빵과 포도주는 오로지 인간만의 양식이다.

16　위의 책, II, SC 4 bis, 72.
17　위의 책, IV, SC 4 bis, 76.

그리스도는 자신을 "생명의 빵", "참 포도나무"(요한 6:48, 15:1)라고 하셨다. "그분은 자신을 생명의 빵이라고 부르셨다. 그분은 현재나 미래나 우리의 생명을 구성하시기 때문이다."[18] 그리스도는 하늘에서 오신 양식, 하늘나라의 양식이다. "그리스도를 통해서 우리는 하늘 왕국으로 부름 받았기 때문이다. … 이제 우리에게 구약의 만나는 없다. 다만 하늘에서 내려온 빵, 그리스도가 계신다. 그분은 우리에게 영구적이고 영원한 생명을 위한 양식을 주신다."[19]

고귀한 선물들 안에는 우리의 희망, 부활의 확신이 있다. "포도나무가 땅에 뿌리 내린 다음, 때에 따라 열매를 맺듯이, 또 밀 이삭이 땅에 떨어져 썩은 다음, 수많은 밀 이삭으로 솟아나듯이, 그리고 또한 빵과 포도주가 하느님 말씀을 통해 감사의 성찬이 되듯이, 이 감사의 성찬으로 양육된 우리 몸도 땅에 묻혀 부패한 다음, 하느님 말씀이신 그리스도가 부활을 베풀어주실 때가 되면 부활하게 될 것이다."[20]

"구차하면서도 자기가 가진 모든 것"인 동전 두 닢을 하느님께 바친 과부처럼(루가 21:4), 신성한 성찬 예배에서 빵과 포도주를 바칠 때 우리는 하느님께 우리의 모든 생명을 바친다. 그리고 하느님은 "우리가 생명으로 생명을 얻고, 일시적인 것으로 영원한 것을 얻도록"[21] 자신의 온 생명으로 우리에게 되돌려 주신다. 하느님이 요구하시는 것은 오직 한 가지, 온전히 흠향될 수 있도록 순결한 의도와 마음으로 우리의 봉헌을 행하라는 것이다. 왜냐하면 우리는 "순결한 생각, 위선 없는 믿음, 확고한 희망, 뜨거운 사랑을 가지고 피조물의 첫 열매를 바침으로

---

18 Saint Jean Chrysostome, *Sur Jean*, XLVI, 1, PG 59, 258.
19 Saint Cyrille d'Alexandrie, *Sur Jean*, III, 6, PG 73, 517CD.
20 Saint Irénée, *Contre les hérésies*, V, 2, 3, SC 153, 37.
21 Saint Nicolas Cabasilas, *Explication de la divine liturgie*, IV, SC 4 bis, 76.

써 창조주께 온전한 감사를 보여드려야"²² 하기 때문이다.

빵과 포도주, 통일성의 상징들

사람이 하느님께 드리는 선물, 빵과 포도주는 교회의 통일성, 하나 됨을 상징한다.

성 요한 크리소스토모스는 빵의 이 상징적 의미를 상기시킨다. "빵이 하나이므로 우리는 여럿일지라도 한 몸입니다."(I고린토 10:17)라는 사도 바울로의 말씀에서 출발하여, 그는 "빵은 무엇인가?"라고 질문한 뒤 이렇게 대답한다.

> "그것은 그리스도의 몸이다. 그 빵에 참여하는 사람들은 무엇이 되는가? 그리스도의 몸이 된다. 여러 개의 몸이 아니라 단 하나의 몸이 된다. 수많은 곡식 낱알들로 만들어진 것이지만 빵은 단 하나의 빵이듯이, 그리고 또 낱알들이 어디에도 나타나 보이지 않지만 분명 그 안에 존재하듯이, 우리도 우리 서로 그리고 그리스도와 함께 연합한다. 왜냐하면 그대는 이 몸으로 다른 사람은 또 저 몸으로 양육되는 것이 아니라, 모두가 같은 동일한 몸으로 양육되기 때문이다. 그래서 사도 바울로는 '우리 모두가 이 유일한 빵에 참여한다'(I고린토 10:17)고 첨언한 것이다."²³

고대의 어떤 기도문은 똑같이 빵의 사용을 통해 강조되는 신자들의 이 통일성을 표현한다.

> "이 빵이 방방곡곡 흩어져 있다가 이렇게 모여서 하나가 되었듯이, 각각의 민족과 지방과 도시와 마을과 집으로부터 당신의 거룩한 교회

---

22 Saint Irénée, *Contre les hérésies*, IV, XVIII, 4, SC 100, 607.
23 *Sur la première Épître aux Corinthiens*, XXIV, 2, PG 61, 200.

를 모으시어, 단 하나의 살아있는 보편적인(catholique) 교회가 되게 하소서."[24]

포도주 또한 신자들의 통일성의 상징이다. 그것은 서로 다른 많은 포도나무에서 모아진 수많은 포도송이가 압착기를 통과하면서 만들어진 혼합물이다.

사람이 빵과 포도주를 하느님께 바치는 것은 또한 무상의 은총에 대한 감사의 몸짓으로 모든 피조세계가 하나 된다는 것을 표현한다. 우리는 거룩한 제단을 향해 나아가고, 온 세상 또한 우리와 함께 전진한다. 그 세상은 우리 손 안에 들어있고, 또 우리 스스로가 이 세상을 대표한다.

사람은, 아니 오직 사람만이 지성계와 감각계 모두에 참여하도록 창조되었다. 사람은 하나의 '미크로코스모스'(μικρόκοσμος, 소우주)이다. 그리고 세계는 인간의 형상, '메가스 안드로포스'(μέγας ἄνθρωπος, 대(大)인간), 확장된 인간이다. 인간과 세계는 함께 공통의 아버지 창조주께 영광 돌린다. 온 피조세계가 자신을 내어주는 사랑의 신비 안에서 봉사한다.

> 이어서 사제는 프로스포라를 들고 성창으로 그 위에 세 번 십자성호를 그으며 매번 이렇게 말한다.
>
> **사 제** 우리 주 하느님, 구세주 예수 그리스도를 기념하나이다.
> **보 제** 이제와 항상 또 영원히. 아멘.

그리스도를 기념하는 예식

신성한 성찬 예배는 말과 행동, 이 두 가지 방식으로 거행된다. 봉독

---

[24] *Euchologe de saint Sérapion de Thmuis* XIII/1, Prière de l'offrande, également dans *Didaché*(『디다케』), IX, 4, SC 248, 177.

문과 기도문의 말을 통해 우리는 그리스도 자신의 말씀 혹은 그분과 관련된 말씀을 듣는다. 실행된 행동 안에서 우리는 그분을 뵙는다. "어떤 의미에서 우리는 탁월하게 부유하신 분의 극단적인 가난, 무소부재하신 분의 강생, 복되신 하느님이 당하신 수치, 고통을 겪으실 수 없는 분이 겪으신 고통을 보아야 한다. 그분은 얼마나 끔찍한 증오의 대상이셨던가? 한없이 위대하신 분이 스스로 낮아지셨으니, 그분은 얼마나 우리를 사랑하셨던가? 우리 앞에 이 거룩한 식탁을 마련해주시기 위해, 그분은 어떤 고통을 참아내셨고, 어떤 일들을 행하셨던가?"[25]

말과 행동을 통해서, 신성한 성찬 예배는 그리스도의 생애를 상기하고(아남니시스) 기념한다. "우리 주 하느님, 구세주 예수 그리스도를 기념하나이다." 사제는 이렇게 세 번 말하면서, 프로스포라 위에 성창으로 세 번 십자가 표시를 한다.

이 신비를 첫 번째로 거행하실 때, 그리스도는 자기 손에 빵을 드시고 아버지께 감사드린 다음 그것을 찢어 제자들에게 나누어주시면서 말씀하셨다. "이것은 너희를 위하여 내어주는 내 몸이다."(루가 22:19) 이어서 자신의 거룩한 피를 "많은 사람을 위하여 내가 흘리는 계약의 피"(마태오 26:28)라고 부르셨다. "그리스도는 이 말씀을 통해서 그분이 곧 죽으러 갈 것임을 예고하신다. '유언'(testament)을 말씀하신 것이다." 이렇게 "거룩한 신비들을 통해서 그분은 자신이 곧 희생 제물로 죽게 될 것임을 제자들에게 상기시키시고, 식탁에 함께 앉으실 때, 십자가에 대해 말씀하신다."[26]

십자가에 달리시기 전, 그리스도는 성찬 예배, 다시 말해 자신의 십

---

25 Saint Nicolas Cabasilas, *Explication de la divine liturgie*, I, SC 4 bis, 66.
26 Saint Jean Chrysostome, *Sur Matthieu*, LXXXII, 1, PG 58, 738, 737

자가 수난에 대한 기념예식을 거행하신 것이다.(루가 22:19-20) 그리고 우리에게도 똑같이 그것을 거행하고, "십자가와 수난과 죽음, 단지 약함과 치욕으로만 여겨지는 이 사건을 기억하라"[27]고 명하셨다. 우리는 자문해 볼 수 있다. "왜 '이것은 내 몸이니라, 이것은 내 피이니라'라고 말씀하신 다음, 아무 것도 첨가하지 않으셨는지 … '내가 죽은 자를 다시 살려냈다' 혹은 '내가 문둥병을 고쳤다'라고 말씀하시지 않고 … '너희를 위해 찢긴 내 몸이요, 너희를 위해 흘린 내 피이다'라고만 하셨는지 말이다. 어찌하여 그리스도는 그 숱한 기적들이 아니라 그분의 수난만 언급하신 걸까? 그것은 이 수난이 기적들보다 더욱 필요한 것이기 때문이다. … 그 수난은 우리 구원의 원인이지만 … 기적들은 단지 주님이 참된 구세주이심을 더욱 굳게 믿게 해주기 위해 성취된 것일 뿐이다."[28] 기적들은 그리스도의 신성에 대한 확증이고, 수난은 우리에게 구원과 구세주 그리스도를 준다.

> 사제는 성창으로 어린양(암노스 Ἀμνός) 날인의 오른쪽 선을 따라 자르면서 말한다.
>
> **사 제** 그는 어린양처럼 희생되셨나이다.(이사야 53:7)
>
> 그리고 왼쪽을 자르면서
>
> **사 제** 그는 가만히 서서 털을 깎이는 흠 없는 어린양처럼 결코 입을 열지 않으셨나이다.(이사야 53:7)
>
> 그리고 위쪽을 자르면서

---

27 Saint Nicolas Cabasilas, *Explication de la divine liturgie*, VII, SC 4 bis, 85.
28 위의 책, p. 87.

> 사 제 그는 겸손하게 심판받으셨나이다.(이사야 53:8)
>
> 마지막으로 아래쪽을 자르면서
>
> 사 제 그의 출생 누가 이야기 하겠나이까?(이사야 53:8)[29]
>
> 보 제 사제여, 들어 올리소서.
>
> 사제는 어린양을 성창으로 꺼내 들어 올리면서
>
> 사 제 그의 생명은 땅에서 높이 들리었기 때문이었나이다.(이사야 53:8)[30]
>
> 라고 말하고 어린양을 성반 위에 뒤집어 놓는다.

그리스도 수난 이야기

이제 집전자는 그리스도의 수난을 예시하는 이사야의 예언을 읊으면서 프로스포라의 어린양을 떼어 내어 성반 위에 놓는다. 사제는 성창으로 어린양 위에 "그리스도의 수난과 죽음"을 표현한다. 왜냐하면 사제가 지금 행하는 것은 "행동으로 보여주는 그리스도의 수난과 죽음 이야기"[31]이기 때문이다.

1) 그는 어린양처럼 희생되셨나이다.(이사야 53:7)

이사야 예언서의 이 구절은 그리스도의 수난과 관련된다. 그리스도는 "우리 죄를 위해 자신을 희생제물, 봉헌물처럼 하느님께 바치셨기 때문이다. 그분은 '하느님의 어린양'(요한 1:29)이라 불리셨고 '어린양'(이

---

29 역자 주) 칠십인역 그리스어 구약 성경 : "τὴν γενεὰν αὐτοῦ τίς διηγήσεται;"

30 역자 주) 칠십인역 그리스어 구약 성경 : "ὅτι αἴρεται ἀπὸ τῆς γῆς ἡ ζωὴ αὐτοῦ." 여기서 동사 αἴρω는 '제거하다' 혹은 '들어 올리다'라는 이중의 뜻이 있다. 한글 공동 번역 성경은 "그는 인간 사회에서 끊기었다."라고 번역하고 있다.

31 Saint Nicolas Cabasilas, *Explication de la divine liturgie*, VI, SC 4 bis, 81.

사야 53:7)이라 예언되셨다."³² 그분은 "잃어버린 양"인 사람을 위해 희생된 "순결한 어린양"이시다.(마태오 18:12)

그리스도의 십자가 희생은 유대인의 유월절 어린양의 희생으로 예시되었다. 유대인들은 "그 결백함" 때문에 어린양을 희생 동물로 사용했다. "처음 창조된 인간이 불순종 후에 벌거벗게 되었을 때 그 털(양의 털)로 옷을 만들어 입었기 때문이다. 게다가 우리를 위해 희생제물이 되신 그리스도는 '썩지 않는 옷'이고 또 그렇게 불리신다.(참고. 로마 13:4)"³³ 그리스도는 생명을 주는 십자가 위에서 발가벗기셨지만, 그로써 사람의 썩지 않는 의복이 되셨다.

2) 그는 가만히 서서 털을 깎이는 흠 없는 어린양처럼 결코 입을 열지 않으셨나이다.(이사야 53:7)

수난 받으실 때 그리스도가 침묵하신 것은 그분이 자신의 십자가 죽음을 자발적으로 수용하셨음을 의미한다.

"누가 나에게서 목숨을 빼앗아가는 것이 아니라 내가 스스로 바치는 것이다."(요한 10:18)

그리스도는 자신의 고유한 의지로 "우리를 위해 십자가를 참으셨다. 왜냐하면 그분은 자기 자신을 거룩한 희생제물처럼 아버지 하느님께 바치셨기 때문이다."³⁴

그리스도는 대사제들과 헤로데 앞에서 침묵하셨다.(참고. 마태오 26:63, 루가 23:9) 그분은 또한 빌라도 앞에서도 침묵하셨다. "예수께서는 그에

---

32 Saint Basile le Grand, *Sur le psaume* 28, 5, PG 29, 296B.
33 Saint Grégoire le Théologien, *Discours*, XLV, 13, PG 36, 640C.
34 Saint Cyrille d'Alexandrie, *Sur Jean*, V, 1, PG 73, 721A.

게 아무 대답도 않으셨다."(요한 19:9) 하지만 빌라도는 그분의 침묵을 자기에 대한 멸시로 해석했다. "왜냐하면 그는 그리스도의 침묵의 신비를 조금도 이해하지 못했기 때문이다."

3) 그는 겸손하게 심판받으셨나이다.(이사야 53:8)

그리스도의 침묵과 겸비는 그분에게서 정의를 박탈하는 핑계로 사용되었다. 심판은 그분께 정의를 거부했다. 불의한 선고는 그리스도를 십자가 죽음으로 이끌었다.

육화를 통해서, 그리스도는 "오히려 당신의 것을 다 내어놓고 종의 신분을 취하시어, ⋯ 당신 자신을 낮추셔서 죽기까지, 아니, 십자가에 달려서 죽기까지 순종하셨다."(빌립보 2:7-8) 그리스도는 아버지의 보좌로부터 겸비의 여정을 시작하셨고 십자가에 도달하셨다. "그분의 존귀하심 드높았기에, 그분의 겸비는 더욱 심오하다. ⋯ 노예가 되시다니 이 얼마나 놀라운 신비인가! 나는 그 신비를 설명할 말을 찾지 못한다. 그러나 자의로 죽음을 겪으신 것은 더욱 위대하다. 그런데 그보다 더 위대하고 더 놀라운 것이 있으니, 그것이 무엇이겠는가? ⋯ 그것은 바로 십자가 위에서의 죽음이다. ⋯ 수치스럽고 저주스러운 죽음. '나무에 매달린 자는 누구나 저주받은 자다'(신명기 21:23, 갈라디아 3:13)"[35]

그리스도는 사랑이시다. 십자가 정상에서 그분은 그 사랑의 높이와 겸손의 깊이를 보여주셨다.

4) 그의 출생 누가 이야기하겠나이까?(이사야 53:8)

'출생'(génération)이라는 단어를 통해, 이사야 예언자는 그리스도의 영

---

35 Saint Jean Chrysostome, *Sur l'Épître aux Philippiens*, VII, 3, PG 62, 232.

원 이전의 출생의 신비를 표현한다. 우리는 자문한다. "과연 누가 '유일한 출생자'(l'Unique engendré)의 현존 방식을 조금이라도 설명할 수 있겠는가? 아버지가 아들을 형용 못할 방식으로 낳으신 것을 어떤 입술이, 어떤 언어가 말할 수 있겠는가?" 그리스도가 아버지에게서 나신 것, "우리는 그것을 알고 믿는다. 하지만 그분의 출생의 방식은 어떤 지성도 감히 이해할 수 없는 신비이다."[36]

5) 그의 생명은 땅에서 높이 들리었기 때문이었나이다.(이사야 53:8)

사제는 어린양을 떼어 성반 위에 놓는다. 이 행위는 우리에게 그리스도의 말씀을 상기시킨다.

> "내가 이 세상을 떠나 높이 들리게 될 때에는 모든 사람을 이끌어 나에게 오게 할 것이다."(요한 12:32)

그리스도의 희생은 온 세상을 위한 것이다. 성 요한 크리소스토모스는 이렇게 쓰고 있다. "그분은 왜 지붕 아래서가 아니라 높이 솟은 나무 사형대에서 희생되셨는가? … 그것은 어린양 그리스도가 높은 곳에서 십자가에 달리셨을 때, 공기의 본성이 정화되었기 때문이다. 땅 또한 정화되었으니, 그것은 그분의 옆구리에서 흘러나온 피로 적셔졌기 때문이다. … 그 희생이 도시 밖에서 성벽 바깥에서 바쳐진 것은 그 희생이 우주적인(보편적인) 희생이요, 온 땅을 위한 봉헌제물이었음을 우리에게 알려주기 위함이었다."[37] 유월절 어린양은 오직 유대인들에 의해서 또 그들만을 위해서 비밀스럽게 희생되었다. 그리스도는 온 우주를 껴안고 성화하기 위해 십자가 위에서 팔을 벌리신다.

---

36 Saint Cyrille d'Alexandrie, *Sur Jean*, V, PG 73, 712CD.
37 Sur la Croix et le Paradis, I, 1, PG 49, 400.

"자애로우신 하느님이시여, 당신은 십자가에서 손을 벌리시어, 당신에게서 멀어진 백성들을 불러 모아 당신의 지극한 선하심에 영광 돌리게 하셨나이다."[38]

사도 필립보가 에디오피아 여왕의 신하가 탄 마차에 다가갔을 때, 그 신하는 지금 집전자가 읊었던 이사야 예언서의 구절을 읽고 있었다. 그래서 사도는 "이 성경 말씀을 비롯하여 여러 가지 말씀을 풀어 예수에 관한 복음을 전하였다."(사도행전 8:32-35) 지금 집전자는 이사야 예언서에서 가져온 동일한 말씀들을 사용하여, 그리스도의 감사의 성찬 예식의 복된 소식을 전하기 시작한다.[39]

보 제 사제여, 제물을 바치소서.

사제는 제물을 바친다. 다시 말해 사제는 뒤엎어 놓은 어린양을 성창으로 수직으로 가르며 말한다.

사 제 세상의 죄를 없애주시는 하느님의 어린양이 세상의 생명과 구원을 위해 희생되시나이다.(요한 1:29, 6:51)

보 제 사제여, 십자가 희생을 행하소서.

사제는 어린양을 수평으로 갈라, 십자가 모양이 되게 하며 말한다.

사 제 그리스도시여, 당신은 십자가에 오르심으로써 원수의 폭압과 권세를 짓밟으셨나니, 우리를 구원하신 분은, 천사나 사람이 아니라, 하느님이시나이다. 주여, 당신께 영광 돌리나이다.[40]

---

38 『8조 예식서』, 1조 수요일 조과 카티스마*(Κάθισμα) 성가. 또한 성 대 토요일 조과, 엥코미아(Τά Ἐγκώμια), 1 스타시스, 성가 중 "옛날, 유대인들은 보이지 않는 곳에서 파스카 어린양을 희생시켰나이다. 하지만, 온 피조물을 정화하시는 구세주시여, 당신은 공공연하게 희생되셨나이다."

39 『8조 예식서』, 1조, 금요일 조과, 카티스마, 이사야 63:9.

하느님의 어린양이 희생되시나이다.

사제는 계속해서 말과 행동으로 그리스도의 수난 이야기를 펼쳐간다. "하느님의 어린양이 희생되시나이다." "세상의 죄를 없애시기 위해, 죽음을 폐지하시기 위해, 그리하여 인간 본성의 모든 복의 시작, 영원한 생명의 원천, 하느님의 뜻에 따라 우리를 다시 주조하시는 토대, 신앙과 정의의 시작, 하늘나라를 향하는 길이 되시기 위해, 참된 어린양, 흠 없는 희생제물이 우리 모두를 위해 희생으로 인도되신다. … 우리는 수많은 죄 속에 살아왔고 그래서 죽음과 부패에 빚진 자들이 되었기에, 아버지는 우리의 몸값으로 그 아들을 주셨다. … 그분은 우리 모두가 그분 안에서 생명을 얻도록, 우리를 위해 홀로 죽으셨다."[40]

주님의 십자가 죽으심으로 인해, 악마의 폭정은 흔들렸고, "하느님 지식"은 뿌리를 내렸다. 이제 "우리는 본질이 같으신 성 삼위 하느님, 창조되지 않은 신성, 유일하신 참 하느님, 만물의 창조주요 주님께 예배를 드린다. 덕들은 완성되었고, 그리스도의 부활로 인해 부활의 희망이 주어졌으며, 예전에 사람을 종처럼 지배했던 악령들은 떤다. 가장 놀랍고 경이로운 것은 이 모든 것이 십자가와 수난과 죽음을 통해 성취되었다는 것이다."[41]

* * *

영원히 기억되실 복되신 파이시오스 성인(†1994.12.7.)[42]은 이런 말씀

---

40 Saint Cyrille d'Alexandrie, *Sur Jean*, II, PG 73, 192B-D.
41 Saint Jean Damascène, *Exposé de la foi orthodoxe*, IV, 77, PG 94, 1108CD-1109A.
42 성인에 대해선 다음의 책을 참고하라. Hiéromoine Isaac, *L'Ancient Païssios de la Sainte Montagne*, Lausanne, L'Âge d'Homme, collection 《Grands Spirituels orthodoxes du XXᵉ siècle》, 2009.

을 하셨다. "내가 '에클레지아르키'[43]라는 소임을 맡고 있을 때, 다음과 같은 일이 벌어졌다. '하느님의 어린양이 희생되시나이다'라고 말할 때, 나는 성반 위에서 어린양이 마치 희생되는 어린양처럼 꿈틀대는 것을 보았다. 다른 때는 내가 어떻게 그것에 다가갈 수 있었는지! 그래서 사제들은 프로스포라를 절대 그 이전에 잘라서는 안 된다. 사제들은 이 문장을 말할 때, 비로소 성창을 들고 프로스포라를 찔러야 한다." 이 경험은 성인을 매우 놀라게 하였고, 그래서 그는 그 두렵고 떨림으로 인해 평생 결코 사제직의 은총을 받길 원하지 않았다.

> 보 제   사제여, 찌르소서.
>
> 사제는 어린양의 오른쪽 옆을 성창으로 찌르며 말한다.
>
> 사 제   군인 하나가 창으로 옆구리를 찌르니 거기서 곧 피와 물이 흘러나왔나이다. 이는 자기 눈으로 직접 본 사람의 증언이니, 이 증언은 참되나이다.(요한 19:34-35)

거기서 곧 피와 물이 흘러나왔나이다.

집전자가 성창으로 어린양을 찌르는 순간, 그는 십자가에 달리신 그리스도의 지극히 거룩한 몸을 자기의 창으로 찔렀던 로마 병사를 표상한다. 그 순간 "거기서 피와 물이 흘러나왔다." 사람들이 '새로운 테오도시오스'(Saint Théodose le nouveau, 8월 7일 축일) 성인에 대해 말하길, 첫 성찬예배 순간을 맞이하였을 때, 그는 너무도 감동되어 사제직을 거두어

---

[43] 수도원에서 성당 관리와 지성소에서의 집전자 보조, 예배의 바른 진행 등을 담당하는 소임을 맡은 수도자를 일컫는다.

달라 요청했다고 한다.⁴⁴

그리스도의 옆구리에서는 "물과 섞인 피가 흘러나왔다. 하느님은 이 사건을 복된 신비성사인 신성한 감사 성찬 예배와 거룩한 세례 성사에 대한 하나의 형상이요 시작으로 제시해주셨다. 실제로 거룩한 세례는 그리스도께 속하는 것이고, 그리스도에 의해 제정되었으며, 신성한 감사 성찬 예배의 신비로운 힘은 그분의 거룩한 몸으로부터 싹트기 때문이다."⁴⁵

이 두 신비성사는 그리스도에게서 흘러나오고 교회를 창조한다. "이 물과 피는 세례 성사와 신비의 감사 성찬 성사의 상징이다. 그리고 이 두 가지 성사로부터 교회가 태어난다. … 결과적으로 아담의 옆구리에서 이브를 만들어내셨듯이(창세기 2:21-22), 그리스도는 그분의 옆구리에서 교회를 형성해내셨다."⁴⁶ "아담이 잠들었을 때 여자가 만들어졌듯이, 마찬가지로 그리스도가 죽으셨을 때, 교회가 그 옆구리로부터 형성되었다."⁴⁷

극도의 고통과 죽음의 순간에 최고의 기쁨과 생명이 왔다. "내게 생명의 물결 흐르게 하시려고, 당신은 옆구리를 찔리셨나이다."⁴⁸

주님의 옆구리는 사람을 살리신다. "창에 찔린 당신 옆구리에서, 당신은 생명('이브', 참고. 창세기 3:20)에게 생명을 흘려보내셨나니, 이브는 나를 낙원의 생명에서 쫓아냈지만 당신은 그녀와 함께 나를 살리셨나이

---

44 Archimandrite G. Paraskevopoulos, *Erminevtiki epistasia epi tis theias Leitourgias* (『신성한 성찬 예배 해설』), Patras, 1958, p. 32.
45 Saint Cyrille d'Alexandrie, *Sur Jean*, XII, PG 74, 677B.
46 Saint Jean Chrysostome, *Catéchèses baptismales*, III, 17, SC 50, 161.
47 Saint Jean Chrysostome, *Éloge de Maxime*, III, PG 51, 229.
48 성 대 금요일 조과, 구복단.

다."⁴⁹

생명을 주는 주님의 옆구리로부터 하느님의 영적 낙원인 교회가 태어나고 생명을 얻어 살아간다.

> 보제는 성작에 충분하게 포도주와 물을 부으며 말한다.
>
> **보 제** 사제여, 이 성스러운 결합을 축복하소서.
>
> 사제는 축복하며 말한다.
>
> **사 제** 당신의 거룩한 선물들의 연합에 이제와 항상 또 영원히 강복하소서. 아멘.

깨어있는 취함(sobre ivresse)

보제가 성작에 붓는 포도주와 물은 그리스도의 옆구리에서 흘러온 피와 물을 상징한다.

성 요한 크리소스토모스는 "우리 구원의 이 지복(다시 말해 감사 성찬 예배)의 토대는 포도주에 의해서 완성된다."⁵⁰고 강조한다. 하지만 또 말하길 악한 의도는 포도주를 술 취함의 원인으로 만든다고 한다. 그렇지만 성찬 예배 안에서 "영적인 잔은 술 취함을 야기하지 않는다. … 그것은 힘을 빠지게 하지 않고 도리어 그 힘을 일깨운다. … 그것은 말하자면 힘을 만들어내는 새로운 종류의 취함이다. … 그것은 영적인 바위이신 그리스도(I고린토 10:4)에게서 솟아나기 때문이다."⁵¹

이 취함은 사람을 물질적인 것들로부터 빼내서 신성한 상태로 이끈

---

49 성 대 토요일, 엥코미아 1 스타시스 성가.
50 Saint Jean Chrysostome, *Sur la Genèse*, XXIX, 3, PG 53, 265.
51 Saint Jean Chrysostome, *Contre ceux qui s'enivrent*, II, PG 50, 436.

다. "물질적인 것으로부터 더없이 신성한 상태로의 변화, 그 황홀경이 일어난다."[52] 감사 성찬 예배의 성작은 "깨어있는 취함"을 불러일으키니, 이것은 깨어 살핌의 상태를 만들어내고 사람으로 하여금 영원한 생명에 참여케 해준다. "이 취함을 맛본 사람은 찰나적인 것을 불멸하는 것과 바꾸고, 그리하여 평생을 하느님 집에 머문다.(시편 23:6)"[53]

여기서 우리는 하느님의 어머니께 우리의 감사를 표현한다. 우리에게 구원의 포도주를 주시는 그리스도가 그녀로부터 오셨기 때문이다.

> "경작되지 않은 포도원 같은 동정녀여, 당신은 가장 아름다운 송이를 맺으시어, 영혼과 몸에 환희를 가져다주는 구원의 포도주를 우리에게 흘러넘치게 하셨나니, 당신을 모든 복의 원천으로 찬양하며 우리 모두 당신께 외치나이다. 은총이 가득하신 이여, 기뻐하소서."[54]

사제는 동일한 프로스포라 혹은 두 번째 프로스포라를 두 손에 들고, 빵에 날인된 삼각 모양의 작은 부분을 성창으로 잘라내며 말한다.

사 제 지극히 찬양되시고 영화로우신 테오토코스 평생 동정녀이신 우리 성모 마리아를 공경하고 기념하기 위함이니, 주여, 성모님의 중보를 통하여 이 제사를 주의 천상 제단에 받아주소서.

이어서, 사제는 성모님 몫의 조각을 성창으로 찍어 들어 올린 다음 그것을 어린양의 오른쪽(사제가 볼 때는 어린양의 왼쪽)에 놓으면서 말한다.

사 제 황금으로 단장된 왕후가 당신 오른편에 서 있나이다.(시편 45:9)

---

52 Saint Grégoire de Nysse, *Sur le Cantique des cantiques*, V, PG 44, 873B.
53 Saint Grégoire de Nysse, *Sur l'Ascension*, PG 46, 692B.
54 1월 5일 조과, 카논, 3 오디, 카티스마의 테오토키온*(Θεοτοκíον).

왕후가 당신 오른편에 서 있나이다.

위에서 살펴본 캐로스 의식에서, 집전자는 생명으로 이끌어주는 문이 되어달라고 모든 것보다 더욱 복되신 성모님께 간청하였다. 지금은 우리가 집전자를 통하여 우리의 봉헌이 받아들여질 수 있도록 그분의 지극히 거룩한 중보를 요청한다.

성모님은 감사의 성찬 제사가 드려지는 흠 없는 제단이다. 그녀는 외아들이신 그리스도가 거룩한 신비들을 통하여 놓이시는 장소이다.[55] "이 제단보다 더 거룩한 장소는 존재할 수 없을 것이니, 그분을 낳아주신 성모님의 품이 아니라면, 이 새로운 희생제물이신 그리스도가 항상 계실 곳이 그 어디란 말인가? … "[56]

성모님은 하늘과 땅을 이어주는 끈이시고, "찬양의 제사"(히브리서 13:15)를 바치는 사람과 봉헌물을 받으시는 하느님 사이에 서 계신다. 교회라는 몸의 머리이신 그리스도로부터 "모든 완전한 선물(은사)들"(야보고 1:17)이 흘러나온다. 그리고 몸의 목에 해당하는 성모님을 통해, 하느님의 선물이 몸의 지체들인 신자들에게 이른다. "머리이신 그리스도를 직접 안으신 예수의 어머니는 교회의 머리와 몸 사이의 중보자시다. 어떤 의미에서 그녀는 마치 목처럼 이 둘을 연결시켜준다. … 결과적으로 머리이신 그리스도가 아버지께로 이끌어주는 유일한 길인 것처럼, 이 거룩한 목이신 성모님 또한 이 우리 각자를 모두의 머리이신 그리스도께로 이끌어주는 하나의 길, 아니 유일한 길이다."[57]

---

55 '미리 축성된 성찬예배'의 입당 후 기도문. "여기 놓인 두려운 신비들을 통해, 우리 하느님 당신의 독생 성자께서 누이신 당신의 이 거룩한 제단 앞에, 마치 당신 보좌 앞에 선 헤루빔들처럼, 우리가 섰사오니, 당신의 무익한 종인 우리를 굽어보소서. …"

56 Théophane de Nicée, *Theotokos*, p. 146.

57 위의 책, p. 128-132. 요한 14:6. "나를 통하지 않고는 아무도 아버지께 오지 못하느니라."

* * *

하느님의 경륜 안에서 행하신 사역을 통해 성모님은 온 피조세계에 선을 베푸시는 분이 되셨다. 하늘과 땅, 사람들과 천사들은 성모님의 축복을 받았다. 동정녀는 "천사들을 위해서도 빛을 떠오르게 하셨고, 이전보다 더 지혜롭고 더 순결하게 될 수 있는 가능성, 하느님의 선하심과 지혜를 더 잘 알 수 있는 가능성을 그들에게 주셨다. … 이렇게 해서 동정녀는 '새 하늘 새 땅'(묵시록 21:1)을 창조하셨다. 아니 오히려 새 하늘 새 땅은 바로 그녀 자신이다."[58]

우리가 동정녀를 새 하늘 새 땅이라 하는 데는 두 가지 이유가 있다. 첫째는 그녀가 자신의 태 안에 "무한한 하늘도 포함할 수 없는 분"[59]이신 그리스도를 담으셨기 때문이다. 둘째는 그녀의 순결함 때문이다. 그러므로 "예언자 다윗이 '하늘의 하늘'이라고 부른 분, '하늘의 하늘은 주님께 속한다'(시편 113:24)고 강조하여 말함으로써 유일하신 하느님께만 관련시킨 분은 다름 아닌 복되신 동정녀이다."[60]

만약 동정녀가 땅 위에서 사셨음에도 "하늘의 하늘"이었다면, 하늘에서 그의 위치는 짐작할 만하다. 지극히 거룩하신 성모님은 하늘의 여왕이시다. 이런 까닭에 성모님의 지극히 거룩한 안식은 그리스도 자신에 의해 집전되는 하늘의 장엄한 예식이다. 다마스커스의 성 요한은 그리스도께 말하길, "임금이시여, 내려오소서, 내려오소서. 오시어 당신을 키우신 성모님께 진 빚을 갚으소서. 그분을 부드럽게 부르소서.

---

58 Saint Nicolas Cabasilas, *Sur la Dormition*, IV, PO 19, 498.
59 성모희보축일, 소만과, 스틱히라(Στιχηρά) 중에서.
60 Saint Nicolas Cabasilas, *Sur la Dormition*, IV, PO 19, 498. 시편구절은 칠십인역 그리스어 구약 성경에 따름. 시편 113:24. "Ὁ οὐρανὸς τοῦ οὐρανῷ τῷ κυρίῳ, τὴν δὲ γῆν ἔδωκεν τοῖς υἱοῖς τῶν ἀνθρώπων."

'오, 아름다움, 내 사랑하는 이여(아가 2:10) 오십시오. … 그대는 모든 것을 내게 주었습니다. 그러니 와서 나와 함께 내 모든 것을 누리십시오. 다가와서 그대에게서 태어나 그대와 함께 가난하게 살았던 분과 왕의 권세를 나누어 가지십시오.'"[61]

왕후를 받아들였을 때, 하늘의 기쁨은 한이 없었다. 교회의 대표적인 성가작가, 다마스쿠스의 성 요한은 이 사건을 이렇게 경축한다. "하늘의 권세들이 환희로 가득 차서 장엄하게 성가 부르며 당신을 만나러 다가오며 이렇게 말하는 듯합니다. '광채로 빛나며 올라오시는 이, 새벽빛처럼 나타나신 분, 달처럼 아름다우신 분, 태양처럼 빛나시는 분, 이분은 누구신가? … 임금이 당신을 그분의 방으로 안내하십니다. … (아가 8:5, 6:10, 1:4) 당신은 아드님의 어좌에 이르셨고, 두 눈으로 그분을 보고 계십니다. 당신은 기뻐 어쩔 줄 모르며 그분 곁에 서 계십니다. … 당신은 세상을 축복하고, 온 우주를 거룩하게 하십니다.'"[62]

성모님의 몫을 떼어내 어린양 오른 쪽에 놓으면서 "왕후가 당신 오른 편에 서 있나이다."라고 시편 구절을 읊을 때, 집전자는 그리스도가 자신의 순결하신 어머니께 드리는 공경을 나타낸다. "금술로 수놓은 옷 입고, 성령의 광채로 빛나시는 분. 오, 지극히 순결한 이여, 당신 아드님께서 당신을 자신의 오른편에 있게 하셨나이다."[63]

> 이어서 사제는 세 번째 봉헌빵 혹은 같은 빵을 집어, 세 열로 날인되어 있는 아홉 개의 작은 빵조각을 하나씩 떼어내어 어린양의 왼쪽(사제가 볼

---

61 *Sur la Dormition*, III, 4, SC 80, 191.
62 Saint Jean Damascène, *Sur la Dormition*, I, 11, SC 80, 111, 113.
63 『8조 예식서』, 6조, 주일 조과, 성모님 카논, 8 오디, 첫 번째 트로파리온.

> 때는 어린양의 오른쪽)에 배열해 놓는데, 먼저 첫 번째 조각을 떼어 놓으면서 이렇게 말한다.
>
> **사 제** 대천사장 미카엘과 가브리엘과 또 천상의 모든 천사들을 공경하고 기념하여,

거룩한 천사들이 사제를 돕는다.

천상의 권세들 또한 하느님의 경륜 안에서 그들의 사역을 감당한다. 이런 까닭에 집전자는 어린양의 왼쪽(사제가 볼 때는 어린양의 오른쪽)에 그들을 기념하여 한 조각을 놓는다.

말씀의 육화 이전에, 천사들은 그리스도의 신비를 다소 혼란스럽게 알고 있었다. 말씀의 육화를 통해 "하느님은 육신으로 나타나셨고, 천사들은 그분을 보았다."(1 디모테오 3:16) "그분이 육신을 입으시자, 천사들은 그분을 볼 수 있게 되었다. … 그전에는 그들에게도 그분의 본성은 볼 수 없는 것이었다."[64] "태초부터 하느님 안에 숨겨졌던 신적 경륜의 신비"(에페소 3:9)가 먼저 거룩한 천사들에게 보이게 되었고, 이어서 천사들은 그것을 사람들에게 드러내주었다. "사람을 향한 예수 그리스도의 사랑의 신성한 신비에 먼저 접한 것은 천사들이었고, 그들을 통해서 이 지식의 은총이 우리에게 전해졌다."[65]

대천사 가브리엘은 즈가리야를 방문하여 예언자들이 예고했던, 주님에 앞서 올 사자(使者, 마태오 11:10, 말라기 3:1) 선구자 요한의 탄생을 알렸다. 이 천사는 또 테오토코스를 방문하여 "형언할 수 없는 육화의 거룩

---

64 Saint Jean Chrysostome, *Sur Jean*, XV, 2, PG 59, 98.
65 Saint Deny l'Aréopagite, *Traité de la hiérarchie ecclésiastique*, IV, 4, SC 58 bis, 99.

한 신비가 그녀에게서 성취될 것"⁶⁶이라고 알렸다. 또 다시 한 천사가 요셉을 방문하였고, 동정녀가 성령으로 잉태할 것이고 세상의 구세주를 품에 안게 될 것(마태오 1:20)이라고 말했다.

마지막으로 그리스도가 베들레헴에 나셨을 때, 주님의 한 천사가 평화와 고요 안에서 살며 정화된 목자들을 방문하여, 기쁨 소식을 알렸다. "이 때에 갑자기 수많은 하늘의 군대가 나타나 그 천사와 함께 하느님을 찬양하였다. '하늘 높은 곳에는 하느님께 영광, 땅에서는 그가 사랑하시는 사람들에게 평화!'"(루가 2:13-14)

* * *

이제 말씀의 육화 신비가 기념되는 전례상의 베들레헴인 예비제단에서는, 주님의 천사들이 목자들처럼 영혼이 순결한 집전자들에게 나타난다. "예비제단에서 예식을 마쳤을 때, 자신의 오른쪽과 왼쪽에 거룩한 천사들이 서 있는 것을 본, 순결하고 거룩한"⁶⁷ 영적 사제도 있었다.

예배가 드려질 때마다, "수많은 천군 천사들"(루가 2:13)이 옛날 베들레헴에서처럼 하느님께 영광 돌리며 예배 안에 현존한다. 콘스탄티노스 시대의 거룩한 주교 니폰에 대해 전해져 오는 이야기가 있는데, 그는 대입당 때, 일군의 천사들이 사제와 동행하는 것을 보았다고 한다. "천사들은 형언할 수 없이 아름다운 성가를 부르며 기쁘게 찬양했고, 사제가 고귀한 선물(봉헌빵)을 거룩한 제단에 올려놓았을 때, 그들의 날개로 그것을 덮었다. 그리고 두 헤루빔 천사가 와서 집전자 오른 편에, 두 세라핌 천사는 왼편에 섰다"⁶⁸고 한다.

---

66 위와 같은 곳.
67 Jean Moschos, *Pré Spirituel*, 199, SC 12, 271.
68 *Enas askitis episkopos* (한 금욕가 주교), 3e édition, monastère du Paraclet, Oropos, Attique, 2000, p. 214.

아나포라가 행해질 때, "천사들은 사제를 보조하고, 모든 천군 천사들은 희생되시는 분께 최고의 공경을 드리기 위해, 소리 높여 찬양가를 부르며, 제단 주위의 모든 공간을 가득 채운다."[69]

* * *

성찬 전례 안에서 신비가 이뤄지는데, 이 신비는 "천사들도 계속해서 보기를 갈망하는 것"이다.(I 베드로 1:12) 천사들은 봉사자와 종으로 현존한다. 오직 사제만이 거룩한 신비의 성사를 거행한다. "순결하고 합당한 사제가 … 거룩한 성찬 예배를 거행하기 위해 지성소에 들어설 때, 그는 보이지 않게 형체 없고 거룩한 일군의 천사들에 의해 둘러싸인다. 그들은 성찬 예배 내내 크나큰 존경심을 가지고 사제를 돕는다. 그러나 천사들은 성찬 예배 동안 사제를 도울 뿐, 사제 없이 그들만으로 성찬 예배를 거행할 수는 없다. … 이렇게 사제가 황제의 대(大)장군이라고 한다면, 천사들은 황제의 군사들 혹은 신하들과 같다고 할 수 있다."[70]

> 이어서 사제는 나머지 여덟 조각을 떼어내 배열하면서 각각 이렇게 말한다.
>
> **사 제** 존경받고 영화롭고 공경하올 예언자요 선구자이신 세례자 요한과, 거룩하고 영화로운 예언자들, 모세와 아론, 엘리야와 엘리사, 다윗과 이새, 거룩한 세 젊은이들과 예언자 다니엘, 그 밖의 모든 거룩한 예언자들을 공경하고 기념하며,
>
> 거룩하고 영화롭고 비추임을 받은 사도 베드로와 바울로와 열두

---

69 Saint Jean Chrysostome, *Sur le sacerdoce*, VI, 4, PG 48, 681.
70 Hésychast anonyme, *Niptiki Theoria* (침묵의 관상), Thessaloniquem Orthodoxos Kypseli, 1979, p. 197-198.

사도들과 일흔 사도들과 그 밖의 모든 거룩한 사도들을 기념하며, 성인들 가운데서도 우리의 교부들, 세계적인 대주교요 교회 박사인 대 바실리오스와 신학자 그레고리오스와 요한 크리소스토모스, 알렉산드리아의 총대주교들인 아타나시오스와 키릴로스와 자비로운 요한, 미라의 니콜라스와 트리미톤도의 스피리돈, 그레고리오스 팔라마스와 에기나의 디오니시오스와 펜다폴리스의 넥타리오스, 그리고 일곱 번의 세계 공의회에 참석한 교부들과 모든 대주교들을 기념하며,

거룩한 첫 순교자인 대보제 스테파노스와 거룩하고 위대한 대순교자인 승리자 게오르기오스와 향유 흐른 디미트리오스와 띠로의 테오도로스와 장군 테오도로스. 그리고 성 사제 순교자들인 이그나티오스와 폴리카르포스와 하랄람보스와 엘레프테리오스와 톨라의 코즈마. 그리고 성 순교성녀들인 테클라와 카테리나와 바르바라와 이리니와 에페미아와 키리아키와 마리나와 파라스케비와 모든 순교 성인들을 기념하며,

거룩하고 하느님을 품은 대 안토니오스와 에프티미오스와 싸바스와 아르세니오스와 파이시오스와 삐메노스와 시소이스와 에프렘과 시리아의 이삭과 고백자 막시모스와 다마스커스의 요한과 신신학자 시메온과 올림피아의 디오니시오스와 러시아인 요한과 사로프의 세라핌과 니콜라스 플라나스와 카파도키아의 아르세니오스, 그리고 아토스의 거룩한 교부들, 베드로와 아타나시오스와 막시모스와 니코데모스와 실루아노스와 사바스. 그리고 공경하올 성녀 이집트의 마리아와 테옥티스티와 싱클리티끼와 마크리나. 그리고 또 영적 아버지 어머니이신 모든 수도 성인들을 기념하며,

기적을 행하는 자선 치료자 꼬즈마와 다미아노스, 끼로스와 요한, 판델레이모노스와 헤르몰라오스, 삼손과 디오메도스와 그 밖에 기적을 행한 모든 성인들을 기념하며,

> 하느님의 거룩하고 의로우신 선조 요아킴과 안나, 즈가리야와 엘리사벳, 정혼한 요셉과 한국 정교회의 24인 수호성인과 (앞에서 기념되지 않은 그날 성인과 성당 성인)과 또한 모든 성인들을 공경하고 기념하기 위함이니,
>
> 하느님이시여, 저들의 기도를 들으시어 우리에게 임하소서.
>
> 그리고 성인들 중 우리 교부 콘스탄티노플의 총대주교 성 요한 크리소스토모스(혹은 '성 대 바실리오스 성찬 예배'가 드려질 경우에는 카파도키아 케사리아의 대주교 성 대 바실리오스)를 기념하기 위함이나이다.

모든 성인들의 교회

신성한 성찬 예배에서 모든 성인은 그리스도와 함께 현존한다. 그리고 신자들은 성인들의 친교가 드러나는 것을 경험한다.

봉헌된 어린양을 성반 위에 놓은 뒤, 집전자는 성인들을 기억하고 기념하기 위해 빵조각들을 떼어낸다. "이것은 성인들이 세상에서는 볼 수 없는 거룩한 연합 안에서, 그리스도와 분리될 수 없는 방식으로 연합되어 있음을 드러내준다."[71] "성인들은 그리스도와 함께 싸웠고, 이 두렵고 떨리는 신비를 통하여, 다시 말해 구원을 가져오는 이 희생 안에서의 친교를 통하여, 비할 바 없이 위대한 영광과 높임을 받는다. 그리고 우리가 그들을 기념할수록 그들은 우리를 그리스도와 화해시켜주고 연합시켜준다."[72]

교회는 "성인들의 모임"[73]이고 성찬 예배는 모든 교회를 "공동생활

---

71 Saint Denys l'Aréopasite, *Traité de la hiérarchie ecclésiastique*, III, 3, 9, PG 3, 437C, traduction de Maurice de Gandillac, p. 275.

72 Saint Syméon de Thessalonique, *Sur la sainte liturgie*, XCIV, PG 155, 281C.

73 Saint Isidore de Péluse, *Lettres*, 2246, PG 78, 685A.

의 신성한 길"74로, 하나의 "유일한 동질의 찬양대"75로 모이게 하는 탁월한 신비이다. 성찬예배에서 우리는 모든 성인과 함께 한다.

성인들의 무리는 신적 경륜의 목표를 성취했다. "말씀이신 하느님이 육화되셨고, 가르치셨고, 기적을 행하셨고, 고통 받으셨고, 죽으셨다. 그것은 사람들이 땅에서 하늘로 옮겨지고 저 높은 하늘 왕국의 상속자가 되게 하기 위해서다."76 성인들의 무리는 하느님 나라가 이미 우리에게 주어졌다는 증거이다. 교회는 "하늘을 차지하도록 대표로 먼저 보내진 수많은 성인들의 무리와 함께 이미 하늘나라를 참으로 상속받았다."77

우리는 성인들에게 베푸신 모든 선에 대해 주님께 감사드린다. 왜냐하면 그 모든 선이 또한 우리의 것임을 느끼기 때문이다. 마찬가지로 우리는 하느님이 그들에게 주신 선물 또한 우리의 것임을 느낀다. 그래서 우리는 성인들과 함께 우리 자신의 선물을 바치면서, 선의 나눠 주시는 하느님께 감사드린다.

* * *

신성한 성찬 예배에서 우리는 교회의 신비를 삶으로 경험한다. 왜냐하면 각각의 감사의 성만찬 공동체는 한 입과 한 마음으로(사도행전 4:32, 로마 15:6) 유일한 목자께 자신의 선물을 봉헌하는 하나의 양떼이기 때문이다. 우리는 그리스도의 거룩한 몸이고, 거룩한 영성체로 양육된다. 그리고 교회는 그리스도의 몸으로서 드러난다. "우리는 그리스도의 몸을 먹고 그리스도의 몸과 혼합되고 그렇게 해서 우리 또한 그리

---

74 Saint Denys l'Aréopasite, *Traité de la hiérarchie ecclésiastique*, III, 3, 1, PG 3, 428B.
75 위의 책, III, 5, PG 3, 432B.
76 Saint Nicolas Cabasilas, *Explication de la divine liturgie*, ILIX, SC 4 bis, 285.
77 위의 책, X, SC 4 bis, 97.

스도의 몸이 된다."⁷⁸ 그리스도의 거룩한 몸을 받는 것, 그것에 참여하는 것이야말로 교회의 친교와 통일성을 구성한다. "우리는 그리스도의 거룩한 몸에 참여하고, 또한 그리스도의 몸이 된다."⁷⁹

하느님의 사랑의 친교는 성인들의 사랑의 친교를 창조한다. 이렇게 각 성인의 생명은 시간 안에서 계속 연장되고 이어진다. 왜냐하면 죽음의 문을 지나가기 전, 성인들은 불멸성이라는 치료제를 양식으로 섭취했기 때문이다. 그리고 죽음 후에 그들은 생명(이신 그리스도) 안에 들어갔기 때문이다.

> 이어서 또 다른 조각을 떼어낸 뒤, 사제는 이렇게 말한다.
>
> **사 제** 자애로우신 주님이시여, 우리를 굽어 보사, 정교회의 모든 주교와 우리 (   )대주교와 (   )주교와 존경받는 사제직과 그리스도 안의 보제직과, 그 밖의 모든 성직자들과 수도자들, 그리고 선하신 주님 당신께서 자비를 베푸시어 이곳에 불러주신 우리 형제들을 기억하소서.
>
> 그리고 빵조각을 어린양 아래쪽에 놓는다. 사제는 자신에게 신품을 베푼 주교가 살아있다면 그를 기념하고 이어서 산 자들의 이름을 부르며 기억하면서 그들의 몫으로 빵조각들을 떼어내 같은 방식으로 어린양 아래에 놓는다. 다음으로 다른 봉헌빵을 집어 들고 이렇게 말한다.
>
> **사 제** 이 거룩한 성당의 복된 설립자들을 기념하고 그들의 죄 용서를 비나니,
>
> 이어서 자신에게 신품을 베푼 주교가 이미 사망했을 경우에는 그 주교

---

78 Saint Jean Chrysostome, *Sur Matthieu*, LXXXII, 5, PG 58, 743-744.
79 Nicolas de Méthone, *À ceux qui hésitent*, PG 135, 512C.

> 를 기념하고, 그밖에 죽은 이들의 이름을 부르며 기억한다. 그리고 결론으로 다음과 같이 말한다.
>
> **사 제** 자애로우신 주여, 영원한 생명으로 부활할 희망 안에서 잠든 우리 정교회의 모든 선조들과 형제들을 기억하소서.
>
> 그런 다음 사제는 기념하는 이들을 위해 빵조각들을 성반 위에 놓는다. 마찬가지로 보제도 살아있는 이들과 돌아가신 이들을 기념하고 사제는 그들의 몫으로 빵조각을 떼어낸다. 마지막으로 사제가 말한다.
>
> **사 제** 주님이시여, 부당한 저를 또한 기억하시고, 제가 고의로 혹은 무의식중에 지은 모든 죄를 용서해주소서.
>
> 이어서 사제는 스퐁고스*(Σπόγγος)를 집어 들고 떨어지지 않고 안전하게 머물도록 성반 위의 빵조각들을 정돈한다.

자애로우신 주여, 기억해주소서.

집전자가 살아있는 어떤 형제를 위해 봉헌빵에서 한 조각을 떼어낼 때, "그 빵조각은 거룩한 봉헌빵 가까이에 있기 때문에, 이 봉헌빵이 성찬 예배 도중 그리스도의 몸으로 변화되는 순간, 이 빵조각 또한 즉시 거룩하게 된다. 또 그것이 성작 안에 넣어지게 될 때, 거룩한 피와 연합된다. 이런 까닭에 그것은 기념하여 봉헌되는 사람의 영혼에 하느님의 은총을 전해주는 것이다. 이렇게 해서 이 사람과 그리스도 사이에 영적인 친교가 일어난다. 기억된 사람이 경건한 사람이든 아니면 죄를 짓고 회개한 사람이든, 그 사람은 보이지 않게 그 영혼 안에서 성령의 친교를 얻게 된다."[80]

살아있는 이들을 기억한 다음, 집전자는 계속해서 죽은 이들을 기념

---

80 Saint Syméon de Thessalonique, *Sur l'édifice de l'Église*, CIII, PG 155, 748D-749A.

한다. 이들은 스스로를 도울 수 없고, 오직 우리가 그들에게 우리의 사랑을 보여주길 기다릴 뿐이다.

죽은 이들을 돕는 첫 번째 방법은 지옥에까지 도달하는 성인들의 기도이다. 이집트의 성 마카리오스의 생애에서 성인은 광야에서 이교 사제의 두개골을 만났고 그로부터 "당신이 지옥에 있는 이들에게 연민을 품고 그들을 위해 기도할 때마다, 그들은 조그마한 위로를 받습니다"[81]라는 음성을 들었다고 한다.

그들을 돕는 두 번째 방법은 신성한 성찬 예배이다. 우리의 죽은 형제들은 영성체가 살아있는 이들에게 주는 성화를 박탈당하지 않는다. "그리스도는 오직 그분만이 아시는 방법으로 그들에게도 자신을 내어 주신다."[82] 죽은 이들의 영혼은 신성한 성찬 예배에서 축성된 고귀한 선물들의 은총을 통해 그리고 "사제들의 기도를 통해 죄의 용서를 받는다."[83]

성 요한 크리소스토모스는 말한다. "죽은 이들의 기념이 거룩하고 두려운 신비들 앞에서 이뤄져야 한다고 성 사도들이 명한 것은 결코 헛되지 않다. 그 기념 행위에서 어떤 유익과 효력이 나오는지를 사도들은 잘 알고 있었다. 모든 신자들이 일어서서 팔을 들어 기도하고, 사제이신 그리스도의 몸 전체가 거기에 있으며, 그리스도의 희생제가 그 한 가운데 자리 잡고 있는데, 어찌 하느님이 우리가 죽은 이들을 위해 드리는 기도에 귀를 기울이시지 않겠으며"[84] 그들을 도우시지 않겠는가? 그러므로 우리 또한 "죽은 이들을 돕고 그들을 위해 신성한 성찬

---

81 *Sentence des Pères*, série alphabetique, Macaire 38, traduction Solesmes, 1981, p. 186.
82 Saint Nicolas Cabasilas, *Explication de la divine liturgie*, XLII, SC 4 bis, 241.
83 위의 책, XLV, 255.
84 *Sur l'Épître aux Philippiens*, III, 4, PG 62, 604.

예배를 바치는 것을 멈추지 말자. 왜냐하면 우리 앞에 온 세상의 속전이신 그리스도가 계시기 때문이다."[85]

사제가 살아있는 이들과 죽은 이들을 기억하며 기념할 때, 각각의 신자 또한 자신의 가족, 사랑하는 이들을 부르며 기억할 수 있다. 아토스 성산에서, 집전자는 작은 종을 울리는데, 그렇게 해서 참석한 이들이 각자 원하는 이들을 기억할 수 있게 하고, 집전자도 그 순간 이들을 위해서도 빵 조각 하나를 떼어내어 성반에 배열한다.

신성한 성찬 예배 중에 행해지는 기억 예식은 우리가 형제들에게서 받을 수 있는 혹은 우리가 그들에게 줄 수 있는 가장 위대한 복 중 하나이다. 그리스도는 우리 앞에서 십자가에 달려 계신다. 그리고 우리는 착한 강도의 예를 통해서 그분께 이렇게 간구할 용기를 얻는다. "주여, 당신의 나라에서 우리를 기억해주소서."

신들 가운데 계신 하느님

성반 위에 배열되어 놓인 어린양과 그 주위에 배치되는 빵조각들을 통해서 우리는 교회를 표현하는 하나의 형상을 가지게 된다. 그리스도와 그분의 거룩한 어머니를 중심으로 그리고 천사들과 모든 유형의 성인들을 통해 우리는 충만하고 보편적인 교회의 감사의 성찬 모임을 경험한다. "우리는 예수 자신과 그분의 하나된 교회 전체, 참 빛이신 그리스도를 중심에 모신 교회를 본다. … 그분의 어머니는 그분 오른편에 계시고, … 성인들과 천사들은 그분 왼편에, 그리고 그분 아래쪽에

---

85 Sur la première Épître aux Corinthiens, XLI, 5, PG 61, 361.

는 신자들의 경건한 모임 전체가 위치한다. 그것은 위대한 신비이다. 사람들 가운데 계신 하느님, 아니 오히려 신들 가운데 계신(시편 81:1) 하느님. 본성에 있어서는 참 하느님이시면서 우리를 위해 육화하신 우리 하느님 그리스도를 통하여, 신화(神化, déification)로 인도되는 이들 가운데, 하느님이 계신다. 그것은 또한 다가올 하느님 나라, 영원한 생명이 있는 도성이다. 하느님은 우리와 함께 계시고, 우리에게 보이시고 공유되신다."[86]

신성한 성찬 예배가 거행될 때, 우리는 성반에서 "성자 하느님이 그 자신을 통해서 모으신 하느님 백성의 모임"[87]을 본다. 그리스도는 우리를 그 나라의 성찬 예배 안에 모아 들이신다.

> 이어서 보제는 향로를 들고 사제에게 말한다.
>
> 보 제   사제여, 이 향을 축복하소서.
>
> 사제는 향을 축복하면서, 향 축복 기도를 드린다.
>
> 사 제   그리스도 우리 하느님이시여, 영적 그윽함의 향으로 이 향을 당신께 바치나이다. 당신의 천상 제단에 받아주시고, 우리에게는 당신의 지극히 거룩한 성령의 은총을 보내주소서.

영혼이 향로가 될 때

전능하신 주님은 예언자 말라기를 통해 말씀하신다. "나의 이름은 해 뜨는 데서 해 지는 데까지 뭇 민족 사이에 크게 떨쳐, 사람들은 내 이름을 부르며 향기롭게 제물을 살라 바치고 깨끗한 곡식 예물을 바치

---

86   Saint Syméon de Thessalonique, *Sur la sainte liturgie*, 94, PG 155, 285AB.
87   Saint Irénée, *Contre les hérésies*, III, 6, 1, SC 211, 69.

고 있다."(말라기 1:11) "언제 이 예언이 성취되었을까? 모든 곳에서 주님 앞에 향을 살라 바칠 때는 언제인가?"라고 질문하면서 성 요한 크리소스토모스는 이렇게 대답한다. "그것은 그리스도가 오신 뒤이다." 순결한 희생제사는 신성한 감사의 성사이다. 유대교의 희생제와 감사의 성찬 성사를 비교할 때 "새로운 희생제만이 유일하게 순결한 제사인데, 그 이유는 그것이 고기를 태운 연기와 냄새나 대속물의 피로 바쳐지는 것이 아니라, 성령의 은총으로 바쳐지는 것이기 때문이다."[88]

지금 집전자가 사용하는 향은 봉헌된 선물 위에 내려오시는 성령의 예형(豫形)이다. "향 연기는 성령의 좋은 향기를 상징한다."[89] 집전자가 분향할 때 "그는 봉헌물과 분향의 좋은 냄새로 하느님께 영광 돌리고, 그가 행하는 모든 예식이 성령과 함께 행하는 것임을 보여준다."[90] "그윽한 향기를 퍼뜨리며 타들어가는 향은 성령의 은총을 보여준다. … 그것은 또한 감각들을 관통하는 생동하는 빛, 영적인 향기, 혹은 순결한 영혼들에게만 보이는 빛, 혹은 육신의 욕망들을 못 박고 온 우주를 향기로 채우는 생명나무다."[91]

성 요한 크리소스토모스는 제안한다. 신성한 열정으로 우리 영혼을 밝혀서, 기도를 통해 우리 영혼 그 자체가 향로가 되게 하자고 말이다. "향은 그 자체로 좋고, 좋은 향기를 뿜어낸다. 하지만 그 좋은 향기를 퍼뜨리려면, 향은 불을 만나야 한다. 마찬가지로 기도는 그 자체로도 좋지만, 뜨겁게 간절한 영혼으로 드려질 때 더 좋고 더욱 향기가 난다. 영혼이 넘실대는 불로 타오르는 향로가 될 때 … 그러니 기도를 시작

---

88 Contre les Juifs, V, 12, PG 48, 903.
89 Saint Germain de Constantinople, Contemplation, PG 98, 400C.
90 Saint Syméon de Thessalonique, Sur la sainte liturgie, 95, PG 155, 285C.
91 Saint Syméon le Nouveau Théologien, Discours éthique, XIV, 3, SC 129, 430.

하기 전에, 먼저 간절함으로 그대의 마음에 불을 지펴라."⁹²

성 야고보 성찬 예배에서 집전자는 좋은 향기를 뿜는 영혼과 몸으로 거룩한 제단 앞에 설 수 있게 해달라고 그리스도께 간청한다.

> "주 예수 그리스도, 하느님의 말씀이시여, 당신은 십자가 위에서 흠 없는 희생 제물로 기꺼이 자신을 하느님 아버지께 바치셨고, 집게에 들려 예언자의 입술에 가 닿아 그의 죄를 모두 없애셨던, 두 본성으로 된 숯불이시오니, 이제 죄인인 우리의 입술에도 대주시어, 우리를 모든 더러움에서 깨끗하게 해주시고, 그리하여 우리가 순결한 상태로 당신의 거룩한 제단에 나아가서 당신께 찬양의 제사를 바칠 수 있게 해주소서. 또한 당신의 부당한 종인 우리가 바치는 이 향을 좋은 향기 뿜는 향료처럼 받아주소서. 우리 영혼과 몸의 악취를 향기로 덮어주시고, 당신의 지극히 거룩하신 성령의 거룩하게 하시는 권능으로 우리를 거룩케 하소서."⁹³

보 제   주님께 기도드립시다. 사제여, 굳세어지소서.

사제는 별십자(아스테리스코스* Ἀστερίσκος)를 들고 보제가 들고 있는 향로 위에서 향을 쐰 다음, 어린양 위에 올려놓으며 말한다.

사 제   그 때 동방에서 본 그 별이 그들을 앞서 가다가 마침내 그 아기가 그 어머니 마리아와 함께 있는 곳 위에 이르러 멈추었다. (마태오 2:9-11)

보 제   주님께 기도드립시다. 사제여, 아름다움으로 덮으소서.

---

92 *Sur le psaume* 140, 3, PG 55, 430-431.
93 성 야고보 성찬 예배의 향 기도문.

> 사제는 첫 번째 작은 성보에 분향한 뒤 그것으로 어린양과 성반을 덮으면서 말한다.
>
> **사 제** 주께서 통치하신다. 그분은 아름다움을 옷으로 입으셨다. 주님은 권능을 옷으로 입으셨고, 그 허리에 띠를 두르셨다. 그분은 세상을 굳게 하셨으니, 결코 흔들리지 않으리로다. (시편 93:1)

주님께서 통치하신다. 그분은 아름다움을 옷으로 입으셨다.

그리스도의 육화 이전, "인간 본성은 악마와 죄와 사망의 종으로 살았다. … 하지만 이제 악마는 속았고, 죄는 태워졌으며 죽음은 묻혀버렸다."[94] 그리스도는 우리를 악마와 죄의 폭압에서 해방시키시기 위해 그리고 우리에게 성령의 자유를 주시기 위해 육화하셨다. "타락으로 인해 하느님 왕국에서 멀어진 후 인류는 사탄의 폭압 아래 지배당했다. 그래서 하느님의 외아들이 땅에 오신 것이다. 다시 한 번 우리 인류를 그분의 통치 아래 있게 하기 위해서였다. 그리고 그것이 실제로 일어났다."[95] 이렇게 해서 "주님께서 통치하신다, 그분은 아름다움을 옷으로 입으셨다"고 노래한 시편의 예언이 성취되었다. "하느님의 아름다움은 인류의 구원을 위해 내어주신 이름"[96]이기 때문이다.

시편 저자는 덧붙인다. "주님은 권능을 옷으로 입으셨고, 그 허리에 띠를 두르셨다." 임금이신 그리스도가 육화하실 때 옷으로 입으시고 띠로 두르신 권능은 무엇인가? 그것은 그분의 지극히 거룩한 몸을 말하는 것이다. 이 몸은 그리스도가 입으신 옷이 되었다. 시편 저자는 "그리

---

94 Saint Jean Chrysostome, *De ce qu'il n'y a qu'un législateur pour l'Ancien et le Nouveau Testament*, III, PG 56, 402.

95 Saint Athanase le Grand, *Sur le psaume 92*, PG 27, 408A.

96 위와 같은 곳.

스도의 몸을 그분의 옷이라 불렀다."[97] 그리스도가 입으시고 두르실 때, 이것은 "악마의 적대적 권세의 파괴"를 상징하고, "그리스도는 전사의 모습을 취하심으로써 이를 이뤄내셨다."[98] 그리스도의 지극히 거룩한 육신은 그분께 옷이 되었고, 두루마기가 되었고 띠가 되었다. "이 옷과 띠를 통해, 그분은 강력한 악마를 이기셨다. 그의 손아귀에서 포로들을 빼내어 해방시키셨고, 악마를 사슬로 묶으셨다. 그리고 구원받은 우리에게 구세주의 육신은 하느님의 권능이 되었다."[99](1고린토 1:18)

그리스도는 승리하셨고, 온 세상을 다시 말해 교회를 그분 자신이신 참되고 흔들림 없는 바위 위에 굳세게 하셨다. 교회는 그리스도의 승리로 기뻐 뛰고, 그분의 왕국을 장엄하게 경축한다. 이 장엄하고도 우주적인 축제가 바로 신성한 성찬 예배이다.

> **보 제** 주님께 기도드립시다. 사제여 덮으소서.
>
> 사제는 두 번째 작은 성보를 들어 향을 쐰 다음, 성작을 덮으며 말한다.
>
> **사 제** 그리스도시여, 당신의 덕 하늘을 뒤덮고, 땅은 당신 찬양으로 가득하나이다.(하바꾹 3:3)
>
> **보 제** 주님께 기도드립시다. 사제여, 보호하소서.
>
> 사제는 세 번째 큰 성보(아이르* Ἀήρ)를 들어 향을 쐰 다음, 성반과 성작을 덮으며 말한다.
>
> **사 제** 우리를 당신의 날개 그늘로 보호하시고, 모든 원수와 적들을 우리

---

97 Saint Jean Chrysostome, *De ce qu'il n'y a qu'un législateur pour l'Ancien et le Nouveau Testament*, III, PG 56, 403.
98 Saint Athanase le Grand, *Sur le psaume 92*, PG 27, 408A.
99 Saint Nicolas Cabasilas, *Sur la Dormition*, VII, PO 19, 502-503.

> 에게서 쫓아내주소서.(시편 17:8) 주여, 당신은 선하시고 사람의 친구이시니, 우리의 삶에 평화를 주시고, 우리와 당신에게 속한 세상을 불쌍히 여기시고, 우리 영혼을 구원해주소서.

그리스도시여, 당신의 덕 하늘을 뒤덮고,
땅은 당신 찬양으로 가득하나이다.

집전자는 봉헌물을 "고귀한 성보들로 덮는다. ⋯ 실제로 이것은 정해진 때가 되어 기적을 일으키시기 전까지는 하느님의 권능이 가려져 있었기 때문이다."[100] 봉헌물들은 이 순간부터 신앙의 신조(니케아-콘스탄티노플 신조) 음송까지 덮여진 채로 있다. 봉헌물들을 덮는 것은 "예수가 처음부터 모든 이들에게 알려진 것이 아니고, 비록 육화하셨으나 그분의 신성과 섭리는 계속해서 감춰졌으며, ⋯ 그분이 스스로를 계시해주시는 만큼만 알려지셨다는 것"[101]을 우리에게 상기시킨다.

지상 생애의 처음 30년 동안, 그리스도는 자신을 드러내지 않으셨다. 후에 사람들이 그분께 "세상에 당신을 드러내십시오"라고 말할 때도, 예수는 "내 때는 아직 오지 않았다"(요한 7:4-6)고 대답하셨다. 그리스도의 때는 바로 '그분이 희생되는 때'인 까닭이다.

* * *

하늘을 뒤덮은 하느님의 덕은 사람을 향한 그분의 사랑이다. 이 사랑의 가장 큰 증거는 세례이고, 또 감사의 성찬 성사를 통해 우리에게 주시는 선물이다. 이 위대한 선물들과 비할 수 있는 것이 그 무엇이겠는가? "사람들이 신들이 되고 하느님의 아들들이 되는 것, 우리의 본

---

100 Saint Nicolas Cabasilas, *Explication de la divine liturgie*, XI, SC 4 bis, 101.
101 Saint Syméon de Thessalonique, *Sur l'édifice de l'Église*, LXVII, PG 155, 729C.

성이 하느님께만 마땅한 영예를 얻는 것, 먼지나 다름없는 우리가 너무도 높은 영광으로 드높여져 하느님의 본성 그 자체와 똑같은 영예와 신성을 얻게 되는 것. … 내 생각에 바로 이것이야말로 하늘을 뒤덮은 하느님의 덕이다."[102]

고귀한 봉헌물들을 덮을 때, 집전자는 예언의 말씀을 읊는데, 그 말씀은 그리스도가 사람이 되실 때 성취되었다. 그리고 사제는 온 세상에 보호와 자비를 베풀어 달라고 주님께 간청한다.

> 보 제 사제여, 축복하소서.
>
> 사제는 향로를 들어 예비 제단을 세 번 분향하며, 매번 이렇게 말한다.
>
> 사 제 그리스도 우리 하느님이시여, 당신은 찬미 받으시나이다. 당신의 뜻이오니, 당신께 영광 돌리나이다.(세 번)
>
> 보 제 이제와 항상 또 영원히. 아멘.(세 번)

하느님의 강복과 사람의 축복

창세기는 하느님이 피조세계와 사람과 시간을 강복하셨다(창세기 1:22-28, 2:3)고 말한다. 하느님의 강복을 받은 사람은 그분의 거룩한 이름에 영광 돌림으로써 선물에 보답해야 한다. 하지만 죄는 창조주께 영광 돌리는 것을 방해할 뿐만 아니라 하느님의 강복을 저주로 변화시켜 버렸다. 사람을 사랑하시는 아버지는 자신의 피조물을 방치하지 않으셨고 오히려 복이신 그리스도를 세상에 내려 보내셨다.

"불순종의 질병으로 이브는 저주를 불러왔지만, 테오토코스 동정녀

---

102 Saint Nicolas Cabasilas, *La Vie en Christ*, I, SC 355, 101.

시여 당신은 세상을 위해 복을 꽃피우셨나이다."¹⁰³

아버지가 우리에게 내려주신 가장 큰 복이신 그리스도는 "우리를 위해 저주받은 자가 되심으로써"(갈라디아 3:13) 우리를 저주에서 해방하셨다. 성 요한 크리소스토모스는 말한다. "그리스도는 그대를 일으키시기 위해 굴욕을 당하셨고, 그대를 불멸하게 하시려고 죽으셨다. 이렇게 그분은 그대를 그분의 복으로 충만케 하시려고 저주가 되셨다."¹⁰⁴

신성한 성찬 예배에서 우리는 온갖 복으로 충만하신 그리스도를 받아 모신다. 그리고 우리는 찬양하며 그분께 감사드린다. "하느님을 찬양하는 사람은 어떤 방식으로도 하느님께 뭔가 추가해 드리지 않는다. 오히려 자기 자신이 영광을 얻는다. 반대로 하느님은 우리에게 강복하심으로써 우리를 더욱 영광스럽게 만드신다. … 이 두 경우 모두 유익을 얻는 것은 바로 우리 자신이다."¹⁰⁵

그리스도는 우리의 삶 전체가 우리로 하여금 그분의 복을 누리게 해주는 계속되는 전례가 되길 원하신다. 또한 "우리를 보는 모든 사람이 우리 주 하느님께 찬양의 성가를 높이 울릴 수 있도록, 덕을 향한 열정을 보여주며 살아가도록 노력하길 원하신다. 사람을 향한 선하심과 사랑으로 충만하신 하느님은 우리를 통해 영광 받으시길 원하신다. 그것은 그로 인해 하느님이 조금이라도 더 증가된 영광을 받으시기 때문이 아니다. 하느님께는 아무 것도 필요치 않다. 다만 하느님은 우리에게 더 큰 사랑을 주실 기회를 우리 자신이 그분께 제공하길 원하신다."¹⁰⁶

---

103 『8조 예식서』 4조, 월요일 조과, 카논, 9 오디 이르모스.
104 Saint Jean Chrysostome, *Sur le psaume 44*, 4, PG 55, 188-189.
105 Saint Jean Chrysostome, *Sur le psaume 113*, 5, PG 55, 311.
106 Saint Jean Chrysostome, *Sur la Genèse*, XXIX, 7, PG 53, 271.

우리는 매번 하느님께 드리는 찬양(bénédiction)인 영광송(doxologie)으로 모든 예배와 성사를 시작한다. 예배와 성사를 통해서 우리는 하느님의 은총을 받기 때문이다. 그리고 신성한 성찬 예배를 통해서는 더욱 커다란 은총을 받는다. 하느님 아버지가 내려주신 가장 위대한 복인 그리스도 그분 자신을 우리가 받기 때문이다. 감사의 성찬의 잔을 "축복(bénédiction)의 잔"(I고린토 10:16)이라고 부를 때 성 사도 바울로가 염두에 둔 것도 바로 하느님께 드려진 이 찬양(bénédiction)이다.

지극히 거룩하신 테오토코스는 말씀의 육화 신비 안에서의 자신의 사역을 통해 성 삼위 하느님을 영화롭게 해드리는 도구가 되셨다.

> "순결하신 이여, 당신 안에서, 성 삼위 하느님의 신비가 찬양되고 영광 받나이다."[107]

마찬가지로 감사의 성찬을 통해 성취되는 말씀의 육화 신비 안에서 감당하는 자신의 사역을 통해, 집전자는 신성의 삼중 태양이 영광 받으시게 되는 도구가 된다. 그는 세 번 분향하면서, 성령 안에서 성자를 통해 온갖 복을 사람에게 나눠주길 원하셨던 성부 하느님의 이름을 매번 찬양한다. 신성한 성찬 예배를 시작하기 전에 이미 신자는 하느님의 사랑을 경험한다. 동시에 신자는 하느님께 찬양과 영광을 돌린다. 그리고 신비(성찬예배)가 거행되기 시작할 때, 사람은 "성부와 성자와 성령의 나라" 안에 들어간다.

보제는 향로를 들고 말한다.

---

107 테오토코스의 탄생 축일(9월 8일), 조과 카논, 6 오디.

> 보 제   고귀한 봉헌물의 이 거룩하고 신성한 봉헌을 위해, 주님께 기도 드립시다.
>
> 사제는 이어서 겸손한 참회의 마음으로 봉헌 기도를 드린다.
>
> 사 제   하느님, 우리 하느님이시여, 당신은 우리에게 복주시고 우리를 거룩하게 하시기 위해 우리에게 온 세상의 양식이신 천상의 빵, 우리 주 하느님, 예수 그리스도, 구세주, 구속주, 시혜자를 보내셨으니, 이제 당신께서 손수, 이 봉헌물에 강복하시고 하늘보다 더 높은 곳에 있는 당신의 거룩한 제단에 받아주소서. 이 봉헌물을 바친 사람들과 이 봉헌물을 통해 기억되길 원하는 사람들을, 사람을 향한 당신의 선하심과 사랑 안에서 기억해 주시고, 당신의 신성한 신비들을 거행할 때 우리를 모든 단죄에서 보호해주소서. 성부와 성자와 성령이시여, 지극히 영예롭고 경이로운 당신의 이름은 이제와 항상 또 영원히 거룩하게 되고 영광 받으시기 때문이나이다. 아멘.
>
> 이어서 사제는 폐식사를 한다.

성령 안에서 성자를 통해 성부로부터

그리스도는 천상의 빵, "영원한 생명의 빵"(요한 6:41,54)[108]이시다. 생명의 빵을 영하는 것이 영원한 생명을 열매로 맺는다는 사실은 "빵이 하늘에서, 다시 말해 하느님 아버지로부터 온다는 것을 명백하게 보여준다."[109] 그리스도가 우리에게 그것을 확인시켜주신다. "하늘에서 너희에게 진정한 빵을 내려주시는 분은 내 아버지이시다."(요한 6:32) 성자의 희생 봉헌에 대한 성부의 동의를 상징하는 것은 집전자가 봉헌물을

---

108   거룩한 성찬 교제 준비예식, 카논, 1 오디.
109   Saint Cyrille d'Alexandrie, *Sur Jean*, IV, 3, PG 73, 596A.

덮는 '아이르'라고 하는 커다란 보자기이다. 이 동의는 또한 빌라도에게 하신 그리스도의 말씀을 통해서도 드러난다. "네가 하늘에서 권한을 받지 않았다면 나를 어떻게도 할 수 없을 것이다."(요한 19:11) "하늘에서 받은"이라는 표현은 성자의 수난에 대한 성부의 동의를 상징하고 동시에 성자가 십자가 희생을 자발적으로 수용하신다는 것을 말해준다.[110]

예비 제단 예식을 통해, 교회는 우리를 성 삼위 하느님의 신성한 사역의 신비로 준비시킨다. 그리스도는 바쳐지고, 성부는 동의하시고, 향으로 상징되는 지극히 거룩하신 성령은 위대하신 임금의 입성을 준비하신다. 모든 것이 "성령 안에서 성자를 통해 성부로부터"[111] 오고 비롯된다.

> 보제는 예비제단을 분향하고 이어서 제단을 돌며 사방에 분향하고, 이어서 지성소와 회중 모두에게 분향하며 작은 소리로 다음의 찬양송을 음송한다.
>
> 보 제   어디에나 현존하시고 온 우주를 충만케 하시는 그리스도시여, 당신은 육신으로는 무덤에, 영혼으로는 지옥에, 낙원에서는 착한 강도와 함께 계시고, 또한 하느님으로서는 아버지와 성령과 함께 보좌에 앉아 계시나이다.
>
> **영광이 성부와 성자와 성령께.**
>
> 그리스도시여, 생명을 주시는 당신의 무덤은, 진실로 낙원보다 더욱 고귀하고, 임금의 모든 거처보다 더욱 찬란하나니, 그것은 우리 부활의 원천이나이다.
>
> **이제와 항상 또 영원히 있나이다. 아멘.**

---

110 위의 책, XII, PG 74, 641AB.
111 위의 책, X, 2, PG 74, 336A.

> 지극히 높으신 분의 신성한 성막, 성화된 거처시여, 기뻐하소서. 테오토코스여, 당신을 통해 우리에게 기쁨이 왔나니, 우리 모두 외치나이다. 흠 없는 여왕이시여, 당신은 모든 여인 중에 가장 복되시나이다.[113]
>
> 그러고 나서 향로를 제 자리에 갖다 놓는다.

성당 전체가 분향된다.

성사나 여타 예식을 거행하기에 앞서, 집전자가 제단과 지성소와 성당 전체를 분향하는 것은 매우 오래된 관습이다.[114] 이것은 신성한 성찬 예배에서도 똑같이 행해진다.

테살로니키의 성 시메온에 따르면, 집전자는 "예비 제단과 거룩한 제단 그리고 이어서 지성소 전체를 십자가 모양으로 분향한다. 이런 방식으로 그는 하느님 선물의 운반이 먼저는 거룩한 지성소에서 시작되고, 이어서 나머지 성당 전체로 이어진다는 것을 보여준다. 더 나아가 성 디오니시오스가 전하는 바에 의하면, 어떤 집전자는 성당 모든 곳과 회중에게도 분향한다. 신성한 성찬 예배 전에 거룩한 제단에서 시작하여 또 그곳으로 끝맺는 방식으로 성당 모든 곳이 분향된다고 디오니시오스는 말한다. 하느님은 모든 선의 시작이요 끝이시고, 제단은 하느님이 계신 곳, 하느님의 보좌이기 때문이다."[114] 이렇게 분향함으로써 집전자는 "예수 그리스도를 통해서 하늘로부터 온 세상에 퍼져나가고 또 그리스도를 통해서 하늘로 고양되는 성령의 은총과 선물과 향기를 드

---

112 부활주간에 드리는 시과*(Ὧραι)와 석후과*(아포디프논 Ἀπόδειπνον)에서 읽는 트로파리온.

113 Saint Denys l'Aréopagite, *Traité de la hiérarchie ecclésiastique*, 3, 2, PG 3, 425B, traduction de Maurice de Gandillac, p. 264.

114 *Sur la sainte liturgie*, 96, PG 155, 288C.

러내준다."¹¹⁵ 분향하면서 읊는 위에 언급된 트로파리온(찬양송)들은 그리스도의 부활과 연관되어 있는 것들로서, 이를 통해 우리는 성찬 예배를 드릴 때마다 매번 이 부활의 신비를 경험한다고 고백한다. 특별히 첫 번째 트로파리온은 우리를 "성찬의 공간과 시간" 안으로 인도한다. 우리와 함께 계시는 그리스도는 경계 안에 제한할 수 없고 만물을 충만하게 채우시는 하느님이시다. 이런 까닭에 신성한 성찬 예배의 공간은 무한한 것이고, 그 시간 또한 영원하다. 집전자는 우리에게 분향함으로써 우리를 바로 이 공간과 이 시간 안에 맞아들인다.

이 순간의 분향은 향기 나는 기름을 손님의 머리에 발라주며 맞이하는 동방 백성들의 관습을 기억나게 한다.(루가 7:46) 그리스도는 집전자를 통해서 우리를 자신의 집에 영접하시고, 우리는 그 집에서 펼쳐지는 감사의 성찬 잔치에 초대된다.

> 신성한 성찬예배를 시작하는 순간, 보제는 오라리온을 들고 사제 앞에 머리를 숙이며 말한다.
>
> 보 제   주님을 위해 나서실 때가 되었으니(시편 119:126), 사제여 축복하소서.
>
> 사제는 오른 손을 보제의 머리 위에 대고 말한다.
>
> 사 제   우리 하느님은 이제와 항상 또 영원히 찬미 받으시나이다.
>
> 보 제   아멘. 사제여, 저를 위해 기도해주소서.
>
> 사 제   주께서 그대의 발걸음을 모든 좋은 일로 인도하시길 빕니다.(II디모테오 2:21)
>
> 보 제   사제여, 저를 기억해주소서.

---

115 위의 책, 289A.

> 사　제　주 하느님께서 그 왕국에서 그대를 이제와 항상 또 영원히 기억
> 　　　　해주시길 빕니다.(루가 23:42)
>
> 보　제　아멘.
>
> 사제는 세 번 고개를 숙이며 작은 소리로 말한다.
>
> 사　제　지극히 높은 곳에서는 하느님께 영광, 땅에서는 평화, 사람들에
> 　　　　게는 사랑이요.(루가 2:14, 세 번) 주여, 이 입술을 열어주소서. 제 입
> 　　　　이 당신을 찬양하리이다.(시편 51:17, 두 번) 주여, 주여, 당신 자비의
> 　　　　문을 우리에게 열어주소서.(루가 13:25)
>
> 이어서 신성한 성찬 예배를 시작한다.

주님을 위해 나서실 때가 되었나이다.

우리가 신성한 성찬 예배를 시작하기 위해 준비하는 동안, 그리스도의 시간은 다가온다. 이 순간 보제는 집전자에게 "주님을 위해 나서실 때가 되었으니"라고 말함으로써 우리에게 그것을 일깨워준다. 주님께 우리의 자리를 내드려야 할 시간이다. 그리하여 그분이 손수 우리가 바치는 이 예식의 집전자가 되시고, 또 이 예식을 받으시고, 또 이를 통해 우리에게 그 자신을 내어주시게 해야 할 시간이다.

사람들이 그리스도께 초막절 축제를 위해 예루살렘으로 가자고 제안했을 때, 예수가 대답하신다. "아직 나의 때가 되지 않았으니 나는 이번 명절에는 올라가지 않겠다."(요한 7:8) 나의 때가 다시 말해 "십자가와 죽음의 순간"[116]이 아직 오지 않았다는 것이다. 우리는 바로 "이 때"를 신성한 성찬 예배 안에서 경험한다.

그리스도의 "때"는 또한 다가올 그분의 영광의 순간이고, 유대인들

116　Saint Jean Chrysostome, *Sur Jean*, XLVIII, 2, PG 59, 271.

의 축제는 그것의 그림자와 예형이다. 그래서 그리스도는 이렇게 말씀하신다. "나는 이번 축제에는 올라가지 않는다. … 그것은 나와 아무 상관이 없기 때문이다. 나는 참된 축제의 때, 아직 오지 않은 그 때를 기다린다. 그리고 내 때가 오면, 나는 내 제자들과 함께 성인들의 찬란한 빛 안에서 즐거워할 것이고, 아버지의 영광 안에서 지극히 찬란한 광채로 빛날 것이다."[117] 신성한 성찬 예배는 다가올 하느님 나라의 이 "때"를 보여주는 예형이다.

사제는 보제에게 "주께서 그대의 발걸음을 모든 좋은 일로 인도하시기 빕니다."라고 말한다. 탁월하게 "좋은 일"은 바로 성찬 예배다. 원초적인 선이신 하느님이 이 예배를 통해 우리 구원을 이루신다. 그리스도는 우리에게 말씀하셨다. "내 아버지께서 언제나 일하고 계시니 나도 일하는 것이다."(요한 5:17) 성찬 예배를 통해서 하느님은 창조의 사역을 계속 이어가신다. 사람과 세상을 재창조하신다. 신성한 성찬 예배는 주님의 일이다. 그리고 "이제 주님을 위해 나설 때가 된 것이다."

---

117 Saint Cyrille d'Alexandrie, *Sur Jean*, IV, 5, PG 73, 644A.

II
신성한 성찬 예배

주 우리 하느님이시여, … 이 신성한 예식을 감싸고 있는 수수께끼 같은 상징들의 너울을 걷어내시어, 우리에게 이 예식을 명확하게 드러내주시고, 우리의 영적인 눈을 당신의 무한한 빛으로 넘쳐나게 해주소서.

성 야고보 성찬 예배,
아나포라 기도문(봉헌 기도문)

1. 평화의 대(大)연도(엑테니아, Ἐκτενής)와 안티폰(Ἀντίφωνον)

> 사제는 거룩한 복음경을 들고 이것으로 제단 위에 십자 성호를 그으며 말한다.
>
> **사 제** 성부와 성자와 성령의 나라가 이제와 항상 또 영원히 찬미되나이다.
>
> **성가대** 아멘.

성찬 예배는 땅을 하늘로 변모시킨다.

그리스도의 육화를 통하여, 성 삼위 하느님의 신비가 사람들에게 계시되었다. "그리고 신성한 성찬 예배의 거행은 성사를 통해 주님의 육화 사건에 들어서는 것이기에, 그 시작부터 성 삼위 하느님이 빛나시고 선포되는 것은 매우 적절하다."[01] 그래서 사제는 성 삼위 하느님에 대한 이 영광송으로 성찬 예배를 시작하는 것이다. "성부와 성자와 성령의 나라가 이제와 항상 또 영원히 찬미되나이다." 신성한 성찬 예배는 성 삼위 하느님의 복된 나라의 계시이다.

하느님 나라의 현현으로서의 신성한 성찬 예배는 동시에 그리스도

01　Saint Germain de Constantinople, *Contemplation*, PG 98, 401B.

의 지상 현존의 신비이다. 왜냐하면 성찬 예배는 하느님 나라이기 때문이다. 그리스도는 성 요한 크리소스토모스의 입을 빌어 물으신다. "하느님 나라가 무엇이냐?" 그리고 대답하신다. "그것은 나의 현존이다."[02] 그리스도의 이 현존이 신성한 성찬 예배 안에서 찬미된다. 예배가 진행되는 동안, 그리스도는 "거룩한 신비들 안에 나타나신다."[03]

그리스도의 전례적 현존, 다시 말해 감사의 성사 신비는 "땅을 하늘로 변모시킨다. … 이 신비성사는 하늘의 가장 고귀한 것을 바로 이 지상의 그대에게 보여준다. … 그것은 천사들과 대천사들의 주님 바로 그분이시다."[04] 주님께 감사드리기 위해 신자들이 모이는 교회는 "천사들의 거처, 대천사들의 거처, 하느님의 궁전, 하늘 그 자체"[05]이다.

"하느님 말씀의 육화 이전에는 하늘과 땅이 멀리 떨어진 것만큼이나 하늘나라가 우리에게서 멀리 있었다. 하지만 하늘의 임금이 우리 가운데 오셔서 기꺼이 우리와 연합되셨을 때, '하늘나라는 이미 우리 모두에게 가까이 왔다.'(마태오 4:17)"[06] 그리스도의 육화로 하늘나라의 문이 열렸고, 신성한 성찬 예배를 통해 우리는 그 문을 통과한다. 신성한 성찬 예배가 거행되는 동안, 우리는 하늘나라의 지복을 미리 맛본다. 신성한 성찬 예배는 하느님 나라의 식탁이고, 그에 참여하는 사람은, 죽음을 통해, "하나의 식탁에서 또 다른 식탁으로, 아직 숨겨져 있는 식탁에서 이미 걷혀 드러난 식탁으로"[07] 건너가기 때문이다.

---

02 Saint Jean Chrysostome, *Sur Matthieu*, XLI, 2, PG 57, 447.
03 Saint Jean Chrysostome, *Sur l'Incompréhensibilité*, IV, 4, SC 28 bis, 259.
04 Saint Jean Chrysostome, *Sur la première Épître aux Corinthiens*, XXIV, 5, PG 61, 205.
05 위의 책, XXXVI, 5, PG 61, 313.
06 Saint Grégoire Palamas, *Homélie*, XXXI, 6, PG 151, 392C.
07 Saint Nicolas Cabasilas, *La Vie en Christ*, IV, SC 355, 355.

신성한 성찬 예배에 참여하는 모든 사람은 이미 드러나기 시작한 하느님 나라를 향해 길을 간다.

십자가는 하늘나라의 상징이다

하느님 나라에 영광 돌리면서, 사제는 거룩한 복음경을 들고 제단 위에 십자 성호를 긋는다. 신성한 성찬 예배에 등장하는 첫 번째 '말'은 영광송이고, 첫 번째 '행위'는 십자성호다. 그래서 신성한 성찬 예배는 십자가를 통해 도달하는 하느님 나라다.

십자가는 그리스도가 유일하게 참되신 임금이라는 증거다. 그리스도의 오른 편 십자가에 달렸던 강도는 십자가 위에서 선언한다. 아니 "신학 한다." "십자가는 하느님 나라의 상징이다. 나는 그리스도를 임금이라 부른다. 왜냐하면 바로 그분이 십자가에 달리신 것을 내가 보고 있기 때문이다. 왜 그런가? 임금의 특징은 자기 백성을 위해 죽는 것이기 때문이다. 그리스도가 말씀하신다. '착한 목자는 자기 양들을 위해 자기 생명을 내어준다.'(요한 10:11) 그러므로 선한 임금 또한 자기 백성을 위해 자기 생명을 내어준다. 그리고 그분이 자기 생명을 주셨기 때문에 나는 그분을 임금이라 부른다. '주여, 당신의 나라에서 저를 기억해주소서.'"[08]

* * *

그리스도가 십자가에 달리시기 전까지만 해도, "십자가는 형벌을 의미할 뿐이었지만, 이제 그것은 영예의 대상이 되었다. 이전에는 단죄의 상징이었지만, 이제 그것은 우리 구원의 토대이다."[09] 십자가를

---

08 Saint Jean Chrysostome, *Sur la Croix et la larron*, I, 3, PG 49, 403.
09 위와 같은 곳.

통해서 우리는 하늘나라에 이르는 길을 발견했다. "십자가로 인해서 우리는 더 이상 광야를 헤매지 않는다. 참된 길을 알게 되었기 때문이다. 우리는 더 이상 임금의 궁전 밖에서 살지 않는다. 이제 그곳에 들어가는 문을 발견했기 때문이다."[10] 십자가를 통해서 하느님 나라가 우리에게 주어졌다. "닫혔던 낙원을 우리에게 열어준 것은 바로 십자가니, 그리스도가 강도에 말씀하셨다. '오늘 네가 나와 함께 낙원에 있으리라.'(루가 23:43)"[11]

그리스도의 십자가는 단지 낙원에 이르는 길 혹은 그곳에 들어가는 문만은 아니다. 그것은 그 자체로 "교회의 경이롭고 찬란한 낙원"[12]이다. 십자가는 신자들을 양육하는 새롭고 썩지 않는 생명나무다.

"옛날 에덴의 나무는 고역을 가져다주었지만, 십자가 나무는 그윽한 생명을 꽃피웠나니, 아담은 먹고 부패로 굴러 떨어졌으나, 우리는 그리스도의 살로 배불러 신비롭게 생명을 얻고, 하느님의 영원한 나라를 얻어 신화되었기 때문이로다."[13]

* * *

그리스도는 오셨고 또 오시는 하느님 나라의 임금이시다. 그분은 십자가를 통해 오셨고, 십자가와 함께 오신다. 마지막 때가 오면, "사람의 아들의 표징이 나타날 것이니"(마태오 24:30), 그것은 바로 십자가다. 이 세상의 빛이 결정적으로 꺼지게 될 때, 그때 십자가의 표징이 새로운 태양처럼 빛날 것이다. 그리고 "한 임금이 도성에 들어가기 전, 군사들이 먼저 어깨에 깃발을 걸치고 행진하며 그 입성을 미리 예고하듯

---

10 위와 같은 곳.
11 위의 책, 401.
12 대사순절 세 번째 주일인 십자가 경배주일, 만과, 스틱히라.
13 『8조 예식서』, 8조, 수요일, 조과, 카티스마 성가.

이"¹⁴, 두 번째 강림 때에 "주님이 하늘에서 내려오실 때에도, 수많은 천사들과 대천사들이 먼저 그 어깨에 십자가를 들고 내려오면서 그리스도 임금의 강림과 행차를 우리에게 알려줄 것이다."¹⁵

그리스도의 십자가는 하느님 나라로 가는 길이요, 그리로 들어가는 문이요, 그것을 알려주는 예고자다.

신자들은 "아멘"이라고 화답한다.

신자들은 사제에 의해 선포된 영광송에 "아멘"이라고 화답하고 확증한다.¹⁶

이 화답을 통해서 신자들은 집전자의 '선포'(엑포니시스 Ἐκφώνησις)에서 표현된 이 진리를 받아들이고 성 삼위 하느님 나라의 지복을 맛보길 염원한다.

신자들은 "'아멘'을 더하고, 이 한 가지 말을 통해 사제가 그들에게 말한 모든 것을 이룬다."¹⁷ 사제의 선포 각각을 마무리하는 이 결론적인 응답은 "사제의 불완전함과 부족함이 회중의 행위로 보충된다는 것, 그리고 하느님은 영적인 통일성 안에서 '큰 자들과 함께 작은 자들도'(시편 113:7-8) 다 받아주신다는 사실을 보여준다. 교회의 회중은 그들의 기도가 사제의 기도와 결합될 때 하느님이 더욱 기쁘게 그 기도를 받아주신다고 믿기 때문이다."¹⁸

---

14 Saint Jean Chrysostome, *Sur la Croix et le larron*, I, 4, PG 49, 404.
15 위와 같은 곳.
16 히브리어 '아멘'은 "참으로", "그러하길 비나이다"라는 의미를 가진다. 성 예로니무스(Saint Jérôme)는 "아멘" 찬송을 하늘의 천둥과 비교한다.(*Sur l'Épître aux Galates*, PL 26, 355B.)
17 Saint Nicolas Cabasilas, *Explication de la divine liturgie*, XV, SC 4 bis, 124.
18 Saint Cyrille d'Alexandrie, *Sur la première Épître aux Corinthiens*, PG 74, 893B.

신자들의 이 동의를 통해서, 사제의 찬양과 기원은 천상의 제단으로 올라간다. 신자들은 신성한 성찬 예배에 적극적으로 참여하고, 매 순간, 자신의 동의를 '아멘'으로 확인해준다. 이렇게 하여 모든 예배 특별히 성찬 예배는 언제나 '백성 모두의 일'(리투르기아의 본래 의미)이 된다.[19]

> **보 제** 평화로운 가운데, 주님께 기도드립시다.
> 그리고 보제가 드리는 연도의 각 기원마다 다음과 같이 화답한다.
>
> **성가대** 끼리에 엘레이손.(혹은 주여, 불쌍히 여기소서.)

하느님의 평화의 신비

하느님 나라의 영광을 기린 후 즉시, 우리의 어머니인 교회는 우리가 어떻게 전례적인 방식으로 기도해야 하는지를 가르쳐준다. "평화로운 가운데, 주님께 기도드립시다." 평화 안에서 주님께 우리의 기원을 드리자는 말이다.

우리를 신성한 성찬 예배로 이끄는 길은 영혼의 평화다. 평화가 없다면, 우리는 성찬 예배 안에서 살아갈 수 없다. "생각들로부터의 평화 없이는, 지성이 신비들의 그 비밀 속으로 들어갈 수 없다."[20] 감사의 성사 신비에 참되게 참여하는 것은 우리의 내적 평온에 비례한다. "마음이 외적인 것에 대한 기억에서 멀어져 평화를 얻는 만큼, 지성은 하느님의 생각과 하느님의 현실에 대한 이해를 통해 지식과 경이의 감정

---

19 여기서 보통 '성찬 예배'로 번역된 그리스어 '리투르기아'(Λειτουργία, Liturgie)는 '라오스'(λαός, people)와 '에르곤'(ἔργον, acte, action, oeuvre)의 합성어이다. 그러므로 리투르기아, 즉 성찬 예배는 '백성 모두의 공동의 행위 혹은 일'을 의미한다.

20 Saint Isaac le Syrien, *Discours ascétiques*, V, traduction française du père Placide Deseille, monastère Saint-Antoine-le-Grand, 2006, p. 87.

을 얻을 수 있게 된다."[21]

그런데 영혼의 참된 평화는 거룩한 봉헌 기도(아나포라 Ἀναφορά)가 드려질 때 천상의 제단으로부터 우리에게 임한다. "참된 평화는 저 높은 곳에 있다." 그리고 우리는 평화 안에서 그 제단을 향해 나아간다. "평화를 추구하라. … 어떤 동요나 혼란도 없는 평온한 지성과 고요한 영혼의 상태를 얻으라. … 그리하여 모든 지성을 초월하는 하느님의 평화를 그대의 마음을 지키는 보호자로 얻으라."[22]

* * *

사람이 하느님의 형상이라는 것은 인간 본성이 "평화롭고, 온화하고, 고요하며, 사랑의 끈으로 하느님과 강하게 연결된 상태로"[23] 창조되었다는 것을 의미한다. 사람은 하느님과 함께 살고 덕스러운 삶을 영위함으로써, 하느님의 선물로 받은 이 평화를 누린다. "하느님을 아는 것과 덕을 얻는 것만큼 우리 영혼을 잠잠케 해주는 것은 아무 것도 없기 때문이다."[24] 하지만 죄는 사람과 세상에 혼란과 불안을 가져왔다. "악은 본성상 분리시키고, 변덕스럽고, 다양한 형태로 분열시키기 때문이다."[25] 사람은 죄에 의해 자기 자신뿐만 아니라 하느님과 원수가 되었다. 사람이 그렇게 된 이상, 오직 그리스도만이 사람을 돕고 잠잠케 할 수 있었다. "그리스도 그분만이 하느님과 화해시키시고, 영혼의

---

21 위의 책, XXIII, p. 182.
22 Saint Basile le Grand, *Sur le psaume 33*, 10, PG 29, 376BC.
23 Saint Maxime le Confesseur, *Centurie III sur la théologie*, 46, traduction française in *Philocalie des pères neptique*, 앞의 책, p. 466.
24 Saint Jean Chrysostome, *Sur le psaume 4*, 11, PG 55, 57.
25 Saint Maxime le Confesseur, *Centurie III sur la théologie*, 49, traduction française in *Philocalie des pères neptique*, 앞의 책, p. 467.

이 평화를 만드신다."²⁶ 바로 이런 까닭에 "사람의 본성을 자기 자신과 다시 연합시키고, 또 사람의 본성이 스스로에게 반역하고 분열함으로써 자학하는 것을 멈추게 하기 위해, 사람을 사랑하시는 하느님이 사람이 되신 것이다."²⁷

* * *

그리스도가 육화하심으로써 가져오신 이 평화를 우리는 참회를 통해 얻는다. "끊이지 않는 눈물의 물결로, 영혼은 생각들로부터의 평화를 얻는다. 생각들로부터의 이 평화를 통해, 영혼은 지성의 순결성으로까지 고양된다. 지성의 이 순결성을 통해 사람은 하느님의 신비들을 보기에 이른다."²⁸ 참회의 눈물은 여정의 시작이다. 그것은 우리를 하느님의 신비를 관상하는 단계로 올려주는 사다리의 첫 계단이다. 그리고 두 번째 단계는 영혼의 평화이다.

참회를 통해 그리스도께 다가갈 때, 그리스도는 우리를 그분의 평화가 다스리는 곳으로 이끌어 가신다. "평안히 가거라."(루가 7:50) 그분은 그분의 거룩한 거처, 아무도 침범할 수 없는 하느님의 "평화의 날개"인 교회로 우리를 보내신다. 거기서 우리 영혼은 대사제이신 그리스도의 안내를 받으며 성령 안에서 하느님을 관상한다. 이 관상은 "평화로우며 모든 불안과 동요에서 자유롭다."²⁹

신성한 성찬 예배는 하느님 평화의 신비다. "이 신비는 평화의 신비

---

26 Saint Nicolas Cabasilas, *Explication de la divine liturgie*, 44, SC 4 bis, p. 252.

27 Saint Maxime le Confesseur, *Centurie III sur la théologie*, 47, traduction française in *Philocalie des pères neptique*, 앞의 책, p. 466.

28 Saint Isaac le Syrien, *Discours ascétiques*, IX, traduction française du Père Placide Deseille, monastère Saint-Antoine-le-Grand, 2006, p. 112.

29 Saint Maxime le Confesseur, *Mystagogie*, XXIII, PG 91, 697D, traduction française, éd. Migne, collection 《Les Pères dans la Foi》, 2005, p. 131.

다."³⁰ 신성한 성찬 예배는 사람의 "참된 평화"이신 그리스도와 우리의 만남이기 때문이다.³¹

> 보 제   위로부터 오는 평화와 우리 영혼의 구원을 위해, 주님께 기도드립시다.

그리스도는 우리의 평화이시다.

첫 번째 기원을 통해 기도의 방법을 우리에게 보여준 다음, 교회는 이제 우리가 가장 먼저 간구해야할 것이 무엇인지 가르쳐준다. 그것은 바로 하느님의 평화와 우리 영혼의 구원이다. 그것은 그리스도가 우리에게 가르쳐 주신 것이기도 하다. "너희는 먼저 하느님의 나라와 하느님께서 의롭게 여기시는 것을 구하여라."(마태오 6:33) 참으로 "영혼의 구원은 하느님 나라를 의미하고, 위로부터 오는 평화는 정의를 의미한다."³² 하느님이 정의롭다 여기시는 것은 덕스러운 삶이다. 그것은 사람이 타락하면서 외면하여 잃어버린 생명, 하지만 "우리를 위해 하느님의 의와 거룩함이 되신"(고린토 1:30) 그리스도가 다시 한 번 우리에게 선물로 주신 생명이다.

그리스도는, 거룩한 천사들이 찬양했던 것처럼, 그분의 탄생을 통해 이 땅에 참된 평화를 가져다 주셨다. "하늘 높은 곳에서는 하느님께 영광, 땅에서는 그가 사랑하시는 사람들에게 평화!"(루가 2:14) 거룩한 천사들은 그들의 지정된 자리를 지켰고, 그래서 "평화롭게 하느님과 함께 있다. 그들은 하느님의 뜻을 하나도 어기지 않았고 의로움과 거룩

---

30 Saint Jean Chrysostome, *Sur Matthieu*, L, 3, PG 58, 508.
31 『8조 예식서』, 조과 6번째 복음경 독사스티콘.
32 Saint Nicolas Cabasilas, *Explication de la divine liturgie*, XII, SC 4 bis, 108.

함 안에 확고하게 머물러 있었기 때문이다. 반면 불행하게도 우리 인간은 주님의 뜻에 반하여 우리의 욕구를 더 드높였고 그분에 대해 적대적인 태도를 취하였다. 그리스도는 우리의 평화이시기에, 이 적대를 없애버리셨고, 그 자신을 통해 죄를 쫓아내고 우리를 다시 하느님 아버지와 연합시키셨다. … 그러므로 그리스도는 우리에게 평화와 정의이시다."[33]

하늘과 땅의 화해는 그리스도를 통해 실현되었다. "여러분이 전에는 하느님과 멀리 떨어져 있었지만 이제는 그리스도 피를 흘리심으로써 그리스도 예수로 말미암아 하느님과 가까워졌습니다. 그리스도야말로 우리의 평화이십니다. 그분은 자신의 몸을 바쳐서 유다인과 이방인이 서로 원수가 되어 갈리게 했던 담을 헐어버리시고 그들을 화해시켜 하나로 만드시고 … 그리스도는 자신을 희생하여 유다인과 이방인을 하나의 새 민족으로 만들어 평화를 이룩하시고 또 십자가에서 죽으심으로써 둘을 한 몸으로 만드셔서 하느님과 화해시키시고 원수되었던 모든 요소를 없이하셨습니다. 이렇게 그리스도는 세상에 오셔서 하느님과 멀리 떨어져 있던 여러분에게나 가까이 있던 유다인들에게나 다 같이 평화의 기쁜 소식을 전해 주셨습니다."(에페소 2:13-17)

그리스도는 사람이 되셨고 사람들에게 하느님의 평화를 주셨다. 거룩한 식탁에서 "그리스도는 희생되신다. 누구를 위해, 무엇 때문에 그분은 희생되신 것인가?"라고 질문한 후 성 요한 크리소스토모스는 이렇게 대답한다. "하늘과 땅의 평화를 이루기 위해, 그대를 천사들의 친구로 만들어 주시기 위해, 그대를 만물의 주관자와 화해시키시기 위해, 그리고 원수요 적대자였던 그대를 친구로 삼으시기 위해 … 그리

---

33 Saint Cyrille d'Alexandrie, *Sur Luc*, II, PG 72, 493CD-496A.

고 그분의 희생으로 이룩된 이 평화로, 그대가 형제들과 평화를 얻게 하기 위해서다."[34]

평화를 만들어주신 그리스도의 희생의 은총을 통해서, 우리는 우리를 평화의 나라로부터 갈라놓았던 장애물을 뛰어넘을 수 있다. "정념들에 취한 상태에서 다시 돌아올 때, 악과 악마의 폭압적 지배에 저항하여 일어설 때, ⋯ 그럴 때 우리는 평화롭고 자애로우신 임금 그리스도의 평화가 우리 안에 보이지 않게 충만하게 현존함을 알고 누리게 된다."[35] 사람이 무정념(impassibilité)의 나라에 이르게 될 때, 그의 지성은 "신비롭게 평화 안에 세워지고, 하느님의 거처가 된다."[36] 하느님의 평화는 사람을 성전으로 변화시킨다. 그리고 하느님은 사람 안에 자리 잡으신다. "그분이 거하시는 곳, 그곳은 평화(살렘), 그분의 거처가 시온에 있도다."(시편 76:3)

> **보 제** 온 세상의 평화와 하느님의 거룩한 교회의 번영과 모든 이의 하나 됨을 위해, 주님께 기도드립시다.

온 세상의 평화

우리 신자들은 교회의, 다시 말해 주님을 공통의 아버지로 둔 영적인 가족의 구성원이다. 사랑의 눈으로 우리는 형제들을 품고, 아무리 멀리 떨어져 있다 해도, 그들을 위해 주님께 간청한다. "사랑의 눈은

---

34 *Sur la trahison de Judas*, I, 6, PG 49, 381-382.
35 Saint Maxime le confesseur, *Lettre* XLIII, PG 91, 640AB.
36 Saint Maxime le confesseur, *Centurie I sur la théologie*, 53, PG 90, 1104A, traduction française, *Philocalie*, 앞의 책, tome A, p. 429.

떨어져 있어도 방해받지 않고, 시간도 흐릿하게 하지 못한다."[37] 사랑은 "불씨"[38]이고, "타오르는 불꽃"[39]이다. 사랑은 급속하게 번지는 불과 같다. 사랑은 온 세상 휩싸고, 온 세상으로 퍼진다.

같은 간구에서 우리는 주님의 평화의 열매를 누릴 수 있게 해달라고 간구한다. 지역 교회들이 번영케 해달라고, 주님의 진리 안에서 모든 사람이 하나가 되게 해달라고 간구한다. 평화의 열매는 "하느님의 거룩한 교회들"의 번영이다. 하느님의 평화 안에서, 교회라는 배는 하느님 나라의 고요한 항구를 향해 안전하게 항해한다. 이런 까닭에 우리는 신성한 성찬 예배에서 이렇게 간구하는 것이다.

> "주여, 당신의 거룩하고 보편적이며 사도적인 교회를 기억하시고, 평화롭게 하소서. … 당신의 거룩한 성령의 권능을 통하여 어서 이단들의 반역을 끝내주소서. … 주 우리 하느님이시여, 우리에게 당신의 평화와 당신의 사랑을 베풀어주소서."[40]

평화의 열매는 그리스도 안에서의 일치이다. 평화는 "만물을 연합시키고 모든 화합과 결합을 낳고 생성시키는 힘"[41]이다. 사도 바울로 역시 평화의 일치시키는 힘을 강조한다. 그는 이렇게 말한다. "성령께서 평화의 줄로 여러분을 묶어 하나가 되게 하여주신 것을 그대로 보존하도록 노력하십시오."(에페소 4:3) 진실로 "적대와 불화 안에서는 성령의 일치가 있을 수 없다. 사도 바울로는 신자들이 서로 연합되기를

37　Saint Jean Chrysostome, *Lettre* XXXVI, PG 52, 630.
38　Saint Jean Climaque, *L'Echelle sainte, Trentième Degré*, 37, PG 88, 1160B, traduction française, 앞의 책, p. 630.
39　Saint Jean Chrysostome, *Lettre* CCXXII, PG 52, 734.
40　성 대 바실리오스 성찬 예배, 성체성혈 축성 예식 후에 드리는 기도.
41　Saint Denys l'Aréopagite, *Traité des noms divins*, XI, 1, PG 3, 948D, traduction de Maurice Gandillac, p. 164.

바라기 때문에 이렇게 쓴다. 그는 우리가 단순히 평화 안에서 서로 사랑하며 살아가는 것이 아니라 더 나아가 모두가 하나가 되길, 단 하나의 영혼이 되길 요청한다."[42]

특별히 사람의 내적 상태로서의 혼돈과 잡음은 지성을 분열시킨다. "동요하는 영은 어떤 방식으로든 하느님과 연합될 수 없다. … 평화가 많은 사람을 하나로 연합시키듯이, 동요는 한 개인조차 수많은 것으로 찢어버린다."[43] 다시 말해 그것은 개인을 분열시킨다. 평화는 우리를 서로 간에 연합시키고, 우리를 또한 하느님과 연합시킨다. 그렇기 때문에 우리는 주님께 이렇게 간구하는 것이다. "주여, 당신은 우리에게 평화와 서로 간의 화합을 주셨나이다. 이제 또한 당신과의 평화, 나눌 수 없는 연합을 우리에게 주시어, 당신께서 태초에 우리를 창조하실 때 우리 안에 자리 잡게 해주신 성령과 평화를 누리는 가운데, 우리가 당신의 사랑에서 떨어질 수 없게 해주옵소서."[44]

성 요한 크리소스토모스는 이 애정 깊은 평화의 끈으로 우리 서로 그리고 하느님과 연합하라고 우리에게 권면한다. "고귀한 끈! 우리 서로 그리고 하느님과 연합하기 위해 이것을 사용합시다."[45] 이 끈은 매는 사람을 고통스럽게 하지 않는다. 거추장스럽게 하지도 않는다. 반대로 그것은 "얽어매지 않고, 자유인보다 더욱 자유롭게 해주고, 더 편안하게" 해준다.[46] 평화와 사랑의 끈으로 서로 연합된 우리 신자들은, 신성한 성찬 예배를 통해서, 하느님 사랑의 공간에 들어선다.

---

42 Saint Jean Chrysostome, *Sur l'Épître aux Éphésiens*, IX, 3, PG 62, 72-73.
43 Saint Nicolas Cabasilas, *Explication de la divine liturgie*, XII, SC 4 bis, 111.
44 Saint Isidore de Péluse, *Lettres*, 1, 122, PG 78, 264C.
45 *Sur l'Épître aux Éphésiens*, IX, 3, PG 62, 73.
46 위와 같은 곳.

평화를 간구하는 자는 그리스도를 간구한다.

세상에서 우리는 종종 "이생의 바다가 요동치는 것만 볼 뿐"[47] 평화의 임금이신 그리스도의 현존은 느끼지 못한다. 우리의 생은 깊은 어둠 속에서의 여정과 흡사하다. 거센 역풍이 우리 안에 불어온다. 파도에 부딪치지만 하느님에게서든 사람에게서든 어떤 위로도 느끼지 못한다. 이렇게 해서 우리는 신학자 그레고리오스가 묘사하는 것을 경험한다. "그것은 한밤중의 항해다. 빛은 어디에도 없고, 그리스도는 주무신다."[48]

우리는 바로 이런 상태로 하느님의 집(성당)에 당도한다. 거기서, 우리는 "그리스도의 교회는 그윽한 평화다"[49]라고 느낀다. 신성한 성찬예배가 시작될 때, 우리는 위로부터 오는 평화, 영혼의 평화, 세상의 평화를 온 힘을 다해 간구한다. 평화를 간구하면서, 사실 우리는 그리스도 그분 자신을 간구한다. "평화를 찾는 이는 그리스도를 찾는다. 그분이 바로 평화이시기 때문이다."[50]

> **보 제** 이 거룩한 성당을 위해, 그리고 믿음과 경건과 하느님 두려워하는 마음으로 이곳에 들어오는 이들을 위해, 주님께 기도드립시다.

교회는 땅 위에 내려 온 하늘이다.

하느님의 집에 들어설 때마다, "우리는 천상의 궁전 안에 들어간다.

---

47 『8조 예식서』, 6조, 조과, 카논의 6오디 세 번째 이르모스.
48 Saint Grégoire de Nazianze, *Lettres*, LXXX, PG 37, 153C, traduction française, collection 《Belles Lettres》, Paris, 1964, tome 1, p. 103.
49 *Les Constitution apostolique*, II, 20, PG 1, 637A.
50 Saint Basile le Grand, *Sur le psaume 33*, 10, PG 29, 376C.

… 그 안에는 고요가 지배하고 형언할 수 없는 신비로 가득하다."[51] 그곳 하느님의 궁전에서 하느님 나라의 신비가 거행된다. 하느님 말씀의 신비가 들려지도록, "사멸할 모든 육체는 경건하게 침묵한다."[52]

신성한 성찬 예배 때, 하느님의 집 안에 있는 모든 것은 그리스도의 빛으로 조명된다. 그리스도는 "동쪽에서 치면 서쪽까지 번쩍이는 번개이시다."(마태오 24:27) 전례적으로 상징되는 하늘, 하느님의 집(성당) 천정에는 그리스도의 빛이 빛난다. "그리스도의 빛이 모든 이들을 비춘다."[53]

모든 사람, 모든 것은 그리스도에 의해 비춰지고, 모든 사람의 영혼은 평정과 기쁨으로 가득 찬다. 그리스도의 빛은 비록 번개보다 더 눈부시지만 동시에 시원한 미풍처럼 위로를 주는 것이기 때문이다. "거룩한 영광의 화사한 빛."[54] 이 빛은 성당을 영혼의 평온한 항구로 변모시킨다.

성 요한 크리소스토모스는 이렇게 쓴다. "바람도 폭풍우도 통과할 수 없는 항구는 정박한 배들에 깊은 평온을 제공해준다. 마찬가지로 하느님의 집 또한 그렇다. 하느님의 집은 그곳에 들어서는 이들을 폭풍우와도 같은 세상사에서 빼내어, 평온과 안전 속에서 하느님 말씀을 들을 수 있도록 해준다. 하느님의 집은 덕의 토대이고 영적 삶의 학교이다. … 이 거룩한 뜰에 첫 발을 들여놓을 때, 우리는 세상 근심에서 해방된다. 교회 안에서 전진하라. 그러면 영적 신선함이 그대를 감싸

---

51 Saint Jean Chrysostome, *Homélie Sur Ozias*, II, 1, PG 56, 109.
52 성 대 토요일 헤루빔 성가.
53 '미리 축성된 성찬 예배'.
54 만과에서 부르는 입당 성가. "거룩하시고 영원하신 하느님 아버지의 화사한 빛이신 예수 그리스도시여…."

고, 깊은 평화가 그대 안에 경외감을 불러일으키며, 영적으로 어떻게 살아야 하는지를 그대에게 가르쳐준다. 교회는 그대의 생각을 고양시키고, 이생의 것들과 일들을 잊게 해주며, 그대를 땅에서 하늘로 옮겨준다. 성찬 예배 모임이 아닌 경우에도 성당에 오는 것이 이렇게 많은 유익을 주는데, 성 사도들이 복음을 설교하고, 그리스도가 한 가운데 계시며, 하느님 아버지가 신비의 거행을 기뻐 받으시고, 성령이 그 자신의 기쁨을 가져다주시는 성찬 예배 안에서라면 그 유익이 얼마나 크겠는가!"[55]

교회는 주님이 계시는 낙원이다. 성 요한 크리소스토모스는 다시 한 번 강조한다. "우리 모임은 어떤 낙원과 같은가? 여기에는 처음 창조된 선조 아담과 이브가 살았던 낙원에서처럼 함정을 설치하는 뱀이 없다. 다만 우리를 신비로 안내하시는 예수 그리스도를 볼 뿐이다."[56] 그리스도는 자신의 현존을 통해 성당을 낙원으로 변모시키고, 우리를 그분의 신비 속으로 안내하신다.

* * *

성당은 우리에게 이 모든 선물을 제공해준다. 하느님의 집이기 때문이다. 그것은 "천상의 하느님이 머무시고 거니시는 지상의 하늘"[57]이다. 축성 봉헌 예식을 통해 성당은 하늘이 된다. "오늘 범접할 수 없는 당신의 영광이 축조된 이 성전에 임하시어, 이 성전을 하늘로 만드시나이다."[58] 이 예식이 끝나면, "우리는 성당을 단순히 집이 아니라 거룩한 집이라 부른다. 그것은 지극히 거룩하신 성자를 통해, 거룩하신 성

---

55 *Réprimande a ceux qui sont absents*, I, PG 51, 145.
56 *Sur la pénitence*, VIII, 1, PG 49, 335-336.
57 Saint Germain de Constantinople, *Contemplation*, PG 98, 384B.
58 성당 봉헌 예식, 카논, 1조.

령 안에서, 거룩하신 성부의 '거룩하게 하심'(성화)를 받았고, 그래서 이제 성 삼위 하느님의 집이기 때문이다."⁵⁹

사람은 '그리스도를 모신'(christophore) 성전이다.

창조주는 그분의 성전이 될 가능성이라는 특별한 복을 사람에게 주셨다. "만물 중에서 유일하게 인간 본성만이 참으로 하느님의 성전, 거룩한 제단이 될 수 있다."⁶⁰ 이 가능성은 그리스도를 통해 인간이 재창조됨으로써 회복되었다. "현 시대(그리스도의 육화 이후), 모든 그리스도인은 하느님의 집이요 성전이다. 그리스도가 그 안에 머무시기 때문이다."⁶¹ 또한 우리의 삶 전체가 주님 자신이 거주하시는 그런 상태가 되어야 한다. "우리가 그분의 성전이 되고, 그분이 우리 안에서 우리 하느님이 되시게 해야 한다."⁶² 하느님의 거룩한 집에서 신자들은 위로자 성령의 성화시키는 은총을 받고 교회를 구성하는 복된 자재(資材)로 변모된다. 왜냐하면 교회란 "우리의 영혼으로 축조되는 집"⁶³이기 때문이다. 우리 신자들은 "하느님 아버지가 건축하시는 건물을 위해 준비된, 아버지의 전의 돌들"⁶⁴이다.

사도적 교부 중 한 분은 그가 받은 환상에 대해 다음과 같이 말한다. "여섯 청년이 수천수만의 사람들과 함께 와서, 물 위에 커다란 망루를 세웠다. 그들은 심해에서 건져 올린 모든 돌을 그 건축에 사용했다.

---

59   Saint Syméon de Thessalonique, *Dédicace*, 128, PG 155, 336B.
60   Saint Nicolas Cabasilas, *La Vie en Christ*, V, SC 361, 21.
61   Saint Cyrille d'Alexandrie, *Sur le culte en Esprit et en Vérité*, X, PG 68, 656C.
62   Saint Ignace d'Antioche, *Aux Éphésiens*, XV, SC 10, 73.
63   Saint Jean Chrysostome, *Sur l'Épître aux Éphésiens*, X, 2, PG 62, 78.
64   Saint Ignace d'Antioche, *Aux Éphésiens*, XV, SC 10, 64.

애초에 그 돌들은 다른 돌들과 완벽하게 결합되어 있었기 때문이다. 그것들은 너무도 촘촘히 연결되어서 이음새를 볼 수 없을 정도였다. …"[65] 그러자 귀부인의 모습으로 나타난 교회가 이 환상을 이렇게 해석한다. "네가 보고 있는 건축 중인 망루는, 바로 나, 교회이고, … 망루는 물 위에 세워지는데, 그 이유는 너희들의 생명이 물로(홍수와 거룩한 세례를 통해) 구원받았기 때문이다. 망루는 전능하고 영광스러운 이름(지니신 분)의 말씀으로 세워졌다. … 여섯 청년은 천사들이다. … 돌들은 하느님의 거룩성을 따라 걸은 사도들, 주교들, 교회박사들, 보제들이다. … 어떤 이들은 죽었고, 어떤 이들은 아직도 살아있다. 그리고 그들은 언제나 서로 합치되어 있었고, 서로 평화를 이루었다. 이런 까닭에 망루의 건축에서 그들의 결합은 너무도 탄탄하고, 그래서 건물 전체가 단 하나의 벽돌로 세워진 것처럼 보이는 것이다."[66]

* * *

거룩한 성찬 교제를 통해 사람은 그 전체가 "그리스도를 모신 성전"[67]이 되고, 그 몸의 지체들 각각은 그리스도의 성전의 한 부분이 된다. 감사의 성찬 식탁은 "우리를 그리스도 안에, 그리스도를 우리 안에 머물게 한다. 왜냐하면 그리스도가 '내 살을 먹고 내 피를 마시는 사람은 내 안에서 살고 나도 그 안에서 산다.'(요한 6:56)고 말씀하시기 때문이다. … 그리스도는 우리에게 거주자요 동시에 거처가 되신다. 그분의 거처가 된 우리는 얼마나 복된가! 그토록 귀한 주인의 거처가 되니 우리는 얼마나 복된가!"[68]

---

65 Hermas, Le Pasteur, *Vision* III, 2-5, SC 53 bis, 105.
66 위와 같은 곳.
67 Saint Jean Chrysostome, *À Théodore*, I, 1, SC 117, 81.
68 Saint Nicolas Cabasilas, *La Vie en Christ*, IV, SC 361, 267.

고백자 성 막시모스는 사람은 하나의 "신비로운 교회"라고 말했다. 몸은 예비신자 공간이고, 영혼은 성소이며, 지성은 제단이다. "거룩한 제단처럼 지성을 통해 사람은 형언할 수 없는 아름다운 운율의 침묵을 불러들인다. 수많은 성가로 경축되는 침묵, 신성의 지각할 수 없고 알 수 없는 커다란 음성의 이 침묵. 신비신학을 따라갈 수 있는 만큼, 사람은 침묵을 동반하여 하느님의 방문을 받기에 합당한 자, 그분의 투명하고 찬란한 빛의 표징이 새겨진 자가 된다."[69]

"동쪽에 있는 에덴"(창세기 2:8)을 바라보듯 "우리가 낙원을 바라보도록"[70], 보통 성당은 동쪽을 향해 있다. 인생의 대양을 항해하며, 우리는 저물지 않는 빛을 향해 나아간다. 그리스도는 여정 중에 있는 의로운 자들을 밝혀주는 빛이시다. "그들은 항상 동행하는 이 빛을 따라 전진해가며 이 빛으로 찬란히 빛나는 영원한 생명에 이를 것이다."[71]

우리는 천상의 예루살렘을 향해 지체하지 않고 전진한다. 그곳은 "밤이 없어서 그들에겐(하느님의 종들) 등불이나 햇빛이 필요 없고, 주 하느님께서 그들에게 빛을 주실 것이다."(묵시록 22:5) 그곳에서는 결정적이고도 불가역적으로 하느님이 성인들의 성전이 되신다.

"나는 그 도성에서 성전을 보지 못했습니다. 전능하신 주 하느님과 어린양이 바로 그 도성의 성전이기 때문입니다."(묵시록 21:22)

> **보 제** 우리 (   ) 대주교와 사제들과 보제들, 교직자와 성가대 그리고 교회를 위해 수고하는 모든 사람을 위해, 주님께 기도드립시다.

---

69 *Mystagogie*, IV, PG 91, 672BC, traduction française, éd. Migne, collection <Les Pères dans la foi>, p. 90-91.
70 Saint Athanase le Grand, *Au Préfet Antioche*, XXXVII, PG 28, 620B.
71 Saint Nicolas Cabasilas, *La Vie en Christ*, IV, SC 355, p. 353.

하느님의 자리에서 집전하는 자

감사의 성찬 신비가 처음으로 거행되었을 때, 이 신비의 집전자는 우리를 구원하신 분, 우리 주님 그리스도셨다. 그분이 승천하신 후, 감사의 성찬 모임에서 그분의 자리는 열 두 사도들에 의해 채워졌고, 그들 이후에는 그들이 안수해 세운 주교들에 의해 채워졌다. 시간이 흐르면서 지역 교회가 급속히 늘어나자, 사제들이 주교의 명을 받아 신성한 성찬 예배를 거행하기 시작했다. 연속성은 끊어지지 않았고, 이렇게 해서 각각의 성찬 예배의 집전자는 그리스도의 계승자이다.

이 연속성은 특별하게는 "신심을 다해 그분의 교회를 돌보고 이끌기 위해, 그리스도의 보좌에"[72] 앉는 주교에게서 드러난다. 주교라는 한 인격 안에서 우리는 그리스도를 본다. "우리는 주교를 주님 자신인 것처럼 바라보아야 한다."[73] 신성한 성찬 예배에서의 주교의 현존, 혹은 신성한 성찬 예배의 거행에 대한 그의 승인은 이 신비거행의 참됨을 보장해주는 담보이다. 그래서 "주교의 주재 아래서 혹은 주교의 위임을 받은 사람의 주재 아래서 거행되는 이런 감사의 성찬만이 합당하고 적법하다."[74]

비잔틴 시대 초기에는 신성한 성찬 예배가 현재의 '소입당*'(미크라 이소도스 Μικρά Εἴσοδος)[75]과 함께 시작되었다. 다시 말해 성찬 예배의 첫 번

---

72 Saint Clément de Rome, *Homélie*, III, 60, PG 2, 149B.
73 Saint Ignace d'Antioche, *Aux Éphésiens*, VI, SC 10, 63.
74 Saint Ignace d'Antioche, *Aux Smyrniotes*, VIII, SC 10, 139.
75 역자 주) 소(小)입당은 말씀의 전례(예비 신자의 전례) 중간에, 복음경을 들고 지성소에서 나와 회중을 거쳐 다시 임금의 문을 통해 지성소로 들어간 다음 제단에 안치하는 행렬 예식이다. 이와 달리 '대(大)입당'은 성찬의 전례(세례 신자의 전례)에서, 성반과 성작을 지성소 예비제단에서 들고 밖으로 나와 회중을 거쳐 다시 임금의 문을 통해 지성소 중앙의 제단 위에 옮겨놓는 행렬 예식이다.

째 행위는 바로 주교가 성당에 들어서는 것이었다. 이어서 주교는, 오늘날에도 특히 러시아 교회에서 자주 행해지는 것처럼, 성당 중앙에서 주교 제의를 입는다. 주교의 착복은 말씀의 육화 사건을 표상한다. "육신이 없었던 하느님 말씀이 거룩한 동정녀에게서 거룩한 육신을 입으신 것"[76]처럼, 주교는 "그리스도의 육화와 그 육화의 구별되는 특성들을 의미하는"[77] 거룩한 제의들을 입는다.

주교는 "집 주인이신 그리스도가 그 자신의 집을 다스리도록 보낸"[78] 사자(使者)이다. 그는 그리스도의 사역을 완수하기 위해 하느님의 집에 들어간다. 그 사역이란 바로 교회의 단일한 양떼 안에 잃어버린 양들을 불러 모으는 것이다. 주교의 특별한 제의(祭衣)인 '오모포리온*'(Ὁμοφόριον)은 "잃어버린 양의 구원과 부름"(마태오 18:12)을 상징한다. 그래서 주교는 이 제의를 입으면서 이렇게 말한다.

"그리스도시여, 당신은 잃어버린 인간 본성을 어깨에 메고 하늘로 오르시어, 하느님 아버지께 그것을 인도하셨나이다."[79]

주교의 성전 입당과 이미 모여 있던 신자들의 영접, 성당 중앙에서의 착복 예식은 신성한 성찬 예배 안에서 주교의 현존이 가지는 특별한 의미를 강조한다. 전례 예식은 "주교는 '찬미 받으시며 주님의 이름으로 오시는'(마태오 21:9) 그리스도의 살아있는 형상임"을 우리에게 계시한다. 그리고 성당에 모인 신자들은 메사아를 영접하는 은총을 입은 이스라엘이다.

---

76 Saint Hippolyte de Rome, *Sur le Christ et l'Antichrist*, IV, PG 10, 732B.
77 Saint Syméon de Thessalonique, *Sur la sainte liturgie*, LXXXII, PG 155, 256B.
78 Saint Ignace d'Antioche, *Aux Éphésiens*, VI, SC 10, 63.
79 그리스도 승천 대축일, 조과, 첫 번째 카논, 7오디 성가.

신성한 성찬 예배가 거행되는 동안, 주교는 "하느님 그리스도의 자리를 차지하고", 사제들은 "사도단의 자리를 차지한다."[80] 성찬 예배는 그리스도와 사도들과 함께 모든 신자들이 참여하는 마지막 만찬의 신비 그 자체이다. 그리고 그리스도와 사도들은 주교와 사제들을 통해 우리에게 표상된다.

신자들은 사제 직무의 위대성과 동시에 집전자들이 겪게 될지도 모르는 위험을 감지한다. 그리고 그들은 공동 기도의 힘을 알고 있기에, 주교를 위해 그리스도께 간구한다. 이 주제와 관련하여 성 요한 크리소스토모스는 이렇게 말한다. "만약 첫 번째로 온 사람이 여러분의 주교의 구원을 위해 각자 개인적으로 기도하자고 여러분에게 권한다면, 여러분 각자는 자기의 능력 밖의 무거운 짐이라고 여기고 손사래를 칠 것이다. 하지만 모두가 함께 모여 있을 때, 보제가 똑같은 권고를 하며 '주교를 위해 기도합시다. …'라고 말한다면, 여러분은 함께 모인 회중의 능력을 잘 알고 있기에, 이 권유를 뿌리치지 않고 하늘에 계신 하느님께 간절한 기도를 드릴 것이다."[81]

신자들은 바로 공동 기도의 이 능력에 의지하여, 감히 "복되고 순결한 본성"[82] 곁에 서 있는 이들을 위해 주님께 기도드릴 수 있게 된다. 우리의 영적 아버지인 주교와, 당신의 사제들과, 당신의 주교들을 "주여, 불쌍히 여기소서."

---

80 Saint Ignace d'Antioche, *Aux Magnésiens*, VI, SC 10, 85.
81 Saint Jean Chrysostome, *Homélie sur l'obscurité des prophéties*, II, 5, PG 56, 182.
82 Saint Jean Chrysostome, *Sur le sacerdoce*, III, 5, PG 48, 643.

> **보 제** 이 도시와 모든 도시 그리고 온 누리를 위해, 또 그 모든 곳에 사는 신자들을 위해, 주님께 기도드립시다.

그리스도인들은 세상을 떠받친다.

하느님의 사랑은 우주적이다. 그 사랑은 모든 사람, 모든 곳, 모든 시대를 껴안는다. "완전한 사랑은 … 모든 사람을 동등하게 사랑한다."[83] 우리 거룩한 정교회는 바로 이 사랑을 본받는다. 교회는 우리 모든 신자가 이 사랑으로 살아야 한다고 강조한다. 이 사랑의 넘침이 바로 우리가 살고 있는 도시와 모든 도시 그리고 온 누리를 위한 기도이다.

그리스도인들은 "각자 자신의 조국에서 잠시 거주하는 이방인으로 머문다. … 그들은 이 땅 위에서 생을 보내지만, 하늘의 시민들이다. … 그들은 모든 사람을 사랑하지만, 모두가 그들을 박해한다. … 한 마디로 영혼이 몸속에서 그러하듯이, 그리스도인들도 세상 안에서 그러하다. 영혼이 몸의 모든 지체 안에 퍼지듯, 그리스도인들은 세상 모든 도시 속에 퍼진다. … 그리스도인들은 세상을 떠받친다."[84]

그리스도인들은 세상의 영혼이기에, 사람들의 기쁨에 함께 기뻐해야 하고, 그들의 불행에 동정해야 한다. 그들은 육친의 부모를 사랑하는 것보다 더 사람들을 사랑해야 한다. "성인들은 참으로 아버지였으니, 이 백성을 향한 그들의 자애와 사랑이 혈육으로 아버지인 모든 사람을 능가하기 때문이다."[85]

---

83 Saint Maxime le Confesseur, *Centurie sur la charité*, 71, PG 90, 976B. *Philocalie*, traduction française, tome A, p.380.
84 *Épître à Diognète*, V-VI, SC 33, 63-67.
85 Saint Jean Chrysostome, *Commentaire sur Isaïe*, VII, 3, PG 56, 80.

* * *

성 요한 크리소스토모스는 이 부성애를 그가 영적 아버지였던 도시들, 예를 들어 안티오키아에 보여주었다. 조각상에 대한 그의 설교들은 이 도시에 대한 그의 사랑의 증거이다. 387년 초 테오도시오스 황제가 특별히 무거운 세금을 부과하자, 도시 주민들은 도성 바깥에 있던 황제의 모든 조각상을 파괴했고, 그러자 황제는 이 도시의 모든 특권을 폐지하고 그 초석까지 다 밀어버리겠다고 협박했다. 주요 인사들은 살해당했고, 재산을 몰수되었으며, 두려움과 공포가 도처에 퍼졌다. 여건이 되는 사람은 다 도망쳤지만, 남아있던 대다수의 사람은 감옥에 갇히고 고문당하고 살해되었다.

그때 도시의 주교였던 연로하고 병든 플라비아노스는 혹한의 겨울 추위에도 불구하고 황제의 분노를 누그러뜨리기 위해 콘스탄티노플로 떠났다. 도시에는 아직 사제였던 요한 크리소스토모스가 남아 있었고 백성은 그에게 몰려왔다. 두려움에 떨고 있던 군중을 위로하던 성인은 이렇게 증언한다. "광장은 비었고 성당은 가득 찼다."[86]

범법자들을 가려내기 위해 황제의 사절로 구성된 법정이 열렸을 때, "근처 산악 지대에 살고 있던 수많은 수도사가 … 동굴과 오두막을 떠나, 마치 하늘에서 천사들이 내려오듯, 도처에서 몰려들었다. 사람들은 안티오키아가 참으로 낙원과 같이 되었다고 말했다. 어디서나 이 경건한 은둔자들을 만날 수 있었기 때문이다. 그들의 존재만으로도 고통 받고 있던 이들을 위로해주었다."[87] 마침내 황제가 백성을 용서함으로써 플라비아노스 주교의 사명이 성공적으로 완수되었음을 알게

---

86 *Sur les statues*, IV, 1, PG 49, 59.
87 위의 책, XVII, 1, PG 49, 172-173.

되었을 때, 성 요한 크리소스토모스는 주교와 신자들과 함께 도시의 구원을 경축했다. "오늘 우리에게 이 거룩한 축제를 거행할 수 있게 해 주신 하느님이시여 찬미 받으소서. … 사람을 사랑하시는 하느님께 감사드립시다. … 그분의 능력과 선하심과 지혜, 그리고 이 도시를 향해 보여주신 그 보살핌에 경탄의 찬사를 드립시다."[88]

이렇듯 성인들은 그들의 도시와 모든 도시와 온 누리를 사랑했고 또 사랑한다. 그러므로 특별히 신성한 성찬 예배를 거행하는 동안, 우리 모두 그들을 본받자.

> 보 제   좋은 계절과 날씨, 땅에서의 풍성한 열매, 평화로운 시절을 주시
>   도록, 주님께 기도드립시다.

피조세계가 모두 기뻐하게 하소서.

이 간구를 통해 우리는 그 사랑의 복을 공기와 땅과 모든 피조세계에 확장하여 베풀어주시길 주님께 간구한다. 우리는 창조주가 정해주신 길로 온 피조세계가 나아갈 수 있게 해달라고 간구한다.

하느님은 눈에 보이는 세상을 사랑의 왕국으로 창조하셨다. 사람은 "지상 만물의 왕이고 동시에 하늘 임금의 백성"[89]이다. 세상을 바라보는 것, 또 그 안에서 살아가는 것은 사람에게 "큰 기쁨을 주고, 그 마음속에 하느님을 향한 감사의 감정을 불러일으킨다."[90] 사람은 하느님에게서 세상을 복으로 받았고, 그것을 감사의 행위(감사의 성찬)로 다시 봉헌한다. 그러므로 사람은 하느님이 창조하신 세상의 임금이며 사제이다.

---

88 위의 책, XXI, 1, PG 49, 211.
89 Saint Grégoire le Théologien, *Discours* XXXVIII, 11, SC 358, 126.
90 Saint Jean Chrysostome, *Sur la Genèse*, XIII, 4, PG 53, 109.

사람과 하느님, 그리고 사람과 세상의 이 평화로운 공존은 창조된 첫 조상, 아담과 이브의 불순종으로 인해 단절되었다. "아주 좋은 것"으로 창조된(창세기 1:31) 세상은 부패할 존재가 되었다. 사람은 세상의 임금이요 사제이길 멈췄고, 부패와 죽음의 종이 되었다. 사람과 사람(자기 자신), 사람과 하느님, 사람과 세상의 관계는 변하고 말았다. 세상의 주인이었던 사람은 도리어 세상의 노예가 되었다. "만물보다 탁월한 존재로 창조되었지만, 사람은 이제 그것들보다 더 열등한 존재가 되고 만 것이다."[91] "아담이 낙원에서 쫓겨났을 때, 이제 아담의 눈에는, 하느님이 무(無)에서 창조해 내신 온 피조세계가 범죄자인 자신에게 복종하길 거부하는 것처럼 보였다. 태양은 빛을 비추려 하지 않았고, 달은 드러나지 않으려 했으며, 별들은 그가 쳐다보는 것을 꺼렸고, 샘들은 용솟으려 하지 않았으며, 강들은 흐르려 하지 않았고, 공기는 자기 안에 응축되어 더 이상 반역자(아담)에게 숨 쉴 공기를 주지 않으려 했다. 지상의 모든 맹수와 동물은 이전의 영광을 벗어버린 그를 보자, 혐오했고 야수성을 드러냈다. 하늘은 이미 정의의 심판으로 그들 집어삼키려 했고, 땅은 그가 등을 대고 눕는 것조차 참지 못했다."[92] 하지만 사람을 향한 하느님의 사랑이 참으로 우주적인 이 재앙에 개입해 들어오신다. "그분은 자신의 권능으로 모든 존재를 붙잡아 주셨고, 그 자비와 선하심으로, 명령받은 피조물들의 공격을 늦추었다. 똑같이 하느님은 그 모든 것을 이전처럼 다시 사람에게 복종시켰다. 하느님은 본래 사람을 위해 창조된 만물이 다시 사람에게 종속되게 하여, 부패한 사람으로 인해 부패하게 되었지만, 이 사람이 다시 회복되어 영

91　Saint Maxime le Confesseur, *Ambigua*, PG 91, 1356A.
92　Saint Syméon le Nouveau Théologien, *Traités théologiques et éthiques*, 1, 2, SC 122, 191.

적이고 부패하지 않고 불멸하게 될 때, 만물 또한 종살이에서 벗어나고 … 사람과 함께 회복되어 부패하지 않는 온전히 영적인 것이 되길 원하셨다.(참고. 로마 8:20-21)"[93] 사람을 향한 사랑으로 충만하신 하느님의 이 개입은 사람의 반역의 결과를 한계 안에 묶어 두신다. 사람과 세상은 주님의 복된 강림을 기다려야만 했다.

* * *

하느님의 평화가 부재하는 한, 세상은 '코스모스'(cosmos, 조화) 다시 말해 하느님의 아름다운 장식이길 멈춘다. "평화 안에 있지 않게 된 후 그것은 또한 코스모스이길 멈추었다."[94] 하지만 그리스도의 강림과 함께, 하느님의 평화가 세상에 다시 왔고, 세상은 다시 하느님의 아름다운 장식이 되었다. 창조된 세상 또한 새 창조의 축제에 초대되었다. "피조세계는 기뻐하고, 자연은 춤추는구나."[95] "그리스도가 오셨으니, 산들아 춤출지어다."[96] 예수 그리스도 안에서 세상과 사람은 평화 속에 공존한다.

그럼에도 불구하고 그리스도를 통해 펼쳐진 하느님의 경륜의 결과는 사람과 피조세계가 타락 이전의 상태로 복귀하는 것에 그치지 않는다. 그것은 또한 "그리스도가 하느님 우편에 앉아 계시는"(골로사이 3:1) 그곳으로의 상승이다.

신성한 성찬 예배는 그리스도의 평화가 온 피조세계로 확산되는 신비이다. 이런 까닭에 우리는 지금 재앙과도 같은 자연의 무질서가 멈추게 해달라고, 땅이 그 열매를 사람에게 주게 해달라고, 온 세상이 하

---

[93] 위의 책.
[94] Saint Grégoire le Théologien, *Discours* VI, 14, SC 405, 159.
[95] 성모희보대축일, 조과, 애니, 독사스티콘.
[96] 그리스도 탄생 대축일, 애니.

느님의 명에 부합하여 평화 안에 있게 해달라고 하느님께 간구한다. "그분의 통치 아래 움직이는 하늘들이 평화 안에서 그분께 순종한다. 낮과 밤은 정해주신 궤도를 완주하고 … 태양과 달과 별 무리는 … 정해진 한계 안에서 … 진화하고, 봄 여름 가을 겨울은 평화로이 서로를 이어받는다."[97]

우리는 또한 이 복을 더욱 확장시켜 달라고 주님께 간구한다. "온화하고 적절한 계절을 허락하시고, 땅에 단비를 주시어 풍성한 수확을 맺게 하시며, 당신의 은혜로 한해의 결실을 강복해주소서."[98]

> **보 제** 항해하는 자, 여행하는 자, 병든 자, 고통 받는 자, 포로된 자들을 위해, 또 그들의 구원을 위해, 주님께 기도드립시다.

고통 받고, 무거운 짐 진 자들

이 간구에서 우리는 바다와 지상과 하늘로 여행하는 모든 사람을 위해 그리스도께 기도한다. 우리는 병든 자, 고통 받는 자, 포로로 잡힌 자들을 위해 기도한다. 그들 모두를 위해서, 우리는 그들이 삶 속에서 겪는 이 모든 고통과 수고가 하느님 나라로 가는 길이 되게 해달라고 주님께 간구한다.

무거운 짐을 짊어지고 지친 자들에게 그리스도는 자신에게로 다가와서 휴식을 얻으라고 초대하신다. 그분은 교회로, 신성한 성찬 예배로 그들을 초대하신다. "하느님의 집에는 낙심한 자들의 기쁨, 슬퍼하는 자들의 환희, 고통당하는 자들의 위로, 지친 자들의 휴식이 있기 때

---

97 Saint Clément de Rome, *Épître aux Corinthiens*, I, 20, SC 167, 135-137.
98 성 대 바실리오스 성찬 예배, 축성 후에 드리는 기도.

문이다. 그리스도는 말씀하신다. '고생하며 무거운 짐을 지고 허덕이는 사람은 다 나에게로 오너라. 내가 편히 쉬게 하리라.'(마태오 11:28) 이 말씀 이상으로 무엇을 더 바라겠는가? 이 초대보다 더 기분 좋은 것이 무엇이겠는가? 주님이 그대를 교회로 초대하실 때, 그 초대는 축제로의 초대이다. 그분은 고된 노동에서 잠시 쉬라고 그대에게 권하신다. … 이 얼마나 형언할 수 없을 만큼 섬세한 관심이며, 또 얼마나 복된 천상의 초대인가!"[99]

비록 낙심하고 지쳤지만 그리스도의 이 초대에 응한 사람은 아버지와도 같은 그분의 사랑과 현존이 가져다주는 휴식을 경험한다. 우리는 "고통 받는 영혼은 자신이 하느님 곁에 있음을 발견한다."[100]는 신학자 성 그레고리오스의 말을 경험하게 된다. 우리를 위한 그리스도의 이 현존은 신성한 성찬 예배 안에서 가장 탁월하게 주어진다.

> 보 제   우리를 모든 환난과 진노와 재앙과 필연에서 건져주시길, 주님께 기도드립시다.
> 보 제   하느님이시여, 당신의 은총으로 우리를 도우시고, 구원하시고, 불쌍히 여기시고, 지켜주소서.

우리를 모든 환난에서 건져주시길 …

처음으로 사람이 죄, 그리고 그에 동반되는 쾌락을 맛보았을 때, 그는 동시에 고통과 괴로움의 쓴 맛을 보았다. "이성에 반대되는 쾌락이 본성 안에 들어감으로써, 그 필연적인 결과로 고통이 또한 본성 안에 들어왔다. … 본성에 반대되는 쾌락에는 냉혹하게도 반드시 본성의 고

---

[99] Saint Jean Chrysostome, *Homélie Sur Ozias*, I, 1, PG 56, 98.
[100] *Discours*, XVII, 5, PG 35, 972B.

통이 따르기 때문이다."¹⁰¹

하느님은 죄에서 비롯된 상처에서 치유 받게 하시려고 사람에게 고통을 허락하셨다. "죄를 범하자, 하느님은 죽음과 고통을 허락하셨다. 그것은 죄 지은 사람을 벌하기 위한 것이 아니라 무엇보다도 질병에 대한 약을 주시기 위해서였다."¹⁰² 우리에게는 형벌로 보이지만 실상 그것은 하느님이 주신 약이다. "'이마에 땀을 흘려야 낟알을 먹으리라'(창세기 3:19)는 말씀을 들을 때, 그것은 우리에게 형벌, 복수로 보인다. 하지만 사실 그것은 하나의 경고요 교훈이며, 죄로 인해 얻은 상처를 치유하는 약이다."¹⁰³

성인들은 그들의 삶 속에서 겪은 고통과 환난을 이렇게 하느님이 주신 약으로 받아들였다. 죄의 질병을 치료하고 영혼의 건강을 회복시켜 주는 약으로 여긴 것이다. 이런 까닭에 그들은 고통을 '덕의 원천'이라고 불렀다. "하느님의 계명은 고통과 절제 속에서 성취된다."¹⁰⁴ 또 성인들은 우리에게 권면한다. "불행을 견뎌라. 가시들 가운데서 장미가 피어나듯, 불행 가운데서 덕들이 자라나고 양육되기 때문이다."¹⁰⁵ 주님의 눈에는 "우리가 그분을 위해 겪는 모든 고통이 모든 기도와 제사보다 더욱 고귀하다. 그리고 그 고통으로 인해 흘리는 땀 냄새는 그분께 모든 향수보다 더 흡족한 것이다."¹⁰⁶

---

101 Saint Maxime le Confesseur, *Centurie VI sur la théologie*, 35 et 37, PG 90, 1320AB, *Philocalie*, traduction française, tome A, p. 518.

102 Saint Nicolas Cabasilas, *La Vie en Christ*, 1, SC 355, 121.

103 Saint Jean Chrysostome, *Sur Priscille et Aquila*, I, 5, PG 51, 194.

104 Saint Isaac le Syrien, *Discours ascétiques*, XXVII, traduction française du père Placide Deseille, p.207.

105 Saint Nil l'Ascète, *Chapitres d'exhortation*, XCII, PG 79, 1257A.

106 Saint Isaac le Syrien, *Discours ascétiques*, LVI, 앞의 책, p.207.

고통을 통해 우리는 죄로부터 해방된다. 그리고 "만약 우리가 뭔가 선한 것을 행했다면 고통은 이 선이 더욱 찬란한 광채로 빛나게 한다."[107] 이 같은 방식으로 하느님 나라를 향해 나아가자.

> "우리가 하느님 나라에 들어가려면 반드시 많은 어려움을 겪어야 합니다."(사도행전 14:22)

> "무슨 견책이든지 그 당장에는 즐겁기보다는 오히려 괴로운 것입니다. 그러나 이러한 견책으로 훈련을 받은 사람은 마침내 평화의 열매를 맺어 올바르게 살아가게 됩니다."(히브리 12:11)

처음에는 슬픔으로 고통을 통과하지만, 만약 우리가 결국 지나가고 말 찰라의 고통을 인내로 받아들인다면, 우리는 평화의 열매를 맺게 된다. 그리스도의 평화가 우리 삶 속에 들어온다.

성 사도 베드로는 질문을 던진다.

> "죄를 짓고 매를 맞으면서 참으면 영예스러운 것이 무엇입니까? 그러나 선을 행하다가 고통을 당하면서도 참으면 하느님의 축복을 받습니다. 여러분은 바로 그렇게 살아가라고 부르심을 받은 사람들입니다. 그리스도도 여러분을 위해서 고난을 받으심으로써 당신의 발자취를 따르라고 본보기를 남겨주셨습니다."(I 베드로 2:20-21)

우리 인생에서 벌어지는 환난들을 불평하지 않고 견뎌나간다면, 우리는 불의의 첫 희생자이신 그리스도를 본받는 자가 된다.

* * *

성인들은 고통을 사랑했다. 불평하지 않고 받아들인다면, 그것은 하느님 나라의 문이 될 것임을 잘 알았기 때문이다. 하지만 그들은 또한

---

107 Saint Jean Chrysostome, *Sur le psaume 141*, 3, PG 55, 446.

고통이 영적으로 강인한 자들에게는 하느님 나라를 가져다주는 것이지만, 약한 자들에게는 절망의 원인이 될 수도 있다는 것을 잘 알고 있었다. 그러므로 환난과 고통에서 건져주시길 간구하는 것은 약한 이들을 위한 것이지 아주 강인한 이들을 위한 것은 아니다.

파이시오스 성인은 "영적으로 아주 건강한 사람은 자신의 질병을 기뻐한다. 하지만 영적으로 병든 사람은 고통스러워한다."고 말하곤 했다. 아토스의 콘스타모니투 대수도원 원장이었던 필라레토스 사부에 대해 이런 이야기가 있다. 어느 날 그 수도원의 한 수도사가 등받이 없는 낮은 의자에 앉아 슬퍼하고 있는 그를 보았다. "사부님, 무슨 일입니까?"하고 질문하자 그가 대답했다. "내 아들아, 오늘은 내게 아무런 시험도 없었단다. 하느님이 날 버리셨나보구나!"

성 요한 크리소스토모스는 오직 낙담만을 죄로 여겼다. 사람이 겪게 마련인 다른 모든 불행과 공격을 그는 단지 내용 없는 이름일 뿐인 것으로 간주했다. 그것은 "의미가 없는 이름"[108]이다. 그럼에도 불구하고 성인은 이 간구를 통해서 우리를 모든 불행에서 건져주시길 하느님께 간청하라고 권면한다. 그런 불행이 우리를 절망으로 인도하게 하느니, 차라리 투사들에게 주는 화관을 받지 못하는 편이 더 낫기 때문이다. 우리의 영적인 나약함을 아는 것, 주님의 크신 자비에 모든 것을 기대하는 것이 훨씬 더 낫기 때문이다.

* * *

복음사도 성 요한이 묵시록에 묘사한 천상의 성찬 예배에는 모든 민족과 종족 출신의 거대한 무리가 참여한다.

"그들은 큰 환난을 겪어낸 사람들입니다. 그들은 어린양이 흘리신 피

108　*Sur les statues*, V, 2, PG 49, 70.

에 자기들의 두루마기를 빨아 희게 만들었습니다. 그러므로 그들은 하느님의 옥좌 앞에 있으며 하느님의 성전에서 밤낮으로 그분을 섬기는 것입니다. … 옥좌 한가운데 계신 어린양이 그들의 목자가 되셔서 그들을 생명의 샘터로 인도하실 것이며 하느님께서는 그들의 눈에서 눈물을 말끔히 씻어주실 것입니다."(묵시록 7:14-17)

"큰 환난"은 바로 인생이다. 그러므로 신자들은 환난의 골짜기를 지나면서 신성한 성찬 예배에 참여한다. 그리스도의 지극히 거룩한 피의 은총으로 그들은 영혼의 의복을 씻었고, 흰 옷을 입고 천상의 제단에 당도한다. 그곳에, 그들의 한 가운데에, 어린양 그리스도가 계신다. 그분의 사랑이 그들을 먹이고, 큰 환난의 눈물을 생명을 주는 큰 물결로 변하게 한다.

우리를 모든 진노에서 건지시고…

죄짓고도 회개하지 않는 사람의 자만은 하느님의 진노를 부른다. "하느님의 진노"라고 말할 때 하느님께 무슨 분노의 감정 같은 것이 있다고 생각하지 말아야 한다. 다만 하느님은 사람을 벌하신다고 이해해야 한다. "벌하실 때조차도, 하느님은 분노없이 벌하시기 때문에, 감정을 벗어나 계신다. 다만 사람에 대한 크신 사랑과 관심으로 그렇게 하신다."[109] 모든 선과 덕을 빼앗긴 것은 교만한 사람의 이기심 때문임을 하느님은 잘 알고 계신다. "하느님의 진노, 그것은 하느님이 주신 선을 마치 자신의 올바른 행동에서 비롯된 것처럼 여기며 스스로를 높이고 부풀리고 교만해진 지성에게 그 유익을 위해 거룩한 은사들의 선

---

109 Saint Jean Chrysostome, *Sur le psaume 7*, 6, PG 55, 90.

물을 유보하시는 것이다."[110] 진노로 교훈을 주심으로써 하느님은 교만한 자로 하여금 "스스로를 꺾고 겸손해지도록"[111] 이끄신다. 사람은 또한 자신의 연약함을 배우고, 그 마음에서 거드름의 종기를 제거하고, 다시 하느님의 은총을 받을 수 있게 된다.

이 간구를 통해서 우리는, 하느님의 교육적인 징벌이 우리에게 내리기 전에, 또 그분께서 우리를 버리시기 전에, 우리가 우리 자신의 연약성을 깨닫고 겸손해질 수 있게 해달라고 하느님께 간청한다.

모든 재앙에서 우리를 건져주시길…

매일 우리는 삶을 위협하는 새로운 위험들을 발견한다. 우리는 세계 곳곳에서 발생하는 자연 재해, 전쟁, 사건 사고, 범죄 소식을 끊임없이 듣고 있다. 이것은 우리를 불확실성, 근심걱정, 불안으로 이끈다. 우리는 집에서조차 안전하다고 느끼지 못한다. 어떤 지속적인 두려움이 현대인의 영혼을 지배하고 있다. 현대인은 언제 어디서 어떻게 위험에 처하게 될지 알지 못한다.

이런 불안한 세상에서 우리는 오직 어린 아이의 신뢰를 가지고 하느님께 다가갈 때만 평정과 안전을 느낀다. 아빠스 이삭 성인은 우리에게 이렇게 권면한다. "어린 아이의 영혼을 가지고 하느님께 다가가라. 그렇게 그분의 현존 안에서 걸어가라. 그러면 어린 자녀에 대해 모든 아버지가 보여주는 이 부성애의 섭리 안에 있게 될 것이다. '주님은 어린 아이들을 지켜주신다'(시편 116:6)는 말씀이 있다. 어린 아이가 뱀에

110　Saint Jean Chrysostome, *À Théodore*, IV, SC 117, p. 96.

111　Saint Maxime le Confesseur, *À Thalassios*, 52, PG 90, 492A. ; *Centurie V sur la théologie*, X, 9, dans La *Philocalie*, traduction française, tome A, p.494.

게 다가가 그것을 잡아 목에 걸어도 뱀은 아무 해도 끼치지 않는다. … 추운 한겨울 날, 온통 꽁꽁 얼고 진눈깨비가 흩날리는 그런 날에 벌거 벗고 앉아 있어도 아무 해를 입지 않는다. 그의 순결한 육신은, 그 연약한 지체들을 보호하는 이 비밀스런 섭리로 직조된 눈에 보이지 않는 의복을 입고 있어서 어떤 해로운 것도 다가올 수 없기 때문이다."[112]

우리는 어떻게 해야 이 모든 위험을 피할 수 있는지 우리에게 보여 주시길, 다시 말해 아버지를 향한 어린 자녀의 신뢰를 우리에게 주시길 주님께 간구한다.

우리를 모든 필연에서 건져주시길 …

이 간구를 통해서, 우리는 먼저 필연에 의해 우리를 어떤 상황으로 이끄는 모든 환경에서 벗어나게 해달라고 주님께 간구한다. 심지어는 어떤 외적 강요로 인해 하느님의 길을 가는 일이 없게 해달라고 간구한다. "성화(聖化)로 이끄는 그 어떤 것도 힘에 의한 것이 아니라 영혼의 자유로운 순종을 통한 것이길"[113] 하느님은 원하시기 때문이다. 자유 없이는 영적인 삶도 존재하지 않는다. "강제에 의한 것은 그 무엇이든 덕이 아니다."[114]

우리는 또한 여러 가지 필요들 혹은 물질적 필요들에서 벗어나게 해주시길 간구한다. 현대인은 특별히 이런 필요들을 강하게 느낀다. 비록 그 어떤 시대보다 물질적 필요들을 만족시켜 주는 시대를 살아가고

---

112 Saint Isaac le Syrien, *Discours ascétiques*, XIX, 1, 67, traduction française, 앞의 책, p.147-148.
113 Saint Méthode d'Olympe, *Le Symposium des Vierges*, III, 13, SC 95, 121-123.
114 Saint Jean Damascène, *Sur les deux volontés du Christ*, XIX, PG 95, 149B.

있지만, 현대인은 끝없는 "필요들"이라는 비극을 경험하고 있다. 하나에 만족하면 두 가지 새로운 필요들이 그 앞에 제시된다.

여러 가지 필요들은 사람의 자유를 옥죄인다. 성 요한 크리소스토모스는 이렇게 말한다. "필요들을 만들어 낼수록 여러분의 자유는 줄어든다. 그러므로 이 잔인한 종살이에서 우리를 건져내자. 우리를 자유 안에 두자. 무엇하러 셀 수 없이 많고 다양한 사슬들을 발명하는가?" 그러면서 성인은 계속해서 이렇게 말한다. "높은 곳에 있는 도성을 얻기 위해, 이 모든 사슬을 끊어내는 것은 참으로 바람직하고 부러워해야 할 일이다."[115]

이 간구를 통해 우리는 우리를 종으로 만드는 이 모든 필연의 사슬이 끊어지게 해달라고 주님께 간구한다. 시편저자와 함께 이렇게 그리스도께 간청하자. "내 모든 필요에서 나를 건져주소서."[116](시편 25:17)

너희는 마음에 걱정하지 마라 …

신성한 성찬 예배는 부활하신 그리스도의 현존이다. 우리는 성당에 모이고, 생명을 주는 무덤인 거룩한 제단을 둘러싼다. 그리고 그리스도를 보고, 그분 말씀을 듣고, 그분께로 다가가 제자들처럼 그분의 식탁에 참여하는 자가 되길 간절히 열망한다.(요한 21:13)

불행하게도 우리는 거룩한 열망과 사랑으로 불타는 마음을 안고 주님의 무덤으로 달려갔던 향유가진 여인들이 아니다. 우리를 하느님의 집으로 인도한 것은 담대한 사랑이 아니라 우리를 위협하는 온갖 위험

---

115 *Sur Jean*, LXXX, 3, PG 59, 437-438.
116 역자 주) 칠십인역 그리스어 구약성경에서 번역. 시편 24:17. "ἐκ τῶν ἀναγκῶν μου ἐξάγαγέ με." 정교회는 교부들의 전통을 따라, 칠십인역 그리스어 구약성경을 사용한다. 그래서 히브리어 성경에서 번역한 한글 구약성경과 종종 의미가 다른 구절들이 있을 수 있다.

들에 대한 두려움이다. 너무도 자주 우리는, 하느님 나라를 향한 소망이 흔들리곤 했던, 두려움과 근심에 가득 찬 제자들의 모임과 같다. 향유가진 여인들의 영혼을 생동케 했던, 이성을 초월한 사랑에 도리어 마음 문을 꽉 닫고 있는 그런 신자들의 모임이다. 어떤 시대이든 향유 가진 여인들을 따른 이들은 위험에 눈 감고 무시했지만, 믿음이 적었던 사람들은 오히려 소망이신 분께 마음 문을 닫았다.

이런 회중 가운데 그리스도가 나타나신다. 신랑처럼 그분은 무덤에서 나오시고 우리 가운데로 오신다. 그분은 "문이 닫혔음에도"(요한 20:19) 우리 마음속에 들어오신다. 그분의 현존은 우리의 두려움을 흩어버린다. 그분의 사랑은 우리에게 그분 자신의 평화를 준다.

> "너희는 걱정하지 마라. 하느님을 믿고 또 나를 믿어라."(요한 14:1)

> "나는 너희에게 평화를 주고 간다. 내 평화를 너희에게 주는 것이다. 내가 주는 평화는 세상이 주는 평화와는 다르다. 걱정하거나 두려워하지 마라."(요한 14:27)

보 제 지극히 거룩하고 정결하고 복되시고 영화로우신 평생 동정녀 성모 마리아와 모든 성인을 기억하면서 우리도 그분들처럼 우리의 온 생명을 우리 하느님 그리스도께 맡깁시다.

성가대 (거룩한 성모여, 우리를 구원하소서.) 주여, 당신께 맡기나이다.

우리 하느님 그리스도께 우리를 맡깁시다.

"믿음으로 모든 것을 단번에 하느님께 맡긴 영혼은, 수많은 경험을 통해서 그분의 도우심을 맛보고, 더 이상 자신의 영혼에 대해 걱정하지 않으며, 언제나 경탄 가운데 침묵하며 머문다"[117]는 것을 성인들은 그 자신의 경험을 통해서 잘 알고 있다. 하지만 자신을 하느님께 완전히 맡기는 것은 결코 쉬운 일이 아니다. "우리 마음이 우리 자신을 고발하지 않을 때 … 그리스도의 유익에만 관심을 두고 우리의 유익은 외면할 때"[118] 비로소 우리는 그런 상태에 도달한다. 이런 이유로, 우리는 지극히 거룩하신 성모와 모든 성인의 도움을 요청한다. "기억하면서"라는 단어는 바로 "부르다, 요청하다"[119]라는 의미이기 때문이다.

하지만 거룩하신 성모께 간청해야 하는 또 다른 이유가 있다. 우리의 생명(삶)을 주님께 맡긴다는 것은 자기 자신을 하느님께 봉헌하는 것과 유사한 일이다. 지극히 순결하신 마리아가 주님의 살아있는 보좌가 되기 위해 세 살 때 주님께 봉헌되었던 것처럼, 각 신자도 그분의 고유한 거처가 되기 위해 주님께 봉헌된다. 성전에 들어가던 날, 성모는 "만물의 왕께서 머무실 거처로 축성되기 위해"[120] 성전으로 갔다. 신성한 성찬 예배를 거행하면서 집전자는 그리스도가 우리 안에 머물 수 있도록, 우리 자신을 그리스도께 바치자고 권면한다. 그리스도는 우리도 성모처럼 "예수의 감탄스럽고 아름다운 거처"[121]가 되라고 우리 모두를 부르신다.

> 사제는 작은 소리로 이렇게 제1안티폰 기도를 드린다.

---

117 Saint Isaac le Syrien, *Discours ascétiques*, LXII, p.250, traduction française, 앞의 책, p.393.
118 Saint Nicolas Cabasilas, *Explication de la divine liturgie*, XIV, SC 4 bis, 119.
119 위와 같은 곳.
120 성모입당 대축일(11월 21일), 대만과, 리티*(Λιτή), 독사스티콘.
121 성모입당 대축일(11월 21일), 대만과, 아포스틱하*(Ἀπόστιχα).

> 사 제   주 우리 하느님이시여, 당신의 권능은 비할 데 없고, 당신의 영광은 헤아릴 수 없으며, 당신의 자비는 한없고, 당신의 사랑은 형언할 수 없사오니, 주여, 당신의 자애로 우리와 이 거룩한 집을 굽어살피시고, 우리에게, 또 함께 기도하는 이들에게 당신의 지극한 자비와 자애를 베풀어 주소서.
> (큰 소리로) **모든 영광과 찬미와 경배를 이제와 항상 또 영원히 성부와 성자와 성령께 드림이 마땅하나이다.**
> 성가대   아멘.

인류를 향한 하느님의 형언할 수 없는 사랑

신성한 성찬 예배에서 첫 번째로 드리는 사제의 기도에서, 사제는 하느님 자신께 아뢴다. "그대가 어떤 중요한 사람과 커다란 우정을 나누고 있을 때, 그에게 다가가 비밀스런 이야기를 나누듯이, 사제 또한 그렇다. 사제직의 존귀함과 은총을 통해 그리스도께 자유롭게 말씀드릴 권한을 부여받았기에, 그는 그분께 다가가서 은밀하게, 다시 말해 매우 신중하고 조용하고 작은 소리로, 모든 비밀을 아뢴다. 사제가 이렇게 기도드림으로써, 두 가지가 드러난다. 첫째는 그와 대화를 나누는 분의 지극한 위대성이요, 둘째는 사제가 그분에 대할 때 지니는 순결한 사랑과 커다란 자유이다."[122]

* * *

사람을 향한 하느님의 사랑과 자비는 사람의 측정과 표현을 능가한다. 사람에 대한 하느님의 사랑이 어떠한가를 나타내주는 결정적 사건은 바로 하느님 말씀의 육화다.

---

[122] 익명의 헤지카스트, *Niptiki Theoria* (*Contemplation* neptique), 앞의 책, p.199-200. 이 익명의 성인의 영적 경험은 성찬 예배 도중 사제가 기도를 드리는 방식, 즉 작은 소리 혹은 높은 목소리로 드리는 기도에 대해 오늘날 사람들이 제기하는 문제에 대한 하나의 답이다.

"사람을 향한 형언할 수 없고 측량할 수 없는 당신의 사랑으로 당신은 어떤 변화도 변동도 없이 사람이 되셨고, 우리의 대사제가 되셨나이다."[123]

"우리는 그분의 육화의 목표였다. 그분이 인간의 몸으로 태어나고 나타나실 정도로 사람을 사랑하신 것은 다 우리의 구원을 위해서다."[124]

사람을 향한 하느님의 사랑은 그 차원에 있어서 무한하고, 그 특성에 있어서 고귀하다. 우리는 하느님께 단지 인간적인 동정을 얻은 것이 아니라 임금의 사랑, 주님의 사랑을 얻는다. "사실 하느님의 사랑이 말로 다 형용할 수 없듯이, … 그분이 우리에게 다가오시고 우리의 선을 위해 일하시는 방식 또한 놀랍고, 그 방식은 오직 경이로운 일들을 행하시는 하느님께만 어울린다."[125]

하느님은 배타적으로 우리를 사랑하시고 우리 또한 그분을 똑같은 방식으로 사랑하길 원하신다. "이렇게 모든 면에서, 그분은 우리를 그분께로 돌려세우시고, 우리가 그 어떤 다른 대상에게도 우리의 정신을 쏟지 않게 하시고, 또 그 어떤 것에도 사로잡히지 않게 하신다. … 감탄스러운 강제와 사랑으로 충만한 독재로 오직 그분을 향하도록 이끄시고, 오직 그분과만 연합시키신다. 내 생각에, 그분이 자신의 종에게 '사람들을 억지로라도 데려다가 내 집을 채우도록 하여라'(루가 14:23)라고 말씀하셨을 때, 이것은 자신의 집으로, 또 자신의 축제로 사람들을 초대하고 강권하기 위해 그분이 사용하시는 강제를 말한 것이다."[126]

---

123   성 요한 크리소스토모스 성찬 예배, 헤루빔 성가가 불릴 때 사제가 드리는 기도 (헤루빔 기도)
124   Saint Athanase le Grand, *Sur l'incarnation du Verbe*, IV, SC 199, 277.
125   Saint Nicolas Cabasilas, *La Vie en Christ*, 1, SC 355, 92.
126   위의 책, p.89-90.

하느님은 생명의 식탁을 준비해 놓으시고 그 식탁에 와서 앉으라고 사람을 부르신다. 그런데 사람에 대한 그분의 사랑은 무한한 공간을 가진다. 손님을 초대한 교회의 목자들은 그분께 말씀드린다. "주인님, 분부하신 대로 다 했습니다. 그러나 아직도 자리가 남았습니다."(루가 14:22) 그분의 집에 들어가 그 식탁에 앉기를 거부하는 사람들이 존재하는 한, 그분의 고귀한 사랑의 공간은 아직도 비어 있다. 그런 한, 인류를 향한 그분의 사랑의 신비는 계속해서 드러날 것이다. 선한 목자는 잃어버린 양을 찾을 것이고, 사랑은 잃어버린 드라크마를 찾아 나설 것이다.(루가 15:4-10)

> 이어서 성가대는 제1안티폰 성가를 다음의 후렴과 함께 부른다.
>
> **성가대** 구세주여, 성모님의 중보로 우리를 구원하소서.

영혼은 완숙한 연주가다.

시편 성가 혹은 성가는 우리가 주님께 말씀을 아뢰는 세 가지 방식 중 하나이다. 우리는 거룩한 성가를 부르고, 기도를 드리고, 화답하고 봉독한다.

성가는 특별히 그리스도와의 친교를 얻기 위해 싸울 때 큰 도움을 준다. 성 요한 크리소스토모스는 이렇게 말한다. "신성한 성가의 조화로운 곡조와 절제된 강조만큼 영혼을 고양시켜주고, … 영적으로 살아가도록 도와주며, 이 땅의 모든 것을 외면하고 잊어버리게 해주는 것은 없다. … 영적인 시편 찬양은 매우 유용하고 유익하다. 그것은 넘치는 성화(聖化)를 우리에게 가져다주고, 영적 삶 전체의 토대가 된다. 왜냐하면 그 찬양의 가사들이 우리 영혼을 정화하고, 성령은 찬양하는 영혼 안에 지체 없이 내려오시기 때문이다."127 성인은 다시 덧붙인다. "올바르게(다시 말해 주의를 기울여) 찬양하는 사람은 자신의 영혼을 새롭게 하여 성령의 전이 된다."128

찬양하는 영혼이 성령의 은총을 이끌어오려면, 곡조가 음악 규칙에 맞게 불리는 것으로는 충분치 않다. 그것은 더욱 고양되어 천사들의 곡조와 한 목소리가 되어야 한다. 교회 성가로 말하자면, 그것은 "나이 든 사람이든, 젊은이든, 음색이 거칠든, 음치나 박치이든" 그런 것으로 비난할 수 없다. "우리가 성가에서 추구해야 할 것은 영혼의 소박함, 생각의 깨어있음, 마음의 회한, 이성의 확고함, 정화된 양심이다."129 예언자 다윗은 말한다. "너희, 주님의 거룩한 이들아, 주님께 찬미 노래 불러라."(시편 30:4) "하느님께 찬양드릴 수 있는 사람은 순결한 마음으로 찬양 드높이는 사람, 거룩한 사람, 하느님의 계명을 준수하는 사람이다. 왜냐하면 그런 사람이라야 마땅한 방식으로 영적인 곡조를 따라가기 때문이다."130

우리는 끊임없이 주님께 영광 돌릴 수 있다. "영혼은 탁월한 연주가요 예술가다. 기타와 플루트와 리라의 자리를 차지하는 영혼의 악기는 바로 몸이다. … 하지만 항상 그분께 영광 돌리고 찬양을 드릴 수 있도록 그대를 가르쳐 주길 원하시는 하느님은, 악기와 연주자(다시 말해 몸과

---

127 Saint Jean Chrysostome, *Sur le psaume 41*, 1, PG 55, 156-157.
128 Saint Jean Chrysostome, *Sur ce qu'il n'y a qu'un seul législateur de l'Ancien et du Nouveau Testament*, 3, PG 56, 402.
129 Saint Jean Chrysostome, *Sur le psaume 41*, 2, PG 55, 158.
130 Saint Basile le Grand, *Sur le psaume 29*, 3, PG 29, 312C.

영혼)를 지속적인 연합 안에 일치시키기 위해 정성을 다하신다."[131]

정교회에서는 전례에서 악기를 사용하지 않는다. 각 신자는 하느님이 창조하신 가장 탁월한 악기이자 동시에 연주가이다. 만약 연주가(영혼)가 악기(몸)를 깨끗하게 잘 간수하여 올바르게 사용한다면, 연주가와 악기 모두가 하느님께 흡족한 찬양이 되어 창조주께로 올라간다. 왜냐하면 거룩한 성가는 "영혼의 경건함으로부터 탄생하고 선한 양심에 의해 양육되며, 하느님은 하늘에서 그것을 받아주시기 때문이다."[132]

* * *

전례 예식에서 성가는 일반적으로 교송, 즉 두 성가대가 돌아가며 부르는 방식으로 부른다. '하느님을 품은' 성 이그나티오스는 "천사들이 교송의 방식으로 '삼성송'을 부르는 것을 환상으로 보고"[133] 처음으로 안티오키아 교회에 교송 성가를 도입했다고 한다. 거룩한 천사들처럼 사람도 하느님께 영광 돌리도록 창조되었다. 신학자 성 그레고리오스에 따르면, 사람은 "교송 방식으로 천사들에게 응답하는 피조물"[134]이다. 한 쪽엔 천사가, 다른 쪽엔 사람이, 두 성가대를 이루어 창조주 하느님을 끊임없이 찬양한다.

보라, 하느님의 어린양이로다.

신성한 성찬 예배는 그 전체가 그리스도의 생애의 신비다. 그러므로 성찬 예배의 매 순간은 주님의 생애의 특정한 시기 혹은 사건들을 다

---

131 Saint Jean Chrysostome, *Homélie sur la Semaine sainte et sur le psaume 145*, 3, PG 55, 522.
132 Saint Jean Chrysostome, *Homélie après qu'il eut été ordonné prêtre*, 1, PG 48, 694.
133 Évêque Georges d'Alexandrie, Halkin, p.156.
134 *Poème dogmatique*, XXXII, PG 37, 513, 35.

시 살아보게 해준다. 안티폰의 시편 구절들은 "구세주께서 이 땅에 계셨지만, … '세상을 그분을 알아보지 못했던'(요한 1:10) 구세주 강림의 초기 시기들을 의미한다. 그것은 세례자 요한에 앞선 시기, 등불(선구자 요한)이 타오르기(요한 5:35) 전 시기를 의미한다. 이때는 여전히 예언자들의 선포가 필요했던 시기다. 하지만 예언되었던 분이 자신을 드러내 나타나셨고, 그러자 예언자들은 더 이상 필요치 않게 되었다. 세례자 요한은 한 인격으로 현존하시는 그분을 보여주었다."[135] "시편은 신성한 신비로의 입문을 예감하는 성가로 불려지고" 우리를 영적으로 준비시킨다. 그것은 신성한 성찬 예배를 위한 "일종의 사전 정화이고 준비"[136]이다. 시편 음송은 세례자 요한의 사역을 완성한다. 시편구절들은 주님의 길을 예비하고(마태오 3:3) 그분을 영접하라고 우리를 초대한다. 주님이 감사의 성찬 회중 가운데 오실 때, 시편은 우리에게 그분을 보여준다.

"세상의 죄를 없애시는 하느님의 어린양이 저기 오신다."(요한 1:29)

"와서 기뻐 뛰며 주님을 환호하자. 우리 구세주 하느님을 외쳐 부르자."(시편 95:1)

> 보 제 - 다시 또 다시 평화로운 마음으로 주님께 기도드립시다.
> - 하느님이시여, 당신의 은총으로 우리를 도우시고, 구원하시고, 불쌍히 여기시고, 지켜주소서.
> - 지극히 거룩하고 정결하고 복되시고 영화로우신 평생 동정녀 성모 마리아와 모든 성인을 기억하면서 우리도 그분들처럼 우

---

135 Saint Nicolas Cabasilas, *Explication de la divine liturgie*, XVIII, SC 4 bis, 138.
136 위의 책, XVI, 6, SC 4 bis, 131.

> 리의 온 생명을 우리 하느님 그리스도께 맡깁시다.
>
> **성가대** (거룩한 성모여, 우리를 구원하소서.) 주여, 당신께 맡기나이다.

다시 또 다시, 주님께 기도드립시다.

신성한 성찬 예배는 사람이 하느님을 만나고, 보고, 그분과 교제하기 위해 나아가는 하나의 여정이다. 이 여정의 발걸음 하나하나는 동시에 끝이고 새로운 시작이다.

"다시 또 다시." 그것은 단지 앞에서 드린 간구의 반복이 아니다. 그것은 새로운 경험의 추구이다. "매번 얻은 선은 분명 이전에 누린 선보다 훨씬 크다. 하지만 이 선은 우리의 추구를 제한하지 않는다. 높은 곳을 향해 오르는 사람에게 이미 도달한 목표는 더 높은 곳에 이르기 위한 출발점이 된다. 오르는 사람은 결코 멈추지 않는다. 각 출발점은 새로운 출발점을 내놓기 때문이다. 오르면서 영혼은 언제나 점점 높은 상태들을 통과하게 되고, 한이 없는 곳을 향해 전진한다."[137]

"다시 또 다시." 우리는 주님께 같은 말씀을 드리고, 같은 것을 간구하지만 조금도 싫증나지 않는다. 그분의 사랑이 그 모든 것을 주실 때, 우리는 그 모든 것이 이미 우리가 가지고 있는 것들과 같지 않은, 언제나 새로운 것임을 알게 된다. 우리는 비록 세상에 있지만, 하느님의 평화, 성모님의 사랑, 성인들의 친교에 더욱 가까이 갈 수 있는 가능성이 항상 존재한다는 것을 확신한다. 몸과 영혼이 죄에서 깨끗해질수록, 신성한 성찬 예배의 은총은 우리에게 더욱 충만하게 주어진다.

---

137 Saint Grégoire de Nysse, *Sur le Cantique des cantiques*, VIII, PG 44, 941C.

> 소연도 후에 사제는 작은 소리로 다음의 기도를 드린다.
>
> **사 제** 주 우리 하느님이시여, 당신의 백성을 구원하시고, 당신의 후사에 강복하소서. 당신 교회의 충만함을 지켜주시고, 당신 집의 아름다움을 사랑하는 이들을 거룩하게 하소서. 당신의 신성한 권능으로 그들을 영화롭게 해주시고, 당신께 희망을 둔 우리를 저버리지 마옵소서.
> (큰 소리로) **권능과 나라와 권세와 영광이 이제와 항상 또 영원히 성부와 성자와 성령의 것이나이다.**
>
> **성가대** 아멘.
>
> 이어서 제2안티폰 성가를 부른다. 후렴으로는 "구세주여, 당신의 성인들의 중보로, 우리를 구원하소서."[138]를 부른다.

성인들의 상속을 공유하기 위해

세례를 통해 우리는 하느님의 자녀가 되었다. 우리는 단순히 죄에서 해방된 것이 아니라 무한한 복을 얻었다. 전에 악마의 포로였던 우리는, 이제 "자유인이고 교회의 시민이다. 전에 죄의 수치 속에 있었던 이들은, 이제 안심하고 정의 안에 머문다. 그들은 단지 자유로울 뿐만 아니라 거룩한 사람(성인)이기도 하다. 의인일 뿐만 아니라 자녀이다. 자녀일 뿐만 아니라 상속자이다. 상속자일 뿐만 아니라 그리스도의 형제이다."[139]

---

138 제1 안티폰에서 성모님의 중보를 간청한 뒤, 우리는 이제 "그분의 아들(성자)의 마음에 흡족했던 모든 이들"(Saint Germqin de Constantinople, *Contemplation*, PG 98, 404D)에게 간청한다. 이 후렴은 고대 전례 사본들에 나타나는데 오늘날도 아토스 성산에서는 여전히 사용되고 있다. 역자 주) 오늘날 일반적으로는 "거룩하신(주일에는 "부활하신"으로, 그리고 주님의 대 축일에는 그날의 고유한 표현이 따로 있다.) 하느님 아들이시여, 우리를 구원하소서. 찬송하나이다. 알렐루야."라고 제 2 안티폰 성가를 부른다.

139 Saint Jean Chrysostome, *Huit catéchèses baptismales*, SC 50 bis, 153.

감사의 성찬 예배가 거행될 때, 우리는 "많은 형제들이 있는 곳, 성령이 계시는 곳, 예수 그리스도와 그분의 아버지가 우리 가운데 계시는 곳"140, 바로 그 성당에 다함께 모인다. 신성한 성찬 예배가 거행될 때, 우리는 "성도들이 광명의 나라에서 받을 상속에 참여할 자격을 우리에게 주신 아버지께 기쁜 마음으로 감사를 드리며"(골로사이 1:11-12) 거룩한 제단 앞에 선다.

하지만 신성한 성찬 예배를 통해서 우리는 단지 그리스도의 상속자가 되는 것만은 아니다. 더 나아가 그리스도 자신이 모든 신자의 상속 유산이 된다. "높은 하늘, 성부 오른편에 앉아 계신 분께서 이 순간 모든 사람의 손 안에 있다."141 "사람의 친구이신 하느님은 그분께 다가오고 뜨겁게 그분을 열망하는 영혼에 대해 자신 또한 그렇게 되신다. … 하느님 자신이 영혼의 상속 유산이 되시고, 영혼은 또 주님의 상속 유산이 된다."142

> 영광이 성부와 성자와 성령께 이제와 항상 또 영원히 있나이다. 아멘. **하느님의 말씀이시며 영생하시는 독생자시여,** 당신은 우리의 구원을 위해 평생 동정 성모님에게서 육신을 취하시고, 본성의 변함없이 사람이 되시어, 십자가에 달리심으로써, 죽음을 죽음으로 멸하셨나이다. 거룩한 성 삼위 하느님의 한 분으로서 성부와 성령과 함께 영광 받으시는 그리스도 하느님이시여, 우리를 구원하소서.143

---

140   Saint Jean Chrysostome, *Sur ceux qui ont déserté l'Assemblée*, 2, PG 51, 70.
141   Saint Jean Chrysostome, *Sur le sacerdoce*, III, 4, PG 48, 642.
142   Saint Macaire d'Egypte, *Homélies spirituelles*, XLVI, 3-4, PG 34, 793C-796A, traduction française du père Placide Deseille, 앞의 책, p.339-340.
143   트로파리온(성가) "하느님의 말씀이시여 영생하시는 독생자…"는 "유스티니아노스 황제에 의해 전례에 도입되었다." (Théodore d'Andida, *Protheoria*, XII, PG 140, 433C)

교만하지 않으신 하느님

"하느님의 말씀이신 독생 성자"는 "교만이 없으시고"[144] 누구나 다 가갈 수 있는 분이시다. "모든 지성을 초월하시고 모든 생각을 흔드시는 분이, 사람이 되어 땅과 진흙으로 형성된 이 육신을 입고 젖을 먹는 등 인간의 모든 특징을 수용하고 통과하고 경험하시길 동의하셨다."[145]

성 요한 크리소스토모스는 특별히 하느님의 낮아지심의 위대성에 감동했다. "그분(그리스도)은 종의 형상을 입기 위해 성부의 품을 떠나기로, 육신의 모든 족쇄를 경험하기로, … 즉 조금씩 성장하고, 할례를 받고, 희생제물을 바치고, 배고픔과 목마름과 피곤함 그리고 마침내 죽음을 겪기로 동의하셨다. … 보라 이 모든 것이 우리 구원을 위해 만물의 창조주이신 그분이 수용하신 것이다. … 만물을 무로부터 존재로 불러내시고, 굽어만 보셔도 땅은 떨고(참고. 시편 104:32), 헤루빔 천사들도 그 찬란한 영광 똑바로 볼 수 없는 … 이 변함없으신 부동의 하느님이 우리를 위해, 우리 구원을 위해 사람이 되기로 동의하신 것이다."[146] 우리 주 예수 그리스도는 기꺼이 우리 구원을 위해 지극히 순결하신 성모에게서 육신을 취하시어 살해자 악마를 쳐부수셨다. 사람으로서 그분은 우리 자신이 치러야 했지만 그럴 능력은 없었던 싸움을 그분 손수 치르셨다. 하느님으로서 그분은 위대한 승리를 거두셨다. "하느님은 사람들이 싸워야 할 싸움을 자신의 것으로 삼으셨으니, 그분 또한 사람이셨기 때문이다. 마찬가지로 사람이신 예수 그리스도는 모든

144　Saint Syméon le Nouveau Théologien, *Cathéchèses*, II, SC 113, 340.
145　Saint Jean Chrysostome, *Sur Père, si cela est possible*, III, PG 51, 37.
146　*Sur la Genèse*, XXIII, 6, PG 53, 205.

죄로부터 깨끗하심으로써 죄를 이기셨으니, 그분은 또한 하느님이시기 때문이다. 이렇게 해서 우리의 본성은 수치를 넘어섰고, 승리의 화관을 두르게 되었으니, 죄는 파멸되었기 때문이다."[147]

그리스도는 악마와 죄와 죽음을 이기셨다. 이런 까닭에 신자들의 모임은 감사하며 승리의 기쁜 성가를 부른다.

보 제	- 다시 또 다시 평화로운 마음으로 주님께 기도드립시다. - 하느님이시여, 당신의 은총으로 우리를 도우시고, 구원하시고, 불쌍히 여기시고, 지켜주소서. - 지극히 거룩하고 정결하고 복되시고 영화로우신 평생 동정녀 성모 마리아와 모든 성인을 기억하면서 우리도 그분들처럼 우리의 온 생명을 우리 하느님 그리스도께 맡깁시다.
성가대	(거룩한 성모여, 우리를 구원하소서.) 주여, 당신께 맡기나이다.

사제는 작은 소리로 다음의 제3안티폰 기도를 드린다.

사 제	주여, 당신은 우리에게 은총을 내리시어, 한 마음 한 뜻으로 당신께 이 기도를 올리게 하시고, 둘이나 셋이 당신의 이름으로 모여 기도 드리면, 그 청을 들어주시겠노라고 언약 하였사오니, 지금 당신의 종들의 간곡한 애원을 이루어 주시어, 현세에서는 당신의 진리를 깨닫고 후세에서는 영원한 생명을 누리게 하소서. (큰 소리로) **당신은 선하시고 자애로우신 하느님이시니, 성부와 성자와 성령께 이제와 항상 또 영원히 영광을 바치나이다.**
성가대	아멘.

이어서 후렴 "지극히 거룩하신 하느님의 아들이시여, 우리를 구원하소서. 찬송하나이다. 알렐루야."와 함께 제3안티폰 성가를 부른다.

---

147 Saint Nicolas Cabasilas, *La Vie en Christ*, I, SC 355, 119.

공동의 일치된 기도들

교회는 사랑의 공동체이고, 이것은 우리가 주님께 아뢰는 공동의 일치된 기도들을 통해서 드러난다. 건물로서의 교회 또한 신자들의 모임이 일어나는 장소로서, 사랑의 친교를 표현한다. "교회는 이곳에 모인 이들을 나누기 위해서가 아니라, 나뉘었던 이들을 한데 모으기 위해 만들어졌다. 그리고 감사의 성찬 회중이 드러내는 것이 바로 이것이다."[148] 성당은 감사의 성찬 모임이 일어나는 곳이다.

신자들의 이 사랑의 일치는 초기 그리스도인들의 감사의 성만찬 회중에 대한 묘사 안에 잘 증언되었다. 2세기 순교자 성 유스티노스는 이렇게 말한다. 주님의 날(주일)에 "모든 사람은 … 같은 장소에 모인다. 누군가 사도들의 글을 읽는다. 그리고 우리는 모두 일어나 다함께 기도를 드린다. … 이어서 빵과 포도주와 물이 봉헌된다. 다시 집전자는 하늘을 향해 기도를 드리고, 힘닿는 대로 주님께 감사드린다. 그러면 모든 백성은 '아멘'으로 우렁차게 응답한다."[149]

* * *

성찬 예배 회중은 '시노도스(Σύν-οδος)'(syn-ode 시노드, 문자적으로는 '함께 가는 길'을 의미)라는 이름으로 불리기도 한다. 이것은 우리 모두가 함께 길을 간다는 것, 그리스도라는 같은 길(요한 14:6, "나는 길이요")을 걸어간다는 것을 의미한다. 집전자와 함께 피 흘림 없는 희생 제사를 바치는 신자들은, 비록 둘 셋 밖에 안 된다 해도, "한 마음 한 뜻으로 하느님께 기도를 올려 드리는, 교회의 전체 몸"[150]을 구성한다.

---

148 Saint Jean Chrysostome, *Sur la première Épître aux Corinthiens*, XXVII, 3, PG 61, 228.
149 *Première Apologie*, LXVII, SC 507, 309-311.
150 Saint Jean Chrysostome, *Sur l'obscurité de l'Ancien Testament*, II, 4, PG 56, 182.

그리스도는 비록 둘 셋의 신자라도 자신의 이름으로 모이는 곳에 함께 계실 것이고, 그들의 공동 기도를 들어주시고, 그들의 간구를 이뤄주실 것이라고 약속하셨다.(마태오 18:19-20) 그럼에도 그리스도의 이름으로 모여, 그분의 사랑을 믿고 뭔가를 간구하지만, 우리의 간구가 아무런 응답을 받지 못하는 일이 종종 있다. 성 요한 크리소스토모스는 왜 이런 일이 생기는지 설명한다. 자신의 이름으로 모인 신자들의 회중에 대해 말씀하실 때, 주님은 단순히 '모임'에 대해 말씀하신 것이 아니다. 주님은 특별히 신자들에게서 그리스도 안에서의 사랑을, 일반적으로는 덕을 찾고자 하신다. 성인은 이렇게 말한다. "만약 그대에게 이익이 되는 것을 간구한다면, 그대에게 요구된 것에 뭔가 조금이라도 기여하며 살고 있다면, 사도들의 모범을 따라 이웃을 향한 사랑과 조화 속에서 살고 있다면, 그대의 기도는 응답될 것이다. 주님은 사람을 사랑하시기 때문이다."[151] 만약 주님의 사랑을 위한 것이라면, 삶의 방식을 통해 사랑을 표현하려는 우리의 노력은 열매를 맺는다. "그리스도를 기초로 가지는 사랑은 안정되고, 강하고, 무궁무진 마르지 않기 때문이다."[152]

그리스도께 의존하고 있는 이 사랑을 통해 신자들의 영혼 모두가 양육된다. 성 요한 크리소스토모스도 이것을 강조한다. "물론 우리는 집에서 기도할 수도 있다. 하지만 그것은 수많은 교부들이 함께 있는 성당, 한 마음으로 드리는 강력한 기도가 하느님께로 올라가는 성당에서 기도하는 것만큼 효과적일 수는 없다. 존귀하신 주님께 혼자 기도하는 것은 형제들과 함께 기도하는 것만큼 응답받지 못할 것이다. 이 공동

151　Saint Jean Chrysostome, *Sur Matthieu*, LX, 2-3, PG 58, 587.
152　위의 책, PG 58, 588.

기도에서 그대들은 집에서는 발견할 수 없는 것을 발견하게 될 것이다. 그것은 바로 신자들의 마음과 목소리의 일치, 사랑의 끈, 사제들의 기도이다."[153]

* * *

우리에게 공동의 일치된 기도를 주신 주님은 그 자신이 신자들의 '찬양'이시다. 성 이그나티오스는 이렇게 썼다. "이렇듯 예수 그리스도는 그대들의 일치된 감정과 사랑의 조화 안에서 찬양되십니다. 그러니 그대들 각자 또한 일치된 조화를 이루어 그 일치 안에서 은총으로 하느님을 닮은 사람들이 되기 위해, 하나의 합창대가 되십시오. 하느님이 그대들의 간구를 들어주시고 그대들의 선한 행실을 보고 그대들을 인정해주시도록, 그분의 아드님 그리스도의 지체들로서 한 목소리로 예수 그리스도를 통하여 성부께 성가를 불러 드리십시오. … 그리고 언제나 하느님에 참여하는 사람들이 되십시오."[154]

이렇게 신자 회중의 "단 하나의 기도, 단 하나의 간청, 단 하나의 정신, 단 하나의 희망이, 흠잡을 데 없는 사랑과 기쁨 안에서"[155] 한 목소리로 하느님께 봉헌된다.

---

153 Saint Jean Chrysostome, *Sur l'incompréhensibilité de Dieu*, III, 6, SC 28 bis, 221.
154 Saint Ignace d'Antioche, *Aux Éphésiens*, IV, SC 10, 60.
155 Saint Ignace d'Antioche, *Aux Magnésiens*, VII, SC 10, 85.

2. 복음경의 입당과 거룩한 봉독

제 3 안티폰 성가를 부르는 동안, 사제와 보제는 제단에 세 번 메타니아(절)를 한 뒤, 사제는 거룩한 복음경을 들어 보제에게 건네준다. 이어서 제단을 한 바퀴 돈 다음 촛불을 든 복사들을 앞세우고 북문을 통해 지성소에서 나와 행렬을 거행하여 아름다운 문 앞에 선다. 보제와 사제는 아름다운 문을 향하여 서서 작은 소리로 기도드린다.

보 제   주님께 기도드립시다.

사 제   주 우리 하느님이시여, 주는 하늘의 천사와 대천사의 품계와 군대를 세우시어 주의 영광을 받들게 하였사오니, 그들로 하여금 우리와 같이 입당하여 우리와 함께 예배를 드리고 주의 선하심에 영광을 드리게 하소서.
모든 영광과 찬미와 경배가 주의 것이오니, 성부와 성자와 성령께 이제와 항상 또 영원히 있나이다.

보 제   아멘. 사제여, 거룩한 입당을 축복하소서.

사 제   주의 지성소에 들어감이 이제와 항상 또 영원히 찬미되게 하소서.

보 제   (큰 소리로) **하느님의 지혜이나니, 일어설지어다.**

이어서 성가대는 입당송을 부른다.

> **성가대** 모두 가까이 와서 그리스도께 경배합시다. 성인들 가운데서 놀라운 일을 행하신 하느님의 아들이시여, (주일에는 죽은 자들 중에서 부활하신 하느님의 아들이시여, 그리고 주님의 축일과 성모님의 축일에는 고유한 입당송이 있다.) 우리를 구원하소서. 우리가 당신을 찬양하나이다. 알렐루야.

천사들은 사람들과 함께 섞인다.

2세기까지만 해도 신성한 성찬 예배는 거룩한 복음경의 입당과 함께 시작되었다. 집전자는 제의실에서 제의를 입고 거기서 복음경을 든 뒤, 신자들과 함께 성당에 들어갔던 것이다.[01] 만약 주교가 집전한다면, 주교 또한 바로 이 순간에 성당에 들어갔고, 신자들 보는 앞에서 주교 제의를 입었다.

복음경과 함께 지성소로 들어가는 것을 '소입당'이라 하는데, "하느님 아들의 오심, 그분이 세상에 들어오심"[02]을 의미한다. 마찬가지로, 주교의 성당 입당은 "하느님 아들이 육신을 통해 세상에 오신 첫 번째 강림의 형상이요 표현이다. … 그분의 오심을 통해 그분은 인간의 본성을 하느님 나라의 은총 안에 통합시키신다."[03] 이제 신성한 성찬 예배를 통해서 그리스도는 우리를 불러 그분의 왕국에서의 식탁에 참여케 하신다.

---

01 신자들이 이 순간에 집전자와 함께 성당에 들어갔다는 명백한 언급은 8세기로 소급되는 가장 오래된 『각종 예식서』(*Εὐχολόγιον* 에프콜로기온*) 입당 기도문에서 발견된다 : "선을 베푸시는 분, 온 피조세계의 창조주시여, … 당신께 다가가는 교회를 받아주소서." 이 기도는 성당 문 앞에서 읽혔고, 집전자는 성당에 축복한 뒤 이렇게 말한다. "당신의 성도의 입당을 강복하소서." *Euchologe Barberini Gr 336*, éditions Parenti et Velkovska, Rome 1995, p.25.

02 Saint Germain de Constantinople, *Contemplation*, PG 98, 405C.

03 Saint Maxime le Confesseur, *Mystagogie*, VIII, PG 91, 688C, traduction française, éd. Migne, collection < Les Pères dans la foi >, 앞의 책, p.113-114.

고대에는, 이 순간에, 아니 더 정확히 말해서 주교의 입당 직전에, 행해졌던 신자들의 성당 입당이 "그들이 악과 무지에서 덕과 지식으로 건너감"[04]을 의미했다. 사람은 그 방향성을 바꾼다. 그 삶의 중심은 신성한 성찬 예배가 된다. 이렇게 신자들이 성찬 회중이 되기 위해 성당에 들어가는 것은 단지 하나의 상징이 아니라 하나의 행위이다. 그것은 바로 그리스도의 생명 안으로 들어감이고, 사람이 하느님-인간이신 그리스도의 생명과 누리는 친교이다.

현재는 신성한 성찬 예배에서, 사제가 그리스도를 표상하는 복음경을 제단에서 집어 들고, 우리에게 오시는 그리스도가 사제의 얼굴을 덮어버리도록 머리 높이로 들어 올린 뒤 회중석(성소)으로 나온다. 거룩한 복음경을 인도하는 촛불은 "환하게 타오르는 등불"(요한 5:35)인 선구자, 다시 말해 세례자 성 요한을 상징한다.

보제는 큰 소리로 외친다. "하느님의 지혜이나니, 일어설지어다." 다시 말해 "두려워하지 마라. 나는 너희에게 기쁜 소식을 전하러 왔다. 모든 백성들에게 큰 기쁨이 될 소식이다."(루가 2:10)라는 의미이다. 신자들은 베들레헴에서 일어났던 천사들의 기적적인 출현을 경험한다. "이 때에 갑자기 수많은 하늘의 군대가 나타나 그 천사와 함께 하느님을 찬양하였다."(루가 2:13) 베들레헴에서 일어났던 일이 지금 신성한 성찬 예배에서도 다시 일어난다. "천사들은 사람들과 뒤섞이나니, 임금이 출현하는 곳에는 그의 군대 또한 호위를 맡기 때문이다."[05]

입당 기도를 통해서 사제는, 천사들이 우리와 함께 있고, 우리가 그들과 함께 신성한 성찬 예배를 거행하고 있다는 이 신비를, 하느님을

---

04 위의 책, IX, PG 91, 689A, traduction française, 앞의 책, p.113-114.
05 신현대축일(1월6일), 대만과, 리티 성가.

품으셨던 우리 교부들처럼 신자 모두가 경험할 수 있게 해달라고 간청한다. 성 스피리돈의 생애에는 이런 이야기가 전해진다. "그가 예배를 집전할 때마다, 거룩한 천사들이 함께 현존하여 그와 함께 공동으로 예배를 집전했다. 그가 '모든 이에게 평화!'하고 말하면, 천사들은 지성소 밖에서 아름다운 멜로디로 '또한 사제에게도!'라고 화답했다. 천사들은 스피리돈 사제의 그 밖의 다른 말에 대해서도 같은 방식으로 화답했다."06 성 요한 크리소스토모스는 한 복된 원로에 대해서도 같은 이야기를 전한다. "그는 신성한 성찬 예배의 순간에 갑자기 빛나는 흰 옷을 입은 수많은 천사들이 나타나는 것을 보는 은총을 누렸다. 천사들은 마치 임금의 현존 앞에 있는 군사들처럼, 제단을 둘러싸고 고개를 아래로 숙이고 있었다."07

성가대는 찬양송(트로파리온)들과 시기송(콘다키온)을 부르고, 이어서

보 제   주님께 기도드립시다.

성가대   주여, 불쌍히 여기소서.

사 제   우리 하느님이시여, 당신은 거룩하시나니, 성부와 성자와 성령께 이제와 항상 또 영원히 영광을 돌리며,

보 제   삼성송을 부르나이다.

성가대   아멘.

이어서 성가대는 삼성송을 부른다.

성가대   거룩한 하느님이시여, 거룩하고 전능하신 이여, 거룩하고 영원하

---

06 *Le Synaxaire, Vie des Saints de l'Église orthodoxe,* par le hiéromoine Macaire de Simonos Petras, édition Indiktos 2012, tome II, p.435.
07 *Sur le sacerdoce,* VI, 4, SC 272, p.317-319.

신 이여, 우리를 불쌍히 여기소서.(이사야 6:3, 시편 41:4, 세 번) 영광이 성부와 성자와 성령께 이제와 항상 또 영원히 있나이다. 아멘. 거룩하신 하느님이여, 거룩하고 전능하신 이여, 거룩하고 영원하신 이여, 불쌍히 여기소서.

사제는 작은 소리로 삼성송 기도를 드린다.

사 제 거룩한 하느님이시여, 당신은 성소 안에 머무시며, 세라핌의 삼성송으로 찬미 받으시고, 헤루빔에게 영광을 받으시며, 하늘의 모든 권세들로부터 경배를 받으시나이다. 당신은 무로부터 만물을 존재케 하셨고, 당신의 형상으로 사람을 창조하시고 당신을 닮아가도록 당신 은총의 온갖 선물로 꾸며주셨나이다. 당신은 지혜와 분별을 청하는 이에게 그것을 허락하시고, 죄인을 업신여기지 아니하시며, 구원을 위해 회개를 마련해 주셨나이다. 주여 당신은 비천하고 부당한 종들인 우리로 하여금, 이 시간에 당신의 거룩한 제단의 영광 앞에 감히 나서게 하시고, 주님 당신께 마땅한 경배와 찬미를 드리게 하시나니, 주님이시여, 우리의 죄 많은 입으로 드리는 삼성송을 받아 주시고, 당신의 자비로 우리를 찾아 주소서. 거룩한 테오토코스와 당신의 마음 흡족케 한 태초부터의 모든 성인의 중보를 통하여, 의식 중에 혹은 무의식중에 범한 우리의 모든 잘못을 용서하시고, 우리의 영혼과 육신을 거룩하게 하시며, 우리로 하여금 평생토록 거룩하게 주님 당신을 섬기게 하소서. 우리 하느님이시여, 당신은 거룩하시나니, 성부와 성자와 성령께 이제와 항상 또 영원히 영광을 돌리나이다. 아멘.

이어서 사제와 보제는 똑같이 삼성송을 번갈아 부르며, 거룩한 제단 앞에 세 번 허리 숙여 절한다. 그런 다음, 보제는 사제에게 말한다.

보 제 사제여, 축복하소서.

사제는 예비 제단으로 가서

> 사 제   주의 이름으로 오시는 이여, 찬미 받으소서.(시편 118:26)
>
> 그리고 돌아와서 다시 주교좌(높은 보좌)를 향해 서면
>
> 보 제   사제여, 고귀한 좌석을 축복하소서.
>
> 사 제   주여, 당신은 당신 나라의 영광스러운 옥좌에서 언제나 헤루빔 위에 좌정하시고[다니엘 3:54-55 (세 아이의 찬가), 시편 99:1], 이제와 항상 또 영원히 찬미 받으시나이다. 아멘.

하늘과 땅이 더불어 경축하는 축제

"거룩한 입당에서 천사들은 그리스도와 함께 지성소로 들어간다. 입당 후에, 천사들과 사람들은 삼성송을 부른다. '거룩한 하느님이시여', 다시 말해 '성부 하느님이시여'. '거룩하고 전능하신이여', 다시 말해 '하느님의 말씀이신 성자시여'. 성자가 전능한 분이신 것은, 죽음의 권세로 우리를 지배하던 사탄을 그분이 묶어 버리셨고, 십자가를 통해 사탄에게서 권세를 빼앗으셨으며, 우리에게 생명을 주시고, 또 악마를 짓밟을 권능과 권세를 주셨기 때문이다. '거룩하고 영원하신 이여', 다시 말해 '성령 하느님이시여'. 성령은 생명을 주시는 분으로서, 온 피조세계는 성령을 통해 보존되고 또 성령을 통해 '우리를 불쌍히 여기소서.'라고 외친다. … 또한 삼성송은 세 번 반복해서 부르는데, 이것은 이 삼중의 '거룩하신'이라는 호칭이 유일한 신성의 세 위격 각각에 적용되기 때문이다. 다시 말해 성부와 성자와 성령 모두가 각각 거룩하시고 전능하시고 영원하신 분이시기 때문이다."[08]

삼성송은 "한편으론 천사들에게서, 또 한편으론 예언자 다윗의 시

---

08   Saint Germain de Constantinople, *Contemplation*, PG 98, 408C-409A.

편에서 빌려왔다. 그렇게 해서 그리스도의 교회에 의해 성 삼위 하느님께 드리는 단 하나의 성가가 되었다. 세 번 반복된 '거룩하다'는 선포는 천사들의 외침(이사야 6:3)이었고, 반면 '하느님', '전능하신', '영원하신'이라는 말은 복된 다윗의 고백 '내 영혼이 강하시고 살아계신 하느님을 목말라 하나이다'(시편 42:2)에서 빌려왔다. 이 두 외침을 받아 결합하고 여기에 '우리를 불쌍히 여기소서'라는 간청을 덧붙이는 것, 그것은 교회의 역할이었다. … 교회는 한편으로 구약과 신약의 합치를, 다른 한편으론 천사들과 사람들이 단 하나의 교회, 단 하나의 유일한 성가대가 된다는 것을 보여주어야 했다."[09]

신성한 성찬 예배가 거행되는 동안, 우리는 천사들의 성가대에 참여하고, 세라핌들과 함께 찬송한다. 이런 까닭에 성 요한 크리소스토모스는 우리에게 이렇게 권면한다. "누가 그대와 함께 찬양하는지 생각해 보라. 그렇게만 해도 그대는 정신을 바짝 차리게 될 것이다. 비록 몸을 입고 육신에 매여 있지만, 그대가 형체 없는 권세들(천사들)과 함께 만유의 주님을 찬양하는 영예를 얻었다는 점을 기억하기만 해도 이것은 충분할 것이다."[10] 천군천사들과 함께 연약하고 죄인인 우리는 삼성송을 올려드린다. "그리스도의 선물들은 얼마나 놀라운가! 높은 하늘에서는 천군천사들이 그분께 영광 돌린다. 아래서는 거룩한 성당에서 사람들이 천사들의 영광송을 본받아 찬양한다. 높은 곳에선 세라핌들이 힘차게 삼성송을 찬양한다. 아래서는 수많은 신자들이 똑같은 성가를 올려드린다. 동일한 하나의 장엄한 축제가 하늘과 땅에 의해 공유된다. 단 하나의 감사, 단 하나의 기쁨, 단 하나의 즐거운 성가. 이 축제

09　Saint Nicolas Cabasilas, *Explication de la divine liturgie*, XX, SC 4 bis, 146-148.
10　Saint Jean Chrysostome, *Sur l'Incompréhensibilité de Dieu*, IV, SC 28 bis, 261 ; *Sur Matthieu*, XIX, 3, PG 57, 277.

는 주님의 헤아릴 수 없는 자비로 세워졌고, 성령에 의해 통일되도록 불러 모아졌으며, 그 성가 음악의 조화는 성부 하느님의 뜻에 의해 성취되었기 때문이다. 그 성가들의 조화로운 선율들은 하늘에서 온 것이다. 그리고 성 삼위 하느님에 의해 감동되었기 때문에, 그것은 즐겁고 복된 멜로디, 천사들의 성가, 영원한 조화를 만들어낸다."[11]

하늘과 땅은 함께 제단을 향해 움직인다. 가시적인 혹은 비가시적인 모든 피조세계가 단 한 자리에 모여 축제를 벌이고 함께 주님을 찬양한다.

높은 보좌

삼성송을 부르는 동안 집전자와 신자들은 하느님께 영광 돌리는 행위 안에서 천사단과 동화된다. 이제 사제는 예비 제단에서 주교좌 쪽으로 옮겨가, 하느님의 보좌 주위를 두 날개로 날면서 "결코 멈춤이 없는 영광송으로"[12] 하느님께 영광 돌리는 천사단을 모방한다. 이렇게 우리는 천사들의 삼성송뿐만 아니라 천사들의 움직임을 통해서도 하늘과 땅이 함께 거행하는 축제의 현실을 경험한다.

예비제단에서 제단으로 옮겨가면서 집전자는 우리 세상에 오신 주님께 영광 돌린다. "주님의 이름으로 오시는 이여, 찬미 받으소서." 주님은 "찬양을 받으실 하느님의 아들"(마르코 14:61)이시다. 우리는 주님을 찬미하고 주님께 영광 돌린다. 이것은 "우리가 그분께 뭔가 더해드리는 것이 아니라 도리어 그분에게서 위대한 무언가를 얻는 것"[13]을 의

---

11 Saint Jean Chrysostome, *Homélie Sur Ozias*, I, 1, PG 56, 97-98.
12 성 대 바실리오스 성찬예배, 아나포라 기도문.
13 Saint Jean Chrysostome, *Sur le psaume 134*, 7, PG 55, 399.

미한다. 우리는 그리스도를 찬미한다. 다시 말해 우리는 그분께 "고마운 말씀" "아리따운 노래"(시편 45:1,2)를 드린다. 그리고 그분 자신은 또한 복된 말씀과 선 그 자체이신 자신의 고유한 인격을 우리에게 주신다. 성부로부터 태어나신 "선하신 말씀" 말이다.[14]

* * *

예비 제단에서 집전자는 하느님의 보좌를 상징하는, 제단 동쪽에 있는 높은 보좌로 간다. "높은 보좌는 예수 그리스도가 하늘보다 높은 곳에 앉아 계심을 의미한다."[15] 이 상징은 집전자가 부르는 영광송에 의해서도 강조된다. "주여, 당신은 당신 나라의 영광스러운 옥좌에서 언제나 케루빔 위에 좌정하시며, 이제와 항상 또 영원히 찬미 받으시나이다." 동시에 집전자는 "주님의 영광 그 거처에서 찬미 받으신다."(에제키엘 3:12)며 하느님을 찬미하는 케루빔을 본받는다.

지상의 신성한 성찬 예배는 천상의 성찬 예배의 살아있는 표상이다.

> "그 뒤에 나는 아무도 그 수효를 셀 수 없을 만큼 많은 사람이 모인 군중을 보았습니다. 그들은 모든 나라와 민족과 백성과 언어에서 나온 자들로서 흰 두루마기를 입고 손에 종려나무 가지를 들고서 옥좌와 어린양 앞에 서 있었습니다. 그리고 그들은 큰소리로 '구원을 주시는 분은 옥좌에 앉아 계신 우리 하느님과 어린양이십니다.' 하고 외쳤습니다. 그러자 천사들은 모두 옥좌와 원로들과 네 생물을 둘러서 있다가 옥좌 앞에 엎드려 하느님께 경배하며 '아멘, 우리 하느님께서 영원무궁토록 찬양과 영광과 지혜와 감사와 영예와 권능과 세력을 누리시기를 빕니다. 아멘.'하고 외쳤습니다."(묵시록 7:9-12)

---

14 Saint Athanase le Grand, *Homélie III contre les Ariens*, 67, PG 26, 464C.
15 Saint Syméon de Thessalonique, *Consécration*, 135, PG 155, 345B.

> **봉독자** 사도경 프로키메논*.
>
> **보 제** 주의 깊게 들읍시다.
>
> 봉독자는 프로키메논(Προκείμενον) 구절들을 읽는다.
>
> **보 제** 지혜의 말씀이니,
>
> **봉독자** 성 사도 (   )가 (   )에게 보낸 편지에서 읽음이니라. (혹은 사도행전에서 읽음이니라.)
>
> 봉독자는 그날의 사도경으로 읽고, 보제는 성소와 주요 이콘들과 회중을 향해 분향한다. 봉독이 끝나면
>
> **사 제** 봉독자에게 평화!
>
> **성가대 (회중)** 알렐루야.(그에 딸린 구절들과 함께)

그리스도의 오심에 대한 사전 예고

사도경을 읽기 전에 봉독자는 우리를 말씀의 신비 속으로 안내하는 프로키메논을 낭송한다.[16]

프로키메논은 "예언자들에 의한 하느님 신비의 계시, 임금이신 그리스도의 강림에 대한 사전 예고"[17]를 상징한다. 시편 구절들이 프로키메논으로 사용되는 까닭은 시편 구절들이야말로 하느님 경륜의 기적들을 탁월하게 상기시켜주기 때문이다.

고대에는 프로키메논이 하나의 시편 전체였고, 두 편으로 나뉜 신자들에 의해 노래로 불려졌다. 다른 모든 성가처럼 프로키메논 성가의

---

16 예언서나 사도경 혹은 복음경을 봉독하기 전에 읽히거나 불려지는 프로키메논(Προκείμενον, "앞서 오는 것"이라는 의미)은 봉독된 성경 본문과 관련이 있는 시편 구절들로 구성된다. Saint Marc d'Éphèse, *Explication de l'office ecclésiastique*, PG 160, 1189D.

17 Saint Germain de Constantinople, *Contemplation*, PG 98, 412A.

매력은 "신성한 복들을 깨닫게 해주는 즐거움, 영혼을 가장 순결하고 복된 하느님 사랑으로 고양시켜주는 기쁨"[18]을 드러내준다는 것이다. 신성한 기쁨으로 굳건해진 우리 영혼은 "덕을 얻기 위해 애쓴 지난 노고들을 잊고, 아직도 부족한 신성하고도 썩지 않는 복들을 향한 강력한 열망을 통해서 젊음을 회복한다."[19]

시편 성가는 마음을 정화하고 지성을 조명하여 구원의 복음을 받아들이게 해준다. 그 거룩한 내용을 통해, "우리를 연합시키고 신적 현실뿐만 아니라 우리 자신과도 일치시켜줌으로써, 성가들은 점진적으로 거행하게 될 신비들을 향해 조화로운 방식으로 우리 영혼을 준비시킨다. 거룩한 시편들 안에 요약되거나 혹은 모호하게 표현된 것은, 형상들을 통해, 그리고 또한 거룩한 사도들의 신성한 말씀 봉독을 통한 더욱 다양하고 분명한 설명들을 통해 확장된다."[20]

프로키메논 구절들은 그 시적 영감의 불꽃과 강력한 말의 힘으로 우리가 하느님 말씀을 경청할 수 있도록 준비시킨다. 신약성경의 말씀은 구약 성경의 예언적 말씀들을 명쾌하게 밝혀준다.

우리는 그분의 영광을 보았다.

신성한 성찬 예배의 첫 번째 부분은 신학자 성 사도 요한의 이 말씀으로 요약된다.

---

18 Saint Maxime le Confesseur, *Mystagogie*, XI, 24, PG 91, 689C, traduction française, éd. Migne, collection <Les Pères dans la foi>, 앞의 책, p. 117.

19 위의 책, PG 91, 708A, traduction française, p.140.

20 Saint Denys l'Aréopagite, *Traité de la hiérarchie ecclésiastique*, III, 3, 5, PG 3, 432AB, traduction française de Maurice de Gandillac, 앞의 책, p.268.

"말씀이 사람이 되셔서 우리와 함께 계셨는데 우리는 그분의 영광을 보았다. 그것은 외아들이 아버지에게서 받은 영광이었다. 그분에게는 은총과 진리가 충만하였다."(요한 1:14)

성경 봉독은 "주님의 첫 번째 나타나심 이후 주님의 본격적인 나타나심을 우리로 하여금 조금씩 점진적인 방식으로 알게 해준다. 사실, 소입당 때 닫혀있는 복음경을 높이 드는 것은 구세주가 처음으로 요르단 강에 나타나신 것을 표상한다. 그때 주님 자신은 침묵하셨고, 성부 하느님이 그분을 보여주셨다. … 하지만 여기서(거룩한 봉독) 의미하는 것은, 군중 속에 공개적으로 나타나시고 스스로 자신을 알려주신 완전한 출현이다. 주님은 군중을 향한 자신의 직접적인 말씀을 통해서만 아니라 '이스라엘 백성 중의 길 잃은 양들에게'(마태오 10:6) 가서 전하라고 제자들에게 가르쳐주신 말씀을 통해서도 자신을 알려주신다. 이것이 바로 사도경뿐만 아니라 복음경을 읽는 이유이다."[21]

봉독을 통해서 우리는 말씀이신 그리스도의 육화 신비를 경험한다. 그리고 거룩한 아나포라를 통해서는 말씀이신 그리스도의 희생과 친교가 거행된다. 봉독은 하느님의 말씀, 즉 테올로기아(Θεολογία), 신학이다. 아나포라는 하느님의 사랑의 행위, 테우르기아(Θεουργία), 하느님의 행위이다. 그리고 "하느님의 말씀이 절정에 이르고 성취되는 것은 하느님의 행위 안에서이다."[22] 신성한 성찬 예배 안에서 우리는 하느님의 말씀과 행위를 통해서 그리스도를 듣고 보고 그분과 친교를 나눈다.

---

21 Saint Nicolas Cabasilas, *Explication de la divine liturgie*, XXII, SC 4 bis, 157.
22 Saint Denys l'Aréopasite, *Traité de la hiérarchie ecclésiastique*, PG 3, 432B, traduction française de Maurice de Gandillac, 앞의 책, p. 269.

하느님을 찬양하여라!

　복음경 봉독을 통해 일어나는 하느님 말씀의 출현으로 인한 신자들의 기쁨은, "하느님을 찬양하라!"를 의미하는 "알렐루야" 성가를 통해 표현된다. 이 성가의 가사뿐만 아니라 부르는 방식은 그것이 찬미와 기쁨의 외침이라는 것을 보여준다. 그것은 그 자녀들의 모임 안에 오시는 주님을 기쁘게 환영하는 것이다.

　참된 기쁨은 그리스도를 통해서 세상에 온다. "주님이 오시지 않았다면 사람에겐 기쁨이 있을 수 없었을 것이다. 왜냐하면 우리에게 기쁨을 가져다주는 분은 오직 그리스도뿐이고, 또 만약 누군가가 그리스도가 이 땅에 오시기 전에 이 기쁨을 누렸다면, 그것은 그가 그리스도의 신비를 미리 맛보았을 것이기 때문이다. 그래서 너희의 조상 아브라함은 내 날을 보리라는 희망에 차 있었고 과연 그 날을 보고 기뻐하였다.(요한 8:56)"23고 말씀하신 것이다. 이렇듯 "그리스도는 성찬 예배가 거행될 때 우리 영혼 안에 흘러넘치는 환희요 기쁨이다."24

　거룩한 제단 앞에서 신자들은 그리스도의 현존을 경험하고, 천군천사들과 함께 기쁨을 누린다. "하느님의 어좌를 둘러싸고 끊임없이 하느님을 섬기기 때문에, 천군천사들은 계속해서 기쁨 속에, 영원한 복락 속에, 그침 없는 기쁨 속에 있다. 그들은 기쁨으로 충만하여 춤추고 끊임없이 영광 돌린다. 이 신적 영광 앞에 서 있는 것, 그 영광에서 흘러나오는 광채로 조명되는 것이 바로 그들의 기쁨이요 환희요 황홀함

23　Saint Nicolas Cabasilas, *Explication de la divine liturgie*, XIX, SC 4 bis, 142.
24　Saint Basile le Grand, *Lettre*, 243, 2, PG 32, 905B, traduction française, Paris, collection <Belles Lettres>, 1966, tome III, p. 69.

이요 그들의 영광이다."[25]

거룩한 천사들처럼 우리는 "만유의 기쁨"[26]이신 그리스도의 오심으로 인해 기뻐하고, 감격에 차서 저절로 "알렐루야, 알렐루야, 알렐루야"를 찬양한다.

> 보 제 주님께 기도드립시다.
>
> 성가대 주여, 불쌍히 여기소서.
>
> 사 제 자애로우신 주님이시여, 당신의 신성한 지식의 순결한 빛으로 우리 마음을 비춰주시고, 우리의 영안을 열어주시어, 우리가 당신의 복음 말씀을 깨닫게 하소서. 또한 우리 안에 당신의 복된 계명에 대한 두려움을 심어주시어, 육신의 모든 욕망을 짓밟고 오직 당신께서 기뻐하시는 대로만 생각하고 행동함으로써, 평생을 영에 따라 살아가게 하소서. 그리스도 하느님이시여, 당신은 우리의 영혼과 몸을 비추는 빛이시나니, 당신과 시작이 없으신 성부와 지극히 거룩하시고 선하시며 생명을 주시는 성령께 이제와 항상 또 영원히 영광을 바치나이다. 아멘.

하느님 지식의 빛

주님의 육화로 인해, 이 땅을 지배하던 영적인 암흑은 흩어졌고, 참된 빛이 비추게 되었다. "성경은 그리스도의 오심 이전의 시대를 보통 '밤'이라 부른다. … 그때는 무지의 어둠이 이 땅을 지배했다. 반면 우

---

25 Saint Jean Chrysostome, *Sur Ozias*, I, 2, PG 56, 100.

26 라자로의 토요일 콘다키온. 이 세 번의 알렐루야는 '알렐루이아리온'(Alléluiarion)이라 하는데, 보통은 시편의 몇 구절에 후렴으로 불려진다. 예를 들어 지금 시편 136편 찬양 "어지신 분 주께 감사 노래 불러라, 알렐루야 …"에서 그렇게 불려지고, 그 사이에 보제는 분향을 하듯이, 고대에도 '알렐루이아리온'은 하나의 시편 전체로 구성되었고, 알렐루야는 시편 각 구절마다 후렴처럼 불려졌다. 분향은 "복음이 온 세상에 가져온 성령의 은총"을 상기시킨다.(Saint Syméon de Thessalonique, *Sur l'édifice de l'Église*, 68, PG 155, 724C.)

리 구세주가 오신 시대를 '낮'이라 부른다. 그때 우리는 빛으로 비춰진다. 우리는 참된 하느님 지식의 빛을 우리의 영 안에 받고, 이제 우리 영혼의 눈으로 '정의의 태양'(그리스도)을 본다."27

복음경 봉독이 시작되기 전, 우리는 주님께 신성한 지식의 빛을 간구한다. 주님은 정의의 태양으로서 그 빛을 우리 영혼에 주시기 때문이다. "지식은 신성한 빛에 의해 제공되기 때문에 빛이라 불린다. 위대한 사도는 확언한다. '어둠에서 빛이 비쳐오너라 하고 말씀하신 하느님께서는 우리의 마음속에 당신의 빛을 비추어주셔서 그리스도의 얼굴에 빛나는 하느님의 영광을 깨달을 수 있게 해주셨습니다.'(II고린토, 4:6) … 보았는가? 지식의 빛은 은총의 빛에 의해 제공된다."28

신성한 지식은 두 방식으로 표현된다. 첫째, 그것은 "이제는 여러분이 하느님을 알고 있을 뿐만 아니라 하느님이 또한 여러분을 알고 계신다"(갈라디아 4:9)는 성 사도 바울로의 말처럼, 하느님이 우리를 그분의 것, 그분의 은총의 참여자로 알고 계신다는 사실에 내재되어 있다. 둘째 그것은 하느님이 우리에게 계시하신 것을 통해 주어진다. 이 계시를 통해, 그리스도는 우리 마음을 비춰주시고, 우리에게 참된 생명을 허락하신다. 하느님 지식은 생명을 낳기 때문이다. "'당신을 아는 것이 바로 불멸의 뿌리입니다.'(지혜서 15:3)라는 솔로몬의 고백처럼, 하느님에 대한 참된 지식이야말로 복된 삶의 시작이다. 마찬가지로 하느님에 대한 (첫 피조물의) 무지는 처음으로 죽음을 불러왔다."29 시리아의 성 이삭은 "지식이란 무엇인가?"라고 자문한 뒤 이렇게 대답한다. "그것은

---

27 Saint Cyrille d'Alexandrie, *Sur l'adoration en Esprit et en Vérité*, III, PG 68, 268D.
28 Saint Grégoire Palamas, *Défense des saints hésychastes*, I, 3, 3, traduction française de Jean Meyendorff, 앞의 책, tome I, p. 110.
29 Saint Nicolas Cabasilas, *La Vie en Christ*, 2, SC 355, 153.

불멸의 생명을 느끼는 것이다."[30]

하느님 지식은 우리가 썩지 않는 생명을 얻게 해주는 힘이고, 영원한 생명은 하느님 지식이다. 주님은 말씀하신다.

> "영원한 생명은 곧 참되시고 오직 한 분이신 하느님 아버지를 알고 또 아버지께서 보내신 예수 그리스도를 아는 것이다."(요한 17:3)

하느님의 지식과 생명이라는 이 두 가지를 우리는 신성한 성찬 예배 안에서 간구한다. 왜냐하면 성찬 예배 안에서 이 두 가지는 양식과 음료로써 제공되기 때문이다. 가장 오래된 전례 본문 중 하나는 이렇게 선언한다. "우리 아버지시여, 당신의 아들 예수를 통하여 우리에게 알려주신 생명과 지식으로 인해 당신께 감사드리나이다. 영광이 영원토록 당신의 것이나이다. 아멘."[31] 우리는 그리스도가 우리에게 허락해 주신 생명과 지식으로 인해 감사드린다.

생명의 나무, 생명을 주는 십자가 위에서, 그리스도는 낙원의 문을 열어주셨고, 우리를 그 문으로 들이신다. 그리스도는 지식의 나무와 생명의 나무가 심겨져 꽃을 피우고 열매를 맺는(창세기 2:9) 신성한 성찬 예배 안으로 우리를 들이신다.

* * *

신성한 성찬 예배를 통해 주님의 기쁨 안에 들어가려면, 우리 자신의 육욕(肉慾)을 짓밟아야 한다. 거룩한 복음경 봉독에 앞서 드리는 기도에서 사제가 간구하는 것이 바로 그것이다.

> "우리 안에 당신의 복된 계명에 대한 두려움을 심어주시어, 육신의 모

---

30 Saint Isaac le Syrien, *Discours ascétiques*, XXXVIII, traduction française, 앞의 책, p. 274.
31 *Didaché* IX, 3, SC 248, 177. Saint Cyrille d'Alexandrie, *Sur Jean*, XI, 5, PG 74, 484D.

든 욕망을 짓밟고 오직 당신께서 기뻐하시는 대로만 생각하고 행동함으로써, 평생을 영에 따라 살아가게 하소서."

쾌락의 친구가 된 사람은 사랑의 축제에 참여하라는 그리스도의 초대를 거절한다. "사람의 지성이 이 세상의 감각적인 것에 이끌리면 하느님의 일에는 무력해지고 게을러지기 때문이다. 그는 천상의 신성한 축제에 참여하지 않게 된다."[32] 게다가 "성부 하느님은 불결한 자들에겐 그리스도를 아는 복을 주시지 않고, 온당치 못한 범죄 행위에 빠져 버린 이들에게는 성령의 유익한 은총을 주시지 않는다. 진흙탕에 값비싼 향유를 붓는 것은 옳지 못하기 때문이다."[33]

그리스도의 은총을 통하여 우리가 육적인 욕망을 이길 때, 주님은 우리의 존재 전체를 변화시키신다. 몸과 영혼은 영적인 힘의 원천이 된다. "몸이 금욕(禁慾)의 용광로 안에서 타버리고 회개의 눈물에 흠뻑 젖고, … 내적 평화의 침묵과 평정 안에 침잠하면, 그것은 또 다른 힘, … 성령의 힘으로 충만해진다. … 영혼이 그 몸을 이와 같이 협력자로 만들 때, … 그것은 몸의 모든 움직임을 영적 싸움으로 변화시킨다. … 영혼은 몸을 떠나 신앙의 구름 속에 들어간다."[34]

육적인 욕망들이 극복될 때, 우리는 영적인 삶을 영위할 수 있고, 사람을 사랑하시는 주님을 알 수 있게 된다. 신학자 성 그레고리오스는 우리를 신학의 높은 경지로 부른다. "언젠가 신학자가 되고 싶습니까, 신성에 합당한 사람이 되고 싶습니까? 그렇다면 계명을 지키십시오. 계명의 준수를 통해 전진하십시오. 계명의 실천은 영적 신비들의 관상

---

32 Saint Cyrille d'Alexandrie, *Sur l'adoration en Esprit et en Vérité*, IV, PG 68, 313C.
33 Saint Cyrille d'Alexandrie, *Sur Jean*, IV, 3, PG 73, 605D.
34 Nicétas Stéthatos, *IIIe centurie sur la Connaissance spirituelle*, 39, *Philocalie*, tome III, p. 335.

으로 오르는 발판이기 때문입니다."[35]

횃불 들고 신랑에게 갑시다.

하느님의 지식의 빛으로 우리를 비춰달라고 우리는 그리스도께 간구했다. 그분은 우리 영혼과 몸의 비춤(조명, illumination)이시기 때문이다. 이 그리스도의 빛은 우리가 신성한 성찬 예배와 그 밖의 다른 예식에서 밝히는 촛불과 등불을 통해 상징된다.

예식에서 불을 밝히는 행위, 특별히 순수한 기름으로 등불을 밝히는 행위는 하느님이 모세에게 주신 율법 중 하나였다.

> "너는 이스라엘 백성에게 지시하여, 찧어서 짠 많은 올리브 기름을 등유로 가져오도록 하여 늘 등불을 켜두게 하여라. 아론으로 하여금 등불을 켜서 만남의 장막 안 증거궤 앞 휘장 밖에 두어 저녁부터 아침까지 계속하여 주님 앞을 비추게 하여라. 이것은 너희가 대대로 길이 지킬 규정이다."(레위기 24:2-3)

신성한 성찬 예배에서 불을 밝히는 관습은 사도 시대부터 시작되었다. 사도행전은 성 사도 바울로가 트로아스에서 감사의 성찬 예배를 거행할 때 많은 등불이 회중 가운데 켜져 있었다(사도행전 20:8)고 언급한다. 아토스 성산의 수도자 성 니코데모스는 우리가 왜 성당에서 불을 밝히는지에 대해 이렇게 설명한다. "첫째는 하느님의 영광을 위해서이다. 하느님은 각 사람을 비춰주시는 참된 빛이시다. 둘째, 밤의 어둠을 흩어버림으로써, 우리가 위로를 얻기 위해서다. 셋째, 기쁨과 환희의 표시로, … 넷째, 순교자들과 성인들을 기념해서, … 다섯째, 우

---

35 *Discours*, XX, 12, SC 270, 83.

리의 선한 행실의 빛을 암시하기 위해서 … 그리고 여섯 째, 우리 죄의 용서를 위해서 불을 밝힌다."³⁶

신(新)신학자 성 시메온은 이와 관련하여 이렇게 썼다. "등불이 상징적으로 그대에게 보여주는 것은, 바로 지성적인 빛이다. 사실 이 아름다운 장소인 성당이 수많은 등불로 밝혀지듯이, 이 성당보다 더욱 고귀한 그대 영혼의 거처 또한 내적으로 모든 영적인 덕으로 비춰지고 환하게 밝혀져야만 한다. … 빛의 형태를 띤 생각들에 대해서는, 눈에 보이는 불타는 수많은 등잔이 그대에게 어떤 관념을 제공해 줄 것이다. 등잔들처럼, 모든 생각이 빛나야만 하고, 그래서 하나의 어두운 생각도 그대 영혼의 집에 기웃거리지 못하게 해야 한다. 오히려 모든 생각은 그 생각들을 끊임없이 태워버리는 성령의 불로 빛나야 한다."³⁷

감사의 성찬 회중 안에서 주님은 이생의 "한밤중에"³⁸ 신랑처럼 오신다. 그분은 우리에게 영혼의 불 밝힌 등불을 가지고 그분을 기다리라는 계명을 주셨다. "너희는 허리에 띠를 띠고 등불을 켜놓고 준비하고 있어라."(루가 12:35) 또한 교회는 감사의 성찬 파스카를 경축하기 위해 천군천사와 함께 신랑을 만나러 가자고 우리에게 촉구한다.

> "손에 횃불 들고, 무덤에서 신랑처럼 나오시는
> 그리스도께 나아갑시다.
> 천사들의 축제 선언 들었으니, 우리를 구원하는
> 하느님의 파스카를 경축합시다."³⁹

---

36 *Sur le canon de Pâques, ode* 5, Thessalonique, Orthodoxos Kypseli, 1995, volume II, p. 303-304, note 106.
37 *Discours éthique*, XIV, 3, SC 129, 428.
38 성 대 월요일, 조과, 카논 5 오디.
39 그리스도의 부활 대축일, 조과, 카논, 5오디.

보 제	사제여, 거룩하고 영광스러운 복음 사도 (　)의 복음을 전하러 가는 저를 축복하소서.
사 제	영화로운 복음 사도 성 (　)의 중보로, 하느님께서 그 사랑하시는 성자 우리 주 예수 그리스도의 복음의 성취를 위해 그대가 힘차게 (시편 68:11) 그분의 말씀을 선포할 수 있게 해주시길 바라나이다.
보 제	아멘. 아멘. 아멘. 당신 말씀대로 이루어지길 바라나이다.(루가 1:38)

우리는 그리스도를 보고 듣는다.

소입당에서 집전자는, 신자들에게 드러난 얼굴이 그리스도의 얼굴이 되도록 상징적으로 복음경으로 자신의 얼굴을 가렸다. 이제 복음경 봉독을 통해, 집전자는 신자들이 그분의 음성을 들을 수 있도록, 자신의 입을 하느님의 말씀께 빌려드린다. 우리는 집전자라는 한 인격을 통해 그리스도를 "보고", 집전자의 음성을 통해서 그분을 "듣는다".

"복음경은 하느님 아들의 현존"[40]이기 때문에, 하느님 왕국에 들어가려면 회개하라고 우리를 부르시는 그리스도를, 우리는 복음경 봉독을 통해 보고 듣는다. 우리는 영적인 감각을 통해 그분을 보고 듣는다. 신앙의 열린 눈을 가지고 있기에 우리는 신앙 없이 육신의 눈으로 그분을 보았던 사람들보다 더욱 분명하게 그분을 본다. 실제로, "신앙의 눈은 보이지 않는 것을 본다."[41]

하느님을 품으신 모든 교부처럼, "볼 수 없는 것"을 보았고 "들을 수 없는 것"을 들었던 성 요한 크리소스토모스는 오직 신앙의 감각만이 참된 감각이라고 우리에게 확언한다. "너희의 눈은 볼 수 있으니 행복

40　Saint Germain de Constantinople, *Contemplation*, PG 98, 412D.
41　Saint Jean Chrysostome, *Homélie sur Dans les derniers jours*, II, PG 56, 272.

하고 귀는 들을 수 있으니 행복하다"(마태오 13:16)를 주석하면서 그는 이렇게 쓴다. "그리스도는 외적인 시각(다시 말해 육신의 시각)을 복되다고 말씀하신 것이 아니다. 외적인 시각은 그 자체로는 기적들을 보지 못하고, 오직 내적인 시각만이 그럴 수 있기 때문이다. 유대인들은 치유 받은 소경을 보고 이렇게 말한다. '그는, 그 사람이 아니오.'(요한 9:9) 그들이 의심하는 말을 그대는 듣고 있다. … 그런데 그때 함께 있지 않았던 우리는 '그는 그 사람이 아니오'라고 말하지 않고, '그가 바로 그 사람이오!'라고 말한다. 신앙의 눈이 있다면 거기에 있지 않았다는 것은 아무 문제가 되지 않지만, 신앙의 눈이 없다면 설사 거기 있었어도 아무 소용이 없다는 것을 깨달아야 한다. 그리스도를 실제로 보았다는 것이 유대인들에게 무슨 소용이 되었는가? 아무 소용도 없었다. 우리들이야말로 그들보다 더욱 분명하게 보지 않는가?"[42]

유대인들을 가르치실 때, 주님은 비유로 말씀하셨다. 왜냐하면 "그들이 보아도 보지 못하고 들어도 듣지 못하고 깨닫지도 못하기 때문이다."(마태오 13:13) 신자들은 그리스도를 보고 듣고 그분을 따른다. 왜냐하면 그분이 육신을 입고 세상에 오신 후로도 수많은 세월이 지났음에도, 신자들은 그분의 음성을 알기 때문이다. 신앙의 감각을 통해 신자들은 새로운 시대의 신비를 경험하며 산다.

> "전에는 우리가 육에 따라 그리스도를 알았지만, 이제는 그렇게 하지 않는다. 누구든지 그리스도를 믿으면 새 피조물이 된다. 낡은 것은 사라지고 새것이 나타났습니다."(II 고린토, 5:16-17)

---

42 위의 책, PG 56, 273.

> 사제는 임금의 문 앞에서 이렇게 말한다.
>
> **사 제** 지혜의 말씀이니, 경건한 마음으로 일어서서, 거룩한 복음의 말씀을 들읍시다. 모든 이에게 평화.
>
> **성가대** 또한 사제에게도.

우리 영혼을 지상의 모든 것 위로 높이 올립시다.

"일어서서 주님께 귀 기울입시다"라는 집전자의 권면이 의미하는 것은 이것이다. "무관심이 아니라 온전한 열정과 경외감을 가지고 하느님과의 이 만남을 가져야 한다는 것, 우리의 눈과 귀와 입술로 거룩한 예식에 함께 하시는 그 누군가에서 집중해야 한다는 것이다. 이 열정과 신심의 첫 번째 표지는 '바로 선' 몸의 자세다. 그것은 간청하는 자의 자세이기 때문이다. 주인의 가장 작은 지시의 몸짓도 놓치지 않으려고 온 신경을 쓰는, 명령이 내려지면 지체 없이 수행하려고 만반의 준비를 갖춘 종의 자세가 바로 그렇다. … 우리 모두가 가장 중요하고 유익한 것을 얻기 위해 하느님께 간청하는 사람들 아닌가?"[43]

"일어서서, 거룩한 복음의 말씀을 들읍시다."라는 말은 또한 매우 중요한 영적 의미를 가진다. 다시 말해 "우리의 지성과 우리의 행위를 지상적인 것 위로 높이 들어 올리자. 그러면 신성한 복의 현현을 깨닫게 될 것이다."[44]라는 의미이다.

거룩한 봉독이 우리에게 주는 복을 악마가 빼앗아 갈 수 있는 가장 좋은 기회는 바로 우리의 태만에 의해 제공된다. "거룩한 성경의 이 영적 보화는 결코 공격하거나 빼앗을 수 없다. 그리고 그것이 우리 지성

---

43 Saint Nicolas Cabasilas, *Explication de la divine liturgie*, XXI, SC 4 bis, 153.
44 Saint Germain de Constantinople, *Contemplation*, PG 98, 412D.

의 강력한 보석 상자에 놓이게 되면, 또 이 복을 빼앗아 가려는 자에게 우리 자신의 태만으로 인해 기회를 주지 않는다면, 그 어떤 수작으로도 그것을 훔쳐갈 수 없다. 우리의 적 사탄은 영적인 보화들이 쌓이는 것을 보면 길길이 날뛰고 이를 간다. 악마는 우리가 소중히 간직하고 있는 것을 빼앗아 가려고 호시탐탐 기회를 노린다. 하지만 우리가 태만하지만 않다면, 그는 결코 기회를 잡을 수 없다. 이런 까닭에, 우리는 끊임없이 깨어서 그의 공격을 물리쳐야 한다."[45]

거룩한 복음경 봉독은 우리를 천상의 왕국으로 인도한다. 우리가 귀 기울이는 복음사도는 이 도성으로 우리를 인도하는 안내자다. 깨어서 절도 있게 그곳에 들어가자. "이 도성은 가장 영광스러운 임금의 도성이기 때문이다. … 우리 영의 문을 활짝 열자. 우리의 귀를 크게 열자. 그 입구에 들어갈 때 필요한 커다란 경외감을 가지고, 이 도성의 임금께 경배 드리자. … 소란하고 동요된 마음이 아니라 신비로운 침묵으로 들어가자. … 그것은 어떤 지상 임금이 아니라 천사들의 주님이 우리에게 보낸 편지를 읽는 것이기 때문이다."[46]

내가 너희에게 나의 평화를 주노라.

집전자의 입과 손을 통해 그리스도는 정념들에 맞서 싸우는 신자들에게 자신의 평화를 주신다. "내가 너희에게 평화를 주노라."(요한 14:27) "비록 내가 몸으로는 너희와 함께 있지 않아도, 너희와 함께 있을 것이다. … 내가 너희를 모든 동요와 소란에서 들어 올릴 것이다. … 신성한 힘이 너희 안에서 솟아오를 것이고, 지성은 근심을 벗고, 마음은 평

45　Saint Jean Chrysostome, *Sur la Genèse*, V, 1, PG 53, 48.
46　위의 책, *Sur Matthieu*, I, 8, PG 57, 23-24.

화로울 것이니, 내가 너희를 인간 지성을 초월하는 신적인 것의 계시로 인도할 것이기 때문이다."⁴⁷ 우리 영혼에서 올라오는 이 신성한 힘은, 신성한 성찬 예배에서 하느님 사랑의 신비를 이해할 수 있도록 우리를 안내해 주는 하느님의 평화이다.

집전자에 의해 주어진 이 평화는 "덕을 얻기 위해 싸운 노고에 대한 보상으로 하느님이 성인들에게 주시는 무정념(impassibilité)의 은총이다. 이렇게 해서 성인들은 악마의 힘에 맞서 싸우는 전쟁에서 해방되어, 그 영혼의 능력들을 영적인 문화를 키우는 데로 향하게 한다."⁴⁸

* * *

회중은 집전자에게 화답한다. "또한 사제에게도." 이 말을 통해 회중은 하느님의 평화를 그 목자요 아버지인 집전자에게도 염원한다.

사람의 지성은 하느님의 평화를 필요로 한다. 성 요한 크리소스토모스는 말한다. "우리를 동요시키고 근심시키는 것은 사물이나 사건 그 자체가 아니라, 우리의 '생각'이라는 병이다. 그렇지 않다면, 아마도 필연적으로 모든 사람이 근심에 빠져 살아야 할 것이다. 우리는 삶이라는 똑같은 바다를 항해하고 있다."⁴⁹ "만약 우리가 만사에 대비하고 있다면, 우리는 혹독한 겨울이나 폭풍우에도 조금도 위험에 노출되지 않고, 언제나 완벽한 고요를 누릴 것이다."⁵⁰ 복음경을 듣는 이들에게 성 요한이 요청하는 것 또한 그와 같은 고요함과 평화이다. "나는 여러분이 지성과 영혼 안에서 이 고요함을 발견하게 되길 바랍니다."⁵¹

---

47 Saint Cyrille d'Alexandrie, *Sur Jean*, X, PG 74, 304D.
48 Saint Maxime le Confesseur, *Mystagogie*, XII, PG 91, 692A, traduciton française, éd. Migne, collection <Les Pères dans la foi>, 앞의 책, p. 118.
49 Saint Jean Chrysostome, *Sur Jean*, III, 2, PG 59, 38.
50 위의 책.
51 위의 책, I, 2, PG 59, 27.

> 보　제　성 사도 (　)에 의한 복음경에서 읽음이니라.
> 사　제　주의 깊게 들읍시다.
> 성가대　주께 영광, 주여 당신께 영광.
>
> 보제는 그날의 복음경을 읽고, 봉독이 마치면, 사제는 보제를 축복한다.
>
> 사　제　복음을 전하는 이에게 평화.
> 성가대　주께 영광, 주여 당신께 영광.

하느님 나라의 복음

하느님 경륜의 신비를 사람들에게 계시해주는 말씀은 '복음'(좋은 소식)이라 불린다. 사람을 구원하기 위해 하느님이 이 땅에 내려오신 사건에 대한 기쁜 선포이기 때문이다.

> "두려워 마라. 나는 너희에게 기쁜 소식을 전하러 왔다. 모든 백성들에게 큰 기쁨이 될 소식이다. 오늘 밤 너희의 구세주께서 다윗의 고을에 나셨다. 그분은 주님이신 그리스도이시다."(루가 2:10-11)

예수 그리스도는 복음의 기쁜 선포 그 자체이다. "그분은 우리 구원의 복음이다."[52] 그러므로 복음은 하느님 말씀과 관련된 말이다. 주님의 육화 신비와 그로부터 비롯되는 모든 선물을 묵상하면서, 성 요한 크리소스토모스는 왜 그 모든 것을 총칭하여 '복음'이라 부르는지 설명한다. "이 기쁜 선포들과 견줄 수 있는 것이 무엇이겠는가? 땅에 오신 하느님, 하늘로 오른 사람. 모든 것이 하나가 되었다. 천사들은 사람들과 함께 찬양하고, 사람들은 천사들, 하늘의 모든 권세들과 친교

52　Saint Cyrille d'Alexandrie, *À la très pieuse Impératrice*, PG 76, 1328B.

한다. 지리한 전쟁이 끝나는 것을 보는 것보다 더 위대하고 거룩한 광경이 무엇이겠는가! 사람들과 화해하신 하느님, 혼절한 사탄, 혼비백산한 악마들, 정복된 죽음, 다시 열린 낙원, 폐지된 저주, 추방당한 죄, 쫓기는 망상, 다시 세워진 진리, 사방에 뿌려지고 열매 맺는 하느님 말씀, 땅에 도입된 하늘의 생명."[53] 그래서 복음사도는 그리스도의 생애 이야기를 복음, 즉 기쁜 소식이라 부른 것이다. "사람이 복이라고 믿는 나머지 모든 것은 실상 헛된 것이고 거짓이기 때문이다. … 하지만 어부들(사도들)이 우리에게 선포한 것은 마땅하게도 '복음'이라 불린다. 우리에겐 가당치 않은 안전하고 변함없는 복을 약속할 뿐만 아니라, 또 우리는 아무 노고도 없이 그것을 누릴 수 있기 때문이다. 이 복을 우리에게 가져다주는 것은 우리의 노고나 고통이 아니다. … 우리가 이 모든 것을 얻을 수 있는 것은 오로지 우리를 향한 하느님의 사랑 때문이다."[54]

신자들은 이 모든 복을 묵상한다. 그리고 복음경 봉독이 아직 시작되기도 전에, 감사하며 주님께 영광 돌린다. "주께 영광, 주여 당신께 영광!" 또한 봉독의 마침을 이 영광송으로 표시한다.

* * *

고백자 성 막시모스는 복음경 봉독을 종말론적으로 해석하면서 이렇게 말한다. "그것은 세상의 종말을 암시한다. 거룩한 복음경 봉독 다음에 주교는 그 보좌에서 내려오고, 집전자는 세례 예비자뿐만 아니라 이제 거행될 신비들에 대한 거룩한 관상에 합당치 못한 모든 사람을 성당 밖으로 물리치기 때문이다." 그러므로 거룩한 복음경 봉독은 "하

---

53 *Sur Matthieu*, I, 2, PG 57, 15-16.
54 위의 책.

늘나라의 복음이 온 세상에 전파되어 모든 백성에게 밝히 알려질 것이고, 그리고 나면 끝이 올 것(마태오 24:10)"⁵⁵임을 의미한다.

감사의 성찬 예배가 거행되는 동안, 그리스도는 영광 속에 내려오신다. "주교좌에서 주교가 내려오는 행위가 바로 이것을 의미한다."⁵⁶ 예비 신자들, 신비에 참여하기에 합당치 못한 이들을 돌려보내는 것을 통해, 우리는 이미 두려운 마지막 심판의 예시를 본다. 이어서 거행되는 감사의 성찬 신비는 하느님 나라를, 하느님 나라 잔치의 그 충만한 실재에 참여하는 신자들이 누릴 영원한 기쁨을 미리 맛보는 것이다.

---

55 *Mystagogie*, XII, PG 91, 692D-693A, traduciton française, éd. Migne, collection <Les Pères dans la foi>, 앞의 책, p. 120.
56 위의 책, XXIII, PG 91, 700B, traduciton française, 앞의 책, p. 142.

3. 자비의 대(大)연도와 대(大)입당*

이어서 보제는 임금의 문 앞에 서서 지성소를 바라보며 자비의 대연도를 드린다.

보 제 우리 온 영혼과 온 정신을 다해 말씀드립시다.

보제의 간구마다 성가대는 이렇게 화답한다.

성가대 끼리에 엘레이손, 끼리에 엘레이손, 끼리에 엘레이손.

보 제 - 전능하신 주, 우리 조상들의 하느님이시여, 당신께 비오니, 우리 기도를 들으시고 불쌍히 여기소서.
- 하느님이시여, 당신의 크신 자비로 우리 기도를 들으시고 우리를 불쌍히 여기소서.
- 경건한 정교 그리스도인들을 위해 또 다시 당신께 기도드리나이다.
- 우리 (　　) 대주교를 위해 또 다시 당신께 기도드리나이다.
- 사제들과 보제들과 수도자들과 그리고 그리스도 안에 있는 우리 모든 형제들을 위해, 또 다시 당신께 기도드리나이다.
- 하느님의 종들, 모든 경건한 정교회 그리스도인, 그리고 이 도시의 시민들과 이 성당(또는 수도원)의 모든 구성원이 자비와 생

> 명, 평화와 건강, 구원과 보호, 죄 사함과 용서를 얻게 해주시
> 길, 또 다시 당신께 기도드리나이다.
> - 이 성당(또는 수도원)을 세운 복된 설립자들과 이곳과 모든 곳에서 고이 잠든 우리 정교회 부모들과 형제들을 위해, 또 다시 당신께 기도드리나이다.
> - 이 거룩하고 경외로운 성당에서 봉직하고 있는 이들과 예물을 봉헌하는 이들과 성당에서 여러 가지 일을 하고 있는 이들과 성가를 부르는 이들과 그리고 여기에 모여 주께 지극히 크신 자비를 바라는 모든 백성을 위해, 또 다시 당신께 기도드리나이다.
>
> **사 제** 주 우리 하느님이시여, 당신의 종들이 드리는 이 간절한 기도를 들으시고, 당신의 무한한 자비로 우리를 불쌍히 여기시고, 우리와 또한 당신께 지극한 자비를 바라는 모든 백성에게 당신의 너그러우심을 베풀어 주소서.
> (큰 소리로) **주는 자비로우시고 자애로우신 하느님이시니, 성부와 성자와 성령께 이제와 항상 또 영원히 영광을 바치나이다.**
>
> **성가대** 아멘.

그리스도는 자비의 심연이시다.

이어지는 연도는 '자비의 대연도'라 불린다.[01] 우리는 그리스도께 달려가 가나안 여인처럼 끊임없이 그분의 자비를 간구한다.(마태오 15:21-28) 성 요한 크리소스토모스는 말한다. "나를 불쌍히 여기소서. 나는 선한 일을 행치 않았나이다. 선한 삶을 살지 않아 당신께 말씀드릴 만큼 신뢰를 얻지도 못했나이다. 하지만 나는 당신의 긍휼에 호소하나이다. 죄인들을 위해 열어놓은 문으로 피하나이다. 심판대가 없는, 문

---

01 고대에는 지금보다 '자비의 대연도'가 훨씬 더 길었다. 신자들은 지역 교회들을 위해, 모든 범주의 신자들, 예를 들어 산 자와 죽은 자, 병자와 참회자 등을 위해 기도했다. 우리는 이런 대연도를 '주님의 형제 성 사도 야고보의 신성한 성찬 예배'에서 발견할 수 있다.

지도 않고 구원해주시는 자비의 품으로 피하나이다."[02] 이렇게 말한 뒤 성 요한 크리소스토모스는 계속 이어 말한다. "보라. 이 여인의 지혜를! 그녀는 야고보에게 말한 것도 아니고, 요한에게 간청한 것도 아니고, 베드로를 찾아가지도 않았다. … 나는 중재자가 필요 없다. 참회가 나를 위해 말한다. 나는 '샘'으로 직행한다. 그리스도가 하늘에서 내려오셔서 우리의 육신을 입으셨다면, 그것은 나 같은 사람도 그분과 대화할 수 있게 하려 함이다. … '나를 불쌍히 여기소서.' 그것은 짤막한 말이지만 바다와 같은 거대한 구원을 얻게 해준다. '나를 불쌍히 여기소서.' 주여 당신은 이 때문에 내게 오셨습니다. 주여 당신은 이 때문에 우리와 똑같은 육신을 입으셨습니다. 주여 당신은 이 때문에 나와 같은 존재가 되셨습니다. 보라, 높은 곳에선 천사들의 전율, 하지만 이 낮은 곳에선 여인의 신뢰를!"[03]

비록 우리의 간구에 대한 그리스도의 응답을 듣지 못한다 하더라도, 비록 그분의 자비를 입을 만한 자격이 없다 해도, 가나안 여인처럼 우리도 무릎 꿇고 그분께 간청한다. "주여, 불쌍히 여기소서!"

그리스도는 우리에게 자비를 베푸시기 위해 이 땅에 오셨다. 그분의 강림의 신비는 '자비'와 '진리'라 불린다. "'자비'인 것은, 비록 우리가 최고로 비참한 상태에 있고, 우리가 그분의 원수였고, 그분께 적대하고 반항했지만, 무한한 선과 사랑을 지니신 그분은 우리를 외면하지 않으시기 때문이다. 그분은 우리의 불행에 그저 동정하는 것으로 만족치 않으신다. … 오히려 그분은 우리를 그분의 왕국에 합당한 자로 만들어 주신다. … 이런 이유들로 인해 대속 행위는 '자비'라는 이름에 딱

---

02 Saint Jean Chrysostome, *Homélie sur la Cananéenne*, IV, PG 52, 452.
03 위와 같은 곳.

들어맞는다. 그리고 그것은 또한 '진리'라 불리는데(시편 92:2), 그림자와 예형이 '실재'를 향하고 있듯이, 구약 전체가 그것(그리스도의 강림)을 향하고 있기 때문이다."[04]

그리스도는 '자비의 심연'이시다. 우리는 확실하게 자비를 발견할 수 있는 그분께로 달려간다. 자비는 그분 곁에 있기 때문이다.(시편 130:7) 그리스도는 "결코 마르는 법 없이 흘러넘치는, 사람을 향한 사랑의 샘이고 보고이시다."[05] 그분은 "사람을 향한 헤아릴 수 없는 사랑의 바다이시다."[06]

사람을 향한 사랑의 바다이신 그리스도는, 하늘나라에 들어갈 수 있게 해주는 수단인 감사의 성찬 신비를 우리에게 주셨다. 이 신비가 거행될 때, 하늘 왕국의 문이 열린다. 그리고 "우리가 그분을 향해 완전하고도 결정적으로 돌아설 때, 주님은 자비와 연민을 충만하게 보여주신다."[07] "자비 안에선 강하시고, 권능 안에서 선하신"[08] 그분은 성찬을 위한 모임에서 우리를 기다리시면서, 우리가 그분을 만날 수 있게 하시고, 또 그분의 자비를 구하게 하신다. 그리고 그분은 우리에게 자비를 베푸시고, 우리 각자에게 자신을 내어주신다. 육화를 통해, 그분은 "인간 존재 전체를 구원하시기 위해, 완전하게 사람과 연합되신다."[09]

---

04 Saint Nicolas Cabasilas, *Explication de la divine liturgie*, XVII, SC 4 bis, 135.
05 세계적인 스승 거룩한 세 교부의 축일(1월 25일), 대만과, 아포스틱한 테오토키온.
06 Saint Jean Chrysostome, *Sur le psaume 129*, 3, PG 55, 379.
07 *Homélie de saint Macaire*, 4, 16, Trad. française, 앞의 책, p. 113.
08 만과에서 드리는 사제의 첫 번째 기도.
09 Saint Jean Damascène, *Sur la foi orthodoxe*, III, 50, PG 94, 1005B.

끼리에 엘레이손 : 주여, 불쌍히 여기소서.

집전자가 하느님께 이 모든 간구를 아뢸 때마다, 신자들은 이어서 "끼리에 엘레이손", 즉 "주여, 불쌍히 여기소서."를 세 번 찬양으로 화답한다. "하느님께 자비를 간청하는 것은, 그리스도가 약속하신 그분의 왕국을 간청하는 것이다. 그리고 이 왕국을 간청하는 이들에게는 이와 더불어 다른 모든 필요한 것을 더불어 주시겠다고 약속하셨다.(마태오 6:33) 그래서 신자들은 모든 것을 포함하고 있는 이 간청만으로 만족한다."[10]

"주여, 불쌍히 여기소서." "이것은 어떤 변명도 가당치 않고, 어떤 정당화도 할 수 없는 죄인이, 엄격한 정의가 아니라 심판자의 자비에 의지해서 간구하는 것을 얻고자, 심판자를 향해 부르짖는 간절한 외침이다. 여기서 사람은 심판자에 대해서는 무한한 자비를 증언하고, 자기 자신에 대해서는 방탕과 타락을 고백한다. 그것은 분명 감사의 행위요 고백의 행위다."[11] 하느님의 자비를 간청함으로써, 우리는 우리 자신의 업적, 공덕에 의지하지 않음을 다시 한 번 보여준다.

> "주여, 당신도 알고 있나니,
> 나는 결코 내 영혼의 구원을 생각할 때
> 내 행적이나 내 행실을 내세우지 않나이다.
> 오 자애로우신 이여, 옛날 죄많은 여인과 방탕한 아들이
> '내가 죄를 지었나이다' 라고 말했을 때처럼,
> 하느님이신 당신은 값없이 나를 구하실 것이고,
> 나를 불쌍히 여기시리라는 신뢰를 가지고,

---

10 Saint Nicolas Cabasilas, *Explication de la divine liturgie*, XIII, SC 4 bis, 115.
11 위의 책, XII, p. 109.

사람을 사랑하시는 당신의 크신 자비 안으로 내가 피신하나이다.
이 믿음으로 당신께 달려왔고, 이 신뢰로 당신께 왔나이다."[12]

* * *

주님은 그분의 위대한 자비를 얻을 수 있게 해주는 확실한 방법을 우리에게 계시해주셨다. 그것은 바로 우리 형제들을 용서하는 것이다. "우리 서로 사랑하자. 그러면 하느님의 사랑을 받을 것이다. 서로에게 관대하자. 그러면 하느님도 우리 죄를 관대하게 봐주실 것이다. '우리에게 악을 행하는 이에게 악으로 갚지 말자.'(로마 12:17) 그러면 우리도 우리 죄에 대해 벌을 받지 않을 것이다. 우리 형제를 용서할 때, 우리는 그 용서 안에서 우리 자신의 잘못에 대한 용서를 찾을 수 있기 때문이다. 하느님의 은총은 이웃을 향한 우리의 자비 안에 숨겨져 있다. 보라 주님은 우리에게 구원의 수단을 주셨다. 하느님의 자녀가 될 수 있는 능력을 우리에게 영원토록 베풀어 주셨다.(요한 1:12) 우리의 구원은 이렇듯 우리의 의지 안에 있다."[13]

보 제	예비 교인들이여, 주님께 기도드립시다.
성가대	끼리에 엘레이손.(각 간구마다.)
보 제	- 교인들이여, 예비 교인들을 위해 기도드립시다. - 주님께서 그들에게 자비를 베풀어 주시길 기도드립시다. - 주님께서 그들에게 진리의 말씀을 가르쳐 주시길 기도드립시다. - 주님께서 그들에게 정의로운 복음을 계시해주시길 기도드립시다. - 주님께서 그들을 그분의 거룩하고 보편적이고 사도적인 교회와 하나가 되게 해주시길 기도드립시다.

---

12 Saint Syméon le Nouveau Théologien, *Hymnes*, XLII, 48-54, SC 196, 40.
13 Saint Maxime le Confesseur, *Discours ascétiques*, XLII, PG 90, 953AB.

- 하느님이시여, 당신의 은총으로 그들을 구원하시고, 불쌍히 여기시고, 도와주시고, 지켜주소서.
- 예비 교인들이여, 주님께 고개 숙입시다.

성가대   주여 당신께 숙이나이다.

사제는 작은 소리로 다음의 기도를 드린다.

사　제   주 우리 하느님이시여, 당신은 하늘의 가장 높은 곳에 계시어, 극히 비천한 이를 굽어보시며, 인류 구원을 위하여 당신의 외아들 우리 하느님 주 예수 그리스도를 보내셨으니, 당신 앞에 머리 숙인 당신의 종들, 이 예비 교인들을 보아주소서. 그들로 하여금 적당한 때가 오면 재생의 목욕을 하고, 죄를 용서받고, 불멸의 의복을 입게 하소서. 그들을 당신의 거룩하고 보편되고 사도적인 교회와 연합시켜 주시고, 당신이 선택하신 양떼에 속하게 하소서.
(큰 소리로) **그리하여 예비 교인들도 우리와 함께 성부와 성자와 성령, 당신의 지극히 영광스럽고 찬란한 이름을 이제와 항상 또 영원히 찬송하게 하소서.**

성가대   아멘.

예비 교인들

그리스도에 대해 듣고 나서 세례 받고자 하는 열망을 표현한 사람을 우리는 '예비 교인'(catéchumène)이라 부른다. 거룩한 세례에 앞서는 기간 동안 교회는 적절한 가르침을 통해 예비교인들이 교회의 지체가 될 수 있도록 준비시킨다. 이 가르침을 '교리 교육'(catéchèse)이라 하고 가르치는 사람을 '교리 교사'(catéchète)라 한다.

사도시대에는 세례 예비자 교리 교육이 매우 짧았다. 그것은 보통 오순절 성령 강림일에 사도 베드로가 행했던 것(사도행전 2:14-40)과 유사한 간단한 설교였다. 새신자에 대한 보다 체계적인 교리 교육은 거룩한 세례 성사 이후에 이뤄졌다.

사도 시대 이후에는 교리 교육이 훨씬 길어졌다. 『사도 헌장』은 3년 기간의 교리 교육을 언급한다. "교리 교육을 받아야 하는 사람은 3년 동안 그렇게 한다. 이 계기(거룩한 세례)에 대해 더욱 열심을 가지고 열의를 보이는 사람은 좀 더 일찍 세례를 받는다. 왜냐하면 우리는 기간보다는 행실에 따라 판단하기 때문이다."[14] 세례 예비자가 거룩한 세례에 다가가는 태도와 자세를 보고 판단한다는 말이다. 성 히폴리투스의 『사도 전승』도 3년의 교리 교육을 언급하고 있다.[15]

예비 교인이 없을 때도 이 연도를 드리는 이유에 대해 자문할 수 있다. 테살로니키의 성 시메온은 이렇게 대답한다. "교회 안에는 언제나 예비 교인이 있다. 먼저는 아직 세례를 받지 않았지만, 출생 후 거룩한 기도를 받은 바 있는, 신자들의 자녀들이 있다. 그들은 아직 신자가 되지 않았고, 세례도 받지 않았다."[16]

* * *

예비 교인은 아직 하느님과 친밀한 관계에 있지 않다. 그들은 신자들의 도움과 중보가 필요하다. 이런 까닭에 집전자는 예비 교인들을 위해 기도하자고 요청한다. 교회는 사랑이 넘치는 어머니처럼 "신자들의 모임 전체에 예비 교인들을 위해 기도하자고 권면한다. 비록 그들이 아직은 낯선 존재일지라도 말이다. 분명 그들은 아직 그리스도의 몸에 속하지 않았고, 거룩한 신비의 성사에 참여하지 않는다. 그들은

---

14 *Les Constitutions apostoliques*, VIII, 32, SC 336, 239.
15 *La Tradition apostolique*, XVII, SC 11 bis, 75.
16 PG 155, 725-727.

아직 영적인 양떼와 분리되어 있다. … 그들은 임금의 거처 바깥, 거룩한 울타리 멀리에 있다. 거룩한 아나포라, 이 두려운 기도의 순간이 오면 그들은 물리쳐질 것이다. 그러므로 나는 그대들에게 그들을 위해 기도하자고 요청한다. 그들이 낯선 이방인, 세속의 사람이길 그만두고 그대들의 지체가 될 수 있도록 기도하길 원한다."[17] 우리는 그리스도의 종인 예비 교인들에게 자비를 베풀어달라고 그리스도께 간구한다. 교리 교사의 입을 통해 손수 그들에게 진리의 말씀을 가르쳐 주시고, 정의로운 복음의 말씀을, 다시 말해 그분 자신을 그들에게 계시해 주시고, 그분의 거룩한 교회의 지체로 만들어 주시길 그리스도께 간구한다. 성찬 예배에서 '적당한 때가 오면'이라고 말하고 있듯이, 이것은 영적인 재생의 적절한 순간이 오면 실현될 것이다.

하지만, 예비 교인은 무관심으로 인해 거룩한 세례를 미루는 일이 없어야 한다. 교회는 더욱 배가된 사랑으로 그를 초대한다. "예비 교인이여, 그대는 낙원 바깥에서, 우리 조상 아담의 유배에 참여하고 있다. 하지만 이제 문이 조금씩 열리고 있으니, 그대가 쫓겨난 낙원으로 들어오라. 죽음이 닥쳐 와 문이 닫힐지도 모르니, 미루지 말라. … 수많은 죄로 인해 더러워진 수치스런 옷을 벗듯이, 옛 사람을 벗어 버려라. … 그리고 그리스도가 정갈하게 개어 그대에게 내어주는 불멸의 의복을 받아라. 선물을 주시는 수여자를 모독하지 않으려거든, 부디 그 선물을 거절하지 말라."[18]

예비 교인들은 거룩한 세례를 통해 조명되고 다시 태어나야 한다. 우리 교회는 그들을 위해 기도하고 그들을 참된 생명으로 초대한다.

---

17 Saint Jean Chrysostome, *Sur la deuxième Épître aux Corinthiens*, II, 5, PG 61, 399.
18 Saint Grégoire de Nysse, *À ceux qui retardent le baptême*, PG 46, 417CD-420C.

> | 보 제 | 예비 교인들은 모두 나갈지어다. 예비 교인들은 나갈지어다. 예비 교인들은 모두 나갈지어다. 어떤 예비 교인도 남아있지 말지어다. 모든 교인들이여, 다시 또 계속해서 평화로운 마음으로 주님께 기도드립시다.
> | --- | --- |
> | 성가대 | 주여, 불쌍히 여기소서. |
> | 보 제 | 하느님이시여, 당신의 은총으로 우리를 도우시고, 구원하시고, 불쌍히 여기시고, 지켜주소서. |
> | 성가대 | 주여, 불쌍히 여기소서. |
> | 보 제 | 지혜로우니. |

예비 교인들을 내보냄.

예비 교인을 내보내는 것은, 아직 그리스도 안에서 다시 태어나지 않은 사람을 보호하고자 하는, 교회의 사랑의 행위이다. 예비 교인은 아직 어머니 교회의 태에 잉태된 '태아'이다. 교리 교육을 통해 그들은 형성되고, 형태를 취하게 되며 "신성한 탄생"인 세례를 향해 전진한다.[19]

성 사도 바울로는 신앙의 '신비들'(mystères)과 관련된 하느님의 말씀이 약한 이들에게 유익을 주기보다는 오히려 해를 끼칠 수도 있음을 알았기 때문에, 고린토 신자들에게 이렇게 썼다.

> "나는 여러분에게 단단한 음식은 먹이지 않고 젖을 먹였습니다. 여러분은 그 때 단단한 음식을 먹을 수가 없었던 것입니다. 사실은 아직도 그것을 소화할 힘이 없습니다."(I고린토 3:2)

예비 교인들은 소화시키기 쉬운 음식들로 양육되어야 하는 만큼, 교

19　Saint Denys l'Aréopasite, *Traité de la hiérarchie ecclésiastique*, III, 3, 6, PG 3, 433B.

회는 "예비 교인들에게 시편과 성경의 거룩한 말씀들을 들을 수 있도록 허락한다. 하지만 계속해서 거룩한 신비들을 거행하고 보는 것은 그들에게 허락되지 않는다."[20]

* * *

신자들은 교회라는 '영적인 집'을 구성하는 '살아있는 돌들'이다.(1베드로 2:5) "그들은 예수 그리스도의 기중기, 다시 말해 십자가와 성령의 동아줄에 의해 높은 곳까지 올려진다. 믿음은 그들을 높이 끌어올리고, 사랑은 그들을 하느님께로 올려주는 길이다."[21] 예비 교인들은 아직 거룩한 세례, 다시 말해 다볼산 정상으로 올라갈 수 있게 해주는 끈을 받지 못했고, 사람을 성령과 연합시켜주는 끈인 믿음도 얻지 못했다. 또한 하느님께로 인도하는 길인 사랑의 문이 그들에겐 여전히 닫혀있다.

성찬 봉헌은 하느님 나라의 잔치다. 세례를 통해 주어지는 혼인 예복을 입지 않은 사람은 감사의 성찬 예배가 거행되는 장소에서 물러난다. 성령의 선물의 날인을 지닌 사람만이 그리스도를 받아 모시기 위해 남는다. 이들은 하느님을 관상하고 거룩한 신비들에 참여하는 기쁨을 누리기 위해 하느님 나라의 혼인 잔치에 참여할 것이다.

> 사제는 제단의 안티민숀*(Ἀντιμήνσιον)(혹은 일리톤* Εἰλητόν)을 펼치며, 작은 소리로 '신자들을 위한 첫 번째 기도'를 드린다.
>
> 사 제 주님, 천사들의 하느님이시여, 우리로 하여금 이 시간에 감히 당신의 거룩한 제단 앞에 서게 하시고, 우리의 죄와 당신 백성의 무

---

20 위의 책, PG 3, 432C.
21 Saint Ignace d'Antioche, *Aux Éphésiens* IX, SC 10, 65.

> 지를 위해 당신의 자비를 빌 수 있게 해주셨으니, 당신께 감사드리나이다. 하느님이시여, 우리 기도를 들어주소서. 우리로 하여금 당신의 온 백성을 위하여 기도와 간구와 피 흘림 없는 희생 제사를 바치기에 합당한 자가 되게 하소서. 이 직무를 위해 당신께서 세우신 우리로 하여금, 단죄와 책망 받음 없이, 깨끗한 양심을 가지고, 언제 어디서나 성령의 능력으로 당신의 이름을 부를 수 있게 해주소서. 그리하여 우리 기도가 응답받게 하시고, 지극한 선으로 우리에게 자비를 베풀어주소서.
> (큰 소리로) **모든 영광과 찬미와 경배가 이제와 항상 또 영원히, 성부와 성자와 성령, 당신의 것이나이다.**
> **성가대** 아멘.

우리를 합당케 하소서.

사제의 영혼의 사랑과 순결은 단죄 받음 없이 거룩한 신비들을 거행하기 위한 전제 조건이다. 다시 말해 "어둠과 빛, 악취와 향기를 뒤섞는다면, 사제는 분명 이 신성모독으로 인해 불행과 파멸을 얻게 될 것이다."[22] 성 요한 크리소스토모스는 사제의 영혼은 태양 광선보다 더 순결해야 한다고 말한다. "그러한 신비의 도구인 손이 어떠해야 하는지 생각해보라. 성령 초대의 간구를 올리는 입술은 또 어떠해야 하겠는가! 성령의 은총을 그토록 많이 받은 영혼은 다른 어떤 것보다 얼마나 더 거룩하고 더 순결해야 하겠는가!"[23]

하지만 신비들을 거행하는 집전자에게 요구되는 순결함은 본래 성령의 선물, 그리스도의 사랑의 선물이다. 이 진리는 성 대 바실리오스

---

22 Saint Théognoste, *Sur l'action et la Contemplation, et sur le sacerdoce*, 49, Philocalie, tome II, p. 264, 265, traduction française, 앞의 책, tome A, p.627.
23 *Sur le sacerdoce* VI, 2 et 4, SC 272, 309, 317.

의 신성한 성찬 예배에 나오는 상응하는 기도문에서도 표현되고 있다. "우리로 하여금 성령의 능력으로 이 직무에 합당케 하소서." 그러므로 사제는 주님의 자비의 품에 달려 들 수 있는 자격을 주신 것에 대해 주님께 감사드리고, 이 감사의 성찬 제사를 봉헌하기에 합당케 해달라고 주님께 간청한다. '자비의 심연'이신 주님은 그분의 집전자가 그에 상응하여 '겸손의 심연'을 드러낼 때 그를 불쌍히 여겨 주신다.[24] 겸손은 사제로 하여금 거룩한 아나포라에 합당한 자로 만든다. 그래서 성 테오그노스토스는 집전자에게 이렇게 충고한다. "마치 도살장으로 끌려 갈 운명의 양이 된 것처럼 자신을 낮추라. 진정으로 모든 사람이 그대보다 훌륭하다고 여겨라." 그리고 "그대 자신은 '티끌과 재'처럼 여겨라.(창세기 18:27)"[25]

겸손을 통해 사제는 자신이 그리스도를 대신해 거룩한 제단 앞에 서 있음을 의식한다. 신비의 만찬 때 주님이 세상의 구원을 가져오는 이 신비성사의 집전자였던 것처럼, 신성한 성찬 예배에서도 거룩한 신비들을 "성취하고, 신자들에게 이 신비들을 전해주시는"[26] 분은 바로 주님 자신이다.

'교인들을 위한 첫 번째 기도'의 마지막에서 백성이 화답하는 '아멘'은 그들 또한 집전자처럼 사제직무의 숭고함을 느낀다는 의미이다. "그래서 지성소 바깥에 있는 온 회중 또한 사제와 함께 같은 감정을 가지고 기도한다."[27] 이 '아멘'은 집전자의 투쟁과 번민에 대한 신자의 연

24　Saint Théognoste, 62, *Philocalie*, tome II, p. 267, traduction française, 앞의 책, tome A, p.631.
25　Saint Théognoste, 70, 16, p. 269, 258, traduction française, 위의 책.
26　Saint Jean Chrysostome, *Sur la première Épître aux Corinthiens*, XXVII, 4, PG 61, 229.
27　Samonas, évêque de Gaza, *Discussion avec Ahmed le Sarrasin*, PG 120, 825C.

대를 확인해준다.

> **보 제** 다시 계속해서, 평화로운 마음으로 주님께 기도드립시다. 우리를 도와주시고 구원하시고 불쌍히 여기소서.
>
> 사제는 교인들을 위한 두 번째 기도를 드린다.
>
> **사 제** 다시 계속해서 당신 앞에 엎드려 비오니, 사람을 사랑하시는 선하신 하느님이시여, 우리의 간절한 기도를 어여삐 여겨주시고, 육신과 정신의 모든 더러움에서 우리 영혼과 몸을 깨끗하게 해주시며, 당신의 거룩한 제단 앞에 단죄와 책망 받지 않고 설 수 있게 해주소서. 우리와 함께 기도하는 이들에게 생명과 믿음과 영적 지성의 성장을 베풀어주시고, 그들이 언제나 경외감과 사랑으로 당신을 예배하고, 욕됨과 모욕됨 없이 당신의 거룩한 신비에 참여케 하시며, 어느 날이든 당신의 하늘나라에 들기에 합당케 해주소서.
> (큰 소리로) **그리하여 우리가 언제나 당신의 권능으로 보호받으며, 성부와 성자와 성령께 이제와 항상 또 영원히 영광을 바치게 하소서.**
>
> **성가대** 아멘.

내 영혼의 의복을 빛나게 하소서.

회한의 감정으로 주님의 발 앞에 꿇어 엎드릴 때마다, 우리는 굳게 서 있는 느낌을 갖게 된다. 왜냐하면 우리는 우리의 병든 다리(자기 신뢰, 교만)가 아니라 그분의 은총에 의지하기 때문이다. 그리고 겸손은 바로 그 은총으로 우리를 이끌어준다.

다시 또 여러 번 우리가 주님 앞에 엎드릴 때, 우리는 단죄 받음 없이 두려운 제단 앞에 선다. 이렇게 우리는 우리 영혼을 깨끗하게 해주시고, 또 우리가 단죄와 책망 받지 않고 나설 수 있게 해주시도록, 그리스도의 발 앞에 엎드려 간구한다. 참으로 겸손 안에서 살아가는 사람이야말로 그분의 끊임없는 현존의 은총 안에서 살아간다는 사실을 이해하기 위해서, 우리는 생명과 믿음과 영적 지성의 성장을 그분께 간청하며 겸손하게 그리스도 앞에 무릎 꿇는다.

* * *

축성과 거룩한 친교(성체성혈 영접)의 순간이 다가옴에 따라, 우리는 그리스도를 영접하려면 온전히 순결해져야 한다는 것을 느낀다. 왜냐하면 같은 몸으로 그리스도와 사탄을 동시에 섬길 수는 없기 때문이다. 성 요한 크리소스토모스는 요청한다. "나의 친구여, 똑같은 눈으로 간음의 역겨운 드라마가 공연되는 극장의 침대와 두려운 신비가 거행되는 이 제단을 본다고 생각해 보게. 그대는 두렵지 않은가? 똑같은 귀로 창녀의 속된 이야기도 듣고, 예언자와 사도들의 계시도 듣겠는가? 똑같은 마음으로 치명적인 독과 두렵고도 거룩한 희생 제사를 받겠는가?"[28]

우리는 몸과 영혼을 깨끗하게 지키기 위해 투쟁해야 한다. "이토록 위대한 희생제사에 대한 생각으로 그대의 몸의 지체를 지창하게 하라. 그대의 손이 무엇을 줄 것인지 생각해서, 그 손이 어떤 형제도 때리지 않게 하라. … 단지 그대의 손만 아니라, 또한 그대의 입이 하늘의 선물을 받는다. 그러니 모욕적이고 정숙하지 못하고 하느님을 모독하는 거짓된 모든 말로부터 그대의 혀를 지켜라. … 그대의 가슴이 이 두려운 신비를 받아 모실 것임을 기억하고, 절대로 그대의 이웃을 음해하지 말라. 그리고 그대의 영혼에 그 어떤 고약함과 사악함도 없게 하라. 이렇

---

[28] *Sur David et Saül*, III, 2, PG 54, 696-697.

게 하여 그대는 귀와 눈을 깨끗하게 보전할 수 있을 것이다. … 내 친구여, 그대는 혼인 잔치에 초대되었으니, 더러운 의복을 입고 잔치에 가지 말라. 잔치에 어울리는 귀한 의복을 입도록 하라.(마태오 22:2-14)"29

혼인 잔치의 예복, 즉 영혼의 빛은 우리를 축제로 부르신 신랑의 선물이다. 이 찬란한 빛을 우리는 그리스도께 간구한다. "내 영혼의 의복을 빛나게 해주소서."30 그 의복을 받은 뒤, 우리는 또한 그것을 "육신과 영의 모든 더러움에서 깨끗하게 지켜주시길" 그리스도께 간구한다.

> 그러면 성가대는 '헤루빔 성가'를 부른다.
>
> **성가대** 우리는 신비롭게 헤루빔을 표상하며 생명을 주시는 성 삼위 하느님께 삼성송을 부르나니, 이제 세상의 온갖 걱정을 내려놓고, 천군천사의 보이지 않는 호위를 받으시는 만유의 왕을 영접합시다. 알렐루야, 알렐루야, 알렐루야.31

헤루빔 성가

집전자와 회중이 감사의 기도와 성가를 부른 후 이어지는 행렬예식

---

29 Saint Jean Chrysostome, *Catéchèse aux catéchumène*, II, 2, PG 49, 233-234. 본래는 평신자도 현재의 성직자와 같은 방식으로 성체 성혈을 받았다. 다시 말해 먼저 그리스도의 성체를 손으로 받아 모시고, 이어서 성작에 받아 성혈을 마셨다.

30 성 대 월요일 조과, 엑사포스틸라리온*(Ἐξαποστειλάριον) 성가.

31 비잔틴 역사가 요르고스 케드리노스(Georges Cédrinos)에 따르면, 유스티니오스 2세 황제 치하(574년경) 때부터 "… 헤루빔 성가도 노래로 불러야 한다는 칙령이 내려졌다."(PG 121, 748B). "이제 세상의 온갖(πᾶσαν νῦν βιοτικήν) 걱정을 내려놓읍시다."라는 구절은 "세상의 온갖(πᾶσαν τήν βιοτικήν) 걱정을 내려놓읍시다."라는 현대 그리스의 전례 관습과는 달리 신성한 성찬 예배의 모든 사본들과 고대의 번역본들에 의해 확인된다. 헤루빔 성가 대신 불리는 다른 성가들 또한 이 순간의 거룩한 특징을 강조한다 : "이제, 하늘의 천군천사들이…"('미리 축성된 성찬 예배'), "하느님의 아들이시여, 오늘 신비로운 성찬에 나도 참여케 하소서…"(성대 목요일 성찬 예배). I. Fountoulis, "Réponse à des questions liturgiques", II, 5e édition, Athènes, Apostoliki Diakonia, 2006, Réponse 199. p. 136-138.

을 '대입당'이라 부른다. 대입당은 헤루빔 성가, 그리고 성가와 동시에 드려지는 '헤루빔 기도'로 시작된다.

교회는 거룩한 도성 예루살렘으로 들어가 온 세상을 위해 십자가에 달리실 영광의 왕을 맞이하기 위해 준비하라고 우리를 초대한다. 또한 그리스도와 함께 순교의 길을 동행하여 그분의 지극히 거룩한 어머니와 사랑하는 제자 요한과 함께 십자가 달리신 그분 곁에 머물러 있으라고 우리를 부른다.

성가에서 '이제'라고 말하는 이 순간, 만유의 왕을 맞이하기 위해 세상의 모든 걱정을 내려놓자. 그리스도가 봉헌되는 장소에 함께 들어가기 위해서, 이 세상살이의 모든 문제로부터 벗어나도록 노력하자. 성 요한 크리소스토모스는 우리에게 권면한다. "동방 박사들은 그리스도를 경배하기 위해 페르시아를 떠났다.(마태오 2:1-2) 그대 또한 세상만사를 멀리 떠나 그리스도를 향해 길을 떠나라."[32]

하느님을 향한 사랑은 우리가 세상만사 위로 높이 고양될 수 있도록 도와주는 영적인 힘이다. "하느님 사랑으로 불타는 사람은 누구나 이제부터 육신의 눈에 보이는 모든 것을 보지 않으려 한다. 다른 눈, 신앙의 눈으로 무장한 그는 항상 높은 곳에 있는 것들을 상상하고 그것에 모든 생각을 집중시킨다. 그는 마치 하늘에 살듯이 땅을 거닌다. … 그는 덕의 길을 달려가고 땅에서 하늘로 오르려는 마음으로 불타고, 눈에 보이는 모든 것은 지상에 남겨놓고, 그 여정에서 육신의 눈앞에 어떤 것이 나타나든 결코 멈추거나 한 눈 팔지 않고, 오로지 자신의 갈 길에 집중한다."[33]

---

32   *Sur l'incompréhensibilité de Dieu*, VI, 4, PG 48, 754.
33   Saint Jean Chrysostome, *Sur la Genèse*, XXVIII, 6, PG 53, 259.

우리는 골고타의 정상에 다다르려 서두르고, 그리스도의 축제를 경축하기 위해, 세상 근심 걱정을 다 버린다. "진정한 축제는, 사람마다 자신의 영혼 구원을 도모하는 곳, 평화와 일치가 지배하는 곳, 삶의 모든 관심거리가 잘려 나가는 곳, 바로 그곳에 있다. … 진정한 축제는 휴식과 고요, 사랑과 기쁨, 평화와 온유가 지배하는 곳이다."[34] 우리는 그리스도의 손에 삶의 갖가지 근심을 내맡긴다. 아니 우리는 우리의 온 생명을 그분께 맡긴다. 그리고 그분은 우리의 짐을 벗겨주시고 우리 생명의 모든 필요를 해결해주시며 골고타로 오르신다. 그분은 시리아의 성 이삭의 입을 빌어 우리에게 말씀하신다. "만약 너희가 하늘나라에만 관심을 둔다면, 너희 육신의 모든 필요를 결핍 가운데 두지 않을 것이다. 아니 이 모든 것을 넘치게 줄 것이다. 이 모든 것 때문에 근심하게 내버려 두지 않을 것이다.(마태오 6:33)"[35]

성 요한 크리소스토모스는 우리에게 확신을 준다. "무의미한 것들, 삶의 일상적인 걱정들을 무시하는 법을 배우지 못한 영혼은 천상의 것에 탄복할 수 없다."[36] 그 자신 천상의 복들을 맛본 성 요한은 우리에게 권면한다. "형제들이여, 매일의 삶의 근심과 기분 혹은 두려움을 가지고 성당에 들어서지 말자. 이 모든 것을 밖에 두고, 성당 문턱 앞에 내려놓고 성당에 들어서자. 우리는 하늘 궁전에 들어가고, 우리 발은 빛 찬란한 곳을 밟을 것이기 때문이다."[37]

아토스 성산의 금욕 수도사였던 티콘 사부의 수호 천사는 헤루빔 성

---

34 위의 책, I, 1, PG 53, 21.

35 Saint Isaac le Syrien, *Discours ascétiques*, IV, 1, traduction du père Deseille, 앞의 책, p. 77.

36 *Sur la componction*, II, 2, PG 47, 414.

37 *Homélie Sur Ozias*, II, 1, PG 56, 108-109.

가가 불리는 순간에 그를 바로 이 천상의 궁전으로 옮겨 놓았다. 몇 마디 알지 못하는 그리스 말로 이 금욕수도사는 이렇게 말했다. "헤루빔 성가가 불리는 이 순간, 수호천사가 나를 들어 올렸다. 그리고 30분 정도 후에 다시 나를 내려놓았다." 이 황홀경의 마지막 순간, 하느님의 성인은 자신이 여전히 신성한 성찬 예배 중에 있다는 것, 그리고 이제 성체 성혈을 받아 모실 순간이 되었다는 것을 깨달았다. 누군가 그에게 "사부님, 이 30분 동안 무엇을 보고 들었습니까?"라고 물었을 때, 그는 이렇게 대답했다. "하느님께 영광 돌리는 헤루빔과 세라핌을 보았다네."38

* * *

"천군천사의 호위를 받으시며", 주님은 십자가에 달리기 위해 거룩한 도성으로 들어가신다. 완전한 침묵 안에서 그리스도의 이 극진한 사랑의 신비를 경험하도록 교회는 우리를 초대한다.

> "사멸할 모든 육신은 침묵할지어다. 두려움과 떨림으로 움직이지 말지어다. 지상의 것은 무엇이든 생각지 말지어다. 임금들의 임금, 주군들의 주님이 희생되어 신자들에게 양식으로 제공되시기 위해 천사단을 앞세우고 하늘의 모든 권세와 권능, 수많은 눈을 가진 헤루빔과 여섯 날개를 가진 세라핌과 함께 전진하시는도다. 그들은 얼굴을 가리고 찬송하는도다. 알렐루야, 알렐루야, 알렐루야."39

성가대가 헤루빔 성가를 부르는 동안, 사제는 작은 소리로 '헤루빔 기도'를 드린다.

---

38 거룩한 수도사제 티콘(1968년 9월 23일 안식)은 아토스 성산의 스타브로니키타 대수도원 근처에 있는 성 십자가 켈리온에서 살았다. 이 책의 저자는 그를 개인적으로도 알고 지냈다.
39 성 대 토요일 성찬예배 때 부르는 헤루빔 성가.

사 제 영광의 왕이시여, 육체의 욕망과 쾌락에 속박된 자는 당신께 오거나 가까이 나아가거나 예배를 드리기에 합당치 못하나이다. 주님 당신을 섬기는 일은 천상의 권세에게도 두렵고 힘든 일이기 때문이나이다. 그러나 사람에 대한 형언할 수 없고 측량할 수 없는 사랑으로, 만유의 주님이시여, 당신은 어떤 변화나 변동을 겪지 않으시고 사람이 되셨고, 우리의 대사제가 되셨으며, 피 흘림이 없는 이 희생의 예배를 거행할 직무를 우리에게 맡기셨나이다. 주 우리 하느님이시여, 당신은 홀로 하늘과 땅의 모든 피조물들을 지휘하시고, 헤루빔의 보좌에 앉아 계시며, 세라핌들의 주님이시고, 이스라엘의 임금이시며, 당신만이 홀로 거룩하시고 거룩한 이들 가운데 머무시나이다. 그러므로 홀로 선하시고 도움 주시는 당신께 간구하오니, 죄인이요 무익한 당신의 종인 저를 굽어 살피시고, 제 영혼과 마음을 모든 악한 의식에서 깨끗하게 해주시며, 당신의 성령의 은총으로 성직의 은총을 입은 제가 여기 당신의 거룩한 제단 앞에 서서, 당신의 거룩하고 흠 없는 몸과 당신의 고귀한 피를 희생의 제물로 바칠 수 있게 해주소서. 제가 고개 숙이고 당신께 다가가 간청하나니, 내게서 당신의 얼굴을 돌리지 마시고, 당신의 자녀들의 대열에서 저를 내치지 마시고, 다만 죄인이요 당신의 부당한 종인 저를 통해 이 예물들이 당신께 바쳐질 수 있도록 허락해주소서. 그리스도 우리 하느님이시여, 이 예물을 봉헌하시는 분도 당신이시고, 예물로 봉헌되시는 분도 당신이시며, 이 예물을 받으시고 우리에게 나눠주시는 분도 오직 당신이시기 때문이나이다. 그러므로 우리는 시작이 없으신 당신의 성부와 지극히 거룩하시고 선하시고 생명을 주시는 당신의 성령과 당신께 이제와 항상 또 영원히 영광을 바치나이다. 아멘.

주님이시여, 당신은 바치시고 또 바쳐지시나이다.

그리스도의 봉헌을 위해 준비하는 교인들과 병행하여, 집전자들 또한 일련의 기도와 행위들을 위해 준비한다.

그 첫 번째가 바로 '헤루빔 기도'다. 이 기도를 통해 집전자는 자신의 자격 없음과 함께 그가 섬기도록 부름 받은 이 신비의 신성함과 위대함을 인정하고 고백한다. 비록 자격 없지만 그는 거룩한 제단을 향해 나아간다. 왜냐하면 그는 자신의 개인적인 순결성과 거룩성이 아니라 하느님의 자비에 의지하기 때문이다. 그는 바다와 같은 하느님의 인간 사랑에 의지한다. 그리스도가 육화하시고, 십자가에 달리시고, 우리에게 피 흘림이 없는 희생의 신비를 허락하신 것은, 바로 사람을 향한 이 형언할 수 없는 사랑을 통해서다. 그리스도는 단 한번 오셨고 골고타에서 자신을 바치셨다. 하지만 그분은 또한 매번 거행되는 신성한 성찬 예배를 통해서 언제나 오시고 또 자신을 바치신다. 그분은 예물을 바치시고 또 예물로 바쳐지시는 분이시며, 예물을 받으시고 또 생명을 주는 양식으로 신자들에게 분배되시는 분이시다.

예수 그리스도는 우리 구원의 신비의 창시자시다. 이것은 신성한 성찬 예배의 신비가 기대고 있는 토대이다. "양육자이신 그분은 또한 양식이시다. 그분은 생명의 빵을 주시는 분이시고, 또한 그 자신이 그분이 주시는 빵 그 자체이다. 그는 살아가는 이들에게 생명이시고, 호흡하는 이들에게는 향기시며, 자신을 덮고자 하는 이들에겐 의복이시다. 분명 우리는 그분을 통해 걸을 힘을 얻고, 또 그분 자신이 길이시다. 그분은 중간 휴식처시고 또한 목적지시다.(요한 14:6)"[40]

피 흘림 없는 희생의 신비에서 "그리스도는 희생되신 분이시고, 사제이시고, 제단이시고, 하느님이시며, 사람이시고, 임금이시고, 대사제이시고, 암양이시고 또한 어린양이시다. 사람에 대한 사랑으로 그분은 수많은 방식으로 우리의 생명이 되시기 위해 우리 각자에게 이

---

40 Saint Nicolas Cabasilas, *La Vie en Christ*, I, SC 355, 89.

모든 것이 되신다.(I고린토, 12:6)"⁴¹ 하느님 사랑의 넘침은 하느님 생명의 넘침을 세상에 가져왔다.

그리스도는 각 사람에게 모든 것이 되신다. 그분은 희생 제사를 드리는 사제이시고, 바쳐지는 어린양이시며, 봉헌을 받으시는 하느님이시고, 영성체에 참여하는 이들에게 영원한 생명으로 나눠지시는 하느님-인간이시다. 우리는 선물을 받고 우리에게 그것을 주시는 주님께 감사드린다.

> "우리 구원의 주 하느님이시여, 당신은 우리의 삶을 모든 선으로 충만케 채워주시어, 우리가 언제나 우리 영혼의 구세주요 시혜자이신 당신을 바라볼 수 있게 해주시니, 당신께 감사드리나이다."⁴²

사제가 기도를 마치면, 다음과 같이 삼성송을 세 번 읊는다.

사 제 우리는 신비롭게 헤루빔을 표상하며 생명을 주시는 성 삼위 하느님께 삼성송을 부르나니, 이제 세상의 온갖 걱정을 내려놓고,

보 제 천군천사들의 보이지 않는 호위를 받으시는 만유의 왕을 영접합시다. 알렐루야, 알렐루야, 알렐루야.

이어서 사제는 성소와 주님의 이콘들과 회중에게 분향한다. 분향하면서 사제는 이렇게 말한다.

"그리스도의 부활을 본 후에…." (주일에 성찬 예배 드릴 경우) 이어서 "임금이신 우리 하느님 그리스도께 와서 경배합시다. …"

시편 51편을 19절("그때에는 번제와 제물을 올바른 제사로 기뻐 받으시리니, 송아지를 잡아 당신 제단에 바치리이다.")까지 읽는다.

---

41 Saint Epiphane, *Contre les hérésies*, II, 1, hérésie 55, PG 41, 980C.
42 조과에 드리는 사제의 여섯 번째 기도.

> 이어서 집전자들은 거룩한 제단 앞에서 세 번 절하고 안티민숀에 입맞춘 후 다음 참회의 트로파리온을 읊는다.
>
> > 구세주시여, 탕자처럼 저는 당신께 죄를 지었나이다. 아버지시여, 저의 회개를 받아주시고, 저의 하느님이여, 저를 불쌍히 여기소서. 의 구세주 그리스도시여, 세리의 음성을 빌어 간구하나니, 저의 하느님이시여, 제게도 용서를 베푸시고, 저를 불쌍히 여기소서.[43]
>
> 이어서, 집전자들은 서로에게 절하며 말한다. "공동집전 형제여, 나를 용서하소서." 그리고 다함께 회중을 향하여 고개 숙이며 용서를 빈다. 이어서 예비제단으로 가서 세 번 절하며 보자기로 덮인 거룩한 선물(봉헌물)에 입맞추며 말한다.
>
> > "오 하느님이시여, 죄인인 저에게 호의를 베푸시고, 저를 불쌍히 여기소서."(루가 18:13)

만유의 왕을 영접하기 위함이니라.

고귀한 봉헌물을 그 손으로 들려면 집전자는 마음 깊은 곳에서부터 참회를 느껴야 하고 "탕자처럼"(루가 15:21) 제단에 다가가야 한다.

분향하면서 집전자가 암송하는 시편(51편)과 참회의 성가(트로파리온), 그리고 거룩한 제단과 예비 제단에 절하며 공경하는 행위, 하느님과 공동 집전 형제들 그리고 회중을 향해 용서를 구하는 행위, 이 모든 것은 통회의 마음, "찢어지고 터진 마음"(시편 51:17)을 보여준다. 집전자는 자신의 예를 통해서 신자들에게 참회의 길을 보여줌으로써, "'회개하라, 하느님 나라가 가까이 왔다'(마태오 3:2)고 선포하며 설교를 시작한 선구자 세례 요한을 표상한다."[44] 집전자는 "주님의 길을 예비하라(마태

---

43 『8조 예식서』, 2조, 월요일 만과. 아포스틱하
44 Saint Germain de Constantinople, *Contemplation*, PG 98, 401A.

오 3:3)"고, 다시 말해 그리스도 임금을 우리 영혼으로 인도할 준비를 하라고 우리에게 권면한다. 이 길은 바로 참회의 길이다. 이렇게 회중과 집전자는 우리에게 오시는 그리스도를 참회 속에서 영접한다.

참회를 통해 우리는 우리 자신을 성화시키고, 이어서 그리스도 회중 가운데 들어오실 때, 우리는 거룩한 신비에 합당하게 된다. 신자들을 영성체로 초대할 때 집전자는 이렇게 말한다. "거룩한 사람은 다가올 것이요, 그렇지 않은 자는 참회를 통해 그렇게 될 지어다."[45] 그리스도는 우리에게 자신의 생명을 주신다. "범접할 수 없는 불, 천사들도 견딜 수 없는 불"[46]이신 분이 신자들에게 양식으로 주어지신다. 신자 각각은 "기쁨과 두려움으로 이 불을 영접하지만 또한 형언할 수 없는 방법으로 촉촉한 이슬에 덮인다."[47]

죄는 사망을 낳지만, 참회는 생명의 길을 열어준다. "죄, 그것은 죽음이기 때문이다. 죄로 인해 죽고 스스로 부활한 사람이 과연 누가 있는가? 절대로 아무도 없다."[48] 그러므로 죄 없으시고 부활이시며 생명이신 그리스도께 우리는 참회를 통해 달려간다. 참회는 죄로부터의 탈출이고 생명이 공급되는 신성한 성찬 예배로의 입구이다.

> "내 영혼아, 죄의 땅 하란을 떠날지어다. 썩지 않고 영원한 생명이 흘러넘치는 땅에서 살지어다."[49]

* * *

우리가 알고 있는 가장 오래된 전례서 본문에 따르면, 집전자는 거

---

45 *Les Constitutions apostoliques*, VII, 26, SC 336, 57.
46 Saint Syméon le Nouveau Théologien, *Hymnes*, XXII, 36, SC 174, 172.
47 신신학자 성 시메온의 성찬 교제 준비기도문.
48 Saint Syméon le Nouveau Théologien, *Catéchèses*, XXIII, 2, SC 113, 18.
49 크레타의 성 안드레아의 참회의 대카논, 3 오디.

룩한 영성체 후에 다음과 같이 말한다. "은총은 오고 이 세상은 지나갈 것이로다."⁵⁰ 신성한 성찬 예배는 바로 이 은총의 공간으로 우리를 인도한다. 고백자 성 막시모스는 우리 모두가 바로 여기에 도달할 수 있기를 원했다. 천상 신비에의 위대한 입문자, 신자들을 신비에로 인도하는 이 위대한 인도자에게, 대입당은 "우리를 위해 베푸신 하느님의 경륜에 대해 하늘로부터 전해질 새로운 가르침의 시작이요 서문이다. 그것은 우리 구원의 신비의 계시, 하느님의 비밀이 간직된 범접할 수 없는 지성소에 머무는 신비의 계시이다."⁵¹ 그것은 주님의 희생 행위에 대한 가르침이다.

> 이어서 보제는 사제에게 말한다.
>
> 보 제 사제여, 들어 올리소서.
>
> 사제는 보제의 어깨에 성보(아이르)를 씌워주며 말한다.
>
> 사 제 거룩한 것들 향해 그대의 손 높이 들고, 주님을 찬양하여라.(시편 134:2)
>
> 이어서, 사제는 작은 성보로 덮인 성반을 들어 보제에게 주고, 자신도 작은 성보로 덮인 성작을 들고 말한다.
>
> 사 제 환호 소리 높은 중에 하느님 오르신다. 나팔 소리 나는 중에 주님 올라가신다.(시편 47:5)
>
> 성가대는 헤루빔 성가의 첫 부분을 마치고, 보제와 사제는 북쪽 문으로 나와서 대입당 행렬을 시작하고 보제는 다음과 같이 말한다.

---

50 *Didaché* X, 6, SC 248, 181.

51 *Mystagogie*, XVI, PG 91, 693C, traduction française, éd. Migne, collection <Les Pères dans la foi>, 앞의 책, p. 122.

> 보 제 　주 하느님께서 그의 왕국에서 우리 모두를 이제와 항상 또 영원히 기억하시기를 바라나이다.
>
> 성가대 　아멘.
>
> 사제와 보제가 임금의 문을 통해 지성소로 들어갈 때, 성가대는 헤루빔 성가 나머지 부분을 마저 부른다. 사제는 성작을 안티민숀 위에 놓고, 보제에게서 성반을 받아 성작 왼편에 놓으며 말한다.
>
> 사 제 　주여, 요셉은 십자가에서 정결한 당신의 몸을 내리고 향료를 발라 깨끗한 고운 베로 싸서 장례 지내고 새 무덤에 모셨나이다.[52]
>
> 보 제 　사제여, 옳은 일을 행하소서.
>
> 그러면 사제는 거룩한 봉헌물에 분향하며, 시편 51편의 마지막 구절을 세 번 읊는다.
>
> 사 제 　오 하느님이시여, 저를 불쌍히 여기소서. 제가 당신 제단에 송아지를 바치리이다.

고귀한 예물의 운반

소입당 때 집전자는 그리스도가 오셔서 설교하는 것을 상징하기 위해 자신의 얼굴을 거룩한 복음경으로 가렸다. 마찬가지로 대입당 때 집전자는 봉헌된 예물로 자신의 얼굴을 가려서, 골고타에 올라가 십자가에 달리실 그리스도를 암시한다.

사제는 예비 제단으로 향하여, 거룩한 예물들에 공경의 예를 갖춘 뒤, "최대한의 예를 갖춰 예물들을 자기 머리 높이로 들어 올리고, 지성소를 나온다. 그는 제단으로 옮기기 위해 예물들을 들고 회중 가운데로 천천히 장엄하게 행렬을 거행한다. 신자들은 예물이 지나 갈 때

---

52 성 대 토요일 아폴리티키온.

공경과 경배의 절을 한다. … 집전자는 촛불과 향을 앞세운 행렬을 이루고 전진하여, 지성소로 들어간다."[53]

헤루빔 성가, 촛대, 천사상(리피디온 Ριπίδιον), 대입당의 장엄함은 우리에게 그리스도의 강림 사건을 경험하도록 도와준다. 이 모든 것은 "지극히 거룩하신 하느님 그리스도와 함께, 또 신비의 희생 제사를 위해 오신 위대한 임금 그리스도께 찬양 드리며 호위하는 헤루빔 천사들, 천군천사단, 무형의 영적인 존재들을 보이지 않게 앞세우고, 들어가는 성인들과 모든 의인들의 입당"[54]을 나타낸다.

그리스도는 천군천사들을 동반하고 우리의 생명, 온 세상의 생명을 그분의 흠 없는 손에 쥐시고 지성소로 들어가신다. 고귀한 예물은 그리스도를 통해 다시 성부 하느님께로 돌아온 사람과 세상을 의미한다. 대입당은 사람과 세상이 하느님께로 돌아가는 이 회귀, 하느님께 바쳐지는 이 축성을 상징한다.

* * *

교회는 우리에게 "이제 세상 걱정을 다 내려놓으라"고 권면한다. 그러므로 우리는 희생되시는 그리스도께 우리의 온 생명을 맡긴다. 그리고 그리스도는 그 죽음을 통해서 우리의 생명을 그분 자신의 부활로 인도하신다. 그러나 여기서 우리 생명을 그리스도께 바치는 것은 단지 죽음을 형상화한 것에 불과하지만, "우리의 재생은 참된 생명으로의 실제적 탄생이다."[55] 집전자가 예물 준비 예식인 프로스코미디

---

53 Saint Nicolas Cabasilas, *Explication de la divine liturgie*, XXIV, SC 4 bis, p. 163. 6세기까지는 감사의 성찬 예물을 제단으로 옮기는 의식이 매우 단순하게 거행되었다. 보제들은 신자들의 예물(프로스포라) 중에서 적당한 것을 선택하여, 그것을 지성소로 옮겨 그곳에 있던 주교에게 건네주었다. 그런 다음 헤루빔 성가가 불려지는 동안 예물의 준비가 이뤄졌다.

54 Saint Germain de Constantinople, *Contemplation*, PG 98, 420A.

55 Saint Nicolas Cabasilas, *Explication de la divine liturgie*, IV, SC 4 bis, 77.

(Προσκομηδή)를 마쳤을 때, 우리는 우리의 온 생명을 고귀한 예물과 함께 내어 놓는다. 우리의 고통, 우리의 기쁨, 우리의 원수와 우리의 친구, 살아있는 사람과 죽은 사람이 이제 모두 그리스도의 손 안에 있다. 그리고 그리스도는 우리 모두를 하느님 아버지께 바친다.

이 순간 우리는 그리스도께 간구한다. "주여, 당신의 나라에서 우리를 기억하소서."(루가 23:42) 그분의 나라에서 우리를 기억해 달라고 우리는 그분께 간구한다. 우리도 그분을 기억(Ἀνάμνησις)하는 신비, 즉 신성한 성찬 예배를 통해서 그분을 기억할 수 있도록, 우리를 죽음이라는 망각(리티 λήθη)에서 끌어내시어 진리(알리티아 Ἀ-λήθεια) 안에[56], 생명 안에, 다시 말해 진리와 생명이신 그분 자신 안에 놓아달라고 간구한다.

* * *

고귀한 예물을 예비 제단에서 제단으로 옮기는 것은 "주님이 베타니아에서 예루살렘으로 입성하시는 것을 보여준다."[57] 임금들의 임금이신 주님이 거룩한 도성으로 들어가신다. 집전자는 어떤 욕망도 자리 잡은 적이 없는(아무도 탄 적이 없는) 어린 나귀가 되고(루가 19:30), 그래서 영광의 왕을 태우기에 합당한 존재가 된다. 신자들은 옷가지를 벗어 펼치는 대신(루가 19:36), 그분 앞에서 땅에 엎드려 경배한다. 그리고 영적으로 준비된 그들은 그리스도를 영접한다.

"영적인 종려가지와 정화된 영혼을 지니고 옛날 어린아이들처럼 믿음으로 그리스도께 환성 올리며, 목소리 높여 말씀드립시다. 구세주여 찬미 받으소서. 당신은 아담을 옛날의 저주에서 구원하시기 위해

---

56 '진리'를 의미하는 그리스어 'ἀλήθεια'(알리티아)는 '망각'을 의미하는 'λήθη'(리티)의 부정형이다. 그리고 이 두 단어 모두 '~로부터 벗어나다', 혹은 '~에게서 잊혀지다.'라는 의미의 동사 'λανθάνω'와 연결되어 있다.

57 Saint Germain de Constantinople, *Contemplation*, PG 98, 420C.

세상에 오셨고, 기꺼이 영적인 새 아담이 되길 원하셨나이다. 사람의 친구시며, 우리를 구원하시기 위해 모든 것을 행하신 말씀이시여, 당신께 영광 돌리나이다."[58]

고귀한 요셉은 정결한 당신 몸을 십자가에서 내리고.

고귀한 예물들을 제단에 내려놓고 임금의 문을 닫는 것은 대입당의 마지막 행위이다.

사제는 성작과 성반을 거룩한 제단 위에 내려놓으며 트로파리온을 읊는다. "고귀한 요셉은 정결한 당신의 몸을 십자가에서 내리고⋯". 봉헌된 어린양이 놓인 성반은 "그리스도를 장사지낸" 거룩한 요셉과 니코데모의 손을 상징한다.[59] 고귀한 예물을 덮었던 성보는 요셉이 그리스도의 정결한 몸을 감쌌던 수의를 상징하고, 분향은 그리스도를 장사지낼 때 사용했던 아로마 향유를 상기시킨다. 그리고 마지막으로 임금의 문을 닫는 행위는 생명을 주는 그리스도의 무덤을 봉인하는 것을 상징한다.

집전자는 그리스도를 장사지냈던 거룩한 제자들의 행위를 완수했다. 이 순간 그는 통회의 마음으로 그들과 함께 "빛을 두루마기처럼 두르신"(시편 104:2) 분을 바라본다. 그는 나직한 목소리로 음송한다.

> "요셉과 니고데모는 빛을 겉옷처럼 두르신 당신을 십자가에서 내리고, 숨이 끊긴 채, 옷도 무덤도 없는 당신을 보고 마음으로부터 눈물 섞인 탄식을 쏟아냈나이다. 오, 지극히 온유하신 구세주여, 십자가 나무에 달리신 당신을 보고, 태양은 어둠을 입었고, 땅은 두려워 떨

---

58 그리스도의 예루살렘 입성 축일(종려주일), 조과, 첫 번째 카티스마 성가.
59 Saint Germain de Constantinople, *Contemplation*, PG 98, 421C.

었나이다. 성전의 휘장은 찢어졌고, 저 또한 당신께서 저를 위해 어떤 죽음을 겪고자 원하셨는지 볼 수 있었나이다. 저의 하느님이시여, 어떻게 당신을 장사지내리이까? 어떤 천으로 당신을 덮어드리리이까? 당신의 흠 없으신 몸을 어떤 손이 만지리이까? 자비로우신 주님이시여, 당신의 안식에 제가 어떤 노래를 바치리이까? 당신의 수난을 찬양하고 찬미하나이다. 당신의 무덤과 당신의 부활을 찬양하나이다. 주님이시여, 당신께 영광 돌리나이다."[60]

모든 그리스도인은 "예수의 몸을 취하여 깨끗한 베로 싸서 '새 무덤에' 모신"(마태오 27:59-60), 다시 말해 '새로워진 사람 안에' 모신 거룩한 요셉을 본받아야 한다. 그러므로 각자는 열심을 다해 더 이상 죄짓지 않도록 노력해서, 자기 안에 계신 하느님을 멸시하지 않고, 그분을 자기 영혼에서 쫓아내지 않아야 한다.[61] 각 그리스도인의 영혼은 그리스도의 정결한 몸을 받아들이는 "새 무덤"이 된다.

이어서 사제는 보제에게 말한다.

사 제   공동집전 형제여, 나를 기억해 주소서.
보 제   주 하느님께서 그분의 왕국에서 당신의 사제직을 이제와 항상 또 영원히 기억해주시길 바라나이다.

이어서 보제는 고개를 숙이고 말한다.

보 제   사제여, 저를 위해 빌어주소서.
사 제   거룩하신 성령께서 그대에게 내려오시고, 지극히 높은 분의 힘이 그대를 감싸 주시리이다.(루가 1:35)

---

60 성대 금요일 만과. 아포스틱하 독사스티콘.
61 *Apophtegmes des Pères du desert*, Série systématique, X, 134, SC 474, 103.

> 보 제   같은 성령께서 우리의 일생동안 언제나 우리와 함께 공동 집전해 주실 것이나이다. 거룩한 사제여, 저를 기억해주소서.
>
> 사 제   주 하느님께서 그분의 왕국에서 그대를 이제와 항상 또 영원히 기억해주시길 바라나이다.
>
> 보 제   아멘.
>
> 이어서 보제는 사제의 손에 입 맞추고 연도를 드리는 자리로 간다.

성령께서 공동으로 집전하신다.

그리스도가 거룩한 도성으로 들어가실 뿐만 아니라, 위로자 성령도 입당하신다. 대입당 때, 천사들과 성인들과 함께 "피흘림 없는 희생제사와 영적인 예배를 위해 함께 들어가시는 첫 번째 분은 바로 성령이시다. 우리는 불과 분향과 향내 나는 연기 속에 계신 그분을 우리 지성의 눈으로 본다. 불은 신성을 의미한다. 향내 나는 연기는 눈에 보이지 않게 오셔서 피 흘림 없는 신비로운 예배를 통해 우리에게 향기를 뿜어주시는 분의 현존을 의미한다."[62] 그리스도는 성령 안에서 인간의 구원을 실행하시는 집전자시다. "그리스도의 방문? 성령이 그분에 앞서 오신다. 그리스도의 육신 안에서의 현존? 성령은 그것과 분리될 수 없으시다. … 하느님과의 친밀성 또한 성령을 통해 확립된다."[63]

교회 안에서는 모든 것이 위로자 성령의 선물이다. "하늘나라로 우리가 올라가는 것, 우리가 다시 하느님의 양자가 되는 것. 이 모든 것을 행하시는 분은 성령이시다. 우리에게 신뢰를 주시어, 하느님을 '우리 아버지'라고 부르고, 빛의 자녀라 불리며, 또 영원한 영광에 참여케

---

62 Saint Germain de Constantinople, *Contemplation*, PG 98, 420AB.
63 Saint Basile le Grand, *Traité du Saint-Esprit*, XIX, 49, SC 17 bis, 419-421.

해주시는 분, 한 마디로 이 세상과 다가올 세상에서 '모든 풍성한 복으로 충만하게 채워주시는'(로마 15:29) 분은 바로 성령이시다."[64]

이제 사제는 성령을 불러 그 은총으로 보제를 감싸주실 것을 간구한다. 그리고 보제는 사제에게 이렇게 화답한다. "같은 성령께서 우리와 함께 공동집전 해주실 것이나이다."

위로자 성령은 "말로 다 할 수 없을 만큼 깊이 탄식하시며 우리를 위해 하느님께 간구해 주신다."(로마 8:26) 그분은 우리를 위해 중보하시고, 우리의 기도는 그분의 선물이다. "성령의 인도를 받지 않고서는 아무도 '예수는 주님이시다.' 하고 고백할 수 없기"(I 고린토 12:3) 때문이다. 감사의 성찬 예배 모임이라는 사건 자체가 바로 성령의 선물이다. "함께 모여 가르침을 듣도록 교회를 불러 모으시는 분은 바로 위로자 성령이시다."[65] 위로자 성령은 교회의 회중 가운데서 사제와 함께 공동집전을 하시고, 신자들에게 그리스도를 드러내주신다. 지극히 거룩하신 성령은 지혜롭게 손을 잡고서 신자들을 인도하시어, "위대하신 하느님, 만백성의 구원자이신 그리스도를 얼굴과 얼굴을 맞대고 만나게 하시고 온전히 알게 해주신다."[66]

* * *

성인들은 성령이 공동 집전하시는 것을 느끼고 그분이 감싸주심을 물리적으로 본다. 『영적인 초지』(Πνευματικός Λειμών)는 다음과 같은 사실을 전해준다.[67]

---

64 위의 책, XV, 36, SC 17 bis, 371.
65 Saint Basile le Grand, *Sur le psaume* 48, I, PG 29, 433A.
66 Saint Maxime le Confesseur, *Livre dogmatique pour le diacre Marin*, PG 91, 73A.
67 Jean Moschos, *Pré spirituel*, XXVII, SC 12, 68.

킬리키아의 에게 도시에서 10마일 정도 떨어진 곳에, 마르다로스라 불리는 영지가 있다. 그곳에는 세례자 성 요한의 교회가 있는데, 그곳에 거룩한 사부, 수도사제 한 분이 사셨다. 그는 덕으로 충만했고 존경을 받았다. 어느 날 이 지역 사람들이 주교를 찾아가 그분에 대해 이렇게 말했다.

"이 수도사제를 파면해주십시오. 이 사람 때문에 우리가 속을 썩습니다. 주일에 그는 오후 세 시에 성찬 예배를 시작합니다. 그리고 거룩한 성찬 예배의 순서를 제대로 지키지도 않습니다."

주교는 수도사를 불러 이렇게 말했다.

"훌륭한 수도자여, 그대는 왜 그랬습니까? 거룩한 교회의 규범을 무시하는 것입니까?" 수도사가 대답했다.

"주교님, 당신께서 말씀하신 것은 다 사실입니다. ⋯ 하지만 저는 어쩔 수 없습니다. 왜냐하면 주일 조과(아침 기도 예식)가 끝나면, 저는 거룩한 제단 곁에 앉아 있습니다. 성령께서 그 거룩한 제단을 감싸주시는 것을 볼 때까지 말입니다. 저는 그 전에는 신성한 성찬 예배를 시작할 수 없습니다. ⋯"

사부의 덕과 영성에 크게 감탄한 주교는 그 지역 주민들에게 이 같은 사실을 설명해주고, 그들이 안심하고 하느님을 찬양하며 돌아가게 했다.

4. '봉헌 준비 예식'(프로스코미디)의 연도와 신앙의 신조

> 보제는 임금의 문 앞에서 지성소를 향해 선 뒤 연도를 드린다.
>
> **보 제** 주님께 우리의 기도를 마저 드립시다.
>
> **성가대** 끼리에 엘레이손.(주여, 불쌍히 여기소서.)(각 연도마다)
>
> **보 제** - 여기 봉헌된 고귀한 예물을 위해 주님께 기도드립시다.
> - 이 거룩한 성당을 위해, 그리고 믿음과 경건과 하느님 두려워하는 마음으로 이곳에 들어오는 이들을 위해, 주님께 기도드립시다.
> - 우리를 모든 환난과 분노와 재앙과 필연에서 건져주시길, 주님께 기도드립시다.
> - 하느님이시여, 당신의 은총으로 우리를 도우시고, 구원하시고, 여기시고, 지켜주소서.
> - 오늘 하루가 완전하고 거룩하고 평화롭고 죄 없는 날이 되도록 주님께 간구합시다.
>
> **성가대** 주여, 들어주소서.(이어지는 연도의 간구마다 이렇게 화답한다.)

끝없는 완전

위험과 근심과 곤경과 시련으로 가득 찬 일상의 삶은 결코 신성한 성찬 예배 바깥에 머물러 있지 않는다. 영적인 공간에서도 사람은 물질적 차원을 잃지 않는다. 영혼과 몸이 하느님의 평화로 채워진다.

지금 집전자가 드리기 시작하는 간구를 통해 우리는 오늘 하루가 평화로운 날이 되도록, 수호천사가 평화의 천사가 되도록, 온 세상이 평화를 누리도록, 우리 인생의 마지막이 평화롭도록 주님께 간구한다. 신성한 성찬 예배 안에서 하느님의 평화는 신자들이 찬양하는 성가가 된다. "오 사랑스런 평화! 온화한 현실이요 부드러운 이름. … 오 사랑스런 평화! 내 정성과 자부심의 대상!"[01]

* * *

영적인 삶은 완전을 향한 지속적인 여정이다. 이 여정은 정말로 끝이 없다. 덕은 그 끝이 없기 때문이다. "덕은 한계가 없는, 무한한 것이다."[02] 덕을 실천하는 궁극적인 목적인 정념의 부재(무정념의 상태)는 끝이 없는 완전이다. 그것은 "항상 더 완전해지고자 하는 완전자들의 완전한 완전이다."[03]

완전에 대한 이 정의에 대해 성 에프렘은 이렇게 설명한다. "정념이 없는 자들, 열망하는 것의 정상을 향해 만족하지 않고 끊임없이 자신의 온 존재를 내뻗는 사람은 어떤 끝이 없는 상태를 완전으로 삼는다. … 인간의 능력을 척도로 삼는다면, 무정념은 완전하다. 하지만 그것이 매일 추가하는 어떤 것을 통해 그것 스스로가 자신을 끊임없이 초월하는 한, 그리고 하느님을 향한 상승 안에서 끊임없이 고양되는 한,

---

01 Saint Grégoire le Théologien, *Discours*, XXII, 1, SC 270, 218.
02 Saint Grégoire de Nysse, *La Vie de Moïse*, I, SC 1 bis, 50.
03 Saint Jean Climaque, *L'Echelle sainte*, XXIX, 4, PG 88, 1148C, version française de père Placide Deseille, 앞의 책, p. 301.

그것은 미완성이다."04

이집트의 성 마카리오스는 영적 완전과 그것이 인간에게 가져다주는 열매들에 대해 이렇게 말한다. "영혼이 영적 완전에 도달했을 때, 다시 말해 정념들로부터 완전하게 정화되고, 형용할 수 없는 친교를 통해 위로자 성령과 연합되고 결합되었을 때, … 영혼은 온통 빛이 되고, 눈이 되고, 영이 되고, 기쁨이 되고, 감미로움이 되고, 환희가 되고, 사랑이 되고, 연민이 되고, 선이 되고, 온유가 된다.(참고. 갈라디아 5:22)"05

감사의 성찬 모임에서 우리는 완전을 간구한다. 왜냐하면 이 완전은 "감사의 성찬 신비가 제공하는 신성하고도 완전케 하는 선물들로부터 오기"06 때문이다.

> **보 제** 충실한 안내자요 우리 영혼과 몸의 보호자인 평화의 천사를 보내주시도록 주님께 간구합시다.

수호천사

각 신자는 세례 받는 순간부터 수호천사에 의해 보호된다. 집전자는 각각의 세례 받은 신자를 위해 이 간구를 주님께 아뢴다. "빛의 천사를 그의 생명과 묶어주소서." 주님도 어린이들에 대해 말씀하실 때 수호천사에 대해 언급하셨다. "하늘에 있는 그들의 천사들이 하늘에 계신

---

04 Saints Calliste et Ignace Xanthopoulos, *Sur ceux qui choisissent de vivre dans l'hésychia,* LXXXVII, traduction française in *Philocalie des pères neptiques,* tome II, Paris 1995, p. 629.

05 Saint Macaire d'Egypte, *Homélies,* XVIII, 10, traduction française, 앞의 책, p. 221.

06 Saint Denys l'Aréopagite, *Traité de la hiérarchie ecclésiastique,* III, 1, PG 3, 424D, traduction de Maurice de Gandillac, p. 263.

내 아버지를 항상 모시고 있다는 것을 알아두어라."(마태오 18:10)

예언자 다윗은 "주님의 천사가 그를 경외하는 자들 둘레에 진을 치고 그들을 구해 주실 것"(시편 34:7)이라고 우리에게 확언한다. 성 대 바실리오스는 이 구절을 이렇게 해석한다. "우리가 악한 행실로 인해 쫓아버리지만 않는다면, 주님을 믿는 사람 곁에는 끊임없이 천사가 있다. 연기가 벌들을, 악취가 비둘기들을 쫓아버리듯, 한탄스럽고 비열한 죄는 우리 생명의 수호천사를 멀리 밀어낸다. 만약 그대의 영혼 안에 천사의 보호를 받기에 합당한 행실들이 있다면, … 하느님은 그대 곁에 보호자들, 안내자들을 두실 것이고, 천사의 보호로 그대를 감싸 주실 것이다. 그러므로 천사의 능력에 주의를 기울여라. 천사는 하나의 군대와 같다. … 성벽이 도성 주위에 세워지고 사방의 적들의 공격으로부터 지켜주듯이, 천사 또한 성벽처럼 그대를 사방에서 지켜준다."07

수호천사와 관련하여 성 마카리오스의 일화가 있다.08

성 마카리오스가 콘스탄티노플에 갔을 때, 하루는 한 멸망의 장소 근처에서 서글프게 울고 있는 귀족 청년을 만났다. 사람들이 하늘도 그와 함께 울고 있다고 말할 정도로 그는 두 손에 얼굴을 파묻고 서럽게 울고 있었다. 성 마카리오스는 그에게 다가가 왜 그렇게 슬피 우는지 그 이유를 설명해달라고 요청했다. 그러자 그 청년이 대답했다.

"하느님의 영광스러운 종이여, 나는 천사입니다. 모든 그리스도인이 세례 받으면서 하느님으로부터 한 천사를 받듯이, 이 사람의 보호

---

07 *Sur le psaume 34*, 5, PG 29, 364BC.
08 Saint Macaire d'Egypte, PG 34, 221AC.

는 나에게 맡겨졌습니다. 헌데 나는 그가 지금 이 멸망의 장소에서 죄 짓는 것을 보고 너무나 슬퍼졌습니다. 이처럼 어둠이 되어버린 하느님의 형상을 보고 내가 어찌 비통해하지 않을 수 있겠습니까?"

성인이 그에게 말했다.

"하지만 그대는 왜 그에게 경고하고 훈계하지 않았습니까?"

그러자 천사가 대답했다.

"나는 그에게 다가갈 권리가 없습니다. 죄 짓기 시작한 다음부터 그는 악령들의 노예가 되었고, 나는 그에 대해 어찌할 도리가 없습니다."

그러므로 우리는 집전자의 이 간구를 통해 우리 삶이 우리의 수호천사를 멀리 쫓아버리는 그런 삶이 되지 않게 해달라고 주님께 간구한다. 왜냐하면 천사는 주님 다음으로 우리 구원의 희망이기 때문이다.

> "하느님 다음으로 내 구원의 희망을 당신께 두나니, 오 나의 보호자 나의 도움이신 나의 수호천사여, 모든 천사와 함께 공동 중보자, 공동 구조자가 되시어, 하느님 곁에서 나를 위해 공동으로 중보해주소서."[09]

> 보 제 - 우리 죄와 잘못을 용서해주시고 사해주시도록 주님께 간구합시다.
> - 우리 영혼에는 선하고 유익한 것, 그리고 온 세상에는 평화를 주시도록 주님께 간구합시다.

우리 영혼에 유익한 것

우리가 여기서 주님께 간구하는 우리 영혼에 유익한 것과 복은 이

---

09 Saint Jean d'Euchaïtes, 수호 천사 카논, 9 오디.

세상 사람들이 흔히 말하는 "좋고 유익한" 것이 아니다. 왜냐하면 "신자들은 유익한 것에 대해 세속의 사람들과는 다른 견해를 가지고 있기"[10] 때문이다. 그리스도인은 영혼이 존재한다는 것, 또 다른 생명이 있다는 것을 알고 있고, 모든 것을 영원의 관점에서 바라본다.

하지만 우리 그리스도인은 자주 우리 영혼에 유익한 것이 무엇인지 알지 못하기 때문에, 그리스도가 유익하다고 판단하시는 것을 우리에게 달라고 그분께 간구한다. 성 요한 크리소스토모스는 말한다. "그대 자신은 그대에게 유익한 것이 무엇인지 알지 못한다. 하지만 하느님은 그것을 잘 아신다. 자주 그대는 해롭고 위험한 것을 간구한다. 그래서 그대의 구원에만 큰 관심을 두시는 하느님은 그 간구에 개의치 않으시고, 매번 오직 그대에게 유익한 것에만 관심을 두신다."[11] 그래서 신자는 간구한 것을 받지 못했다고 해서 슬퍼하지 않는다. 오직 주님만이 "그 심오한 지혜로 사람에 대한 사랑으로 모든 것을 처리하시고, 모두에게 진정 유익한 것을 나눠주시는"[12] 분이시기 때문이다. 그래서 신자는 간구한 것을 받든지 받지 못하든지, 언제나 그분의 사랑에 감사드리고 영광 돌린다.

우리가 간구한 것을 하느님께 받지 못한다면, 그 이유는 우리가 생명의 빵이 아니라 돌을 구했기 때문이다.(참고. 마태오 7:9) 성 요한 크리소스토모스는 이렇게 강조한다. "그대의 모든 간구가 영적인 것이 되게 하라. 그러면 부족함 없이 받을 것이다."[13] 주님도 사소한 것들을 간구하지 말라고 우리에게 권면하신다. 주님이 분명히 말씀하셨듯이, "필

---

10 Saint Jean Chrysostome, *Sur la deuxième Épître aux Corinthiens*, II, 8, PG 61, 404.
11 *Sur le psaume 145*, 6, PG 55, 526.
12 『8조 예식서』, 8조, 토요일 조과, 카티스마.
13 *Sur Matthieu*, XXIII, 4, PG 57, 312-313.

요한 것은 오직 한 가지"(루가 10:42)이기 때문이다. 신성한 성찬 예배에서 우리는 하늘의 빵이신 그리스도를 하느님께 간구한다. 오직 그분만이 진정 우리에게 유익이 되는 한 가지이기 때문이다. '유익, 이익'이라는 의미의 그리스어 '심페론'(συμφέρον)은 "함께 가져가다"라는 뜻을 내포하고 있다. 그리스도는 우리 모두를 하늘에 계신 아버지 곁으로 데려가신다.

> **보 제** - 우리의 여생이 평화와 참회 안에서 영위되도록, 주님께 간구합시다.
> - 그리스도인으로서 고통도 부끄러움도 없이 평화롭게 삶을 마감할 수 있도록, 그리고 그리스도의 두려운 심판대 앞에서 합당한 변호를 받을 수 있도록, 주님께 간구합시다.
> - 지극히 거룩하고 정결하고 복되시고 영화로우신 평생 동정녀 성모 마리아와 모든 성인들을 기억하면서 우리도 그분들처럼 우리의 온 생명을 우리 하느님 그리스도께 맡깁시다.
>
> **성가대** (거룩한 성모여, 우리를 구원하소서.) 주여 당신께 맡기나이다.

죽음 : 가장 탁월한 생명의 시작

교회 안에서 살아가는 사람은 죽음에 직면하고도 두려워하지 않는다. 그는 참회를 통해 죽음에 대비한다. 그리고 신성한 성찬 예배를 통해서 이미 이 세상에서부터 다가올 미래의 삶을 살아간다. 그런 사람은, 참회로 이어지는 시간이 "언제나 만족과 환희로 충만하고, 그 마음의 기쁨은 죽음을 조소하며, 지옥은 그를 지배하지 못한다는 것을 알고 있다. 왜냐하면 그 기쁨은 결코 끝이 없기 때문이다."[14]

---

14 Saint Syméon le Nouveau Théologien, *Catéchèses*, XXIII, SC 113, 22.

참으로 참회하고 그리스도를 사랑한 사람에게는 죽음이 비존재의 어둠으로 들어가는 입구가 아니라, 주님의 혼인방으로 들어가는 문이요, 새로운 생명으로의 탄생이다. '하느님을 품은 자'(테오포로스) 성 이그나티오스는 사자 굴에 던져지는 형벌을 받기 위해 로마로 가던 중, 그에게 선고된 형벌을 무효화시키기 위해 노력하고 있던 로마의 그리스도인들에게 편지를 썼다. "내게는 세상 땅끝까지 통치하는 것보다 예수 그리스도를 위해 죽는 것이 더 낫습니다. … 내가 찾는 분은 바로 우리를 위해 죽으신 그분입니다. 내가 원하는 그분은 우리를 위해 부활하셨습니다. 나의 탄생이 가까이 왔습니다. 형제들이여, 나를 용서해 주십시오. 내가 사는 것을 가로 막지 마십시오. 내가 죽기를 원하지 마십시오. 하느님께 속하길 원하는 사람을 세상에 넘겨주지 말고, 물질로 유혹하지 마십시오. 내가 순결한 빛을 받게 내버려 두십시오. 내가 그곳에(하느님 곁에) 이를 때야, 비로소 나는 (하느님의) 사람일 수 있을 것입니다."[15] 성인들에게는 우리가 생명이라 부르는 것이 죽음이요, 죽음이라 여기는 것이 도리어 생명으로 인도하는 것이다. "안식하여 세상 멀리 떠나고, 하느님께로 가서 그분 안에서 깨어나는 것이 내겐 복입니다."[16]

* * *

우리는 『교부들의 삶』(Πατερικόν)에서 한 사부의 안식에 관한 이야기를 읽을 수 있다.[17]

---

15 *Aux Romains*, VI, SC 10, 115.

16 위의 책, II, SC 10, 111.

17 *Sentences des Pères du Sinaï*, Thessalonique, monastère du Sinaï, 1988, p. 184.

아르셀라온 지역에 아빠스 미카엘이 살고 있었다. 그는 중한 병에 걸려 임종이 가까워 오자 그의 제자 에프스타티오스에게 말했다.

"내 아들아, 손을 씻고 성체 성혈을 모실 수 있도록 내게 물을 좀 가져다 다오."

성체 성혈을 모신 후, 그는 제자에게 말했다.

"내 아들아, 너도 알다시피, 무덤이 있는 곳까지는 가파른 경사지라 매우 위험하구나. 그러니 내가 이 위에서 죽게 된다면, 큰 위험을 감수하고 나를 저 아래로 내려다가 묻어야 할 거야. 그러니 나를 도와 다오. 내가 천천히 저 아래 무덤으로 내려갈 수 있도록 말이야."

그들이 함께 내려갔을 때, 사부는 기도한 뒤 제자를 포옹하며 말했다.

"내 아들아, 평화 안에 있기를 빈다. 그리고 나를 위해 기도해다오."

그리고 무덤에 누운 뒤 큰 기쁨과 환희 속에서 주님께로 떠났다.

"일생의 성찬 예배를 완수한"[18] 성인들은 충만한 평화 가운데 주님께로 떠난다. 그들은 "기쁨으로 충만하여 즐겁게"[19] 죽음에 다가간다. 죽음은 "더욱 탁월한 생명의 시작이고, 더욱 영적인 실존의 서막이요, 열악한 상태에서 탁월한 상태로의 통과"[20]이기 때문이다. 성인들에게 죽음은 "보다 훌륭한 것으로 변화하는 시작이요 길이다."[21]

세상은 "변화에, 시간 흐름에 따른 부패에 종속되어 있다."[22] 그러나

---

18 오순절 성령 강림 대축일 전 토요일, 만과, 스틱히라.
19 Saint Jean Chrysostome, *Sur Matthieu*, XXXVIII, 4, PG 57, 433.
20 Saint Jean Chrysostome, *Sur le hiéromartyr Babylas*, I, PG 50, 529.
21 Saint Grégoire de Nysse, *Sur Pulchérie*, PG 46, 877A.
22 Saint Maxime le Confesseur, *À Thalassios*, LXV, PG 90, 760A.

죽음은 성인을 "'운동 속에 있는 하나의 끊임없는 안정성'으로, 변함없으신 분, 단독의 유일하신 하느님 주위에서 끊임없이 발생하는 일종의 '변화 없는 운동'"[23]으로 이끈다.

> 보제가 연도를 드리는 동안, 사제는 작은 소리로 아래의 '예물 봉헌 기도'를 드린다.
>
> **사 제** 전능하시고 홀로 거룩하신 주 하느님이시여, 당신은 마음을 다하여 당신 이름을 부르는 이들의 찬미 제사를 받아주시는 분이시니, 우리 죄인들의 기도 또한 받아주시고, 그 기도가 당신의 거룩한 제단에 이르게 해주소서. 우리 자신의 죄와 백성의 무지를 사함 받기 위해 우리가 이 예물과 성스러운 제사를 당신께 바치도록 허락하소서. 또한 당신 앞에서 은총을 얻기에 합당케 하시어, 우리의 제사가 당신께 흡족한 것이 되게 하시고, 당신의 은총의 성령, 당신의 선하신 성령께서 우리 위에, 우리가 당신께 바치는 이 예물 위에, 그리고 당신의 모든 백성 위에 오시어 머물게 해주소서.
> (큰 소리로) **당신의 외아들의 자비를 통하여, 당신께서는 당신의 외아들과 지극히 거룩하시고 선하시고 생명을 주시는 성령과 함께 이제와 항상 또 영원히 찬미 받으시나이다.**
>
> **성가대** 아멘.

죄와 무지

'예물 봉헌 기도'라 불리는 이 기도를 통해서, 집전자는 자기 자신의 죄와 백성의 무지가 사함 받을 수 있도록 이 거룩한 예물을 바치기에 합당케 해달라고 주님께 간청한다.

---

23 위와 같은 곳.

이 기도가 동일한 것, 즉 죄에 대해 '죄와 무지'라는 두 가지 명사로 부르는 것은 결코 우연이 아니다. 백성의 죄는 무지라 불린다. 그러므로 성찬 예배는 사제의 죄와 백성이 무지로 범한 모든 잘못을 위해 하느님께 바쳐진다.

우리 모두는 죄인이다. 하지만 백성이 무지로 죄를 짓는 것은 가능하지만, 사제에게는 결코 무지가 허용되지 않는다. 사제의 죄는 그것이 아무리 사소한 것일지라도 위중한 것이다. "그 죄의 본질 때문이 아니라 그 죄를 범한 사람의 사제직의 존귀함 때문에 사소한 죄도 더욱 무거운 죄가 된다."[24] 하느님이 이스라엘 백성에게 말씀하신 것처럼, 사제가 죄를 지으면, 그것은 "온 백성이 죄를 지은 것과 같다."(레위기 4:1-3) 그래서 이런 경우에는 "이스라엘 공동체 전체가 무지로 죄를 지은"(레위기 3:13-14) 경우와 똑같은 속죄의 제물을 바치도록 규정되었다. 이것은 "사제의 영적 상처는 다른 사람의 경우보다 더욱 많은 도움이 요구된다는 것, 그 상처의 치유는 온 민족의 상처를 치유하는 것과 같다는 것"[25]을 의미한다.

집전자는 "육체의 욕망에 묶여있는" 한 인간으로서 "그 자신을 위해 그리고 백성의 무지를 위해"(히브리 9:7) 거룩한 봉헌 기도를 바친다. 오직 그리스도만이 죄가 없으시고, 우리를 모든 죄에서 깨끗하게 하시는 분이시다. "그분은 손수 우리의 죄를 깨끗하게 하셨다."(히브리 1:3) 바로 이런 까닭에 집전자는 주님의 발아래 무릎 꿇고, 성령이 신자들 한 가운데 머무시어 이 희생제사가 주님 앞에 받아들여질 수 있게 해달라고 주님께 간청한다.

---

24 Saint Jean Chrysostome, *Sur le Sacerdoce*, VI, 11, PG 48, 687.
25 위와 같은 곳.

> 사 제   모든 이에게 평화.
> 성가대   또한 사제에게도.

평화는 사랑의 길을 준비한다.

고대에는 신성한 성찬 예배가 복음경의 입당과 거룩한 봉독으로 시작되었는데, 이 때 사제의 첫 번째 행위는 바로 평화를 주는 것이었다. 이어서 집전자는 이 평화의 간구를 여러 번에 걸쳐 행한다. 그것은 오늘날도 마찬가지다. "거룩한 복음경을 읽을 때, 축복을 베풀거나 평화의 인사를 선포할 때, 그리고 희생제사를 완수한 뒤, 집전자는 '모든 이에게 평화'라고 말한다."[26]

사제들은 "신비성사의 시작 부분에서부터 … 이 평화를 기원한다. 우리 안에 그리고 하느님과의 사이에 평화가 머문다는 것은 모든 복의 원천이요 시작으로 이해되기 때문이다."[27] 평화 가운데 머물 때, 우리는 하느님 가까이에 있다. 또 그분 가까이에 있는 한, 우리는 언제나 그분의 평화를 받아 누린다. 하느님의 아들이신 하느님 말씀은 우리 안에 오시고 "우리 마음을 고요하게 만들어 주신다."[28]

집전자는 하느님의 평화를 베푼다. "그 평화는 모든 복의 어머니이기 때문이다. … 그 평화는 사랑으로의 길을 준비한다."[29] 참으로 "우리에게 가장 중요한 것은 그리스도의 평화이고, 그리스도는 평화와 함께, 마치 그것의 자매와도 같은 사랑을 우리 사이에 가져오신다."[30]

---

26 Saint Jean Chrysostome, *Sur l'Épître aux Colossiens*, III, 4, PG 62, 322-323.
27 Saint Cyrille d'Alexandrie, *Sur Jean*, XII, 1, PG 74, 708BC.
28 오순절 성령강림 대축일, 조과, 카논, 1 오디.
29 Saint Jean Chrysostome, *Sur l'Épître aux Colossiens*, III, 4, PG 62, 322.
30 Saint Cyrille d'Alexandrie, *Sur Jean*, XI, 2, PG 74, 473A.

우리는 평화의 축복을 받고 사랑을 향해 나아간다. 우리는 평화요 사랑이신 그리스도를 만나기 위해 이 길을 달려간다.

> 보 제 한 마음으로 고백하기 위해, 우리 서로 사랑합시다.
> 성가대 성부와 성자와 성령, 일체이시고 나뉘지 아니하시는 성 삼위 하느님을 믿나이다.
>
> 그리고 집전자들 사이에, 온 회중 사이에 평화의 인사를 교환한다.

평화의 인사

거룩한 예물을 축성한 후에, 우리는 그리스도를 받아 모시게 될 것이다. 하지만 우리와 함께 하늘나라를 향해 걸어가는 이들과 연합되어 있지 않다면, 우리는 하느님과의 연합을 위해 나아갈 수 없다. 그리스도가 우리 가운데 계시지 않다면, 그분은 우리 안에 들어오지 않으실 것이다. 그러므로 감사의 성찬 예물과의 거룩한 친교가 이어질 수 있으려면, 신자들의 사랑의 친교가 먼저 있어야 한다. 이런 까닭에 집전자는 우리에게 권면한다. "우리 서로 사랑합시다."

우리 사이의 사랑은 또한 우리의 신앙을 고백하기 위한 전제 조건이다. "한 마음으로 우리의 신앙을 고백하기 위해, 우리 서로 사랑합시다." 우리는 성 삼위 하느님의 형상들이다. "나뉠 수 없는 성 삼위 하느님"을 참으로 고백하려면, 우리 또한 서로 나뉘지 않아야만 한다. 다시 말해 사랑 안에서 살아야 한다.

하지만 우리 영혼이 하느님과 세상으로 나뉘어 있는 한, 우리는 이웃을 향한 사랑에 다다를 수 없다. 물질적 부에 대한 욕망은 우리와 우리 형제 사이에 다툼과 분열의 원인이 된다. "서로 분열되어 있는 이들에게는, 한분이신 하느님에 이르는 것, 평화 안에서 그분과의 연합에 참여하는 것이 불가능하다. 하지만 반대로 '유일자'에 대한 관상과 지식으로부터 우리에게 오는 빛으로 말미암아 우리가 참으로 거룩한 방식으로 서로 재결합되고 연합되어 일치를 이룬다면, 우리가 우리를 분열시키는 이 다양한 탐욕들로 인해 넘어지는 일은 일어나지 않을 것이다."[31] 물질적 복에 대한 집착과 우리 동류 인간들에 대한 적대가 바로 이 탐욕으로부터 비롯된다.

* * *

"우리 서로 사랑합시다."라는 권면에 신자들은 평화의 인사(평화의 입맞춤)라는 행위로 화답한다. 성찬 예배 공동체, 거룩한 식탁에 초대된 사람들 사이에서 "지극히 거룩한 입맞춤은 신성한 방식으로 이뤄진다."[32] 평화의 입맞춤은 단순한 전례적 상징이 아니라 하나의 전례적 경험이요, 하나의 거룩한 행위이다. 전례적 입맞춤은 신자들을 연합시키는 사랑의 한 '형상(이미지)'이 아니라, 이 연합의 '경험'이다. 그것은 영적인 예배를 바치는 이들의 연합의 끈이다. 그것은 신자들을 서로 그리고 하느님의 말씀과 연합시킨다.

종말론적인 방식으로 해석된 평화의 입맞춤은 "생각과 영의 조화로운 일치"를 상징하는데, "이 일치로 인해 하느님 말씀과의 친밀성에 합당한 사람들은 그 친밀성 안에서 서로 서로 친구가 된다. … (그들이 입맞춤을 나누는) '입'은 (그 입을 통해 나오는 단어들을 통해 우리 자신을 표현하기 때문에)

---

31 Saint Denys l'Aréopagite, *Traité de la hiérarchie ecclésiastique*, III, 3, 8, PG 3, 437A, traduction de Maurice de Gandillac, p. 273.
32 위와 같은 곳. *Les Constitutions apostoliques* (『사도 헌장』)는 고대에 평화의 입맞춤이 어떻게 이뤄졌는지를 자세히 묘사하고 있다. "사제들은 주교에게 입맞춤을 하고, 평신도들은 서로 간에, 그리고 여성들도 서로 간에 입맞춤을 한다."(SC 336, 175) 우리 시대에는 평화의 입맞춤이 공동집전하는 사제들 간에 교환된다.

'말'을 상징하고, 이성적인 존재로서 '이성'을 공유하는 모든 사람들은 서로 간에 그리고 모든 '말'의 원인(기원)이신 첫 번째의 유일하신 '말씀'과, 무엇보다도 바로 이 입으로, 한 몸을 이룬다."[33]

신성한 성찬 예배에서 행해지는 각각의 행위는 변모된 일상의 사건이다. 평화의 입맞춤은 새로운 차원들을 획득한다. "우리는 그리스도의 전이다. 그러므로 다른 이들과 입맞춤을 할 때, 우리는 성전의 문, 출입구에 입 맞춘다."[34] 물질은 성화되고 육신은 성령의 은총을 받는다. 한 영적 원로는 이렇게 말했다. "보제가 '서로 간에 거룩한 입맞춤을 합시다.'라고 말할 때, 여러 번 나는 형제들의 입술 위에 계신 성령을 보았다."[35]

전례적 입맞춤은 사랑의 드러냄이다. "입맞춤은 영혼들이 단 하나가 된 것, 모든 원한을 몰아낸 표징이다."[36] 그것은 신자들의 일치를 표현한다. "이 입맞춤은 영혼들을 서로 연합시켜주고, 모든 원한의 부재를 보장해준다."[37] 그것은 또한 신자들의 일치를 표현한다. "이 입맞춤은 신자들의 영혼을 연합시켜주고, 우리 모두를 단 하나의 몸으로, 그

---

33 Saint Maxime le Confesseur, *Mystagogie*, XVII, PG 91, 696A, traduction française, éd. Migne, collection, <Les Pères dans la foi>, 앞의 책, p. 123. "말씀" "이성적" "이성" 이 모든 말은 그리스어 '로고스'(Λόγος)를 어근으로 삼고 있다. 요한 복음(1:1, 1:14)은 바로 이 단어로 시작되는데, 영원부터 하느님이신 분을 지시한다. 인간 예수 그리스도 안에 육화하셨던 창조주 말씀께서는 생각과 이성적인 표현을 가능케 하는 인간의 능력을 전해주신다. 이성적 '존재들'간의, 그리고 그들과 하느님과의 참된 조화와 일치는 단지 말로만 아니라 무엇보다도 영혼의 이성적 능력을 통해서 이뤄진다.

34 Saint Jean Chrysostome, *Sur la deuxième Épître aux Corinthiens*, XXX, 2, PG 61, 606.

35 *Sentences des Pères du désert*, volume IV (Panorama Thessalonique, Ieron Hesychastirion to Genesion tis Theotokou, 1999), p. 362.

36 Saint Cyrille de Jérusalem, *Catéchèses mystagogiques*, V, 3, SC 126, 149.

37 Saint Jean Chrysostome, *Sur la trahison de Judas*, I, 6, PG 49, 382.

리스도의 지체로 변화시킨다."³⁸ 신자들은 사랑의 끈으로 연합되어 그리스도의 몸을 세운다.(에페소 4:12) "사랑은 세운다. 그것은 신자들이 하나로 묶이고 서로 간에 연합되어 전체가 교회라는 몸을 구성할 때 일어난다."³⁹

종말론적인 해석에서 볼 때, 평화의 입맞춤은 "다가올 형용할 수 없는 지복들이 드러날 때 믿음과 사랑에 걸맞게 따라올 것들, 다시 말해 모든 이들 사이에 존재하게 될 생각의 조화, 견해의 일치, 감정의 공유를 미리 보여주고 암시해준다."⁴⁰

> **보 제** 문과 문! 지혜로 집중합시다.
>
> 사제는 성보를 높이 들고 거룩한 예물 위에서 천천히 흔든다. 그 사이에 '신앙의 신조'를 음송하거나 노래한다.
>
> **회 중** - 저는 단 한 분 하느님, 전능하신 아버지, 하늘과 땅과 보이거나 보이지 않는 만물의 창조주를 믿나이다.
> - 그리고 단 한 분 주님, 예수 그리스도, 하느님의 외아들, 모든 세대에 앞서 아버지로부터 나신 분, 빛에서 나오신 빛, 참 하느님에게서 나오신 참 하느님, 창조된 것이 아니라 태어나시어 아버지와 동일본질이신 분을 믿나니, 예수 그리스도는 만물을 창조하셨고, 우리 사람을 위해 우리 구원을 위해 하늘에서 내려오셨고, 성령을 통해 동정녀 마리아로부터 육화하시어 사람이 되셨으며, 본디오 빌라도 치하에서 우리를 위해 십자가에 달리시고 고난당하시고 묻히셨으며, 또한 성경 말씀대로 삼일 만에 부활

---

38 위와 같은 곳.
39 *Sur Épître aux Éphésiens*, XI, 4, PG 62, 85.
40 Saint Maxime le Confesseur, *Mystagogie*, XVII, PG 91, 693D-696A, traduction française, éd. Migne, collection <Les Pères dans la foi>, 앞의 책, p. 123.

> 하시어 하늘에 오르셨고, 아버지 오른 편에 앉아계시며, 산 자와 죽은 자를 심판하러 영광 속에 다시 오실 것이니, 그분의 통치는 끝이 없을 것이나이다.
> - 또한 주님이시며 생명을 주시는 성령을 믿나니, 성령은 아버지로부터 나오시고, 아버지와 아들과 함께 똑같이 예배와 영광을 받으시나이다.
> - 또한 하나의 거룩하고 보편되고 사도적인 교회를 믿나이다.
> - 죄의 용서를 위한 단 하나의 세례를 고백하나이다.
> - 죽은 자들의 부활과 다가올 세상의 생명을 기다리나이다. 아멘.

문과 문!

예비 교인들이 물러난 뒤 성당 문은 닫혔다. 이어서 보제와 차보제들은 문 곁에 서서 아나포라가 행해질 때, 신자들이 나가는 것은 물론, 불신자나 이단자들이 들어올 수 없게 했다. 이것은 『사도 헌장』에 나온다. "불신자나 아직 신비에 입문하지 못한 이들이 들어올 수 없도록 문을 닫는다. 다른 지역에서 온 형제나 자매가 들어오려 하면, 보제는 그들의 상황을 검토하고 확인한다. … 혹시 그들이 이단 신앙에 오염된 것은 아닌지."[41]

성당에 비입문자가 들어오지 못하도록 지켜야할 문이 있듯이, 하느님의 살아있는 성전인 사람에게도 문이 있는데, 그것은 바로 감각들이다. 그러므로 이 순간 우리는 죄가 들어오지 못하도록 이 감각들을 잘 지켜야 한다. 사실 우리는 시각, 청각, 후각, 미각, 촉각, 말과 생각 등

---

41 *Les Constitutions apostoliques*, II, 57, 58, SC 320, 321. 사도 헌장의 성찬 예배에서, 보제는 평화의 입맞춤 후에 즉각 "어떤 예비 교인도, 어떤 청중도, 어떤 불신자도, 어떤 이단자도 더 이상 머물지 말지어다."라고 외친다.(VIII, 12, SC 336, 177) 이 금지 선언은 다음과 같은 선언으로 발전되었다. "문과 문!" 그러므로 이 선언은 하나의 분명한 목적을 가지고 있었고, 또 여전히 가져야만 한다.

수많은 방식으로 죄를 지을 수 있다. 그리고 이렇게 하여 "죽음이 우리의 창을 넘어 들어온다"(예레미야 9:21)는 예언자의 말이 성취된다. 그래서 집전자는 이렇게 명한다. "문과 문! 지혜로 집중합시다." 다시 말해 "신성한 성찬 예배에 참여할 때, 우리는 음탕한 시선, 형제자매에 대한 단죄, 거친 말과 헛된 잡담, 과한 웃음, 모든 거짓말에서 우리 자신을 지켜야 한다는 것을 의미한다. … 그래서 우리는 신성한 성찬 예배에 하느님에 대한 '두려움'을 가지고 '바로' 선다."[42]

성당 문을 닫는 것은 감각을 닫는 것, 우리 지성을 세상적인 것에서 멀리 떼어놓는 것을 가리킨다. 이렇게 이 세상의 헛된 형상들로부터 해방된 사람은 거룩한 상태에 대한 관상에 이르게 된다. '말씀'이신 그리스도는 영혼을 "지성적 실제들을 보는 것"[43]으로 인도하신다.

세상에 대한 종말론적인 전망에서 볼 때, 성당 문을 닫는 것은 "물질적 현실들의 덧없음을 보여주고, 또한 이 두려운 쫓겨남과, 더욱 두려운 심판 이후, 합당한 자들이 장차 지성적 세계에 들어가는 것, 다시 말해 그리스도의 혼인 잔치에 참여하는 것과 감각적 인식의 가짜 영향들이 완전히 폐지되는 것을 드러낸다."[44]

하느님 선물의 열거

문이 닫힌 뒤, 주님의 식탁 둘레에 모인 신자들은 성 삼위 하느님과 그분의 사랑에 대한 그들의 신앙을 고백한다. 바른 신앙은 감사의 성

---

42 *Aghios Maximos o Graikos, o Photistis ton Rosom* (Saint Maxime le Grec, l'Illuminateur des Russes), Athènes, Armos, 1991, p. 125.

43 Saint Maxime le Confesseur, *Mystagogie*, XIII, PG 91, 692B, traduction française, éd. Migne, collection <Les Pères dans la foi>, 앞의 책, p. 119.

44 위의 책, XV, PG 91, 693C, traduction française, 앞의 책, p. 122.

찬 신비를 거행함에 있어서 전제조건이다.

'신조'는 하느님 선물을 열거하고 그에 대한 감사를 표현한다. 주님으로부터 우리가 받은 모든 신성한 선물들 앞에서 우리는 "그분의 이 위대한 호의를 고백하고 그에 대해 감사드리는 것"[45] 말고 다른 어떤 것도 바칠 수 없다. '신조'의 고백은 "우리 구원의 모든 이유와 놀라운 방식들, 우리에겐 그 지혜 너무나도 위대한 하느님 섭리의 모든 이유와 방식들에 대해 다가올 세상에서 우리가 행하게 될 신비로운 감사의 제전"[46]을 의미한다.

---

45 Saint Jean Chrysostome, *Sur la Genèse*, IX, 5, PG 53, 80.
46 Saint Maxime le Confesseur, *Mystagogie*, XVII, PG 91, 696B, éd. Migne, collection <Les Pères dans la foi>, 앞의 책, p. 124.

5. 거룩한 아나포라(Ἀναφορά, 봉헌기도)

> **보 제** 바로 서서, 두려움을 가지고 바로 서서, 집중하여 평화로운 마음으로 거룩한 봉헌기도를 드립시다.
> **성가대** 평화의 자비와 찬양의 제사로다.

두려움을 가지고 바로 서서

이제 시작되는 거룩한 봉헌기도로 우리는 신성한 성찬 예배의 가장 거룩한 순간에 도달한다. 또한 보제는 바로 서서 집중하라고 우리에게 요청한다. 바로 서는 행위는 우리의 몸 못지않게 우리의 영혼과도 관련된다. "바로 서서, 두려움을 가지고 바로 서서." 성 요한 크리소스토모스 시대에는 이 선언이 조금은 달랐다. "일어서서 바로 섭시다."[01]

성 요한은 이 권면의 의미를 다음과 같이 해석한다. 우리는 "우리의 바른 영혼을 하느님 앞에 내놓기 위해, 땅에 뒹구는 우리의 생각들을 드높이고, 유한한 세상사의 근심들이 가져오는 영적인 마비를 몰아내

---

01 『사도 헌장』에 나오는 상응하는 선언은 다음과 같다. "주님을 향해 돌아서서, 봉헌을 위해 두려움과 떨림으로 바로 섭시다."(*Les Constitutions apostoliques*, VIII, 12, SC 336, 177)

야 한다. … 그대가 누구 곁에 있는지, 누구와 함께 하느님을 부르는지 생각해보라. 천사들과 함께 부르고 있지 않는가… 또한 그 누구도 이 거룩하고 신비로운 성가에 태만한 마음으로 참여할 수는 없을 것이다. … 반대로 마치 영광의 보좌 그 앞에 서 있는 것처럼, 세라핌들과 함께 나는 것처럼, 지상적인 생각을 모두 몰아내고 온 존재를 하늘로 들어올린 후에 영광과 위엄 가득하신 하느님께 지극히 거룩한 성가를 바쳐야 한다. 그래서 보제는 이 순간 바로 서라고, 다시 말해 단순하고도 깨어있는 마음을 가지고 두려움과 떨림으로 서라고 우리에게 권면하는 것이다."[02]

신성한 성찬 예배는 '아나포라'(Ἀναφορά)라고 불리는데, 그것은 그리스어로 '올라가게 하다', '바치다'라는 의미이다. 우리 자신과 우리의 고귀한 봉헌 선물을 하느님께 바치고 올려드리기 때문이다. 그러므로 "아나포라의 두려운 순간, 우리는 공경과 경외감을 가지고 서야 한다. 영혼의 상태가 어떠하든지, 어떤 생각을 하든지, 각자는 이 순간 하느님 앞에 있기 때문이다. 그리고 그러한 상태로 우리는 주님께로 오르기 때문이다."[03]

우리는 고귀한 선물을 단순히 지상의 제단에 바치는 것이 아니라, 하늘 너머의 제단으로 올려드린다. 그래서 우리는 동요할 수 없는 평화의 공간까지 우리 자신을 들어 올리도록 요청받는다. 이 공간으로의 이동은 평화 안에서 일어나야 한다. 이 순간 이 장소에서는, "커다란

---

02 *Sur l'incompréhensibilité de Dieu*, IV, 5, PG 48, 734.
03 Saint Anastase du Sinaï, *Homélies sur la sainte synaxe*, PG 89, 833C, traduction française in *Trois Homélies*, Introduction et notes de Hiéromoine Nicolas (Molinier), Orthodoxie, Cerf, Paris 2014, p. 33.

평화와 커다란 고요가 필요하다."04 거룩한 봉헌기도가 천상 너머의 제단에서 바쳐질 때, 천사들의 권세는 두려움과 떨림으로 그 앞에 선다. 공경심으로 자신들의 얼굴을 덮고 신성한 삼중의 태양(성 삼위 하느님)께 성가를 바친다.

평화의 자비와 찬양의 제사로다.

평화 안에서 거룩한 봉헌기도를 바치라고 집전자가 신자들에게 권면하면, 신자들은 이렇게 화답한다. 우리는 평화 안에서 그리고 주님과 우리 형제자매를 향한 사랑 안에서 이 기도를 바친다고 말이다. 우리는 평화의 자비를 바친다. 우리는 자비, 다시 말해 사랑을 바친다. 그 자비, 사랑은 평화의 열매이다. 사실 "정념들이 영혼을 동요케 하지 못할 때, 영혼이 자비로 충만해지는 것을 막을 수 있는 것은 아무 것도 없다."05

하느님은, 하느님과 형제들에 대한 우리의 사랑의 봉헌을, 사랑 없이 바치는 제사보다 더 좋아하신다고 말씀하신다. "내가 반기는 것은 제물이 아니라 사랑이다."(호세아 6:6) 더 나아가 "희생제사와 번제에 관한 구약의 모든 계명은 자비와 사랑의 계명에 포함된다."06 또한 사랑의 제사를 드리기 전에는 하느님께 영광의 제사를 드릴 수 없다. 사랑과 함께 바쳐지는 제사야말로 하느님이 흡족해 하시는 제사이다. 그것은 하느님의 사랑에 영광 돌리고 찬양을 돌리는 제사이다. 그래서 그것은 찬양의 제사이다.

04　Saint Jean Chrysostome, *Sur la Nativité de Jésus-Christ*, VII, PG 49, 361.
05　Saint Nicolas Cabasilas, *Explication de la divine liturgie*, XXVI, SC 4 bis, 171.
06　Saint Basile le Grand, *Sur Isaïe*, I, 27, PG 30, 172C.

평화를 특징으로 가지는 하느님 나라의 자녀들은 "평화의 자비와 찬양의 제사"를 바친다. "적대 관계에 있거나 도움이 필요한 이들을 향한 자비. 하지만 그것은 평화의 자비다. 우리가 모든 사람에 대해 평화를 사랑할 때, 모든 적의와 갈등을 없애버릴 때, 그때 우리는 참된 찬양의 제사를 바치게 된다."[07]

하느님이 우리에게 원하시는 것은 바로 이 제사이다. "하느님께 찬양의 제사를 바쳐 드려라."(시편 50:14) "다시 말해 감사의 제사, 거룩한 성가의 제사, 행위들을 통한 영광 드림의 제사. … 그대의 주님이 영광 받으시는 방식으로 살아라. 또한 그리스도가 말씀으로 우리에게 가르쳐 주신다. '너희도 이와 같이 너희의 빛을 사람들 앞에 비추어 그들이 너희의 착한 행실을 보고 하늘에 계신 아버지를 찬양하게 하여라.'(마태오 5:16) … 그러므로 그대의 삶을 통해 그대의 주님이 영광 받으시게 하라. 그러면 완전한 제사를 바치게 될 것이다."[08]

그리스도교 신자는 주님이 흡족해 하시는 제사가 어떤 것인지 알고 다음과 같은 말을 그분의 사랑에 아뢴다. "내 영혼의 제단에서 내가 당신께 내 마음 다해 영광을 바치나이다. 그리고 수천 번의 번제보다 더 좋아하시는 찬양의 제사를 당신을 위해 거행하리이다. 완전하신 하느님 당신을 위해 그렇게 하리이다."[09]

신성한 성찬 예배 안에서 우리는 가장 탁월한 방식으로 찬양의 제사를 바친다. 우리 신자들은 "그리스도를 통해 끊임없이 하느님께 찬양

---

07 *Aghios Maximos o Graikos, o Photistis ton Rosom* (Saint Maxime le Grec, l'Illuminateur des Russes), Athènes, Armos, 1991, p. 125.

08 Saint Jean Chrysostome, *Sur le psaume 49*, 5, PG 55, 248.

09 Saint Basile le Grand, *Sur le psaume 115*, 5, PG 30, 113B. 번제(희생된 동물을 제단에서 완전히 불살라 바치는 제사)는 모세 율법에서 가장 완전한 제사였다.

의 제사, 다시 말해 그분의 이름을 고백하는 입술의 열매를 드린다."(히브리 13:15) 거룩한 봉헌기도를 드릴 때, 신자들은 "기도와 성가와 감사를 바친다. 그것이 바로 입술의 열매들이기 때문이다." … 그리고 "그분의 이름을 고백한다." "그분께서 우리를 위해 겪으신 모든 것을 기억하며 그분께 돌려드리는 감사이다."[10]

주님은 이 찬양의 제사를 좋아하신다. 바로 그 안에 인간 구원의 길이 있기 때문이다. "감사하는 마음을 제물로 바치는 자, 나를 높이 받드는 자이니, 올바르게 사는 자에게 내가 하느님의 구원을 보여주리라."(시편 50:23) "주님의 성체와 성혈을 받는 것은 마땅하게도 하느님의 구원이라 불린다. … 그것은 죄의 대속으로 우리에게 주어지기 때문이다."[11] 성찬 예배에서 우리는 하느님께 정의의 제사를 바치고, 하느님은 구원이신 그리스도를 우리에게 주신다.(루가 2:30)

> **사 제** 우리 주 예수 그리스도의 은총과 하느님 아버지의 사랑과 성령의 친교가 여러분 모두와 함께 있으리이다.(II고린토 13:13)
> **성가대** 또한 사제에게도.

성 삼위 하느님의 선물

신성한 성찬 예배에서 우리는 성 삼위 하느님의 선물들에 참여해야 한다. 하느님 아버지의 사랑이라는 원천으로부터, 주 예수 그리스도의 은총이라는 길과 문을 통하여, 성령의 친교가 교회의 회중과 각 신

---

10 Saint Jean Chrysostome, *Sur l'Épître aux Hébreux*, XXXIII, 4, PG 63, 229-230.
11 Saint Hésychius de Jérusalem, cité par Saint Nicodème l'Hagiorite, *Ermineia eis tous 150 psalmous* (시편 150편 전체에 대한 주석), Thessalonique, Orthodoxos Kypseli, 1979, p. 720.

자 개인 위에 임한다.

이 기도는 우리를 "성 삼위 하느님이 주시는 복과 결합시킨다. 이 기도는 우리를 위해 성자께는 은총을, 성부께는 사랑을, 성령께는 친교를 염원한다. 구세주로서 성자는, 아무 것도 드린 것이 없고 오히려 정의의 빚만 잔뜩 진 우리에게 그분 자신을 내어주신다. 성부는 그 아들의 수난을 통해 인류와 화해하시고, 원수였던 이들에게 사랑을 충만하게 부어주신다. 이렇듯 우리에게 베푸신 모든 호의에는 사랑이라는 이름이 새겨져있다. 마지막으로 '자비가 풍부하신'(에페소 2:4) 하느님은 원수였다가 친구가 된 이들에게 그 자신의 모든 복을 나눠주고 참여하게 하신다. 바로 사도들 위에 내려오신 성령이 하시는 일이다. 그래서 성령이 사람들에게 행하시는 선은 친교(나눔과 참여)라 불린다."[12]

신성한 성찬 예배는 사람이 성 삼위 하느님의 은총에 친교(참여)하는 것이다. 사람에게 주어지고 또 사람을 살리는 이 생명은 성 삼위 하느님의 선물이다. "하느님은 그리스도를 통하여 성령 안에서 우리에게 생명을 주신다."[13] 일반적으로 사람에게 오는 신성한 축복은 모두가 성 삼위 하느님의 선물이다. 왜냐하면 "성 삼위 하느님과 관계된 모든 것은 나뉠 수 없기 때문이다. 그래서 성령의 친교가 있는 곳에 성자의 친교도 있고, 성자의 은총이 있는 곳에 또한 성부와 성령의 은총도

---

12 Saint Nicolas Cabasilas, *Explication de la divine liturgie*, XXVI, SC 4 bis, 171, 173. 니콜라스 카바질라스는, 그리스도가 이 땅에 오셨을 때 이미 모든 복을 인간에게 베풀어주셨는데, 또 왜 이 기도가 필요한지를 설명한다. "이 기도는 그 복을 받은 우리가 그 복을 다시 잃어버리지 않고, 끝까지 그 복을 간수할 수 있기 위해서이다. 그래서 사제는 '이것들이 여러분 모두에게 주어지길 비나이다.'라고 말하지 않는다. 왜냐하면 이것들은 이미 주어졌기 때문이다. 다만 '이것들이 여러분 모두와 함께 있기를 바라나이다.'라고 기도한다."

13 Saint Basile le Grand, *Contre Eunome*, III, 4, PG 29, 664C.

있다."¹⁴ 또한 "성부와 성자의 성령의 단 하나 같은 선물과 능력이 있다."¹⁵

* * *

집전자의 축복에 대해 백성은 "또한 사제에게도"라고 화답하는데, 이는 신자들이 신성한 성찬 예배의 거행에 적극적으로 참여하고 있음을 보여준다. 성 요한 크리소스토모스는 특별히 이렇게 말한다. "집전자는 그대들에게 주님의 은총을 간구하고, 또 그대들이 그에게 '또한 사제에게도'라고 화답하기 전에는 봉헌된 예물을 만지지 않는다. 그 화답은 또한, 봉헌된 예물이 단지 사람이 만들어낸 것이 아니라, 함께 현존하시고 모두에게 임하시며 이 신비로운 제사를 준비하시는 성령의 은총임을 그대들에게 상기시켜 준다."¹⁶

> **사 제** 마음을 드높입시다.
> **성가대** 우리 마음, 주님 향해 드높이나이다.

성찬 예배를 통해 일어나는 변모의 신비

그리스도의 변모에 관한 복음경 이야기는 "예수께서 베드로와 야고보와 요한만을 따로 데리고 높은 산으로 올라가셨다. 그 때 예수의 모습이 그들 앞에서 변했다"(마르코 9:2)고 언급한다. 거룩한 아나포라 기도를 드리는 동안 마찬가지의 사건이 일어난다. 성찬 예배를 통해 일어나는 변모의 기적 말이다. 우리 주 예수 그리스도의 은총이 우리를

---

14 Saint Jean Chrysostome, *Sur la deuxième Épître aux Corinthiens*, XXX, 2, PG 61, 608.
15 Id., *Sur Jean*, LXXXVI, 3, PG 59, 471.
16 *Sur le Pentecôte*, I, 4, PG 50, 458-459.

세상으로부터 '데려가' 성령의 친교의 신비가 전개되는 하느님 아버지의 사랑의 높은 산으로 '올려준다'.(그리스어로 '아나페로' ἀναφέρω는 명사 '아나포라 Ἀναφορά'의 동사이다.)

하느님이 선조 아브라함에게 이삭의 희생 제사를 요구하셨을 때 이렇게 말씀하신다. "사랑하는 네 외아들 이사악을 데리고 모리야 땅으로 가거라. 거기에서 내가 일러주는 산에 올라가, 그를 번제물로 나에게 바쳐라."(창세기 22:2) 집전자는 감사의 성찬 아나포라를 위해 우리에게도 바로 이 높은 산으로 올라가라 권유한다. 그러니 종들도 동물들도 거룩한 희생 제사를 드릴 장소에 다가가지 못하게 했던 선조 아브라함을 본받자. 성 요한 크리소스토모스는 이것을 다음과 같이 설명한다. "그대 또한, 추잡하고 하찮은 그 어떤 정념도 거룩한 아나포라의 장소에 따라붙지 못하게 하라. 아무도 오르면 안 되고 오직 아브라함만이 올랐던 그 산으로 온전히 혼자서 가라. … 이 순간 그 어떤 것도 다가와 그대를 동요케 하지 말라. 하늘 보다 더 높이 그대 자신을 들어올려라."[17] "높은 곳에 우리의 마음을 두고 하느님을 향해 서자. 그리고 이 경이로운 광경을 바라보자. 우리의 인간 본성이 신성의 비물질적인 불과 영원토록 공존하는 이 광경을 바라보자."[18]

사제는 "마음을 드높입시다."라고 말한다. 사제는 '드높이다'라는 말을 통해 하느님을 사랑하는 영혼과 신랑이신 그리스도의 만남이 일어나는 곳을 우리에게 가리킨다. 이곳은 특정되어 있지 않다. 말하자면 그것은 거룩한 제단에 의지해 있고 그 정상은 사람의 시야가 가 닿을 수 없는 거룩한 사다리이다. 영원한 상승은 성인들을 특징짓는다. 그

---

[17] *Sur la deuxième Épître aux Corinthiens*, V, 4, PG 61, 432, 433.
[18] Saint Grégoire Palamas, *Homélie* XXI, PG 151, 285B.

들은 제단으로부터 창조되지 않은 빛의 관상으로까지 올라가 빛으로 충만한 제단으로 다시 돌아온다. 왜냐하면 이 제단 위에 세상의 빛이신 그리스도가 세상의 양식과 생명으로 자신을 내주시기 위해, "빛을 주는 몸"[19]으로 놓여 계시기 때문이다.

영혼은 끝없이 올라간다. 올라갈수록 영혼은 더 높은 곳에 이르려고 열망한다. 상승은 그의 열망에 불을 지피고, 감사의 성찬 양식은 신비로운 관상을 향한 허기를 증대시킨다. 창조되지 않은 빛을 관상했고 불멸의 양식으로 양육된 신신학자 성 시메온은 독특한 이미지를 사용한다. "무엇이 나를 더욱 기쁘게 해주는지 나는 알지 못합니다. 태양의 순결한 광선에 매혹당해 바라보는 것, 아니면 내 입술에 흐르는 포도주를 마시고 맛보는 것. 나는 두 번째라고 말하고 싶습니다. 첫 번째는 나를 매혹하고 더욱 달콤해 보입니다. 하지만 내가 첫 번째를 향하지만, 내 입술에 닿는 달콤함은 더욱 그윽하기만 합니다. 그래서 아무리 바라보아도 싫증나지 않고, 아무리 마셔도 배가 부르지 않습니다. 실컷 마셨다고 믿을 때, 보십시오, 그것으로부터 흘러넘치는 광선의 아름다움 내 갈증을 배가시키고, 나는 다시 목이 마릅니다."[20]

영혼은 하느님을 만나기 위해 상승한다. 영혼이 겪는 고통은 다시 그 영혼에게 힘을 준다. 영혼은 그 고통 안에서 새로운 능력을 발견하고, 다시 성찬 예배의 다볼 산을 오른다. "영혼은 항상 더 높이 올라간다. 그리고 그 상승의 운동은 끝이 없다. 그 상승 운동 안에서는, 이미 실현한 것 속에서, 더 높이 날기 위한 새로운 도약을 발견한다."[21] 사

---

19 위와 같은 곳.

20 Saint Grégoire Palamas, *Défense des saints hésychastes*, I, 3, 25, Meyendorff, 앞의 책, tome I, p. 165.

21 *Catéchèses* XXIII, SC 113, 24.

람은 생각을 멈춘다. 사람은 자신이 알 수 있는 바의 하느님이 아니라, 참으로 존재하시는 바대로의 하느님을, 열망이 충족될 때까지 보여 달라고 간청한다. 인류를 향한 하느님의 사랑은 이 기대가 불가능한 것임을 보여줌으로써 하느님을 보고자 하는 이 열망을 만족시킨다. 왜냐하면 "하느님께 시선을 들어 올리는 이들은 결코 그분을 열망하길 멈추지 않는다는 사실이야말로 하느님에 대한 참된 관상의 특징이기 때문이다."22

"우리 마음 주님 향해 드높이나이다."라고 신자들은 집전자에게 화답한다. 이 응답을 통해 그들은 이미 "저 높은 곳으로, 하느님의 보좌 앞에 올라가 있다"23는 사실을 집전자에게 알린다. 그들의 마음은 "그리스도 하느님 오른편에 앉아 계시는"(골로사이 3:1) 그 높은 천상에 있다.

> **사 제** 주님께 감사드립시다.
> **성가대** 감사드림이 당연하고 마땅하나이다.

주님께 감사드립시다.

이제 우리는 희생의 예물을 바칠 준비가 되었다. 봉헌의 방식은 주님께 감사드리는 것이다. 집전자는 지금 이것을 강조한다. 주님 자신도 이 "감사의 성찬"(에프카리스티아* Εὐχαριστία)의 방식, 감사의 방식, 신비의 성취 방식을 가르쳐주셨다.

"예수께서 빵을 들어 **감사의 기도를 올리시고** 제자들에게 나누어주

---

22 Saint Grégoire de Nysse, *La Vie de Moïse*, II, SC 1, 262.
23 Saint Méthode d'Olympe, *Banquet*, 8, 10, PG 18, 153A.

시며 '받아먹어라. 이것은 내 몸이다.'하시고, 또 잔을 들어 **감사의 기도를 올리시고** 그들에게 주시며 '너희는 모두 이 잔을 받아 마셔라.' 하셨다."24(마태오 26:26-28, 루가 22:19)

하느님의 선물들을 간직하는 가장 좋은 방법은 그것을 기억하고 감사드리는 것이다. "매번의 교회 회중 가운데서 거행되고, 구원이 넘치도록 흘러나오는 이 두려운 신비들은 '감사의 성찬', 다시 말해 '감사'(에프카리스티아 Εὐχαριστία)라 불린다. 왜냐하면 그것은 하느님이 베풀어주신 무한한 호의에 대한 기억이고, 또한 하느님의 섭리의 절정을 우리에게 보여주며, 우리로 하여금 다양한 방식으로 하느님께 감사드리도록 준비시키기 때문이다. … 이런 까닭에 사제는 이 희생 제사의 순간에, 온 세상으로 인해, 과거와 현재로 인해, 또 지나간 모든 것과 지나갈 모든 것으로 인해 하느님께 감사드리라고 우리에게 권면한다. 왜냐하면 이 감사는 우리를 지상에서 벗어나게 하여 하늘로 옮겨다 주고, 사람인 우리로 하여금 천사가 되게 해주기 때문이다."25

우리는 하느님이 주신 모든 복으로 인해 하느님께 감사드린다. 그리고 감사의 성찬이야말로 하느님이 주시는 또 하나의 새로운 복이다. 왜냐하면, 그것은 그분께 아무 것도 보태드리지 않고 오히려, "우리를 그분과 더욱 친밀하게 만들어 주기"26 때문이다.

감사드림이 당연하고 마땅하나이다.

주님께 감사드리자는 사제의 권면에 신자들은 "감사드림이 당연하

---

24 Saint Jean Chrysostome, *Sur Matthieu*, LXXXII, 1, PG 58, 738.
25 위의 책, XXV, 3, PG 57, 331.
26 위와 같은 곳.

고 마땅하나이다."라고 응답한다. 그들의 응답은 신성한 감사의 성찬 예배 거행에 동의하고 있음을 의미한다. "신자들이 동의하면서 '감사드림이 당연하고 마땅하나이다'라고 응답하면, 사제는 하느님께 감사의 성찬 예배를 바치게 된다."27

신자들의 이 응답은 그리스도의 몸의 통일성을 드러낸다. 그것은 또한 이 신비의 거행에 그들이 반드시 있어야 한다는 것을 보여준다. "하느님께 감사드림 또한 공동의 일이다. 왜냐하면 감사드리는 주체는 사제 혼자가 아니라 회중 전체이기 때문이다. 실제로 사제가 먼저 말을 꺼내고 이어서 신자들이 그것이 마땅하고 합당하다고 동의할 때만 감사의 성찬 예배를 계속 이어간다."28 감사의 성찬 예배에서 백성은 집전자와 함께 참여하고 동행한다.

새로운 생명을 향한 우리의 행진에서 우리는 성인들과 함께 새로운 노래를 부른다. "… 그 어린양이 두루마리를 받아들자 네 생물과 스물네 원로는 … 어린양 앞에 엎드렸습니다. … 그리고 그들은 다음과 같은 새로운 노래를 불렀습니다. '당신은 두루마리를 받으실 자격이 있고 봉인을 떼실 자격이 있습니다. 당신은 죽임을 당하셨고 당신의 피로 값을 치러 모든 민족과 언어와 백성과 나라로부터 사람들을 구해내셔서 하느님께 바치셨습니다.' … 나는 또 그 옥좌를 둘러선 많은 천사들과 생물들과 원로들을 보았고 그들의 음성도 들었습니다. 그들의 수효는 수천수만이었습니다. 그들은 큰소리로 '죽임을 당하신 어린양은 권능과 부귀와 지혜와 힘과 영예와 영광과 찬양을 받으실 자격이 있으십니다.' 하고 외치고 있었습니다. … 그러자 네 생물은 '아멘.' 하

---

27 Saint Nicolas Cabasilas, *Explication de la divine liturgie*, XXVII, SC 4 bis, 175.
28 Saint Jean Chrysostome, *Sur la deuxième Épître aux Corinthiens*, XVIII, 3, PG 61, 527.

고 화답했으며 원로들은 엎드려 경배했습니다."(묵시록 5:8-14)

> **사 제** (작은 소리로) 당신의 왕국 모든 곳에서 당신을 찬양하고 찬미하고 칭송하고 당신께 감사와 흠숭 드림이 당연하고 마땅하나니, 당신과 당신의 외아들과 당신의 성령은 형용할 수 없고 이해할 수 없고 나뉠 수 없고 파악할 수 없으신, 항상 존재하시고 항상 동일하신 하느님이시기 때문이나이다. 당신은 우리를 무에서 존재로 이끌어 내셨고, 타락한 우리를 다시 일으키셨으며, 우리를 하늘로 올리시어, 다가올 당신의 왕국을 우리에게 선물로 주시기까지, 잠시도 쉬지 않고 모든 것을 행하셨나이다.
>
> 이 모든 것으로 인해, 또 알게 모르게, 드러난 것이나 숨겨진 것이나 우리에게 베풀어주신 모든 은혜로 인해, 당신과 당신의 외아들과 당신의 성령께 감사드리나이다.
>
> 또한 우리의 손으로 바치지만 기꺼이 받아주시는 이 성찬 예배로 인해 당신께 감사드리나니, 저 높은 하늘에서는 수천의 대천사들과 수만의 천사들, 그리고 헤루빔들과 여섯 날개와 수많은 눈을 가진 세라핌들이 날개짓하며 당신을 받들어 모시고,

이 모든 것으로 인해, 당신께 감사드리나이다.

거룩한 아나포라는 사람을 향한 하느님 사랑의 지속적인 섭리를 우리에게 드러내준다. "당신은 우리를 무에서 존재로 이끌어 내셨고, 타락한 우리를 다시 일으키셨으며, 우리를 하늘로 올리시어, 다가올 당신의 왕국을 우리에게 선물로 주시기까지 잠시도 쉬지 않고 모든 것을 행하셨나이다." 태초에 하느님은 사람을 '존재'(l'être)에로 이끌어내셨다. 이어서 신적 경륜의 전체 계획에 따라, 사람을 '복된 존재'(le bien-être)로 회복시키셨다. 마지막으로 사람에게 그분의 왕국을 주시어, '영원히 복된 존재'(le bien-être éternel)가 되게 해주셨다.

이성적 피조물에게 "처음에는 그 본성 안에 결합된 '실존의 원리'가 부여되었고, 두 번째로는 그들의 자유로운 선택에 부합하는 '복된 생명의 원리'가 주어졌으며, … 세 번째로는 '영원한 실존의 원리'가 은총에 의해 충만하게 주어졌다"고 성 막시모스는 썼다.[29]

세상 창조를 우의적(寓意的, 알레고리적)으로 해석하면서, 성 막시모스는 이렇게 말한다. "여섯째 날은 덕을 실천하는 자들의 본성적 에너지들 전체의 완성이다. 일곱째 날은 형언할 수 없는 지식을 받은 관상자들의 본성적 사유의 완성과 쉼이다. 여덟째 날은 합당한 자들을 신화로 옮겨놓는 질서의 변화이다. … 여섯째 날은 존재들의 존재이유이다. 여덟째 날은 존재들의 영원히 복된 실존의 형언할 수 없는 신비를 드러낸다."[30] "여덟째이자 첫째 날, 아니 끝이 없는 이 날은 하느님의 오심이고, 충만한 빛의 현현이다. … 하느님은 그분 자신과의 친교를 통해 (이 영원히 복된 존재에게) 영원하고 복된 실존을 허락하실 것이다. 왜냐하면 오직 그분만이, 문자 그대로, 존재하시고, 영원히 존재하시고, 지복 안에 존재하시기 때문이다."[31] 사람이 창조주와 맺는 친교는 영원하고 복된 존재가 되는 유일한 방법이다. 그것이 바로 인간의 신화(déification)이고 인간의 하늘 왕국 입성이다.

거룩한 아나포라는 그분의 고귀한 피조세계를 향한 하느님 사랑을 찾아 오르는 상승의 여정을 드러내준다.

* * *

하느님은 그 자신의 사랑에 추동되어 세상과 사람을 창조하셨다.

---

29 *Ambigua*, 154, PG 91, 1392A.
30 Saint Maxime le Confesseur, *Centuries sur la théologie*, I, 55-56, PG 90, 1104BC, traduction française in *Philocalie*, 앞의 책, tome A, p.429.
31 Saint Maxime le Confesseur, *Ambigua*, 154, PG 91, 1392D.

"선은 확산되고 퍼져나가야만 했기 때문이다."³² 하느님은 그분의 영광을 찬양하고 찬미하게 하시려고 사람을 창조하시어, 그분 곁에 두셨다. 그리고 사람이 죄로 인해 타락하자, 하느님은 다시 그를 일으키셨고 하늘로 올려주셨다.

그리스도는 사람이 되셨다. "그리스도는 하느님의 원수였던 인간을 하느님의 친구로 만드시어 하느님께로 다시 이끌어 가시기 위해, 쉬지 않고 모든 것을 행하셨고, 모든 것을 겪으셨다. … 그리스도는 말하자면 인간 본성의 산물들을 선택된 봉헌물로 취하시어, 주님이신 하느님께 봉헌의 선물로 가져가신다. … 풍성한 열매로 뒤덮인 들판에서 몇 개의 가지를 꺾어서 봉헌의 곡식단으로 엮어 하느님께 바치듯이, 또 이 소소한 봉헌물을 통해 온 들판에 그분의 강복을 불러 오듯이, 마찬가지로 예수 그리스도는 그분이 입으셨던 유일한 육신을 통해, 우리 본성의 소박한 맏물을 통해, 우리 인간 전체를 복되게 하셨다. … 그분은 아버지께 우리 본성의 맏물들을 바치셨다. 그리고 아버지는 그 봉헌물을 바치는 분의 존귀함뿐만 아니라, 그 자신의 손으로 받아서 그 곁에 두시며 '내 오른편에 앉아 있어라'(시편 110:1)하신 그 봉헌물 자체의 순결함을 보시고 이 봉헌물을 전적으로 승인하셨다. 하느님이 어떤 피조물에게 '내 오른편에 앉아 있어라' 하신 것일까? 그분의 입에서 '너는 흙이니 흙으로 돌아가리라'(창세기 3:19)는 말씀을 들었던 피조물에게 하셨다. … 사람이 얼마나 깊은 심연까지 내려갔는지, 또 얼마나 큰 영광에 오르게 되었는지 생각해 보라! 누구도 사람이 내려간 것보다 더 내려갈 수 없고, 예수 그리스도가 사람을 높여 주신 것보다 더 높이

---

32 Saint Grégoire le Théologien, *Discours*, XXXVIII, 9, SC 358, 120.

오를 수 없다!"³³

우리는 우리가 아는 모든 것과 우리가 알지 못하는 모든 것으로 인해, 그분의 드러난 선물들과 눈에 보이지 않는 선물들로 인해 하느님께 감사드린다. 우리 인생의 매 순간, 그분의 섭리에 감사드린다. "하늘과 땅의 주인이신 주님이시여, 당신께 감사드리나이다. … 내가 생성되도록 명하셨던 그 날 그 시간이 오기도 전에, 홀로 불멸하시고, 홀로 전능하시고, 홀로 선하신 분, 사람의 친구이시며, 아버지의 품을 떠남이 없이 당신의 거룩한 천상에서 내려오시어 거룩한 동정녀 마리아에게서 육화하시고 태어나신 당신은, 나를 미리 회복하셨고 생명을 주셨으며, 미리 내게 하늘로 돌아가는 길을 열어주시어, 조상들의 타락에서 면하게 하셨나이다. 이어서 나를 생성시키시고 조금씩 자라나게 하신 후, 당신의 거룩한 세례를 통하여 나를 회복시켜주심으로써 손수 나를 새롭게 하셨고, 성령으로 나를 장식해 주셨으며, 빛의 천사 하나를 내게 수호자로 지정해 주셨나이다. … 하지만 주 하느님이시여, 당신께 고백하건데, 나는 이 모든 은혜를 무시하였고, … 그리하여 불행하게도 내 수치스런 생각과 행위의 깊은 구덩이와 늪에 던져져, 이 지경에 이르렀나니, 결국 그곳에 숨어있던 강도들의 손아귀에 떨어지고 말았나이다. … 하지만 도리어 나는 그들과 뒹구는 것을 즐겼음에도, 당신은 오히려 내가 끌려다니고 휘청대는 것을 차마 볼 수 없으셨고, 내게 연민을 느끼고 불쌍히 여기셨나이다. … 그리고 당신의 순결한 손을 내게 내미셨나이다."³⁴

우리는 모든 것에 대해 하느님께 감사드린다. 우리는 신성한 성찬

---

33 Saint Jean Chrysostome, *Sur l'Ascension*, 2-3, PG 50, 445-447.
34 Saint Syméon le Nouveau Théologien, *Action de grâce*, II, SC 113, 330-334.

예배 그 자체에 대해서도 하느님께 감사드린다. 하느님은 오직 천상의 권세들만이 합당하게 신성한 감사의 성찬 예배를 거행하게 하실 수도 있었다. 그럼에도 불구하고 하느님은 우리 사람들로 하여금 이 일을 행하게 하셨고 우리의 불결한 손으로 바치는 예물을 기꺼이 받으신다.

우리는 신성한 감사의 성찬 예배에 대해 하느님께 감사드린다. 그리고 감사의 성찬 후에 하느님은 우리에게 다시 더욱 큰 은총을 내려주신다. "받는 이의 감사는 주시는 분으로 하여금 더욱 위대한 선물들을 주시도록 자극한다."[35] 그리하여 은총-감사-은총, 이 복된 고리는 계속 이어진다. 우리는 우리가 잠겨있는 이 은총의 바다를 분명하게 의식하고 있어야 한다. 창조주를 향해 감사하는 사람은 "그분의 선(善)을 담는 그릇, 그분께 영광 돌리는 도구가 될 것"[36]이기 때문이다. 우리는 수많은 방식으로 그분께 감사드리고, 그분의 거룩한 이름에 영광 돌린다.

> "지극히 선하신 하느님이시여, 당신은 타락한 내게 연민을 품으시고, 내게로까지 내려오셔서, 당신의 십자가 달리심으로 나를 들어 올리셨나니, 내가 이렇게 당신을 찬양케 하려 함이나이다. 비교할 수 없이 선하신 영광의 주님이시여, 당신은 거룩하시나이다."[37]

사 제	(큰 소리로) **개선(凱旋)의 찬송을 소리 높여 노래하고, 부르짖고, 외치고, 말하나이다.**
성가대	거룩하고 거룩하고 거룩하신 만군의 주 만군의 주[37], 하늘과 땅이

---

35 Saint Isaac le Syrien, *Discours ascétiques*, XXX, 1, traduction française du père Placide Deseille, 앞의 책, p. 221.
36 Saint Irénée, *Contre les hérésies*, IV, 11, 2, SC 100, 501.
37 『8조 예식서』, 1조, 주일 조과, 카논, 3 오디, 트로파리온.
38 만군의 주 : 야훼 사바옷(Sabaoth)

> 영광으로 가득하니, 높은 하늘에서 호산나, 주님의 이름으로 오시는 이여, 찬미 받으소서. 가장 높은 하늘에서 호산나.(이사야 6:3. 마태오 21:9)

개선의 찬송

프로스포라(신성한 성찬 예배를 위해 봉헌된 빵) 위에 찍히는 도장에는 IΣ XΣ NI KA 라는 그리스어 알파벳 대문자가 새겨진다. 이것은 "예수 그리스도가 승리하셨다"라는 의미로서, 그리스도의 승리를 선언한다. 프로스포라를 바치면서 부르는 성가 또한 이 승리를 드높인다. 이런 까닭에 우리는 그것을 개선의 찬송이라 부른다. 이것은 "죽음을 정복한 불멸"[39]이신 주님, 천사와 권세들의 주님께 바치는 승리의 찬가이자 깊은 감사의 찬가이다.

개선의 찬송은, 존귀한 예언자로 부름 받았을 때 이사야가 들었던 천사들의 찬송과, '하느님-사람'이신 그리스도가 "자발적인 수난을 위해"[40] 거룩한 도성에 입성하실 때 백성들이 영접하며 불렀던 찬송을 결합한다. 신성한 성찬 예배에서 이 성가를 부름으로써, 우리는 천사들을, 그리고 동시에 거룩한 도성의 백성들을 모방한다. 우리는 주님의 권세의 삼중 태양을 찬양하고 영광 돌리며, 또한 "희생되시어, 신자들에게 양식으로 자신을 내어주시기 위해 오시는 임금 중의 임금"[41]을 맞이한다.

성 요한 크리소스토모스는 우리가 신성한 성찬 예배에서 부르는 '개선의 찬송'을 이스라엘 백성이 이집트인들의 폭압에서 해방되었을 때

---

39 Saint Méthode d'Olympe, *Banquet*, III, 7, SC 95, 107.
40 『대 사순절 예식서(뜨리오디온)』, 성 대 월요일, 조과, 애니 성가.
41 『대 사순절 예식서(뜨리오디온)』, 성 대 토요일 성찬예배에서 부르는 특별한 헤루빔 성가.

불렀던 '승리의 찬가'와 비교한다.[42] 이 비교는 '승리의 찬가'가 "그들만의 것이 아니라는 것, … 패배한 것은 파라오가 아니라 사탄이라는 것, … 눈에 보이는 군대가 수장된 것이 아니라 바로 악이 멸망되었다는 것, … 우리는 약속된 땅을 향해 가는 것이 아니라, 땅을 떠나 하늘로 향해 나아간다는 것을 보여준다. 우리는 만나가 아니라 주님의 몸으로 양육된다. 우리는 바위에서 솟아나는 물이 아니라 그리스도의 옆구리에서 솟아나는 피를 마신다."[43]

* * *

천사들이 하느님의 거룩한 보좌를 둘러싸고 불렀던 '개선의 찬송'은 두 가지 의미가 있다. 그것은 성 삼위 하느님께 바치는 영광송인 동시에 하나의 예언이다. "이 찬송은 단지 하나의 찬양이 아니라 또한 지상 세계가 맞이하게 될 복들에 대한 하나의 예언이다. … '그의 영광이 온 땅에 가득하시다.'(이사야 6:3) … 그렇다면 과연 언제 땅은 그의 영광을 가득해졌는가? 이 성가가 지상에 임했을 때, 사람들이 천상의 권세들과 함께 이 성가를 부를 때, 그들이 하나의 똑같은 성가를 부르고, 똑같은 찬양을 메아리치게 할 때이다."[44] 우리 자신의 입술로 부르는 개선의 찬송도 그와 유사하다. 그것은 이미 성취된 그리스도의 승리에 대한 영광송인 동시에, 승리자 그리스도의 두 번째 최종적인 강림에 대한 예언이다. 그것은 그 승리의 표지인 십자가를 앞세운, 사람의 아들의 최종적인 강림에 대한 복된 소식이다. "그러면 모든 민족들, 모든 시대의 모든 백성들이 그분 앞에서 무릎 꿇고, 이의 없이 예배를 드

---

42 "주님께서 영광을 두르셨으니, 주님을 찬양합시다." 출애굽기 15:1-19.
43 Saint Jean Chrysostome, *Sur le psaume 46*, 2, PG 55, 210.
44 Saint Jean Chrysostome, *Homélie Sur Ozias*, VI, 3, PG 56, 138.

릴 것이고, 거기에는 경이롭게 조화로운 찬미가 울려퍼질 것이다. 성인들은 언제나처럼 성가들을 부르겠지만, 불경한 이들은 어쩔 수 없이 간청하게 될 것이다. 그때 참으로 승리의 찬가를, 승리한 자들이나 패한 자들 모두가 한 목소리로 부르게 될 것이다."[45]

승리자 그리스도는 "지금도 계시고, 전에도 계셨고, 앞으로 오실 분"(묵시록 1:4)이신 것처럼, 그분의 승리 또한 전에도 있었고, 지금도 있고, 앞으로도 끊임없이 있을 것이다. 마찬가지로 그분의 승리를 경축하는 성가는 쉼 없이 불리게 될 것이다. 천상의 성찬 예배에서는 천사들과 사람들이 부단히 움직이며 하느님을 둘러싸고, 세 위격의 한 신성으로 계시는 하느님을 찬양할 것이다.[46]

천사와 사람이 함께 부르는 영광송

'세 번 거룩 찬양'은 하늘과 지상 세계의 일치의 현현이다. 천사들과 사람들은 함께 주님께 영광 돌린다.

개선의 찬송에 대해 말하면서, 성 요한 크리소스토모스는 묻는다. "그대들은 이 음성을 알아듣는가? 그것은 우리의 음성인가 아니면 세라핌들의 음성인가? 그것은 우리 것임과 동시에 세라핌들의 것이다. 왜냐하면 그리스도는 '갈라놓은 장벽'(에페소 2:14)을 무너뜨리셨기 때문이다. 그분은 땅과 하늘에 평화가 지배하게 하셨다.(골로사이 1:20) … 먼저 이 성가는 하늘에서만 불렸었다. 하지만 주님이 땅에 내려오시면서 우리에게 이 성가를 가져오셨다. 이런 까닭에 이 거룩한 제단 앞에 설

---

45 Saint Grégoire de Nysse, *Sur la sainte Pâque*, III, PG 46, 653B.
46 Saint Maxime le Confesseur, *Mystagogie*, XIX, PG 91, 696C, traduction française, éd. Migne, collection <Les Pères dans la foi>, 앞의 책, p.126.

때 주교는 … 단지 우리에게 이렇게 외치라고 초대하는 것에 만족하지 않고 헤루빔들을 호명하고 세라핌들을 언급한 뒤, 이어서 우리에게 두렵게 하고 떨리게 하는 이 외침 안에 우리의 음성을 연합시키라고 권한다. 우리의 생각을 지상에서 들어 올린 후, 우리가 누구와 함께 찬양하는지 기억하면서, 우리는 우리 각자가 이 외침에 참여한다. 그대는 세라핌과 찬양하고 있다. 그러니 세라핌과 함께 똑바로 서라. 그들과 함께 날개를 펴고, 그들과 함께 임금의 보좌 주위를 날아라."[47]

하늘 왕국의 성찬 예배에서 천사단들은 "앞뒤에 눈이 가득 박힌 네 마리의 생물"처럼 나타난다.

> "첫째 생물은 사자와 같고 둘째 생물은 송아지와 같으며 셋째 생물은 얼굴이 사람의 얼굴과 같고 넷째 생물은 날아다니는 독수리와 같다. 그 네 생물은 각각 날개를 여섯 개씩 가졌고, 그 몸에는 앞뒤에 눈이 가득 박혀 있다. 그리고 그들은 밤낮 쉬지 않고 '거룩하시다. 거룩하시다. 거룩하시다. 전능하신 주 하느님 전에 계셨고 지금도 계시고 장차 오실 분이시로다!' 하고 외친다."(묵시록 4:6-8)

수많은 눈을 가진 네 동물은 천상의 천사들과 권세들, 그리고 온 피조세계를 상징한다. 새들의 왕(독수리), 집짐승들의 왕(소), 들짐승들의 왕(사자), 피조세계 전체의 왕(사람)이 전능하신 주님께 밤낮으로 개선의 찬송을 부른다. "독수리는 노래하고, 소는 부르짖고, 사자는 외치고, 사람은 말한다."[48] 온 피조세계가 하느님께 영광 돌리는 일에 참여한다.

* * *

하늘과 땅은 이제 연합된다. 천사들, 사람들, 물질 세계, 지성 세계,

---

47 *Sur Ozias*, VI, 3, PG 56, 138.
48 Saint Germain de Constantinople, *Contemplation*, PG 98, 429D.

이성적인 존재, 물질적인 존재 모두 함께 '하느님-인간'이신 그리스도의 승리를 경축하는 개선의 찬송을 부른다.[49]

> "당신을 찬양하고 노래하는 일은 지극히 마땅하고, 당연하고, 온당하고, 또한 구원이 되나이다. … 하늘들과 하늘의 하늘들과 그 모든 권세들, 태양과 달, 모든 별들의 합창대, 땅과 바다, 그 속에 사는 모든 것, 하늘의 예루살렘, 선택받은 자들의 모임, 하늘에 그 이름 기록된 장자들의 교회, 의인들과 예언자들, 순교자들과 사도들, 천사들과 대천사들, 좌품, 치품, 권품, 주품, 두려운 권세들, 수많은 눈을 가진 헤루빔들과 여섯 날개 가진 세라핌들 … 성가를 그치지 않는 입술로, 결코 침묵하지 않는 신학으로, 당신의 지엄한 영광에 승리의 찬가를 부르며, 떨리는 목소리로 외치고 영광 돌리고 부르짖고 말하며 당신을 찬양하나니, 만군의 주님은 거룩하시고, 거룩하시고, 거룩하시도다."[50]

영적인 감각을 가진 이들은 온 피조세계가 이 찬양의 성가에 참여함을 지각할 수 있다. 우리는 『영적인 초지』(Πνευματικός Λειμών)에서 이런 이야기를 읽는다.[51]

오순절 성령 강림 축일이 되었을 때, 하느님이 거니셨던 시나이 산 정상에서, 신성한 성찬 예배가 거행되었다. 사제가 "당신의 지엄한 영광에 떨리는 목소리로 승리의 찬가를 부르며"라고 말했을 때, 모든 산봉우리가 두려운 포효소리로 "거룩하시다, 거룩하시다, 거룩하시다"

---

49 Saint Maxime le Confesseur, *Mystatogie*, XIIIV, PG 91, 692C.
50 성 야고보 성찬 전례.
51 Jean Moschos, *Pré spirituel*, édition Volos, 1959, p. 60. "승리의 찬가를 부르며"라는 외침은 성 야고보 성찬 예배의 형식과 관계가 있다. 아마도 5세기 시나이 산 위에서 오순절 성령 강림 축일에 거행된 성찬 예배였던 것 같다. "Sentences des Pères du Sinaï", Thessalonique, monastère du Sinaï, 1988, p.60.

라고 세 번 반복하며 대답했다. 이 포효소리와 그 메아리는 거의 30분 가량 지속되었다. 하지만 이 소리를 모든 사람이 들은 것은 아니다. 천사들의 성가는 "들을 귀가 있는"(마태오 11:15) 자만이 들을 수 있었다.

사 제	(작은 소리로) 사람의 친구이신 주여, 이 복된 권세들과 함께 우리도 외치며 말하나이다. 당신은 거룩하시나니, 당신과 당신의 외아들과 당신의 성령은 지극히 거룩하시나이다. 당신은 거룩하시고, 지극히 거룩하시고, 당신의 영광은 놀랍나이다. 당신은 당신의 것인 이 세상을 너무도 사랑하셔서 당신의 아들을 주셨나니, 그분을 믿는 사람은 누구나 멸망하지 않고 영원한 생명을 얻게 하시기 위함이었나이다.(요한 3:16) 당신의 아들은 오셔서 우리를 향한 당신의 모든 계획을 완수하셨나니, 세상의 생명(요한 6:51)을 위해 넘겨지시던 날 밤, 아니 스스로를 내어주시던 날 밤, 그 거룩하고 순결하고 흠 없는 손으로 빵을 드시고, 감사드리시고, 강복하시고, 거룩하게 하시고, 찢으신 뒤, 그것을 그분의 거룩한 제자들인 사도들에게 주시며 말씀하셨나이다. (큰 소리로) **받아 먹어라. 이는 너희들의 죄 사함을 위하여 떼어내는 내 몸이니라.**(마태오 26:26, I고린토 11:24)
성가대	아멘.
사 제	또 식사 후 잔을 드신 후 말씀하셨나이다. (큰 소리로) **너희는 모두 이것을 마셔라. 이것은 새로운 계약을 맺는 내 피이니, 너희와 모든 이의 죄 사함을 위하여 흘리는 피이니라.**(마태오 26:27, 루가 22:20)
성가대	아멘.

하느님이 세상을 이토록 사랑하사…

하느님 아버지가 세상에 주신 선물의 크기는 그분의 사랑의 크기를 드러낸다. "당신은 당신의 것인 이 세상을 너무도 사랑하셔서 당신의 아들을 주셨나이다." 하느님 아버지는 생명이 다시 돌아 올 수 있게 하시려고, 죽음에 넘겨진 세상에 그 외아들을 주셨다. "그것은 그분이 다른 방식으로는 우리를 구하실 수 없었기 때문이 아니다. 오히려 이를 통해 그 사랑의 충만함을 우리에게 가르쳐 주시기 위해서다. 그 외아들의 죽음을 통해, 그분은 우리를 다시 그분 자신과 친밀한 관계 안에 놓으셨다. 만약 그분께 그보다 더 귀한 것이 있었다면, 아마도 우리 인간을 그분의 것이 되게 하시려고, 그것을 우리에게 주셨을 것이다."[52]

"'하느님이 세상을 극진히 사랑하셨다.'(요한 3:16) '극진히!'란 단어가 얼마나 놀라운 것들을 포함하고 있는지 보라. 복음 사도 요한은 뒤에 따라 오는 것의 위대함을 이해시켜 주기 위해, '극진히'라고 말한다. 성경이 이런 방식으로 시작하는 이유이다. 오 거룩한 요한 사도여, 우리에게 '극진히'라는 말의 참 내용을 설명해 주소서! 그와 같은 호의의 넓이와 깊이와 위대함과 탁월함을 말해 주소서! 하느님은 '세상을 극진히 사랑하셔서, 우리에게 그 외아들을 주셨다.' 각각의 단어는 참으로 위대한 의미를 가진다. …"[53] "'극진히 사랑하다', '하느님', '세상', 이 말들은 하느님 사랑의 궁극을 보여주기 때문이다. 사실 하느님과 세상의 간격은 거대했다. 아니 그것은 한이 없었다. 불멸하시는 분, 시작도 없으시고 무한히 위대하신 분, 그런 하느님이 흙먼지로 빚어진, 수많은 죄를 짊어진, 그분의 거룩한 뜻에 끊임없이 역행해온 존재, 배은망덕한 인간을 사랑하셨다."[54]

---

52 Saint Isaac le Syrien, *Discours ascétiques*, 81, 5, traduction du père Placide Deseille, 앞의 책, p.471.
53 Saint Jean Chrysostome, *Sur la Genèse*, XXVII, 1, PG 53, 241.
54 Saint Jean Chrysostome, *Sur Jean*, XXVII, 2, PG 59, 159 : 창세기 18:27 "티끌이나 재만도 못한 제가 아룁니다."

그리스도의 희생은 하느님 사랑의 현현이다.

> "하느님께서 당신의 외아들을 이 세상에 보내주셔서 우리는 그분을 통해서 생명을 얻게 되었습니다. 이렇게 해서 하느님의 사랑이 우리 가운데 분명히 나타났습니다. 내가 말하는 사랑은 하느님에게 대한 우리의 사랑이 아니라 우리에게 대한 하느님의 사랑입니다. 하느님께서는 당신의 아들을 보내셔서 우리의 죄를 용서해 주시려고 제물로 삼으시기까지 하셨습니다."(1요한 4:9-10)

그리스도의 희생이 성취되다.

마지막 거룩한 만찬에서 그리스도는 십자가 위해서의 그 희생을 성사적인 방식으로 거행하신다. 그분은 자신의 거룩한 피를 주시며, 그것을 "새로운 계약을 맺는 피"라고 부르신다. "그분은 자신이 죽으러 갈 것임을 보여주고 있고, 그래서 '유언(Testament)'이라고 말씀하신다. 그분은 피로 체결되고 축성된 이전의 옛 언약(구약)을 상기시키신다.(히브리 9:18-21)"[55] 마지막 만찬에서 우리는 과거(옛 계약), 현재(새 계약) 그리고 미래(주님의 임박한 죽음)가 그리스도의 위격 안에 공존하고 있음을 본다.

성 야고보의 신성한 성찬 예배에서는 거룩한 예물들의 축성 전에, 백성이 참회하며 이렇게 노래한다. "주여, 우리는 당신의 죽음을 예고하고, 당신의 부활을 고백하나이다." 신성한 감사의 성찬 예배는 그리스도의 희생에 대한 성사적 경험이다. 예배 중에 "주님이신 그리스도가 현존하시고, 그분의 죽음, 이 두려운 희생이 완성된다."[56] 성 요한 크리소스토모스는 말한다. "이 제단, 그 위에 놓인 희생제물, 우리를

---

55 Saint Jean Chrysostome, *Sur Matthieu*, LXXXII, 1, PG 58, 738.
56 Saint Jean Chrysostome, *Sur les Actes*, XXI, 5, PG 60, 170.

위해 희생되신 그리스도께 경의를 표하라."⁵⁷

주님은 우리를 위해 죽음에 넘겨지셨다. 아니 그분은 자발적으로 자신을 내주셨다.(마태오 26:21) 성경에는 "그분이 배반당했다고 적혀있다. 하지만 또 그분이 스스로 자신을 내주셨다고 적혀있다.(에페소 5:2)"⁵⁸ 그리스도는 "수난을 피할 수도 있었지만, 우리 대신에 우리를 위해서 자발적으로 죽음을 겪으셨다."⁵⁹ 마지막 만찬이 있었던 밤, 그리스도는 제자 유다에 의해 대사제들에게 넘겨지셨다. 아니 "세상의 생명을 위해, 스스로 자신을 내주셨다."

마지막 만찬 때, 이미 그리스도는 "찢어진" 자신의 거룩한 몸과 "부어진" 자신의 거룩한 피를 제자들에게 주셨다. 인간의 정신으로는 결코 헤아릴 수 없는 방식으로 그분은 배반과 십자가의 사건들을 선취하신다. 열두 사도에게 자신의 거룩한 몸을 양식으로 주시면서, "그분은 어린양의 희생제사가 이미 이뤄졌음을 보여주신다."⁶⁰ 이 만찬은 '신비'라 불린다. 우리에게 구원을 가져오는 희생을 계시해주고, 또 우리로 하여금 그 제사로 들어가게 해주기 때문이다.

신성한 감사의 성찬 예배는 "희생에 대한 하나의 이미지나 예형이 아니라 참된 희생제사이다."⁶¹ 그리스도가 희생되시고 신자들에게 주어지기 때문이다. 성 요한 크리소스토모스는 "그대는 하나의 거룩하고도 두려운 희생제사에 다가온다. … 그리스도가 그대 앞에서 제물로

---

57 Saint Jean Chrysostome, *Sur l'Épître aux Romains*, VIII, 8, PG 60, 465.
58 Saint Grégoire le Théologien, *Homélie 45*, 27, PG 36, 660 C.
59 Saint Cyrille d'Alexandrie, *Sur Jean*, VI, PG 73, 1049B.
60 Saint Grégoire de Nysse, *Sur la Pâque*, I, PG 46, 612C.
61 Saint Nicolas Cabasilas, *Explication de la divine liturgie*, XXXII, SC 4 bis, p.205.

바쳐지셨다."⁶²

골고타의 희생과 감사의 성찬 예배의 희생은 하나다. "오늘은 어린 양, 내일은 다른 것이 아니라, 우리는 언제나 같은 그리스도를 바친다. 이런 까닭에 희생은 단 하나이고 유일하다. … 그때 바쳐진 제물을 우리는 지금 바친다. 그분은 결코 소진되는 법이 없다."⁶³ 그리스도는 "그분을 받아 모시는 이들을 거룩하게 하시려고, 끊임없이 제물로 바쳐지신다."⁶⁴

* * *

신성한 감사의 성찬 예배는 그리스도의 십자가 죽음의 신비이다. 또한 우리가 그 신비에 참여할 때, 우리는 그리스도의 희생의 열매들을 맛보게 된다.

그리스도의 십자가를 통하여, "죽음은 폐지되었고, 부활이 주어졌으며, 낙원의 문들이 열렸고 … 우리는 하느님의 자녀가 되었다."⁶⁵ 사람은 악마의 종살이에서 해방되었고, 사람의 본래 아름다움은 회복되었다. "십자가에 오르신 날, 죽고 부활하신 날, 인간의 자유는 확립되었고, 인간의 본래 형상과 아름다움은 다시 세워졌다."⁶⁶ 사람과 세상은 영원히 성화되었다. "몇 방울의 피가 온 세상을 재창조했다."⁶⁷

우리는 사람을 향한 하느님의 사랑, 생명나무가 싹트는 뿌리가 거룩한 제단 위에 놓여 있음을 본다. 우리는 자문한다. "이에 견줄 사랑이

---

62 *Sur la Trahison de Judas*, I, 6, PG 49, 381.
63 Saint Jean Chrysostome, *Sur l'Épître aux Hébreux*, XVII, 3, PG 63, 131.
64 신성한 감사의 성찬 교제 준비 예식, 카논, 9 오디.
65 Saint Jean Damascène, *Sur la foi orthodoxe*, IV, 84, PG 94, 1128D-1129A.
66 Saint Nicolas Cabasilas, *La Vie en Christ*, II, SC 355, 170.
67 Saint Grégoire le Théologien, *Discours*, XLV, 29, PG 36, 664A.

또 어디 있겠는가? … 어떤 어미가 이토록 자애로울 수 있고, 어떤 아비가 이토록 정감어릴 수 있겠는가? 그 누가 사랑하는 이를 이토록 미치게 사랑할 수 있겠는가?"[68]

생명의 식탁 위에서 우리는 "자기 아들의 고통을 통하여 인류와 화해하시고 원수였던 자들에게 사랑을 넘치게 채워주시는"[69] 사랑의 아버지를 만난다. 하느님의 사랑은 십자가 희생의 뿌리이자 동시에 열매이다.

신비의 마지막 만찬과 신성한 감사의 성찬 예배

신성한 감사의 성찬 예배는 신비의 마지막 만찬의 성사적 연장이다. 그것은 신비의 마지막 만찬의 형식적 반복이 아니라, 그 자체이다. 동일한 그리스도가 바치시고 바쳐지시기 때문이다. 성 요한 크리소스토모스는 말한다. "지금 이 예배도 그리스도가 현존하셨던 그 마지막 만찬임을 믿으라. … 그 만찬은 지금 우리가 거행하는 신성한 신비와 조금도 다르지 않다. … 그때 그것이나 지금 이것이나 모두 그분이 바치시기 때문이다."[70] 성인은 확고하게 말한다. 그의 말은 그의 거룩한 삶의 경험으로부터 흘러나온 것이기 때문이다. "마지막 만찬의 신비를 완성하셨던 분은 또한 지금 신성한 성찬 예배의 신비를 완성하시는 분이시다. … 이 거룩한 제단은 마지막 만찬의 그 식탁과 같은 것이고, 그에 비해 조금도 가치가 떨어지지 않는다."[71]

---

68 Saint Nicolas Cabasilas, *La Vie en Christ*, VI, SC 361, 52.
69 Saint Nicolas Cabasilas, *Explication de la divine liturgie*, XXVI, SC 4 bis, p.172.
70 *Sur saint Matthieu*, L, 3, PG 58, 507.
71 위의 책, LXXXII, 5, PG 58, 744.

그리스도의 현존, 마지막 만찬에서 빛났던 그 빛은 매번 감사의 성찬 예배가 거행될 때에도 빛난다. "그리스도는 지금도 현존하신다. 그 식탁을 세우셨던 분도 그리스도요, 지금 이 식탁을 세우시는 분도 그리스도시다."[72] 자기 자신을 제물로 바치시지만, 그리스도는 "자신의 사제직을 멈추지 않으셨고, 우리를 위해 이 성찬 예배를 영원토록 거행하시고"[73] 우리를 위해 하느님 곁에서 중보하신다.

지혜로운 솔로몬은 생명의 식탁에 대해 예언적으로 말하였다.

> "지혜가 일곱 기둥을 세워 제 집을 짓고 … 손수 잔치를 베푼다. 시녀들을 내보내어 마을 언덕에서 외치게 한다. … '와서 내가 차린 음식을 먹고 내가 빚은 술을 받아 마시지 않겠소?'"(잠언 9:1-5)

솔로몬이 말한 것은 "신성한 성찬 예배에서 지금 실현되는 것에 대한 상징들이다. … 관대하신 하느님은 '봉헌될' 준비가 되셨고, 하느님의 위대한 선물들은 우리 앞에 있다. 신비의 식탁은 차려졌고, 생명을 주는 잔은 가득 찼다. 영광의 임금은 식탁으로 초대하고, 하느님의 아들은 초대받은 자들을 영접하신다. … 하느님 아버지의 지혜, 하나의 위격이신 그 지혜는 사람의 손이 만들지 않는 성전을 짓고, 빵의 형태로 자신의 몸을, 포도주의 형태로 생명을 주시는 자신의 피를 나눠주신다. 이 얼마나 놀랍고 두려운 신비인가! … 이 얼마나 이해할 수 없는 호의인가!"

그리스도의 만찬에 참여하는 것은 그분의 사랑을 만나고 맛보는 것이다. "너희는 주님이 얼마나 선하신 지 맛보고 깨달아라."(시편 34:8) 복음사도 성 요한은 신비의 만찬이 제자들을 향한 그리스도의 한없는 사

---

72 Saint Jean Chrysostome, *Sur la trahison de Judas*, I, PG 49, 380.
73 Saint Nicolas Cabasilas, *Explication de la divine liturgie*, XXVIII, SC 4 bis, 178.

랑의 표현임을 말하면서 그 만찬을 묘사하기 시작한다.

> "과월절을 하루 앞두고 예수께서는 이제 이 세상을 떠나 아버지께로
> 가실 때가 된 것을 아시고 이 세상에서 사랑하시던 제자들을 더욱 극
> 진히 사랑해 주셨다."(요한 13:1)

그리고 자기 자신을 불멸의 양식으로 내주신 다음, 다시 사랑의 새 계명을 주신다.

> "나는 너희에게 새 계명을 주겠다. 서로 사랑하여라. 내가 너희를 사
> 랑한 것처럼 너희도 서로 사랑하여라."(요한 13:34)

이어서 우리를 향한 그분의 사랑의 위대성과 특징을 계시하신다. 그리스도는 이 사랑의 계명(요한 13:34)을 또 하나의 사랑으로 설명한다.

> "아버지께서 나를 사랑하신 것처럼 나도 너희를 사랑해 왔다."(요한 15:9)

감사의 성찬 예배의 식탁에 참여할 때, 우리는 하느님 사랑의 식탁에 참여하고, 그 사랑 안에 머물러 있기를 요청받는다.

사 제 (작은 소리로) 구세주의 이 계명과 우리를 위해 행하신 모든 일, 십자가와 무덤과 삼일 만의 부활과 하늘로 오르심과 성부 오른편에 앉으심과 두 번째 영광스러운 강림을 기억하며,
(큰 소리로) **모든 것으로, 또 모두를 위하여, 당신의 것을, 당신의 것으로부터, 당신께 바치나이다.**(역대기상 29:14)[73]

성가대 주여, 우리는 당신을 찬양하고 찬미하고 당신께 감사드리며, 우리 하느님이시여, 당신께 기도하나이다.

---

74 "모든 것은 하느님께서 주시는 것이기에 하느님 손에서 받은 것을 바쳤을 따름입니다."

그리스도에 대한 기억

자신의 거룩한 몸과 고귀한 피를 제자들에게 나눠 주신 후, 그리스도는 이렇게 명하셨다.

"나를 기념하여 이 예식을 행하여라."(루가 22:19)

이를 통해서, 그리스도를 기억하는 것은 단순한 생각이 아니라 하나의 행위, 즉 그분의 만찬의 신비를 거행하는 것임을 우리에게 가르쳐 주셨다. 하지만 그에 대한 기억을 단지 하나의 상징적 행위로 간주하지 않도록, 그리스도는 분명히 말씀하신다.

"내 몸을 받아 먹어라, … 내 피를 마셔라. …"

그리스도의 이 말씀들과 하느님 경륜에 대한 기억은 우리를 감사의 성찬 예배 봉헌으로 인도한다. "구세주의 이 계명과 우리를 위해 행하신 모든 일, … 기억하며, 모든 것으로, 또 모두를 위하여, 당신의 것을, 당신의 것으로부터, 당신께 바치나이다." 신성한 성찬 예배에서 "그리스도의 거룩한 행위들에 대한 기억은" 말과 행위를 통해서 "끊임없이 새로워진다."[75] 신성한 감사의 성찬 예배를 통해서 우리는 정확하게 그리스도가 이미 완성하신 것을 또 다시 성취한다. 우리는 "그분의 죽음을 기억하며"[76] 거룩한 아나포라를 바친다. 우리는 그리스도의 희생을 생각만 하지 않고, 그것을 경험한다. "그리스도에 의해 바쳐진 희생 제사를 우리 또한 지금 바친다. 희생제사는 결코 고갈되지 않는다.

---

75 Saint Deny l'Aréopagite, *Traité de la hiérarchie ecclésiastique*, III, 3, 312, PG 3, 441C, traduction de Maurice de Gandillac, p.277.

76 Saint Jean Chrysostome, *Sur l'Épître aux Hébreux*, XVII, 3, PG 63, 131.

… 우리는 항상 동일한 희생 제사를 바친다."⁷⁷

주님이 신성한 감사의 성찬 예배를 제정하신 이유 중 하나는 우리가 그분의 기억을 "경험하는" 것이다. 왜냐하면 이것은 우리를 감사로 이끌기 때문이다. "우리에게 이 신비를 전해주신 이유를 드러내시고, 이것보다 더 우리에게 신심을 일으키는 것은 없음을 보여주시면서, 그리스도는 '나를 기억하여 이것을 행하라'고 말씀하셨다. 그대의 주님이 그대를 위해 수난 당하셨다는 생각은 그대를 더욱 철학자(Φιλόσοφος)로 - 다시 말해 더욱 영적인 사람으로 - 만들어줄 것이기 때문이다."⁷⁸ 감사의 성찬 예배는 그리스도가 베푸신 모든 선한 일에 대한 기억에서 흘러나오고, 우리를 더욱 철학자로 만들어 준다. 그것은 우리를 더욱 더 "하느님의 지혜"(I고린토 1:24)이신 그리스도의 친구로 만들어준다.

성 요한 크리소스토모스의 입을 통해 그리스도는 이 기억의 의미를 설명하신다. "이집트에서 일어났던 놀라운 일들을 기억하기 위해 유대인들이 파스카(유월절)를 기념하듯이, 나를 기억하기 위해 이것을, 즉 나의 파스카(유월절)를 기념하여라." "모세가 '너희는 이 날을 주님께 올리는 축제일로 삼아 대대로 길이 지키도록 하여라.'(출애굽 12:14)라고 말했듯이, 예수 그리스도는 제자들에게 말씀하신다. '내가 올 때까지, 나를 기억하여 이것을 행하라.'(I고린토 11:26)"⁷⁹

비록 우리는 그리스도를 기다리며 살아가지만, 신성한 성찬 예배, 그분을 기억하는 이 신비는 다가올 하느님 나라를 미리 맛보는 것이다.

---

77 위와 같은 곳.
78 Saint Jean Chrysostome, *Sur la première l'Épître aux Corinthiens*, XXVII, 4, PG 61, 230. 교부들의 글에서 "철학"은 영적인 삶을 의미한다.
79 *Sur saint Matthieu*, LXXXII, 1, PG 58, 739.

그리스도의 왕국에 대한 기억

그리스도는 거룩한 만찬에서 이렇게 말씀하셨다.

> "잘 들어두어라. 이제부터 나는 아버지의 나라에서 너희와 함께 새 포도주를 마실 그 날까지 결코 포도로 빚은 것을 마시지 않겠다."(마태오 26:29)

결과적으로 하느님 나라 잔치의 미리 맛봄인 신성한 성찬 예배는 주님의 마지막 만찬을 하느님 나라와 연합시킨다. 신비의 만찬과 다가올 왕국 사이의 시간 안에서, 신성한 성찬 예배는, 마지막 만찬에 대한 기억으로, 우리를 위해 행하신 모든 것에 대한 기억으로, 그리고 하느님 나라 그 자체의 기억으로, 생명을 주는 기억으로 경축된다.

신성한 성찬 예배 안에서 우리는 다가올 것들을 이미 실현된 것으로 경험한다. 우리는 성사적인 방식으로 이미 일어난 모든 것과 아직 완성되지 않은 모든 것을 기억한다. 그리고 이 모든 것을, "행하신 모든 일"이란 말로 특징짓는다. "구세주의 이 계명과 우리를 위해 행하신 모든 일, 십자가와 무덤과 삼일 만의 부활과 하늘로 오르심과 성부 오른편에 앉으심과 두 번째 영광스러운 강림을 기억하며", 우리는 감사의 성찬 예배를 바친다.

신성한 성찬 예배를 통해서 우리는 과거, 현재, 미래라는 분리된 시간으로는 측정되지 않는 또 다른 시간 속으로 관통해 들어간다. 미래, 다시 말해 다가올 하느님 나라는 과거에 빛을 비춰주고, 현재적인 빛으로 우리에게 제공된다. 이렇게 하여 신성한 성찬 예배 안에서는 처음 것과 마지막 것, 시작과 끝, 알파와 오메가가 동시에 현재적인 것이 된다. "다가올 이 생명은 현재 안에 퍼부어졌고, 현재와 뒤섞였다."[80] 우리는 죽은 자들의 부활을 기다리지만, 이미 하늘에 있음을 경험한다. "이 신비는 땅을 하늘로 변모시킨다."[81]

신성한 성찬 예배의 은총 안에서 다가올 것들은 이미 성취되었다. 그리스도는 "시간과 공간, 사건들의 속성 너머에" 계시기 때문이다.[82] 신성한 성찬 예배 안에서 우리는, 이미 오셨고, "오실 것이고, 또 지금 계시는"(요한 4:23) 그리스도의 신비를 경험한다.

당신의 것을, 당신의 것으로부터, 당신께 바치나이다.

사람은 하느님의 손으로부터 세상을, 신성한 복으로 가득 찬 선물로 받았다. 그래서 사람은 감사하길 원하지만, 아무 것도 바칠 것이 없기에, 하느님께 자신이 받은 선물을 돌려드린다. 이렇게 하여 사람을 향한 하느님의 사랑을 전달해주는 매개였던 세상은, 이제 다시 하느님께로 돌아가고, 사람이 하느님께 드리는 감사의 도구가 된다.

우리는 하느님이 우리에게 주신 선물을, 감사의 날인을 새겨 다시 하느님께 바친다. 땅 일구기, 파종, 수확, 빵 반죽, 포도즙 짜기, 등은 하느님이 주신 세상에 대한 사람의 날인이다. 밀로 된 빵, 순 포도주, 순 기름은 사람의 고통과 염려와 기쁨과 희망을 실어 하느님께 돌려드리는 세상이다.

그럼에도 불구하고, 하느님의 이 선물은 그분이 주신 가장 크고 유일한 복이 아니다. 사실 첫 번째 창조에서는 하느님이 사람에게 세상

---

80 Saint Nicolas Cabasilas, *La Vie en Christ*, 1, 1, SC 355, 79.
81 Saint Jean Chrysostome, *Sur la première l'Épître aux Corinthiens*, XXIV, 5, PG 61, 205.
82 Clément d'Alexandrie, *Les Stromates*, II, 6, 1, SC 38, 37.

을 선물로 주심으로써 그 사랑을 보여주셨다면, 새로운 창조에서는 자기 자신을 사람에게 선물로 주심으로 그 사랑을 나타내셨다! 그런 까닭에 지금 새로운 희생제사에서, 우리는 하느님이 우리에게 주신 그 선물, 그리스도라는 선물을 다시 봉헌물로 하느님께 바친다.

우리가 제단에 가져가는 선물(봉헌물)들은, 세상이 처음 창조될 때 세상 안에, 그리고 새로운 창조 때에 그리스도 안에 나타났던 그 하느님의 사랑에 대한 우리의 감사를 표현할 힘이 있다. 이 봉헌물들은 또한 그리스도가 자신을 "수많은 사람의 몸값"(마태오 20:28)으로 내줌으로써 우리에게 베풀어주신 자유의 증거이다. 신학자 성 그레고리오스 성찬예배에서, 축성 기도 직전에, 사제가 그리스도께 말씀드리는 것이 정확히 이것이다. "내가 당신께 나의 이 자유의 상징들을 봉헌하나이다."[83]

주님을 열렬히 사랑했던 사람은 창조주께 피조세계를 하나의 감사의 성찬 봉헌물로, 그의 감사를 표현하는 하나의 선물로 봉헌함으로써 자신의 사랑을 표현한다. 자기 손에 이 봉헌물을 들고, 그는 거룩한 아나포라를 통해 하느님이 계신 높은 곳까지 영적으로 올라간다. "그는 올라가서 사람의 말로는 표현할 수 없는 이상한 말을 듣고(Ⅱ고린토 12:4) 볼 수 없는 것을 본다. 이어서 경이로 가득 차서 결코 지치지 않고 찬양하는 천사들과 경쟁하며, 참으로 지상에 있는 하느님 천사가 된다. 우주를 초월하는 이 광경에서 돌아와 그는 모든 피조물에게 성가를 부르라고 초대한다."[84]

사람을 통해, 사람과 함께, 피조세계는 천상의 제단에 다다른다. 피

---

83 PG 36, 712A.

84 Saint Grégoire Palamas, *Lettre à Xénie la moniale*, 59, *Philocalie*, volume IV, p.111, traduction française in *Lettre à Xénie le Moniale*, Lausanne, éd. L'Age d'Homme, collection <La Lumière du Thabor>, 2012, p.95-96.

조세계 또한 위로자 성령의 성화시키는 은총을 받아, '창조된 것'과 '창조되지 않은 분' 사이의 만남의 장이 된다. 그 자체가 감사의 성찬이 된다. 사람은 "감사의 성찬 양식"[85]이신 그리스도에 참여하고, 그리스도화 된다.

* * *

하느님은 크신 사랑으로 우리에게 주신 이 선물을 손수 다시 우리에게서 받으신다. "실제로는 그분의 것인 것을 우리가 그분께 바칠 때, 그분은 마치 그것들이 우리로부터 오는 것인 양 기꺼이 받으시기 때문이다."[86] 그리고 우리는 그 사랑에 대해 말로 다 표현할 수 없는 빚을 지고 있음을 고백한다.

"당신의 것을, 당신의 것으로부터, 당신께 바치나이다. 당신께 감사드리나이다." "당신의 외아들이 하느님 아버지 당신께 바쳤던 것과 같은 봉헌물을 당신께 내놓으며, 우리가 당신께 감사드리나이다. 그분이 당신께 그것을 바치며 감사드렸기 때문이나이다. 우리 또한 이 봉헌물에 우리의 것이라곤 가져오지 않았나니, 이 봉헌물은 우리의 노고의 산물이 아니라 애초부터 만물의 창조주이신 당신께 속한 당신의 것이기 때문이나이다. 이 예배의 형식 또한 우리가 고안해낸 것이 아니나이다. 이런 까닭에 우리가 당신께 바치는 것은 당신이 우리에게 주셨던 당신 자신의 복들로부터 나오나니, 이 봉헌물은 모든 것을 대신하여, 모든 것을 위한, 당신의 것이나이다."[87]

주님께 주님의 것을 바치면서, 우리는 그분께 모든 것에 대해, 모두

---

85 Saint Justin, *Première Apologie*, LXVI, SC 507, 307.
86 Saint Maxime le Confesseur, *À Thalassios*, LI, PG 90, 481D.
87 Saint Nicolas Cabasilas, *Explication de la divine liturgie*, XLIX, SC 4 bis, 289-290.

를 위하여 감사드린다. 우리는 그분이 베푸신 복 하나 하나에 대하여 모든 곳, 모든 때에 감사드린다. 우리는 "모든 일에 언제나 우리 주 예수 그리스도의 이름으로 하느님 아버지께 감사 드린다."(에페소 5:20)

사	제	(작은 소리으로) 또한 우리가 당신께 이 영적이고 피흘림 없는 예배를 바치며, 당신을 부르고 당신께 기도하고 당신께 간청하나니, 당신의 거룩한 성령을 우리와 여기 바친 봉헌물 위에 보내주소서.
보	제	사제(주교)여, 이 거룩한 빵을 축복하소서.
사	제	(거룩한 빵을 축복하며 말한다.) 이 빵이 그리스도의 고귀한 몸이 되게 하소서.
보	제	아멘. 사제(주교)여, 이 거룩한 잔을 축복하소서.
사	제	이 잔에 들어있는 것이, 그리스도의 고귀한 피가 되게 하소서.
보	제	아멘. 사제(주교)여, 이 둘을 축복하소서.
사	제	당신의 성령을 통하여 이 봉헌물들을 변화시켜 주소서.
보	제	아멘. 아멘. 아멘.

파라클리토스(Παράκλητος, 위로자) 성령의 강림

성 야고보의 성찬 예배에서는 아나포라를 시작하기에 앞서, 다음과 같은 대화가 집전자와 백성 사이에 이뤄진다. 집전자가 말한다. "나와 함께 주님을 찬미하며, 그분의 이름 함께 드높입시다." 백성은 화답한다. "성령께서 그대에게 내려오시고 지극히 높으신 분의 힘이 그대를 감싸주실 것입니다."(루가 1:35) 백성의 화답은, 대천사 가브리엘이 주님의 잉태를 알려주시던 날, "은총이 가득하신 분" 테오토코스 마리아와 대천사 가브리엘이 나누었던 대화를 기억나게 한다.

신성한 성찬 예배는 하나의 새로운 성모희보 사건이다. "우리에게 당신의 성령을 보내주소서."라는 교회의 간청은, 어떤 점에선 "저는 당신의 여종입니다. 지금 말씀대로 저에게 이루어지기를 바랍니다."(루가 1:38)라는 평생 동정녀의 응답을 상기시킨다. 그리스도를 낳는 교회의 희보 사건은 이렇게 완성된다.

신성한 성찬 예배를 통해, 거룩한 교회는 하느님을 낳는 어머니가 된다. 위로자 성령은 교회 위에 그리고 고귀한 봉헌 예물들 위에 내려오신다. 성사적인 방식으로, 하느님의 말씀은 잉태되고, 시간을 초월하신 분이 태어나시고 "세상의 생명을 위해"(요한 6:51) 봉헌되신다. 교회는 "주님께서 약속하신 말씀"(루가 1:45), 즉 "이것은 내 몸이니라, … 이것은 내 피이니라"(마태오 26:26-28)는 말씀을 성취한다.

* * *

신성한 감사의 성찬 신비가 거행되도록, 주님은 제자들에게, 그리고 그의 계승자들에게 "그 신비를 거행하는데 필요한 능력" 다시 말해 성령을 주셨다. "이것이 바로 이 신성한 강림의 사역이다. 한번 내려오신 성령은 우리를 버리지 않으시고, 우리와 함께 계시며 언제나 우리와 함께 하실 것이기 때문이다. … 이 성령이 사제의 손과 입을 통해 신비들을 축성하신다."[88]

"우리와 여기 바친 이 봉헌물들 위에" 성령이 내려오심은, 하느님의 자녀들의 간청에 대한 하느님의 응답이다. 그것은 하느님이 우리를 그분의 자녀로 여기고 계심을, 또 우리의 봉헌물을 사랑으로 받아주셨음을 확신케 해준다. 성 요한 크리소스토모스는 이렇게 말한다. "성령이 넘치도록 내려오시는 것을 보았으니, 이제 더 이상 하느님과 우리

---

[88] 위의 책, XXVIII, SC 4 bis, 176-178.

가 화해되었음을 의심하지 마십시오."[89]

신성한 성찬 예배를 통해, "우리는 항상 오순절 성령 강림을 경축할 수 있다."[90] 위로자 성령의 강림은 감사의 성찬 예배를 통한 성령 강림 사건이다. "신성한 성찬 예배의 이 순간은 오순절 성령 강림의 순간을 의미한다."[91]

위로자 성령의 현존은 하느님 백성을 거룩한 제단 주위로 불러 모은다. 위로자 성령은 "교회의 모든 제도들을 이어주신다."[92] "성령이 현존하지 않으신다면, 교회는 세워질 수 없었을 것이다. 하지만 교회는 존재하고, 그러므로 성령이 현존하신다는 것 또한 명백하다."[93]

신신학자 성 시메온은, 자신임을 숨기면서, 누군가 이렇게 말하는 것을 들었다고 말했다. "나는 성령을 보지 않고는 예배를 거행하지 않았다. 주교가 내게 서품을 줄 때, 성령이 내게 내려오시는 것을 보았던 것처럼, … 나는 단순하고 형태가 없지만, 분명 빛으로 현현하시는 성령을 보았다. … 나는 보았고, 성령은 내게 비밀스럽게 말씀하셨다. '나는 이런 방식으로 모든 예언자들, 사도들, 성인들, 또한 오늘날 하느님의 모든 선택받은 자들에게 임했느니라. 나는 하느님의 성령이기 때문이니라.'"[94]

> **사　제**　(작은 소리로) 그리하여 이것을 받아 모시는 이들에게, 이 거룩한 봉

89　*Sur la Pentecôte*, I, 3, PG 50, 457.
90　위의 책, I, 1, PG 50, 454.
91　Saint Nicolas Cabasilas, *Explication de la divine liturgie*, XXXVII, SC 4 bis, 228.
92　오순절 성령 강림 주일, 대만과, 스틱히라.
93　Saint Jean Chrysostome, *Sur la Pentecôte*, I, 4, PG 50, 459.
94　*Chapitres pratiques et théologiques*, PG 120, 685D-668A.

> 헌물들이 영혼의 평화, 죄의 용서, 성령의 친교, 하늘 왕국의 충만, 당신 곁에서의 안심이 되게 하시고, 심판과 단죄가 되지 않게 해주소서. 우리는 또한 신앙 안에서 안식하신 이들, 믿음 안에서 자신의 경주를 완수한 모든 조상들과 선조들과 예언자들과 사도들과 설교자들과 복음사가들과 순교자들과 고백자들과 수도자들을 위해,
>
> (큰 소리로) **특별히 우리의 여왕이신, 지극히 거룩하시고 흠 없으시고 가장 복되시고 영화로우신, 테오토코스 평생 동정녀 마리아를 위해, 당신께 이 영적인 예배를 바치나이다.**
>
> 성가대) 항상 복되시고 지극히 순결하신 우리 하느님의 어머니, 하느님을 낳으신 당신을 복되신 분이라 선언하는 것은 참으로 마땅하나이다. 헤루빔보다 더 고귀하시고 세라핌보다 더 영화로우신 성모님이여, 동정으로 하느님이신 말씀을 참으로 낳으신 이여, 당신을 찬양하나이다.

하느님을 낳으신 당신을 복되신 분이라 선언하는 것은
참으로 마땅하나이다.

우리는 모든 성인을 위해, 특별히 지극히 거룩하신 테오토코스를 위해 신성한 감사의 성찬 예배를 드린다. 먼저는 그들을 기리기 위해, 두 번째로는 우리에게 그들을 주시고 우리의 구원을 위해 중보하게 해주신 하느님께 감사드리기 위해서다. 모든 성인, 특별히 지극히 순결하신 테오토코스는, 하느님이 베푸신 모든 선에 대해 사람이 하느님께 바치는 하나의 감사의 성찬이요, 감사이다. 또한 우리는 특별한 방식으로 성모님을 기리고, 복되신 분이라 선포한다.

테오토코스 성모님은 하느님 사랑의 숭고한 표현이다. 피조세계 안에서 성모님은 "하느님의 창조적인 지혜에 의해 이룩된 예외적이고

놀랍고 완전히 신적인 신적 형상의 성취이다."[95] "성모님만이 '창조된 본성'과 '창조되지 않은 본성' 사이의 경계이다. 그녀의 중보와 그녀가 낳으신 중재자(그리스도)를 통하지 않고는 아무도 하느님께 나아갈 수 없다. 그녀를 통하지 않고는 하느님의 그 어떤 선물도 천사나 사람에게 주어질 수 없다."[96] 이런 자격으로 그녀는 천사들과 사람들의 공동 찬사를 받으시고, 하늘과 땅 모든 곳에서 찬미 받으신다. 그것은 이 거룩한 순간에 불려지는 성모송 "… 참으로 마땅하나이다."(악시온 에스틴)를 통해 분명해진다. 이 성모송의 첫 구절 성가는 가브리엘 대천사가 한 아토스 성산 수도자에게 계시해 주었다. 대천사는 처음으로 먼저 이 성가를 불렀고, 이어서 평소처럼 다음 구절 "헤루빔보다 더 고귀하시고 …"를 불렀다.[97]

사제와 신자들은 하느님 아버지께 이렇게 말씀드린다. "당신을 찬양함이 마땅하나이다." 그런데 테오토코스에게는 신자들이 "당신을 복되신 분이라 선언하는 것은 참으로 마땅하나이다."라고 말한다. 왜냐하면 그녀는 "하느님 다음에 계신 신이요, 성 삼위 하느님 다음 자리를 차지하는 분"[98]이시기 때문이다. 천사들과 사람들은 하나의 성가대가 되어 "참으로 테오토코스(하느님의 어머니)"이신 분을 찬미한다.

지극히 거룩하신 분(동정녀 마리아)을 찬양할 때 많은 이름이 있지만, 그중 가장 으뜸 되는 이름은 바로 "하느님을 낳으신 분, 하느님의 어머니"를 뜻하는 '테오토코스'이다. "이 이름은 하느님의 경륜의 모든 신

---

95 Théophane de Nicée, *Theotokos*, p. 8.
96 Saint Grégoire Palamas, *Homélie*, LIII, 23, Oikonomou, p.159.
97 *Synaxaria de saint Nicodème l'Hagiorite* (아토스 성산 수도자 성 니코데모의 시낙사리온), 6월 11일, adaptation française du hiéromoine Macaire de Simonos Petras, éd., Perivolitis Panaghias, Thessalonique, 1993, t.IV, p.514-515.
98 Saint Nicodème l'Haghiorte, *Theotokarion*, 주일 저녁, 프로소미온*, 5조.

비를 포함하기 때문이다. 낳으신 분이 하느님의 어머니라면, 그녀에게서 태어나신 분은 분명 하느님이시고 또한 분명 사람이시다. 사람이 되지 않으셨다면 어떻게 한 여인에게서 영원 전부터 계신 하느님이 태어날 수 있겠는가?"[99] 지극히 거룩하신 마리아에게 '하느님의 어머니, 테오토코스'라는 이름을 부여함으로써, 우리는 동시에 신성한 성찬 예배 안에서 기념되는 그리스도의 신비를 선포한다.

신자들의 여주인, 신자들의 양육자

지극히 순결하신 여왕은 그리스도를 꽃피게 하는 "생명을 주는 대지", 그로 인해 만물이 양육되는 "생명을 주는 밀"이 되신다. "자기 안에 '온 세상을 먹이시는 생명의 밀알'(그리스도)을 담으신 분"이시다.[100] 그녀는 불멸하는 생명의 빵을 열매 맺는 대지가 되었다. 그녀의 흠 없는 태에서 주님의 지극히 거룩한 몸이 형성되었다. 이렇게 평생 동정녀는 "말로 형용할 수 없는 방법으로, 그녀에게서 태어나신 그리스도의 살과 피를 제공하시는 신성한 식탁"[101]이 되셨다.

매번 성찬 예배가 거행될 때, 성모님은 거룩한 식탁일 뿐만 아니라 "신성하고 신화시키는 양식을 내놓는 관대한 주인의 여종이 된다. … 한 마디로 그녀는 성령의 경이롭고 창조되지 않은 모든 선물들, 이생에서 주어지는 것뿐만 아니라, 다가올 세상에서 드러나도록 이미 '보관되어 있는' 그 선물들을 제공해주시는 분이시다."[102]

---

99 Saint Jean Damascène, *Sur la foi orthodoxe*, III, 56, PG 94, 1029C.
100 『8조 예식서』, 4조, 화요일 아침 조과, 카논 8오디.
101 Théophane de Nicée, *Theotokos*, p.22, 30.
102 위의 책, p.204.

하느님의 영원 전의 뜻에 순종함으로써 평생 동정녀는 창조주의 양육자가 되기에 합당하게 되었다. 그리고 그 아들 그리스도는 그녀로 하여금 "지성적이고 이성적인 모든 존재(천사와 사람)의 양육자"가 되게 하는 은총을 베푸셨다. "왜냐하면 그리스도는 그녀가 그들(천사와 사람)에게 성령의 선물들을 양식과 음료로, 또 지극한 즐거움과 신비로운 기쁨으로 넘치게 줄 수 있게 하셨기 때문이다."[103]

신성한 성찬 예배는 신랑 그리스도의 혼인 잔치다.(묵시록 19:9, 마태오 22:2-4) 이 감사와 영광의 잔치에서, 선구자인 세례자 요한은 "신랑의 안내자"이고, 그리스도는 "신랑이자 예식의 주인공"[104]이고 "혼인한 바 없는 신부는 초대받은 자들에게 잔칫상을 베푸는 여주인이시다."

---

103 위의 책, p.172.
104 Saint Cyrille d'Alexandrie, *Sur Jean*, II, 1, PG 73, 264B.

6. 기도명부*(디프틱하 Δίπτυχα)와 간구들

사 제 (작은 소리로) 하느님이시여, 예언자이며 선구자인 세례자 성 요한과 거룩하고 영광스럽고 영화로운 성 사도들과 오늘 우리가 축일로 기념하는 성 (   )와 당신의 모든 성인의 기원으로 우리를 굽어 살피소서. 또한 영원한 생명으로의 부활에 대한 소망 안에서 잠드신 모든 이들, 특히 (사제는 여기서 죽은 이들의 이름을 부를 수 있다.)을(를) 기억하시고, 당신의 얼굴빛이 빛나는 곳에서 안식을 누리게 하소서.

또한 당신께 간구하오니, 주여, 성실하게 당신의 진리의 말씀을 전하는 정교회의 모든 주교와 모든 사제와 그리스도 안에 있는 보제들과 모든 성직자와 모든 수도자를 기억하소서.

또한 온 세상을 위해, 거룩하고 보편되고 사도로부터 이어오는 교회를 위해, 순결하고 영예로운 삶을 사는 사람들을 위해, 그리스도의 친구인 우리의 신심 깊은 통치자와 군대를 위해 이 영적인 예배를 당신께 바치나이다. 주여, 위정자들로 하여금 평화로이 나라를 다스리게 하시어, 우리 모두가 그들이 보장하는 평온을 누리며, 신심과 거룩함 안에서 고요하고 평화롭게 살아가게 하소서.(I 디모테오 2:2)

(큰 소리로) **주여, 먼저 우리 (   ) 대주교를 생각하시어, 그분이 평**

> 화로운 가운데 당신의 거룩한 교회에서 온전하고, 존귀하고, 건강하고, 장수하셔서, 진리의 말씀을 올바르게 가르치게 하소서.(II 디모테오 2:15)

성인들을 기억함

신성한 성찬 예배는 그리스도의 생애에 대한 기억이요 기념이다. 그렇기에 그것은 또한 그리스도가 그 안에서 사신 사람들, 다시 말해 '그리스도를 품은'(christophore) 성인들의 삶에 대한 기념이다.

연중 전례 주기 안에서, 매일은 그날 그리스도 안에서 안식한 성인들의 축일로 기념된다. 일반적으로 그날은 성인들이 지상에서의 여정을 마친 날, 그 영적 투쟁이 절정에 이른 날, 성령에 의해 완전케 된 날이다. 전례서는 "오늘 성인 ( )는 완전에 이르렀나이다"라고 말한다. "완전에 이르렀다"는 의미의 그리스어 단어 '텔리오노'(τελειόνω)는 '끝', '마지막'을 의미하는 '텔로스'(τέλος)에서 파생된 동사로, 지상에서의 삶의 '마지막'을 의미할 뿐만 아니라, 또한 그리스도 안에서의 '완성'(텔리오시스 τελείωσις)을 의미한다. 그리고 오직 성인들만이 그 완성에 이른다. "우리는 순교를 '완전'(τελείωσις)이라 부른다. 여느 사람들처럼 순교로 삶의 마지막에 이르렀기 때문이 아니라, 그리스도를 향한 그 사랑을 충만하게 이룩했기 때문이다."01

우리의 거룩한 교회는 선하고 자애로운 어머니처럼 자녀들에게 성인들의 마음속에서 불타올랐던 신성한 사랑을 보여준다. 그들로 하여금 실현 불가능한 것을 실현할 수 있게 해준 그 사랑을 보여준다. 우리가 참여하는 생명의 식탁에서, 성인들은 그들의 거룩한 삶, 그들의 거

01　Clément d'Alexandrie, *Stromates*, IV, 4, SC 463, 79.

룩한 유해들을 우리에게 제공해주어, 우리가 영적으로 기쁨을 누리게 해준다. 신성한 성찬 예배에 앞서 거행되는 아침 기도예식(조과)에서 우리는 그들의 놀라운 투쟁에 대해 듣는다. "성인들은 고통당했고, 우리는 기쁨을 누린다. 그들을 싸웠고, 우리는 환희 속에 살아간다. 면류관은 그들의 것이고, 우리는 그들의 영광을 공유한다. 아니 그 영광은 온 교회의 것이다. … 순교자들은 우리의 고유한 지체들이다. 이렇게 해서, '한 지체가 고통을 당하면 다른 모든 지체도 함께 아파하고, 또 한 지체가 영광스럽게 되면 다른 모든 지체도 함께 기뻐한다.'(1고린토 12:26) 머리는 면류관을 쓰고, 몸의 나머지 모든 지체는 기뻐 뛴다. 한 사람이 올림픽의 승리자가 되면, 수많은 사람이 기뻐한다."02

신자들의 기쁨은 당연하다. 성인들의 기도는 교회라는 몸을 지탱하는 지주이고 보호이다. "성인들의 자애가 이러하다. 그들은 그들 자신만 생각하지는 않는다. 오히려 그들은, 마치 온 세상이 하나의 집인 것처럼, 온 인류가 단 하나의 몸인 것처럼, 끊임없이 모두를 위해 하느님께 간청한다."03

성인들의 삶과 사랑은 감사의 성찬 교제로 우리를 초대한다. 그들의 현존은 애정 깊은 영적 아버지처럼 신자들 전체를 지탱한다. 그들은 우리를 감사의 성찬 모임으로 불러 모으고, 우리는 주님의 식탁으로 모여든다. 이 신성한 모임 안에서 우리는 성인들을 보호자, 안내자, 우리 삶의 모범으로 세워주신 것에 대해 하느님께 감사드린다. 우리는 성인들을 영예롭게 하셨고, 또 계속해서 영예롭게 하실 그 영광으로 인해 하느님께 감사드린다. 우리는 또한 성인들에게도 감사드리는데,

---

02 Saint Jean Chrysostome, *Éloge sur le saint martyr Romain*, I, 1, PG 50, 605-606.
03 Saint Jean Chrysostome, *Sur le psaume 9*, 8, PG 55, 134.

그들은 다양한 방식으로 우리에게 선을 베풀었고, 우리를 하느님께로 인도하기 때문이다.

성인들은 우리가 하느님의 거룩한 이름에 영광 돌리는 한 이유가 된다는 사실은 그들의 존재가 바칠 수 있는 가장 아름다운 봉헌이다. 살아있을 때, 성인들은 그리스도의 영광을 위해 모든 노력을 다했고, 그들로 인해 하느님이 영광 받으시는 지금은 하늘에서 기쁨을 누린다.

성인들은 땅에서, "아직은 영원한 지복을 소망 안에서만 가지고 있을 뿐이었지만 그럼에도 평생 모든 일에서 하느님께 영광 돌리고, 하느님의 영광을 위해 모든 것을 행했다. 그렇다면 지금, 그들의 감사가 더욱 커졌고, 모든 덕에 있어서 완전해졌으며, 그래서 행복을 더 이상 소망하는 것이 아니라, 임금의 너그러우심을 몸소 경험하고 있는 지금, 그들의 느낌이 어떨지 … 이런 까닭에 그들은 하느님께 쉰 없이 성가를 불러드리지만 그들의 감사만으로는 충분치 않다고 느낀다. 그리하여 그들은 또한, 하느님에 대한 감사의 빚을 조금이라도 갚기 위해, 그들의 찬양에 합류한 수많은 이들을 통해 그들의 감사를 더욱 증대시키기 위해, 모든 존재, 천사와 사람이 그들의 성가대에 합류하는 것을 보고 싶어 한다."04

하느님이시여, 우리를 찾아주소서.

말씀의 육화는 하느님이 사람들을 찾아오신 사건이다. "저 높은 곳으로부터, 우리 구세주께서 우리를 찾아오셨다."05 지금 우리는 하느님께 우리를 찾아 주십사고 간청한다. 그 방문을 연장해달라고, 다시

---

04 Saint Nicolas Cabasilas, *Explication de la divine liturgie*, XLVIII, SC 4 bis, 271-273.
05 그리스도 탄생 축일, 조과, 엑사포스틸라리온.

말해 신성한 성찬 예배를 통해 하느님의 육화의 신비를 경험할 수 있게 해달라고 하느님께 간청한다. 우리는 주님께 그 신성한 방문을 그리스도의 재림 때까지 연장해 달라고, 단순한 방문자가 아니라 집 주인으로서 우리와 함께 머물러 달라고 간청한다.

말씀의 첫 번째 방문과 두 번째 강림 사이에 이 세상의 시간이 펼쳐진다. 우리 신자들은 주님을 사랑하기 위해 투쟁한다. 사랑은 우리가 그분의 방문의 신비를 살 수 있도록 돕기 때문이다.

> "나를 사랑하는 사람은 내 말을 잘 지킬 것이다. 그러면 나의 아버지께서도 그를 사랑하시겠고 아버지와 나는 그를 찾아가 그와 함께 살 것이다."(요한 14:23)

사랑은 하느님의 방문을 영속화하고 사람을 하느님의 집과 거처로 변모시킨다.

> "하느님은 사랑이십니다. 사랑 안에 있는 사람은 하느님 안에 있으며 하느님께서는 그 사람 안에 계십니다."(I 요한 4:16)

하느님 사랑의 신비, 다시 말해 감사의 성찬 예배, 거룩한 성찬 교제에 참여함으로써, 우리는 주님이 이 세상에 그리고 우리의 삶 속에 찾아오시는 그 신비를 경축한다.

> "내 살을 먹고 내 피를 마시는 사람은 내 안에서 살고 나도 그 안에서 산다."(요한 6:56)

세상을 위한 봉헌

'봉헌물 준비 예식'(프로스코미디)에서 집전자는 주교와 공동 집전 성직자들과 살아있는 신자들과 안식한 신자들을 언급했다. 그들의 이름을 추념하면서 그는 그들의 몫으로 떼어낸 빵조각들을 어린양, 다시 말해 봉헌된 그리스도의 형상인 '어린양' 주위에 놓는다. 이제 축성한 후, 봉헌은 완전하게 이뤄졌고 이제 그리스도 자신이 현존하신다. 그러므로 우리는 우리 선조들과 형제들, 근원각지의 모든 이웃들, 살아있는 이들과 안식한 이들을 위해 그분께 더욱 간절히 간구한다. 이 순간 우리 형제들에 대한 추념은 "하느님이 온 세상을 위해 자신을 내어주셨다는 놀랍고도 두려운 신비를 선포한다."06

"우리는 또한 온 세상을 위해 이 영적인 예배를 당신께 바치나이다." 감사의 성찬 예배는 "교회의 세계 공의회"이다. 비록 신성한 성찬 예배에 참여하는 사람이 단 한 명밖에 없다 해도, 집전자와 그 형제의 성찬 모임에는 온 세상이 현존한다. 아나포라는 "온 세상을 위해" 드려진다. 거룩한 제단에는 "온 세상을 위해 대속 제물로 바쳐지신"07 그리스도가 계시기 때문이다. 그분의 현존을 통해, 집전자와 신자들은 보편 교회를 형성한다. 만물이 그분의 사랑의 빛으로 조명된다. "피조 세계 전체가 새로워지고 신화된다."08

> **사 제** (작은 소리로) 주여, 이 도시와 이 나라, 그리고 온 누리에 있는 신자들을 기억하소서. 주여, 여행하는 자, 병든 자, 구속된 자, 고통 받는 자들을 기억하시고 그들을 구원하여 주소서. 주여, 당신의 거룩한 교회에서 수고하는 이들과 예물을 드리는 이들을 기억하시고, 또한 가난한 이들을 돌보는 사람들을 보살펴 주시며, 우리에게 당신의 온갖 자비를 베풀어주소서.

---

06 Saint Jean Chrysostome, *Sur les Actes*, XXI, 5, PG 60, 170.
07 Saint Jean Chrysostome, *Sur la première Épître aux Corinthien*, XLI, 5, PG 61, 361.
08 9월 8일, 조과, 카티스마.

> (큰 소리로) **그리하여 우리가 모두 한 마음으로 입을 모아 지극히 존귀하시고 위대하신 주, 성부와 성자와 성령의 이름을 영원히 찬송하게 하소서.**
>
> **성가대**   아멘.

한 마음으로 입을 모아

성 삼위 하느님의 지극히 존귀하고 위대하신 이름에 영광 돌리기 위해, 성찬 예배 공동체는 한 마음 한 목소리가 되어야 한다. 종종 교회 밖에 또 신성한 성찬 예배 밖에 있는 사람들도 어떤 일에서 일치를 이루고 한 목소리를 내려한다. 그들의 소리는 일치할 수 있지만, 그들의 마음은 그렇지 않다. 그들의 숨겨진 목적들은 일치된 입술의 말처럼 일치하지 않는다.

하지만 교회 안에는 다른 원리가 존재한다. 감사의 성찬을 통해 영광 돌릴 때, 신자들의 마음과 입술은 일치한다. 성령의 은총을 통해, 우리 신자들은 한 입, 한 마음, "한 영혼, 한 감정"(필립비 2:2)이 된다. 사랑 안에서의 연합은 "위로부터 오는 가장 완전한 선물"(야고보 1:17)이다. 첫 그리스도인들은 이 일치를 가장 높은 수준에서 누렸다. 그들은 단 하나의 마음을 가진 수많은 사람이었다. 성 대 바실리오스는 그처럼 행하라고 우리에게 권면한다. "첫 그리스도인들의 경탄스러운 일치를 본받자. 그들은 모든 것을 공유했고, 하나의 동일한 생명, 하나의 동일한 영혼, 공동의 식탁을 가졌고, 분리할 수 없는 형제애, 진실한 사랑의 끈으로 연합되었으니, 그것은 많은 이들을 단 하나의 몸으로 만들었고, 서로 다른 영혼들을 조화로운 일치 안에 연합시켰다!"[09] 일

---

09 *Homélie sur la famine et la sécheresse*, 8, PG 31, 325B.

치시키는 사랑의 공기 안에서 많은 신자들은 "현악기의 줄들처럼 된다. 줄은 여럿이지만, 함께 아름다운 곡조를 만들어낸다."[10] 우리는 사랑이신 하느님을 노래하는 하나의 입이 되고, 사랑이신 하느님으로 인해 박동하는 하나의 심장이 된다.

> 사제는 이렇게 말하면서 백성을 축복한다.
>
> **사 제** **위대하신 하느님, 우리 구세주 예수 그리스도의 자비가 여러분과 함께 있으리이다.** (참고. Ⅱ요한 3, 디도 2:13)
>
> **성가대** 또한 사제에게도.
>
> **보 제** - 이제 모든 성인들을 생각했으니, 다시 평화로운 마음으로 주님께 기도드립시다.
> - 여기 봉헌되고 축성된 고귀한 예물들을 위해 주님께 기도드립시다.
> - 천상의 거룩하고 영적인 제단에서 이 예물들을 그윽한 영적 향기처럼 받으신 자애로우신 우리 하느님께서, 우리에게 그 거룩한 은총과 성령의 은사를 베풀어 주시도록, 주님께 기도드립시다.

그윽한 영적 향기처럼

이 고귀한 선물들이 천상의 제단에서 "그윽한 영적 향기처럼" 받아들여졌다고 우리는 확신한다. 그리스도는 "신성의 향유"[11]이기 때문이다. "당신의 향유 내음, 모든 향유를 능가하나이다."(아가 1:3)

육화하시기 전, 말씀은 "안에만 머무는 향유"[12]였다. 육화를 통해,

---

10 Saint Jean Chrysostome, *Sur l'amour parfait et la componction*, 2, PG 56, 281.
11 Saint Grégoire de Nysse, *Sur la Cantique des cantiques*, I, PG 44, 784A.
12 Saint Nicolas Cabasilas, *La Vie en Christ*, III, SC 355, 241.

그분은 자신을 비우시고, "부어진 향유"(아가 1:3)가 되신다. 자신의 태에 그리스도를 담으신 성모는 "좋은 향기 나는 향유를 담는 그릇"[13]이 되셨다.

> "순백의 영적인 항아리처럼 동정녀는 결코 줄어들지 않는 향유이신 그리스도를 담으셨고, 성령에 이끌려 베들레헴 동굴에 그 향유 부으러 오셨나니, 우리 영혼 그 향기로 가득 채우기 위함이나이다."[14]

신성한 향유(그리스도)가 세상에 오심으로써 사람은 그 향기에 참여할 수 있게 되었다. 말씀의 육화 이전에, 인간의 본성 그 자체는 사람과 하느님 사이에 있는 하나의 벽이었다. "그분은 하느님이실 뿐이고, 우리의 본성은 사람일 뿐"[15]이기 때문이다. 우리의 인간 본성은 밖으로 향기를 퍼뜨릴 수 없는 질그릇 같았다. 그런데, 그리스도의 육화를 통해, 이 그릇 자체가 향유가 되었다. 이런 까닭에 우리가 하느님과 연합하는데 더 이상 아무런 장애도 없다. "만약 순백의 항아리가 어떤 과정을 거쳐 향유가 되었고 그 자체로 녹아버렸다면, 향유는 더 이상 외부의 것들과 분리되지 않을 것이다. 왜냐하면 향유는 더 이상 무언가의 안에도 자신 안에도 머물러 있지 않기 때문이다. 이렇게 우리의 본성이 구세주의 몸 안에서 신화되었기 때문에, 우리 인간을 하느님으로부터 분리시키는 것은 더 이상 존재하지 않고, 그래서 어떤 것도 우리가 신성한 은총에 참여하는 것을 막지 못한다."[16]

그리스도의 육화를 통해 사람에게 신화의 길이 열렸다. 그릇은 그

---

13 2월 5일, 조과, 카논 8오디.
14 12월 20일, 조과, 카논 9오디.
15 Saint Nicolas Cabasilas, *La Vie en Christ*, III, SC 355, 241.
16 위와 같은 곳.

자체가 향유가 되었다. 사람은 은총을 통해 신화되고, 그리스도가 된다. 예수는 히브리어 '메시아'와 같은 의미인 '그리스도'라 불렸다. 하느님이 가장 탁월한 방식으로 기름 부어주신 분 말이다.

성찬 예배가 거행될 때마다, 거룩한 향유이신 그리스도는 자신을 비우시고, 온 세상을 "하느님으로부터 풍겨 나오는 향기들"[17]로 가득 채우신다. 각각의 신자처럼 감사의 성찬 모임도 좋은 향내를 풍긴다. 그리스도의 이름을 부르는 행위만으로도 "금방 좋은 향기에 흠뻑 젖기 때문이다."[18] 창조주께 영광 돌리는 것은 그 찬양을 올리는 이의 마음을 향기로 가득 채운다. "주님께 바치는 좋은 향내 나는 향유는, 창조주께 영광 돌리는 마음이다."[19] 그래서 우리의 영혼은 주님께 이렇게 아뢴다.

> "나의 향유는 상할 것이지만, 당신의 것은 생명의 향유이나이다. 당신의 이름이야말로 합당한 이들 위에 부어지는 향유이기 때문이나이다."[20]

신성한 성찬 예배는 신성한 향유(그리스도)의 케노시스(Κένωσις, 자기 비움) 신비이다. 식탁에 앉은 모든 이들은 그 좋은 향기에 매혹된다. "님의 향내를 따라 달음질치고 있다오."(아가 1:4) 그들은 그리스도에 참여한다. 그리고 '향유 지닌' 영혼들이 되어 성찬 예배를 떠난다. 이 영혼들은 그 자체가 그리스도의 좋은 향기가 되고, 생명으로 이끌어주는 생명의 향기가 된다.(II고린토 2:15-16)

---

17 2월 5일, 조과.
18 Saint Jean Chrysostome, *Sur Épître aux Colossiens*, IX, 3, PG 62, 364.
19 *Épître de Barnabé*, II, 10, SC 172, 87.
20 성 대 화요일, 석후과.

보 제	온갖 근심과 분노와 재앙과 필요로부터 우리가 벗어나게 해주시길, 주님께 기도드립시다.
성가대	주여, 불쌍히 여기소서.
보 제	- 하느님이시여, 당신의 은총으로, 우리를 도우시고, 구원하시고, 불쌍히 여기시고 또 지켜주소서. - 오늘 하루가 완전하고 거룩하고 평화롭고 죄 없는 하루가 될 수 있도록, 주님께 간구합시다.
성가대	주여, 들어주소서.
보 제	- 우리 영혼과 육신의 충실한 안내자요 수호자인 평화의 천사를 보내주시도록, 주님께 간구합시다. - 우리의 죄와 잘못을 용서하시고 사해주시도록, 주님께 간구합시다. - 우리 영혼에는 선하고 유익한 것을, 그리고 세상에는 평화를 주시도록, 주님께 간구합시다. - 우리가 남은 삶을 평화와 참회 안에서 영위할 수 있도록, 주님께 간구합시다. - 고통도 부끄럼도 없이 평화롭게 그리스도인으로 삶을 마칠 수 있게 해주시고, 그리스도의 두려운 심판대 앞에서 합당한 변호를 받을 수 있도록, 주님께 간구합시다. - 신앙의 일치(에페소 4:13)와 성령의 친교를 간구하면서, 우리 모두 서로가, 우리 자신을, 그리고 우리의 온 생명을 우리 하느님 그리스도께 맡깁시다.
성가대	주여 당신께 맡기나이다.

신앙의 일치

신앙의 일치는 신성한 감사의 성찬 예배의 일치 안에 들어가기 위한 위한 전제 조건이다. 이런 까닭에, 생명의 잔에 다가가기에 앞서, 우리는 신앙의 일치 안에 지켜주시길 주님께 간구한다. 교회는 그리스도의 유일한 몸이다. 또한 교회는 단 하나의 영혼, 단 하나의 마음, 단 하나의 목소리를 가져야 한다. "왜냐하면 우리 모두가 하나가 될 때, 우리 모두가 동일한 방식으로 신앙의 관계, 사랑의 관계를 이해할 때, 바로 그것이 신앙의 일치이기 때문이다."[21]

"하나의 동일한 신앙"은 우리에게 "단 하나의 생명의 빵"으로 양육될 수 있는 가능성을 제공해준다. '하느님을 품은' 성 이그나티오스는 이렇게 쓰고 있다. "단 하나의 신앙 안에서 예수 그리스도의 이름으로 모이자. … 불멸의 약인 단 하나의 빵을 나누자."[22] 이 하나의 거룩하고 사도적인 신앙을 전해 받은 교회는 "그것을 정성 다해 보존한다. … 교회는 마치 하나의 영혼, 하나의 마음을 가진 것처럼 그 신앙을 믿고 고백한다. 교회는 마치 하나의 입을 가진 것처럼, 이 신앙에 부합하는 전통을 설교하고 가르치고 전해준다. … 하느님의 피조물인 태양이 온 세상에 하나이고 동일한 것처럼, 진리의 설교 또한 두루 빛나고 진리를 아는 데 이르고자 하는 모든 사람을 비춰준다."[23]

교회 안에서는 모든 것이 공통이다. 우리의 신앙도 공통이요, 우리의 희망도 공통이요, 우리의 사랑도 공통이다. 고백자 성 막시모스가 쓰고 있듯이, 거룩한 교회는 하느님에 대한 예시이고 형상이다. 그리고 하느님이 창조주로서 그 무한한 권능과 지혜로 온 피조세계를 일치와 조화 안에 유지하시듯이, 교회는 은총과 하나의 신앙으로 부름 받

---

21 Saint Jean Chrysostome, *Sur Épître aux Ephésiens*, XI, 3, PG 62, 83. Saint Nicodème l'Haghiorite, Ἑρμηνεία εἰς τάς 14 ἐπιστολάς τοῦ Ἀποστόλου Παύλου (바울로 사도의 서신 14편에 대한 주석), volume II, Thessalonique, Orthodoxos Kypseli, 1990, p.434.

22 *Aux Ephésiens*, XX, SC 10, 77.

23 Saint Irénée, *Contre les hérésies*, I, 10, 2, SC 264, 159-161.

은 것에 부합되게 모든 신자를 하나의 연합 안에 묶어세운다.[24]

신자들의 이 연합은 세례를 통해 생겨나고, 견진을 통해 축성되며, 거룩한 성찬 교제를 통해 양육되고 성장한다. 이런 까닭에 신앙의 일치에 속한 이들만이 신비의 식탁에서 자기 자리를 가질 수 있다. 교회는 세례 받지 않은 이들에게는 불멸을 낳는 이 양식을 주지 않는다. "입문하지 않은 사람이 자신을 숨기고 성찬 교제에 참여한다면 그는 영원한 단죄를 형벌로 받을 것"[25]임을 교회는 잘 알고 있기 때문이다. 진리에 참여하지 않은 사람은 생명에 참여할 수 없다. 신앙의 일치에 참여하지 않은 사람은 성령의 친교 안에 들어갈 수 없다. "우리의 신앙은 감사의 성찬과 일치되고, 감사의 성찬은 우리의 신앙을 확증한다."[26] 공통의 잔은 공통의 신앙을 전제한다.

똑같은 이유로, 그리스도에 대한 정통 신앙을 부정하거나 왜곡한 이들 또한 그리스도의 성찬에 참여할 수 없다. 거룩한 성찬 교제는 세례 받지 않은 자에게도 이단에게도 허락되지 않는다. "외부인이 신성한 감사의 성찬에 다가가는 것은 허용되지 않는다. 불신자, 세례 받지 않은 자는 외부자로 여겨질 것이고, 또한 성인들의 신앙과 다르고 양립할 수 없는 이단적 견해들에 이끌려간 자들도 마찬가지다."[27] 교회는 이단들이 주님의 식탁에 참여하는 것을 금지한다. "우리는 몇몇 교리들을 바르고 참된 교리들과 다른 방식으로 이해하는데 익숙해진 이들과는 함께 거룩하고 생명을 주는 희생제에 참여하지 않을 것이다. 우

---

24 *Mystagogie*, XXIV, PG 91, 705B, traduction française, éd. Migne, collection <Les Pères dans la foi>, 앞의 책, p.140.
25 *Les Constitutions apostoliques*, VII, 25, 6, SC 336, 55.
26 Saint Irénée, *Contre les hérésies*, IV, 18, 5, SC 100, 611.
27 Saint Cyrille d'Alexandrie, *Sur le culte en Esprit et en Vérité*, XI, PG 68, 761D.

리는 같은 정신을 가진 이들, 우리의 형제들, 영적인 일치와 신앙의 동일성 안에 있는 이들과 함께 참여할 것이다."[28]

교회는 이단자들을 거룩한 성찬 교제에 받아들이길 거부한다. 또한 교회는 다른 교파에 속한 이들과 함께 드리는 성찬 예배 예식, 그들과의 공동 기도에서는 성찬 교제를 하지 않는다. 어떤 이들은 이것을 지나친 엄격주의라고 여기지만, 이는 교회의 모성적 사랑을 이해하지 못한 탓이다. 하지만 교회는 반대로 모든 사람이 참회 안에서 다시 교회로 돌아오길 갈망하고 기도한다. 교회는 형식적인 '성찬 교제'가 타교파 사람들 자신에게 해가 될 것이고, 어떤 정교 신자들에게는 그들 자신의 신앙을 흔들게 될 것임을 알고 있다.

신앙의 일치 안에서 살아가는 이들은 인류 전체를 향한 교회의 사랑을 잘 이해한다. 그들은 모든 사람을 향한 모성애로 교회의 심장이 박동하는 것을 들으며, 그 마음이 만인을 위한 사랑으로 불타오르는 것을 본다. 불신자를 위해, 예비 신자를 위해, 그리고 신앙에서 멀어져간 이들과 신앙에 가까이 있는 이들 모두를 위한 사랑 말이다.

> **사 제** (작은 소리로) 자애로우신 주여, 당신께 우리의 온 생명과 희망을 맡기나이다. 당신의 이름을 부르며, 기도하고 간구하오니, 죄의 사함과 잘못의 용서와 성령과의 친교와 하늘나라의 상속을 얻기 위해, 그리고 심판과 단죄를 받지 않고, 당신 곁에 떳떳하게 나아갈 수 있기 위해, 우리가 깨끗한 양심으로, 성스럽고 영적인 이 제단에서 행해지는 천상의 두려운 신비에 참여하기에 합당한 자 되게 하소서.
> (큰 소리로) **주여, 우리가 단죄될까 두려워하지 않고, 떳떳하게, 하**

---

28 위의 책, XVII, PG 68, 1077C.

> 늘에 계신 하느님 당신을, 아버지라고 부르기에 합당한 자가 되게 하소서.

성령의 친교를 위해

"성령과의 친교를 얻기 위해, …. 천상의 두려운 신비에 참여하기에 하당한 자 되게 하소서." 집전자는 기도에서 이렇게 간구한다. 그리스도의 거룩한 몸과 피에 참여하는 것은 또한 성령과의 친교이다. "이 두 선물을 통해 우리는 하나의 동일한 성령을 받아 마신다."29(참고. I고린토 12:13) 그리스도 자신은 "그분의 잔을 우리에게 마시게 하셨고, 또한 우리에게 성령을 받아 마시게 하셨다."30 실제로, 첫 번째 신비의 성찬 성사를 거행하실 때, 그리스도는 "잔을 드시고, 물과 포도주를 섞으신 뒤, 하늘 높이 들어 아버지 하느님께 보여드리셨다. 그리고 감사드리시고, 강복하시고, 축성하시고, 성령으로 충만케 하신 뒤, 그분의 거룩한 피를 거룩하고도 복된 제자들에게 주셨다."31

교회의 잔치, 감사의 성찬 예배에서 집전자는 그리스도의 자리에 하나의 형상으로 서서, "두 손을 하늘 높이 든 다음, 오시어 봉헌된 선물들을 축성해주시도록 성령을 부른다."32 그러면, "봉헌된 빵은 천상의 빵이 된다."33 그리고 "주님의 거룩한 몸과 피에 참여한 모든 이들은 성령의 거처가 된다."34 성령은 "온 우주를 살리시고 … 하늘에 계시

---

29 Saint Jean Chrysostome, *Sur la première Épître aux Corinthiens*, XXX, 2, PG 61, 251.
30 Saint Jean Chrysostome, *Sur Matthieu*, XLV, 2, PG 58, 474.
31 성 야고보 성찬 예배.
32 Saint Jean Chrysostome, *Sur le nom "cimetière"*, 3, PG 49, 398.
33 Saint Jean Chrysostome, *Sur Jean*, XLV, 2, PG 59, 253.
34 Saint Jean Chrysostome, *Catéchèses baptismales*, II, 27, SC 50, 149.

며, 온 땅을 채우시고, … 각 사람 안에 충만하게 머무시고, 또한 하느님과 충만하게 함께 계신다. 성령은 천사들처럼 종이 하듯 그렇게 선물을 나눠주시지 않고 오히려 권위를 가지고 은총의 선물들을 나눠주신다."35

교회에서 신자들은 성령의 선물들을 받는다. 특별히 성찬 예배에서 모두는 위로자 성령 그 자신을 우리의 모임 안에, 그리고 우리의 영혼 안에 받아 모신다.

하느님 곁에 떳떳하게 나아감

그리스도는 사람을 봉헌예물로서 천상의 아버지께로 이끌어 가시는 대사제이시다. 그리스도는 자신을 흠 없이 하느님께 바침으로써 사람 전체를 봉헌하신다. "그리스도가 사제로서 우리를 바치시는 한, 우리는 하느님 아버지 곁에 갈 수 있는 존재가 된다. 우리는 그리스도를 통하여 '이 은총을 누리게 되었기'(로마 5:2) 때문이다. 그분은 먼저 우리를 위해 지성소에 들어가시고(히브리 6:20), 우리에게 참된 길을 보여주심으로써, 우리가 참된 실존으로 건너갈 수 있게 해주셨다."36

"그리스도는 자신의 생명을 통해 참 생명의 길을 여셨다. 이제 사람은 그리스도 안에서 새로 태어날 수 있게 되었고, 하느님과 얼굴을 맞대고 볼 수 있는 복을 누렸던 처음 창조된 아담처럼, 하느님의 신뢰로 충만한 존재가 될 수 있게 되었다."37

그리스도의 피를 통해, 하느님의 은총이 단죄된 사람에게 주어졌고,

---

35 Saint Basile le Grand, *Homélie sur la foi XV*, 3, PG 31, 469B-472A.
36 Saint Cyrille d'Alexandrie, *Sur le culte en Esprit et en Vérité*, XVI, PG 68, 1016B.
37 Saint Grégoire de Nysse, *Discours catéchétique*, VI, SC 453, 181.

아버지께로 인도하는 길이 열렸다.

> "주 우리 하느님이시여, 당신께 영광돌리나이다. 당신은 우리로 하여금 예수의 피를 통해 지성소에 들어갈 수 있게 하셨고, 이로써 그분의 육신의 너울을 통해 새롭고도 살아있는 길을 우리에게 열어주셨나이다.(히브리 10:19-20)"[38]

또한 "예수의 피가 지성소에 들어가는 길을 우리에게 열어주었기" 때문에, 우리는 그분의 바다와 같은 자비 앞에 담대히 들어가 엎드려 아뢴다.

> "하늘에 계신 우리 아버지…"

회 중	하늘에 계신 우리 아버지, 아버지의 이름이 거룩하게 하시며, 아버지의 나라가 오게 하시며, 아버지의 뜻이 하늘에서와 같이 땅에서도 이루어지게 하소서. 오늘 우리에게 필요한 양식을 주시고, 우리가 우리에게 잘못한 이를 용서하듯이, 우리의 잘못을 용서하시고, 우리를 유혹에 빠지지 않게 하시고, 악에서 구하소서.
사 제	(큰 소리로) **나라와 권세와 영광이 영원히 성부와 성자와 성령의 것이나이다.** (마태오 6:9-13)
성가대	아멘.

우리는 이제 하느님의 자녀들이다.

주의 기도를 통해 우리는 하느님께 말씀드리며 그분을 아버지라 부른다. "이 얼마나 넘치는 사랑인가!" 성 요한 크리소스토모스는 외친다. "우리에게 그토록 크나큰 선을 베풀어주신 분 덕분에 우리가 어떤

---

38 성 야고보 성찬 예배.

말까지 하게 되었는가! 사랑하는 이들이여, 생각해 보라. 나와 그대들의 본성의 가치가 얼마나 보잘것없는가! 우리가 어디서 왔는지 그 기원을 생각해보라. 진흙, 재, 먼지에 지나지 않는다. 흙으로 창조되었으니, 우리는 죽은 뒤 다시 흙으로 돌아갈 것이다. 또한 이 모든 것을 생각해 본 뒤, 우리를 향하신 하느님의 위대한 선, 이루 다 헤아릴 수 없는 그 풍요로움에 경탄하라. 땅에서 나온 그대에게 하늘에 계신 분을 아버지라고 부르라고 명하시기 때문이다. 사멸할 자가 불멸하시는 분께, 썩어 없어질 자가 썩지 않으시는 분께, 찰나의 존재가 영원하신 분께 말씀드린다!"[39]

니싸의 성 그레고리오스는 사람에게 주어진 영예에 경탄한다. "과연 어떤 영혼이 하느님을 아버지라 부르는 영예를 가질 수 있는가! 그러려면 얼마나 대담해야 하겠는가! 비록 가능한 범위 안에서겠지만 하느님이 어떤 분이신가 알고서도, 감히 그분을 자기의 아버지라 부르려면, 그 사람은 어떤 양심과 의식에 이르러야 하는가!"[40] 이 영예는 예수의 피를 통해 사람에게 주어졌다. 이런 까닭에 성 야고보 성찬 예배가 거행되는 동안, 성찬 교제에 참여하기 위해 그리스도의 순결한 피에 다가갈 때, 신자들은 다음과 같은 기도문을 읊는다.

> "사람의 친구이신 주여, 우리가 단죄됨 없이 순결한 마음과 빛을 받은 영혼과 부끄럼 없는 얼굴과 성화된 입술을 가지고, 감히 거룩한 하느님 아버지이신 당신을 부르며, 담대하게 이렇게 말하기에 합당케 해 주소서. '하늘에 계신 우리 아버지…'"[41]

---

39 *Sur la nécessité de régler sa vie selon Dieu*, III, PG 51, 44.
40 *Sur la prière du Seigneur*, 2, PG 44, 1140CD.
41 성 야고보 성찬 예배.

'주님의 기도'의 첫 문장은 우리가 세례의 은총에 따라 하느님의 양자가 되었음을 보여준다. "우리를 창조하신 분을, 우리가 은총으로 아버지라 부를 수 있게 됨에 따라, 우리는 우리 자신에게 '아들 됨의 은총'을 선포하게 된다. 이렇게 은총으로 우리를 낳으신 분을 부름으로서 우리는 우리가 영위하는 생명 안에 우리를 낳으신 분의 흔적들을 새기려고 노력한다. 우리는 땅 위에서 그분의 이름을 거룩하게 한다. 우리는 그분을 아버지처럼 따른다. 우리는 우리의 행위들을 통해 우리가 그분의 자녀임을 보여준다. 우리는 생각이나 행동 안에서 언제나 본성으로 아버지의 아들이신 분(그리스도), 스스로 나서시어 우리의 자녀 됨을 이루신 분을 찬미한다."[42]

우리가 이 세상을 사는 동안 교회 안에서 얻어 누리는 이 양자됨은 미래의 영원한 양자됨의 형상이다. "위대하시고 복되신 하느님 아버지에 대한 이 거룩하고 고귀한 호명은 성령의 선물과 은총으로 주어질 인격적이고 실존적인 양자됨의 상징이다. 사람에 고유한 모든 것이 은총의 임재를 통해 지배되고 덮여질 것이기 때문에, 이 양자됨을 따라 감으로서 모든 성인들은 하느님의 자녀라는 자격을 얻게 될 것이고, 또 그렇게 될 것이다."[43]

형상을 순결하게 간직하고 닮음에 도달함으로써, 신적인 아름다움으로 장식되어 하느님 나라로 도약하는 영혼은, 은총에 의해 하느님의 양자됨으로 인도된다. 이 양자됨을 통해, "신비롭게도 은총으로 하느님을 유일한 아버지로 가진 영혼은, 모든 것으로부터 탈피하여 하느님

---

42 Saint Maxime le Confesseur, *Sur la prière du Seigneur*, *Philocalie*, volume II, p. 192, traduction française, 앞의 책, tome A, p.554.

43 위의 책, *Mystagogie*, XX, PG 91, 696 CD, traduction française, éd. Migne, collection <Les Pères dans la foi>, 앞의 책, p.127.

과의 비밀스런 연합으로 인도될 것이다. 그러면 그 영혼은 아는 것 이상으로 신적인 것들을 경험할 것이고, 그래서 이젠 더 이상 자신에게 속하길 원치 않게 될 것이다."[44]

하느님의 헤아릴 수 없는 깊이에 도달한 영혼은, 자신을 온전히 하느님께 내어드리고, "하느님은 전체로 그 영혼 안에 들어가, 그분의 신성에 따라 아무 정념도 일으키지 않으면서 그 영혼을 신화시키실 것이다."[45] 선한 일을 행하고자 했던 인간의 모든 노력은 그 끝에 이른다. 이제 영혼은 활동적이지 않고 수동적인 상태에 이른다. 영혼은 끊임없이 하느님에게서 무한한 사랑의 은총을 받는다. "다가올 세상에서 우리는 은총으로 신화(déification)의 변모를 받게 될 것이고, 우리는 더 이상 활동적이지 않고 수동적이게 될 것이다. 이런 까닭에 우리는 인류를 사랑하시는 아버지를 통해 신화되기를 그치지 않을 것이다."[46] 신학자 복음사도 성 요한은 이렇게 쓰고 있다.

> "이제 우리는 하느님의 자녀입니다. 우리가 장차 어떻게 될지는 분명하지 않지만 그리스도 나타나시면 우리도 그리스도와 같은 사람이 되리라는 것을 우리는 알고 있습니다."(I 요한 3:2)

사 제	모든 이에게 평화.
성가대	또한 사제(주교)에게도

---

44 위의 책, XXIII, PG 91, 701BC, traduction française, 앞의 책, p.136.
45 위의 책, PG 91, 701C, traduction française, 앞의 책, p.136.
46 Saint Maxime le Confesseur, *À Thalassios*, XXII, PG 90, 320D.

평화의 식탁

신성한 성찬 예배 전체가 부활하신 그리스도의 새로운 출현이다. 부활 후 그리스도의 첫 번째 출현은 복음 사도 성 요한에 의해 이렇게 묘사되었다.

> "안식일 다음날 저녁에 제자들은 유다인들이 무서워서 어떤 집에 모여 문을 모두 닫아걸고 있었다. 그런데 예수께서 들어오셔서 그들 한가운데 서시며 '너희에게 평화가 있기를!' 하고 인사하셨다. … 여드레 뒤에 제자들이 다시 집 안에 모여 있었는데 그 자리에는 토마도 같이 있었다. 문이 다 잠겨 있었는데도 예수께서 들어오셔서 그들 한가운데 서시며 '너희에게 평화가 있기를!' 하고 인사하셨다."(요한 20:19-26)

이 두 번의 출현에서 주님은 열두 제자 가운데 서 계신다. 똑같은 일이 매번 성찬 예배에서 반복된다. 주님은 성찬 회중 한가운데 서시고, 우리에게 그분의 평화를 주신다. "평화의 식탁"에 다가갈수록, 평화의 요구 또한 커지기 때문이다. "그대는 신성한 성찬 교제를 통해 임금을 받아 모시게 될 것이다. 그분이 그대 영혼 안에 들어가실 때, 그대 영혼은 평정과 고요 안에 있어야 하고, 모든 생각에 있어 깊은 평화 안에 머물러야 한다."[47]

보 제   주님께 머리 숙입시다.

성가대   주여 당신께 숙이나이다.

사 제   (작은 소리로) 보이지 않는 왕이시여, 측량할 수 없는 권능으로 모든 것을 창조하시고, 지극한 자비로 만물을 무에서 존재로 이끌어내

---

47   Saint Jean Chrysostome, *Sur la trahison de Judas*, I, 6, PG 49, 381.

> 신 당신께 감사드리나이다. 주님이시여, 당신 앞에 머리 숙인 자들을 하늘 높은 곳에서 굽어 살피소서. 경외하올 하느님이시여, 그들은 육신과 피가 아니라 당신 앞에 머리를 숙이고 있기 때문이나이다. 하오니 주님이시여, 그들의 유익을 위해 그리고 그들 각자의 고유한 필요에 따라, 그들이 직면하는 어려움들을 잠재워 주소서. 우리 영혼과 몸의 의사시여, 바다에 나가 있는 이들과 함께 항해해주시고, 여행자들과 동행해주시며, 병든 자들은 고쳐주소서.
> (큰 소리로) **인간을 향한 당신의 외아들의 은총과 자비와 사랑을 믿고 기도하나니, 하느님 아버지시여, 당신은 당신의 외아들과 지극히 거룩하고 생명을 주시는 당신의 성령과 함께 이제와 항상 또 영원히 찬미 받으시나이다.**
>
> **성가대** 아멘.

고개 숙이나이다.

'주님의 기도' 다음, 집전자는 신자들에게 그리스도를 주님으로 또 주관자로 인정하면서 그분 앞에 고개를 숙이자고 초대한다. 신자들은 하느님 앞에 고개를 숙인다. "단지 본성상 그들의 주님이요 창조주요 하느님이신 분으로서만 아니라, 그 외아들의 피 값으로 다시 사들인 종들이 하느님께 고개 숙이는 것이다."[48]

고개 숙임을 통해서 우리는 감사하는 종으로서 주님께 우리의 순종을 보여준다. 하지만 우리는 또한 친구로서 또 은총에 따른 자녀로서 우리의 감사를 증언한다. 그리스도의 십자가 희생을 통해 우리는 하느님의 친구요 자녀가 되었기 때문이다.

---

48 Saint Nicolas Cabasilas, *Explication de la divine liturgie*, XXXV, SC 4 bis, 221.

"벗을 위하여 제 목숨을 바치는 것보다 더 큰 사랑은 없다. … 이제 나는 너희를 종이라고 부르지 않고 벗이라고 부르겠다."(요한 15:13)

"종들의 주님은 그 자신의 종인 아담의 사멸할 아들이 되신다. 사멸할 존재가 된 아담의 자녀들이 하느님의 자녀가 될 수 있게 하기 위해서다."[49]

* * *

우리 모두는 같은 아버지를 가진다. 하지만 인간 인격의 고유한 특징은 교회의 친교 안에서도 없어지지 않는다. 사람은 모두 하느님의 형상이다. 하지만 우리 각자는 각자 고유한 특징을 가지고 있고 각자 고유한 영적인 싸움을 한다. 이런 까닭에 그리스도는 거룩한 성찬 교제 안에서 "각자의 고유한 필요에 따라" 주어진다.

주님은 공통이지만, 그 선물은 다양하다. "구세주는 각각의 사람을 위해, 그의 유익에 맞게 다양하게 되신다. 기쁨이 필요한 이들에게 그분은 포도나무가 되신다.(요한 15:1) 들어갈 필요가 있는 이들에게는 문이 되신다.(요한 10:7) 기도드려야 할 필요가 있는 이들에게는 중보자요 대사제로 현존하신다.(I 디모테오 2:5, 히브리 7:26) 죄지은 자들에게는 어린양이 되시어 대속의 제물이 되신다.(요한 1:29) 그분은 본성에 따라서는 변함없이 그분 자체로 머무시면서 동시에 모두에게 모든 것이 되신다."[50]

우리 모두는 하나의 같은 "생명의 빵"에 참여한다. 각자는 자신의 개인적인 삶에서 필요한 분으로 그리스도를 받아 모신다.

"병자들에겐 의사로, 위험에 처한 이들에겐 구조자로, 죄인들에겐 변

---

49 Saint Athanase le Grand, *Sur l'incarnation du Verbe*, VIII, PG 26, 996B.
50 Saint Cyrille de Jérusalem, *Catéchèses mystagogiques*, X, 5, PG 33, 665AB.

호자로, 가난한 자들에겐 보물로, 슬픈 자들에겐 위로자로, 여행자들에겐 동행자로, 항해자들에겐 안내자로. 이렇게 우리가 받아 모시는 분, 그분은 뜨거운 마음으로 모든 곳에서 그들의 필요를 미리 아신다."[51]

우리 앞에 있는 거룩한 예물을 통해서 그리스도는 우리의 삶의 여정에서 "인내의 바위, 위로의 원천, 힘의 공급자, 용기의 저장고, 영혼의 힘 있는 조력자"[52]가 되신다. 그분은 "여행자가 길을 잃지 않게 하시고, 참으로 선 그 자체이신 하느님 아버지께로 그를 인도하시는 참으로 선하고도 틀림없는 길"[53]이시기 때문이다.

---

51 12월 6일, 성 니콜라스 축일, 조과, 애니 독사스티콘.
52 대 수도(메갈로 스키마) 서원 예식.
53 Saint Basile le Grand, *Traité sur le Saint-Esprit*, VIII, 18, SC 17 bis, 311.

7. 거룩한 성찬 교제

> 사 제 (작은 소리로) 주 예수 그리스도 우리 하느님이시여, 저 높은 곳 당신의 거룩한 거처, 당신 왕권의 영광스러운 보좌에서 귀 기울이소서. 저 높은 곳에서는 아버지와 함께 좌정하시고, 이 낮은 곳에서는 보이지 않게 우리와 함께 계시는 주여, 오시어 우리를 거룩하게 하소서. 당신의 힘 있는 손에서 당신의 흠 없는 몸과 당신의 고귀한 피를 받아 모시고, 또 그것을 당신의 모든 백성들에게 나눠주는 은총을 우리에게 베풀어주소서.
>
> 사제는 세 번 머리 숙이며 아뢴다.
>
> 사 제 하느님이시여, 죄인인 저에게 자비를 베푸시고, 불쌍히 여기소서.

**저 높은 곳에선, 내가 당신을 소유하고,
이 낮은 곳에선, 내가 당신과 연합되나이다.**

수난 당하시기 얼마 전, 그리스도는 제자들을 안심시키신다.

"나는 이제 아버지께로 간다. … 이제 조금만 지나면 세상은 나를 보지 못하게 될 것이다. 하지만 너희는 내가 살아 있음을 보게 될 것이

고, 너희 또한 살 것이다."(요한 14:12,19)

세상이라 함은 신성한 성찬 예배 밖에서 살아가는 사람들이다. 그들은 그리스도를 보지 못한다. 어둠 속에서 살기 때문이다. "'나는 보이지 않을 것이다. 내가 땅을 떠난 뒤, 다시 말해 내가 승천한 뒤, 나는 세상적인 영을 가진 사람들에게는 결코 보이지 않을 것이다'라고 그리스도는 말씀하신다. 하지만 성인들은 그분을 볼 수 있을 것이다."[01] 신성한 성찬 예배에서 그리스도는 "보이지 않게 현존"하신다. 하느님 말씀의 육화 때도 몸이 신성을 감싸고 있었듯이, 그렇게 "거룩한 빵 또한 그 안에 신성을 감추고 있는 너울과 같다."[02]

그리스도는 아버지의 보좌를 떠나지 않으시면서, 동시에 육화를 통해 이 땅에 오셨고 사람이 되셨다. "여기서 행해진 것은 하느님의 낮아지심이지 한 장소로부터의 내려옴은 아니다."[03] 하지만 "가장 경탄스러운 것은 그분이 사람처럼 사셨다는 것, 그리고 말씀으로서는 모든 존재에게 생명을 주셨고, 아들로서는 하느님 아버지와 함께 계셨다는 것이다."[04]

'하느님-사람'이신 그리스도는, 승천을 통해, 그 신화된 몸을 우리에게 남겨주시어 신성한 성찬 예배가 거행될 때마다 우리에게 공급해주심과 동시에 그 몸을 지니고 아버지의 보좌 위로 오르셨다. "예언자 엘리야가 하늘로 오를 때, 그는 제자 엘리사에게 겉옷을 남겨주었다. 그런데 하느님의 아들은 올라가시면서 자신의 육신을 남겨놓으셨다. 예

---

01 Saint Cyrille d'Alexandrie, *Sur Jean*, IX, PG 74, 264D-265A.
02 Saint Grégoire Palamas, *Homélie*, LVI, 5, édition Oikonomou, p.205.
03 성모 기립 찬양, 이코스 15.
04 Saint Athanase le Grand, *Sur l'Incarnation du Verbe*, XVII, 4, SC 199, 329.

언자는 겉옷을 남겨주었지만, 그리스도는 우리에게 그분의 육신을 남겨주셨고 동시에 그 육신을 가지고 승천하셨다."05

승천하신 후, 주님은 하늘에서는 아버지와 함께 좌정하시고, 신성한 성찬 예배 안에서는 신자들과 함께 현존하신다. 그분의 현존은 하늘과 땅을 가득 채운다. 하지만 그리스도와 연합되는 지금, 사람 또한 땅 위와 하늘에서 동시에 그분과 함께 있다.

"저 높은 곳에서 나는 당신을 소유하고, 이 낮은 곳에서 나는 당신과
연합되었나이다."06

높은 곳은 하느님 아버지의 품이고, 낮은 곳은 우리 어머니인 교회의 품이다. 위에서나 아래서나 사람은 하느님의 사랑 안에서 살아간다.

신성한 성찬 예배가 거행되는 공간과 시간은 "공간과 시간, 이름과 지성을 초월해 계시는"07 분에 의해 성화된다. 하늘에 계신 그리스도는 신성한 성찬 예배 안에서 우리와 함께 계신다. 단순히 우리와 함께 계실 뿐만 아니라, 우리 안에 오시어 머무신다. "그리스도의 거룩한 몸에 참여하는 우리 모두, 그분의 피를 맛보는 우리 모두는 …. 하늘 보좌에 앉으시어 천사들에 의해 경배 받으시는 분, 흠 없는 권능이신 하느님 아버지 곁에 계신 분을 맛본다."08

주님은 자신의 지극히 거룩한 손으로 집전자에게 자기 자신을 내어주시고, 집전자를 통하여 또 "모든 백성"에게 자신을 내어주신다. 그

05　Saint Jean Chrysostome, *Sur les statues*, II, 9, PG 49, 46.
06　Saint Jean Chrysostome, *Sur I Timothée*, XV, 4, PG 62, 586.
07　Clément d'Alexandrie, *Stromates V*, 11, 71, SC 278, 145.
08　Saint Jean Chrysostome, *Sur l'Épître aux Éphésiens*, III, 3, PG 62, 27.

리스도는 거룩한 성찬 교제를 통해 "모든 백성"에게 제공되는 "커다란 기쁨"이시다.(루가 2:10)

> 보 제   주의 깊게 들읍시다.
> 사 제   (거룩한 빵을 높이 들고 큰소리로) **이 거룩한 예물들은 거룩한 이들에게 합당하나이다.**
> 성가대 거룩한 분은 한 분, 주님도 한 분, 하느님 아버지의 영광이신 예수 그리스도시도다. 아멘.(1고린토 8:6, 필립비 2:11)
>
> 이어서 성가대는 그날의[09] 영성체송*을 부른다.

거룩한 예물들은 거룩한 이들에게

거룩한 이들에게 주어질 거룩한 예물은 바로 그리스도의 거룩한 몸과 고귀한 피다. 그리스도는 본성상 유일하게 거룩한 분이시다. 유일한 분, 유일한 주님이시다. 우리는 오직 그분의 거룩함에 참여하기 때문에, 거룩한 이들이라 불릴 수 있다. "신자들이 거룩한 이들이라 불리는 것은 그들이 거룩하신 분에 참여하기 때문이고, 그분의 몸과 피를 받아 모시기 때문이다."[10]

이 순간 집전자가 행하는 그리스도의 거룩한 몸의 거양은 "그분이 십자가에 오르시는 것, 십자가에 못 박혀 죽으신 것, 그리고 그분의 부활을 표상한다."[11] 그리스도는 "십자가에 달리시듯 사제의 두 손 안에

---

09 고대에는 영성체송(키노니콘 Κοινωνικόν)이 하나의 시편 전체였고, 신자들의 영성체가 진행되는 동안 계속해서 불려졌다. 이 시편들은 주로 22, 23, 116, 144편이었다.

10 Saint Nicolas Cabasilas, *Explication de la divine liturgie*, XXXVI, SC 4 bis, 223.

11 Saint Germain de Constantinople, *Contemplation*, PG 98, 448B.

서 높이 들려진다."¹²

거양 행위는 "거룩한 신비에의 참여가 모든 사람에게 무차별적으로 허락된 것이 아님을 의미한다. … 거룩한 예물은 오직 거룩한 이들에게만 허락된다. 사제는 여기서 완전한 덕을 소유한 영혼들만 아니라 이 완전을 향해 노력하고 있는 모든 이들에게도 거룩한 이들이라는 이름을 부여한다. … 그 어떤 것도 이들이 거룩한 신비에 참여함으로써 성화되는 것을 막지 않는다."¹³

성인들은 단지 죄에서 해방되기 위해서만 아니라 성령을 얻기 위해 투쟁한다. 성 요한 크리소스토모스는 "거룩한 예물은 거룩한 이들에게 합당하나이다."라는 구절을 주석하면서 이렇게 말한다. "사제는 힘 있는 소리로 경외감에 가득 차서, 마치 모든 사람이 다 볼 수 있게 높은 곳에 선 전령처럼, 두 손을 높이 들고, 이 절대적인 침묵 안에서 크게 외치며, 어떤 이들은 성찬 교제로 부르고, 또 어떤 이들은 막는다. 그런데 그는 손으로 그렇게 하는 것이 아니라 입으로 그렇게 한다. … '거룩한 예물들은 거룩한 이들에게 합당하나이다.'라고 말할 때, 사제가 말하고자 하는 것은 '거룩하지 않은 사람은 가까이 오지 말라'라는 것이다. 그가 말하는 것은 단지 죄로부터 순결해야 한다는 것만 아니라 거룩해야 한다는 것이다. 성인은 죄에서 해방되었다는 그 사실만이 아니라 성령의 현존에 의해, 선행의 풍부함으로 인해 구별되기 때문이다. 나는 여러분이 단지 수렁에서 건져질 뿐만 아니라 새하얗고 아름답게 되길 원한다. … 그런 사람은 가까이 와서 임금의 잔을 손댈지어다."¹⁴

---

12 Saint Jean Damascène, *Sur les saints Mystères*, V, PG 95, 409C.
13 Saint Nicolas Cabasilas, *Explication de la divine liturgie*, XXXVI, SC 4 bis, 223.
14 *Sur l'Épître aux Hébreux*, XVII, 5, PG 63, 133.

거룩한 분은 한 분, 주님도 한 분, 예수 그리스도시도다.

"거룩한 예물들은 거룩한 이들에게"라는 사제의 선언에, 신자들은 화답한다. "거룩한 분은 한 분, 주님도 한 분, 하느님 아버지의 영광이신 예수 그리스도시도다." 신자들의 화답은 "육화하시고 십자가에 달리신 외아들을 통해 우리가 거룩해졌고 죽음에서 구원받았고 불멸을 얻었다"15는 고백이다. 왜 그런가? "아무도 자기 힘으로 거룩성을 가질 수 없고, 거룩성은 인간적인 덕의 결과물이 아니며, 모든 사람은 그분에게서 그리고 그분을 통해 그것을 받기 때문이다. 그것은 마치 많은 거울들이 태양 아래 놓여 있는 것과 같다. 거울들은 모두 빛나고 빛을 발한다. 여러분은 많은 태양을 보고 있다고 믿지만 실상 모든 거울 안에서 빛나는 것은 오직 태양 하나뿐이다. 마찬가지로 예수 그리스도만이 홀로 거룩하시고, 그 거룩함이 신자들 안에 흘러 들어가, 많은 영혼 안에서 보이고 그래서 많은 이들에게서 거룩성이 나타나게 한다. 그렇지만 거룩하신 분, 유일하게 거룩하신 분은 오직 그분뿐이다."16

"신비의 거행 마지막에 모든 백성이 행하는 '홀로 거룩하신 분'이라는 고백은 … 모든 이성과 모든 지성을 뛰어넘는 것을 보여준다. 신비롭고 지혜롭게 하느님의 들어오심을 받은 이들은, 함께 모일 것이고, 지성적인 존재들의 불멸하는 세상 안에서 일어날, 신적인 단순성의 비밀스런 단일성에 연합될 것이다. 그들 또한 보이지 않고 이해할 수 없는 영광의 빛을 관상함으로써 천상의 권세들과 함께 복된 순결성을 받을 수 있게 된다."17

---

15 Saint Syméon de Thessalonique, *Sur la sainte liturgie*, XCIX, PG 155, 297D.
16 Saint Nicolas Cabasilas, *Explication de la divine liturgie*, XXXVI, SC 4 bis, 225.
17 Saint Maxime le Confesseur, *Mystagogie*, XXI, PG 91, 696D-697A, traduction

그리스도는 "모든 선의 원천이요, 뿌리 그 자체, 생명 그 자체, 빛 그 자체, 덕 그 자체이시다. 그분은 풍부한 선을 자신 만을 위해 간직하지 않고 다른 모든 존재에게 부어주신다. 그렇게 흘러넘치고도 언제나 충만하게 남아있다."[18] 거룩성의 원천이 천사와 사람 모두에게 거룩성의 향기를 퍼뜨린다. 그리스도는 교회 전체, 그리고 영혼과 몸이라는 그릇을 깨끗하게 간직하고 있는 모든 이들, 그분의 거룩성의 충만을 받은 모든 이들을 거룩하게 하신다.

"거룩한 분은 한 분, 주님도 한 분, 하느님 아버지의 영광이신 예수 그리스도시도다."

그리스도 이전에는, 어떤 사람도 마땅하게 하느님을 영광스럽게 할 수 없었다. 오직 주님만이 아버지 하느님께 "나는 세상에서 아버지의 영광을 드러냈습니다."(요한 17:4)라고 말할 수 있었다. "그리스도는 어떻게 하느님 아버지께 영광 돌리셨는가? 다른 방식이 아니라 아버지의 거룩성을 사람들에게 드러내심으로써 그렇게 하셨다. 아버지 자신이 거룩하신 것처럼, 그분도 거룩하게 나타나셨다."[19]

우리는 감사의 성찬 식탁에 참여함으로써 그리스도의 거룩성에 참여하는 자가 된다. 거룩한 성찬 교제의 순간이 다가오면, 교회는 이렇게 초대한다. "거룩한 이가 있다면 가까이 오십시오. 거룩하지 않다면 회개하십시오. 마라나타(주여 오소서)!(I고린토, 16:22) 아멘."[20]

---

    française, éd. Migne, collection <Les Pères dans la foi>, 앞의 책, p.127-128.
18 Saint Jean Chrysostome, *Sur Jean*, IX, 1, PG 59, 91.
19 Saint Nicolas Cabasilas, *Explication de la divine liturgie*, XXXVI, SC 4 bis, 225.
20 *Didaché*, X, 6, SC 248, 183.

> **보 제** (사제에게) 사제여, 이 거룩한 빵을 떼시옵소서.
> **사 제** (어린양을 네 조각으로 나누면서) 하느님의 어린양이 떼어지고 나뉘시나이다. 그는 나뉘시지만 분리되지 아니하시고, 항상 양식이 되나 결코 없어지지 아니하실 뿐만 아니라, 받아 모시는 이들을 거룩하게 하시나이다.

하느님의 어린양이 떼어지도다.

지상에서 거행하신 첫 번째 신성한 성찬 예배에서, 그리스도는 빵을 들어 제자들에게 주시며 말씀하신다.

> "받아 먹어라. 이것은 너희를 위하여 떼어내는 내 몸이니라."(I 고린토 11:24)

주님의 이 행위는 매번 성찬 예배에서 반복되고, '빵의 나눔'(성체분할)이라 불린다. 집전자는 하느님의 어린양을 네 조각으로 나누고, 그것을 성반 위에 십자가 모양으로 놓는다. 그리고 그 자신이 먼저 영한 후, 신자들에게도 영하게 한다.

"이 '빵의 나눔'은 고귀하신 그리스도의 희생을 나타낸다."[21] 십자가에 달리셨을 때, 군인들은 그리스도와 함께 십자가에 달렸던 강도들에게 했던 것과는 달리, 그리스도의 거룩한 사지를 부러뜨리지 않았다. 그리하여 "'그의 뼈는 하나도 부러지지 않을 것이다.'라는 성경의 말씀이 이뤄졌다."(요한 19:36, 출애굽기 12:10) 하지만 성찬 예배의 희생에서는 주님이 찢기시고 신자들에게 제공된다. 성 요한 크리소스토모스는 이렇게 강조한다. "그리스도는 십자가 위에서는 겪지 않으신 것을 그대를 위한 봉헌 안에서는 겪으신다. 그분은 그대가 배부르게 하시려고

---

21 Saint Eutychès de Constantinople, *Sur la sainte Pâque*, III, PG 86, 2396A.

찢기시는 것도 다 참으신다."²²

이 '빵의 나눔'은 탁월한 방식으로 그리스도를 드러내는 행위이다. 엠마오로 가던 두 제자는 "빵을 떼어낼 때"(루가 24:35) 비로소 그리스도를 알아보았다. 그리고 초기 그리스도인들은 신성한 감사의 성찬 예배를 바로 이 '빵의 나눔'이라 지칭했다.(사도행전 2:42, 20:7) '빵의 나눔'을 통하여 "나뉠 수 없는 그리스도가 우리를 위해 나뉘시고 분배되시니, 우리 모두가 그분께 참여하는 자가 되게 하시기 위함이다. 비록 그분은 나뉠 수 없는 분이시나, 그분은 우리를 위해 나뉘시어, 우리를 그분 자신과 연합시키시고, 하느님 아버지께 바친 마지막 기도에서 원하셨던 것처럼(요한 17:11) 우리로 하여금 하나가 되게 하신다."²³

* * *

그리스도는 참으로, 모두가 참여할 수 있는 분이시고, 또한 성찬 교제에 모두가 참여해도, 조금도 줄어들지 않는 분이시다. 그분은 "모두에게 분배되지만 이 참여로 인해 감소되지 않는 분"²⁴이시다. "수천 개의, 아니 그보다 두 배나 많은 등잔불로 밝혀진 집을 가정해보자. 맨 처음의 불은 수천 개의 등잔에 불을 옮겨주고도 똑같은 크기의 불로 남아있지 않는가?"²⁵ 그리스도는 영적인 불의 원천이시다. 그 불은 "다른 이들에게 불을 옮겨주고도 결코 줄어들지 않고, 오히려 그 좋은 성질을 모두에게 일으키고 또 퍼뜨리지만, 동일한 완전 안에 머문다."²⁶

그리스도는 떼어져 나뉘시지만, 또한 분리되지 않으신다. 나뉨 이후

---

22 *Sur la première Épître aux Corinthiens*, XXIV, 2, PG 61, 200.
23 Saint Syméon de Thessalonique, *Sur la sainte liturgie*, ICIX, PG 155, 300AB.
24 Saint Grégoire de Nysse, *La Vie de Moïse*, II, SC 1, 121.
25 Saint Jean Chrysostome, *Sur Jean*, XIV, 1, PG 59, 91.
26 위와 같은 곳.

에도, 이 거룩한 빵의 조각들 하나하나는 그리스도 전체이다. "그분은 분배되시지만, 나뉘지 않고 찢기지 않은 상태로 머무신다. 떼어 내어 분리된 각각의 조각 안에 그분은 온전히 전체로 존재하시고 알려지신다."[27] 거룩한 식탁에 합당하게 참여하는 우리 모두는 그리스도 전체를 받아 모시고, 그리스도는 우리를 온전히 채우신다. 그렇게 해서 "성찬 교제에 참여하는 이들은 신이 될 수 있고 양자됨의 은총을 통해 신이라 불릴 수 있다. 하느님이 그 자신으로 그들을 온전히 채우시고, 그분이 계시지 않은 공간은 하나도 남겨두지 않으시기 때문이다."[28] 그리스도는 우리들 각자 안에 계신다. 그분은 지상 모든 시대의 모든 크기의 교회 안에 항상 전체로 계신다.

"우리는 모두 그분에게서 넘치는 은총을 받고 또 받았다."(요한 1:16) 우리는 생명의 충만을 받고, 거룩한 교회를 구성한다. 그리고 "교회는 그리스도의 몸이며 모든 것 안에서 모든 것을 채우시는 분의 충만이다."(에페소 1:16) 물질적 양식은 본성상 항상 소진된다. 하지만 하느님의 어린양은 "항상 우리의 양식이 되지만, 결코 소진되지 않으신다." 그분의 희생은 "결코 소진될 수 없는 것"[29]이다. 그것은 무한하신 하느님의 생명과 사랑의, 고갈될 수 없는 양식이기 때문이다.

보 제	사제여, 거룩한 잔을 채우소서.
사 제	(IΣ 라는 글자가 표시된 빵 조각을 들어 성작 위로 십자가 성호를 그은 뒤 그 안에 넣으

---

27 Saint Germain de Constantinople, *Contemplation*, PG 98, 449B.
28 Saint Maxime le Confesseur, *Mystagogie*, XXI, PG 91, 697A, traduction française, éd. Migne collection <Les Pères dans la foi>, 앞의 책, p.128.
29 Saint Jean Chrysostome, *Sur l'Épître aux Hébreux*, XVII, 3, PG 63, 131.

> 면서) 성령의 충만이로다.30
>
> 보 제   아멘.

그리스도는 하나이시다.

"이 거룩한 예물들은 거룩한 이들에게 합당하나이다."라고 말하는 순간부터 이 시점까지, 집전자는 (1) 그리스도의 성체를 들어올리고, (2) 성체를 나누고, (3) 이제 성체를 성혈이 들어있는 성작 안에 부어 넣어 하나가 되게 하는, 연속되는 세 가지 행위를 완수한다.

그리스도의 성체와 성혈이 연합되는 것은 "비록 거룩한 빵과 거룩한 잔 각각 그 안에서도 볼 수 있는 분이 되셨지만, 그리스도는 하나"라는 것을, 또한 "그리스도가 거룩한 빵으로는 우리 신자의 지주이시고 잔으로는 우리의 기쁨이시라는 것을 의미한다.(시편 104:15)"31

"성령의 충만이로다." 그리스도는 우리를 성령으로 충만케 하신다. "그리스도의 수난과 그분의 행위들과 그분의 말씀들의 결과와 효과는 무엇일까? 우리와 관련하여 생각해 볼 때, 그것은 바로 교회 위에 성령이 임하시는 것이다."32

> 보 제   사제여, 제온*(Zέον, 따뜻한 물)을 축복하소서.
>
> 사 제   당신의 거룩한 예물들의 온기가 이제와 항상 또 영원토록 찬미되시나이다. 아멘.

---

30 현재의 그리스어 전례에서 말하는 "잔이 채워지고 신앙이 넘치며" 부분은 18세기경에 추가된 것이다.(Trembelas, *Leitourgiai*, p.135-137.)

31 Saint Syméon de Thessalonique, *Sur la sainte liturgie*, ICIX, PG 155, 300B.

32 Saint Nicolas Cabasilas, *Explication de la divine liturgie*, XXXVII, SC 4 bis, 229.

> 보제는 제온을 성작 위에 십자가 모양으로 붓고, 사제는 이렇게 말한다.
>
> **사 제** 성령으로 충만한 신앙의 온기이나이다. 아멘.

성령의 온기

그리스도의 성체와 성혈을 합친 후, 집전자는 '따뜻한 물'(제온 ζέον)을 들어 성작에 붓는다. "온기 가득한 피와 물이 살아계신 하느님의 옆구리에서 흘러나왔듯이(요한 19:34), 거룩한 영성체의 순간인 지금 성작에 부어지는 물은 매우 따뜻하다. 이렇게 해서 신비성사의 상징적 의미를 보충한다."[33]

아토스 성산의 성 니코데모는 이 주제와 관련하여 이렇게 썼다. "주님의 흠 없는 옆구리를 통해 일어난 기적은 이중적이다. 그것은 단지 그 옆구리에서 피와 물이 쏟아져 나왔기 때문만은 아니다. 그것은 또한 옆구리가 따뜻하게 살아있었으므로 그 물과 피 또한 따뜻하게 살아있었기 때문이다. … 왜냐하면 생명을 주는 신성이 그리스도의 위격 안에 연합되어 있기 때문이다. 이리하여 이 첫 번째 기적을 표상하기 위해, 성작 안에 포도주와 물이 함께 들어 있어야 했다. 그리고 두 번째 기적을 표상하기 위해서 처음부터, 차갑거나 미지근하지 않고 끓어올라 뜨거워진 물을 영성체송이 불리는 동안 성작에 부어야 한다. 그렇게 해서 사제뿐만 아니라 성체와 뜨거운 성혈을 받아 모시는 모든 신자는 구세주의 생명을 주는 옆구리에서 지금 막 흘러나오는 것처럼 온기가 가득한 성체와 성혈을 받아 모시게 된다. … 말의 뜻도 '끓는 물'이니 거룩한 제온은 성작에 부어질 때 끓는 상태여야 하고, 그렇게

---

33 Saint Germqin de Constantinople, *Contemplation*, PG 98, 449B.

해서 성작까지도 제온으로 인해 데워져야 한다."³⁴

성체와 성혈을 합하면서, 집전자는 "성령의 충만이로다"라고 말했다. 그런데 지금 성작에 제온을 부으면서는 "성령으로 충만한 신앙의 온기이나이다."라고 말한다. 이 모두가 위로자 성령의 오심을 강조한다. "물이면서 동시에 끓임을 통해 불의 본성에 참여하고 있는 이 물은 성령을 의미한다. 성령은 가끔 물이라 불리기도 하고 또 그리스도의 제자들에게 임할 때는 불꽃처럼 나타났다.(요한 7:38-39, 사도행전 2:3)"³⁵

집전자는 두 손으로 성작을 붙잡음으로써 "성령의 샘"³⁶을 붙잡는다. 이렇게 우리는 "마치 젖먹이들처럼 성령의 은총을 빨아들이기 위해, 영적인 잔이라는 젖에"³⁷ 우리의 입술을 갖다 댄다. 그리고 "우리의 입술은 영적인 불로 충만해진다."³⁸

> **사 제** 주님이시여, 저는 믿고 고백하나이다. 진실로 당신은 그리스도시요, 살아계신 하느님의 아들이시나이다. 당신은 죄인들을 구원하시러 세상에 오셨고, 저는 그 중에서 가장 큰 죄인이나이다. 또한 저는 이것이 당신의 흠 없는 몸이요, 당신의 고귀한 피임을 믿나이다. 그러므로 당신께 비오니, 저를 불쌍히 여기시고, 제가 고의건 아니건, 말과 행위로, 또 알게 모르게 지은 모든 잘못을 용서하소서. 나로 하여금 죄 사함과 영생을 위해 당신의 흠 없는 신비의

---

34 "Commentaire sur le 32ᵉ canon du VIᵉ Concile oecuménique", *Pedalion* (Le Gouernail), 6ᵉ édition, Athènes, Astir, 1958, p.248-249.
35 Saint Nicolas Cabasilas, *Explication de la divine liturgie*, XXXVII, SC 4 bis, 229.
36 Saint Jean Chrysostome, *Sur Matthieu*, LXXXII, 6, 5, PG 58, 745.
37 위의 책, PG 58. 초기의 그리스도인들은 잔을 들고 마시는 방식으로 성혈을 모셨다. 젖 먹는 아기의 형상이 매우 특징적인 것은, 주님의 상처 난 옆구리에서 흘러나오는 것을 받아마시듯, 신자는 주님의 생명을 주는 성혈을 받아 모시기 때문이다.
38 위의 책, PG 58, 743.

성사에 단죄 받음 없이 참여할 수 있게 해주소서. 아멘.

보소서 제가 신성한 신비에 다가가나이다. 창조주시여, 당신은 가치 없는 것들을 태우시는 불이시니, 제가 성체성혈을 받을 때 저를 불로 태우지 마옵시고 온갖 더러움에서 깨끗하게 하소서.

하느님의 아들이시여, 오늘 신비로운 성찬에 나도 참여케 하소서. 당신의 원수들에게 이 신비를 말하지 않을 것이고, 유다처럼 당신께 입 맞추지도 않겠나이다. 오히려 저 강도처럼 당신께 외치겠나이다. "주여, 당신의 나라에서 저를 기억해 주소서."

오 사람아, 신화시키는 이 피를 보고 두려워할지어다. 이는 가치 없는 것들을 불사르는 숯불이로다. 하느님의 몸은 신화시키고 양육하나니, 그것은 놀라운 방법으로 영을 신화시키고, 지성을 양육하는 도다.

그리스도시여, 당신은 당신 향한 열망으로 저를 기쁘게 하셨고, 당신의 신성한 사랑은 저를 다른 사람으로 변모시켰나이다. 하오니 당신의 영적인 불로 저의 죄를 태우시고, 당신의 열락으로 저를 충만케 하시어, 오 선하신 이여, 제가 기쁨에 차서 당신의 두 현존에 영광 돌리게 하소서.

당신의 성인들의 찬란한 빛 안에, 자격 없는 제가 어찌 감히 들어가겠나이까? 감히 혼인잔치에 들어가려해도, 혼인예복이 아닌 제 의복이 저를 고발하리니, 천사들이 저를 붙들어 내쫓을 것이나이다. 하오니 주여, 제 영혼의 더러움을 씻어주시고, 사람을 향한 당신의 사랑으로 저를 구원하소서.

사람을 사랑하시는 주님, 저의 하느님 주 예수 그리스도시여, 이 신성한 선물들이 저의 무가치함으로 인해 도리어 저에게 심판이 되지 않게 하시고, 제 영혼과 몸의 정화와 성화가 되게 해주시고, 다가올 왕국과 생명의 담보가 되게 해주소서. 제가 기꺼이 하느님께 매달리고 내 구원의 희망을 주님께 두나이다.

이어서 다시 한 번 : 하느님의 아들이시여, 오늘 신비로운 성찬에 …

거룩한 성찬 교제 준비기도

지금 집전자가 읊고, 이어서 성찬 교제에 참여코자 하는 모든 신자가 읊게 되는 이 기도는『성찬 교제 준비 예식』이라 불리는 일련의 기도문들 중 마지막에 오는 것들이다.

『성찬 교제 준비 예식』의 첫 번째 부분은 성찬 교제 카논인데, 이것의 그리스 원문은 알파벳 순서의 이합체 형식으로 구성되어 있다. 이 카논은 성찬 교제 전야 석후과를 거행하면서 읽는다. 두 번째 부분은 성찬 교제 당일 아침에 읽는 것으로서, 세 개의 시편, 세 개의 트로파리온(성가) 그리고 교회의 여러 교부들이 지은 아홉 편의 기도문으로 구성된다. 그리고 세 번째 부분은 지금 집전자가 읊은 기도들로 구성된다.

* * *

첫 번째 기도는 그리스도의 사랑을 향한 믿음과 희망의 고백이다.

> "주님이시여, 저는 믿고 고백하나이다. 진실로 당신은 그리스도시요, 살아계신 하느님의 아들이시나이다. 당신은 죄인들을 구원하시러 세상에 오셨고, 저는 그 중에서 가장 큰 죄인이나이다."

이 구절은 성 사도 바울로의 이 말씀에 의지하고 있다.

> "그리스도 예수께서 죄인들을 구원하시려고 이 세상에 오셨다는 말은 틀림없는 것이고 누구나 받아들일 만한 사실입니다. 나는 죄인들 중에서 가장 큰 죄인입니다. 그런데도 하느님께서는 이와 같은 나에게 자비를 베풀어주셨습니다. 그리스도 예수께서는 앞으로 당신을 믿고

영원한 생명을 얻으려는 사람들에게 나를 본보기로 보여주시려고 먼저 나에게 한량없는 관용을 베푸신 것입니다."(I 디모테오 1:15-16)

성 요한 크리소스토모스는 한 예를 들어서 바울로 사도의 이 말씀을 설명한다. "큰 도시가 있다고 가정해 보자. 도시의 모든 주민들은 행악자들이다. 어떤 이들은 더하고, 어떤 이들은 덜하지만, 모두가 단죄 받아 마땅하다. 이제 그 중에서도 모든 종류의 악행을 다 저질러서 다른 모든 사람보다 더 벌을 받아 마땅한 한 사람이 있다고 가정해 보자. 그런데 누군가 말하길 임금이 그 모든 사람을 사면해 주길 원한다고 하자. 가장 악한 행악자가 용서받기 전까지만 해도, 사람들은 말만으로는 그것을 믿지 않았다. 하지만 이제 아무도 더 이상 의심하지 않는다. 사도 바울로가 말한 것이 바로 이것이다. '모든 죄의 용서를 보장해주길 원하셨기에, 하느님은 가장 큰 죄인인 나를 택하셨다. … 그런 내가 구원받았으니, 이제 아무도 자신의 구원을 의심하지 않아야 한다.'"[39]

우리는 예수 그리스도가 우리 죄인에게 그분의 모든 관대하심을 보여주실 것이라 확신하면서, 단죄 받음 없이 그 사랑의 잔에 다가갈 수 있게 해달라고 그리스도께 간청한다.

신성한 성찬 교제 예식을 구성하는 이 기도들 외에도, 거룩한 교부들은 다른 많은 기도문들을 작성하여 성찬 교제를 준비하게 했다. 콘스탄티노플의 총대주교 성 필로테오스가 작성한 성모님께 드리는 기도도 그 중 하나로 그 내용은 다음과 같다.

참으로 흠 없고 지극히 순결한 동정녀 테오토코스여, 천사들에게도

---

39 *Sur la première Épître à Timothée*, IV, 2, PG 62, 522.

두려울 만큼 경이롭고, 사멸할 자들에겐 설명할 수 없는, 아니 오히려 천사와 사멸할 자 모두에게 참으로 무시무시하고 이해할 수 없는 분이신 당신은, 우리 인류의 맏물, 신성의 지극히 순결한 그릇, 우리 구원의 작업장이 되셨나이다. 모든 지성과 말을 뛰어넘는 지극한 선하심으로, 당신은 우리를 위해 성 삼위 하느님의 한 분, 완전한 하느님이시고 완전한 인간이신 우리 주 예수 그리스도를 세상에 낳으셨나니, 이는 그분이 인성의 반죽을 가지고 우리의 인간 본성을 오래된 타락에서 구원하시어 다시 옛적 존귀함으로 이끌기 위함이었나이다.

당신은 하느님 말씀의 구원의 경륜 이후에 타락한 이들에게도 다시 일어섬이 되셨고, 또한 언제 어디서나 모든 일에서 자의로 죄를 지었기에 그 어떤 도움과 섭리도 합당치 않는 나를, 당신의 지극한 호의를 통하여, 그토록 많은 위험에서 건져주셨나이다. 지금 저는 짓눌려 있고, 앞으로 저에게 어떤 일이 닥칠지 모르나니, 저의 비참을 보아주시고 평소처럼 저를 방문하여 주소서.

저의 수많은 악행을 돌아보니, 저는 두려운 신비 성사에 가당치도 않고 조금도 자격이 없는 자임을 알겠나이다. 하지만 단죄 받을까 두려워 오랫동안 성사에 다가가지 않으면, 저는 완전히 원수의 종이 될 것이기에, 저는 저의 수많은 불의를 당신의 아들이신 하느님의 헤아릴 수 없는 연민의 바다에 던지나이다. 먼저 당신을 강력한 중보로 여기며 이제 용기를 내어 다가가나이다. 그러므로 지극히 순결한 여왕이시여, 간구하오니, 그분을 향한 당신의 모성적 신뢰를 보여주시고, 그분으로 하여금 저에게 자비를 베풀게 해주소서.

지극히 순결하신 이여, 저의 보호가 되어주소서. 감각에 속아 행동과 말과 생각으로, 삶과 행동 방식의 다양한 차원에서, 그리고 애써 치장하고 사악하게 위장한 많은 죄악에 연루된 저를 미워하지 마소서. 이 순간 저의 도움으로 나타나주소서. 쉽게 화해를 받아들이시고 오래 참으시는 주님께 간청해주시어, 그분께서 저를 내치지 않고 저를 그 은총에서 빼버리지 않게 해주소서. 오히려 저희 수많은 범죄들을 눈감아 주시고, 그분의 거룩한 살과 고귀하고 생명을 주는 피를 통하여, 저를 성화하시고 빛나게 하시고 구원하시고 빛의 자녀로 만들게 해주소서. 또한 제 발걸음이 그분의 거룩한 계명들을 향해 걷도록 인도해주시고, 또다시 죄로 돌아서지도 죄로 인해 더러워지지도 않게 해주소서.

이렇게 제가 단죄 받음 없이 순결하고도 두려운 선물에 참여하여, 다가올 가장 완전한 선물의 담보를 이 땅에서부터 받겠나이다. 그리하여 저의 굳건한 희망, 저의 보호자이신 당신을 통하여 제가 영원한 형벌에서 구원받고, 영원한 생명에 이르러, 성부와 성자와 성령, 지극히 거룩하시고 복되신 성 삼위 하느님께 영원토록 영광 돌리겠나이다. 아멘.[40]

이어서 사제는 보제에게 말한다.

사 제 나의 공동 집전 형제여, 죄인인 저를 용서하소서.

보 제 주 하느님께서 그의 왕국에서 당신의 사제직을 이제와 항상 또 영원히 기억해 주시길 바라나이다. 아멘.

사 제 하느님이시여, 죄인인 저에게 자비를 베푸시고 저를 불쌍히 여기소서.(3번)

사제는 두려움과 떨림을 가지고 거룩한 신비에 다가가 성체의 한 조각을 들고 말한다.

---

40 Saint Nicodème l'Hagiorite, *Anthologie de prières de componction*, Volos, Aghioreitiki Bibliothiki, 1963, p.50.

사 제   보소서. 제가 불멸의 왕, 우리 하느님 그리스도께 다가가나이다. 내 죄의 사함과 영원한 생명을 위하여, 자격 없는 사제, 나 (　)에게 우리 주 하느님 구세주 예수 그리스도의 고귀하고도 지극히 거룩한 몸이 주어지나이다.

이어서 사제는 보제를 불러 말한다.

사 제   보제여, 다가오십시오.

보 제   보소서. 제가 불멸의 왕 우리 하느님 그리스도께 다가가나이다. 내 죄의 사함과 영원한 생명을 위하여, 사제여, 자격 없는 보제, 나 (　)에게, 우리 주 하느님 구세주 예수 그리스도의 고귀하고도 지극히 거룩한 몸을 주소서.

사 제   그대의 죄 사함과 영생을 위해, 그대, 보제 (　)에게, 우리 주 하느님 구세주 예수 그리스도의 고귀하고도 지극히 거룩한 몸이 주어지나이다.

이어서 사제는 성작을 들고 말한다.

사 제   내 죄의 사함과 영원한 생명을 위하여, 자격 없는 사제, 나 (　)에게 우리 주 하느님 구세주 예수 그리스도의 지극히 거룩하고 생명을 주는 고귀한 피가 또한 주어지나이다.

성작의 성혈을 3번 마시고 입 맞춘 뒤 높이 들어 올리며 말한다.

사 제   나의 입술에 이것이 닿았으니 나의 악은 가시고 나의 죄는 사라졌도다.(이사야 6:7)

이어서 보제에게 이렇게 말한다.

사 제   보제여, 다시 다가오십시오.

보제는 다가가며 이렇게 말한다.

> 보 제   보소서. 제가 불멸의 왕 우리 하느님 그리스도께 다가가나이다. 내 죄의 사함과 영원한 생명을 위하여, 사제여, 자격 없는 보제, 나 ( )에게 우리 주 하느님 구세주 예수 그리스도의 지극히 거룩하고 생명을 주는 고귀한 피를 주소서.
>
> 사제는 성작을 들고 보제에게 세 번 마시게 하면서 말한다.
>
> 사 제   그대의 죄 사함과 영원한 생명을 위하여, 그대, 지극히 경건한 보제 ( )에게, 우리 주 하느님 구세주 예수 그리스도의 지극히 거룩하고 생명을 주는 고귀한 피가 또한 주어지나이다.
>
> 보제는 성작에 입 맞추고, 사제는 성작을 들어 올리며 말한다.
>
> 사 제   그대의 입술에 이것이 닿았으니 그대의 악은 가시고 그대의 죄는 사라졌도다. (이사야 6:7)

내 입술이 이것에 닿았으니

두려움과 떨림으로 주님의 지극히 거룩한 몸과 정결한 피를 받아 모신 뒤, 집전자는 성작에 입 맞추며 말한다.

> "나의 입술에 이것이 닿았으니 나의 악은 가시고 나의 죄는 사라졌도다."

이 말은 이사야가 존귀한 예언자로 부름 받을 때, 보냄 받은 세라핌 천사 하나가 제단에서 손에 쥔 부집게로 숯불 하나를 집어 들고 그것을 이사야의 입술에 갖다 대면서, 이사야 예언자에게 한 말에서 기인한다. (이사야 6:6-7)[41] 뜨거운 숯불은 그리스도를 상징하는 것이었다. "숯

---

[41] 이사야 6:6-7. "세라핌들 가운데 하나가 제단에서 뜨거운 숯을 불집게로 집어가지고 날아와서 그것을 내 입에 대고 말하였다. '보아라, 이제 너의 입술에 이것이 닿았으니 너의 악은 가시고 너의 죄는 사라졌다.'"

불은 본래 나무이지만 불을 충만하게 품고 있어서, 불의 능력과 효력을 가지고 있듯이, 그리스도 또한 그와 같으시다. … 신성한 경륜에 따라 그분은 우리와 같은 인간이 되시어 나타나셨지만, 신성의 충만이 그분 안에 머물렀다.(골로사이 2:9) 또한 엠마누엘이 뜨거운 숯불로 표상되는 것이 매우 적절한 것은, 그것이 우리 입술에 닿으면, 확실히 우리의 모든 죄를 제거하고 우리의 모든 불의를 깨끗하게 하시기 때문이다."[42]

천사는 그리스도의 상징인 숯불을 감히 손으로 집으려 하지 않고 부집게를 사용한다. 하지만 집전자는 그 손과 입으로 그리고 자신 안에 직접 그리스도 그분을 받아 모신다. 성 요한 크리소스토모스는 이렇게 보았다. "만약 그대가, 세라핌조차도 손댈 자격이 주어지지 않았던 이 거룩한 선물들의 가치를 생각한다면, 또한 그대가 사람을 향한 주님의 사랑을 표현코자 한다면, 그대는 성체 성혈의 은총이 우리의 비천하고 낮은 곳까지 내려오길 주저치 않은 것에 경탄해 마지않을 것이다. 사람아, 이것을 생각하고 선물의 위대함을 묵상하면서, 이제 일어나 땅을 버리고 하늘로 오르라."[43]

지상적인 것에 대한 우리의 집착은 거룩한 성찬 교제가 우리 안에서 열매를 맺는데 가장 큰 장애이다. 신신학자 성 시메온은 이렇게 썼다. "이 빵은 감각적인 차원에서 보면, 감각을 넘어서지 못하는 이들에게는 단지 한 입 먹거리로 밖에 안 보이지만, 영적인 차원에서 보면 그것은 견딜 수 없고 다가갈 수 없는 빛이다. … 그러므로 이 신성한 빵을 먹고 이 환희의 포도주를 마시고도, 썩지 않는 생명으로 살고 있음을,

---

42 Saint Cyrille d'Alexandrie, *Sur Isaïe*, IV, PG 70, 181BD.
43 *Homélie sur Isaïe*, VI, 3, PG 56, 139.

또 이 빵을 빛으로 혹은 불로 그대 안에 받아들였음을 깨닫지 못한다면, 그대는 어떻게 생명에 참여했다고 자신 있게 말할 수 있겠는가? 어떻게 그대는 범접할 수 없는 불을 만졌다고 상상할 수 있겠으며, 혹은 영원한 빛을 조금이라도 소유했다고 가정할 수 있겠는가? 분명한 것은 이에 대해 그대처럼 지각없는 이들에게는 결코 이런 일이 일어나지 않는다. 빛이 그대를 비추지만 그대는 눈이 멀었고, 불이 그대를 휩싸지만 그대는 타오르지 않는다. 생명이 싹트지만 그대는 그 생명과 연합되지 못한다."[44]

우리 안에 영원한 생명을 받아들이기 위해, 순결한 영혼, "뜨거운 열망, 십자가 모양으로 손을 포갠 채" 거룩한 성찬 교제로 나아가자. "십자가에 달리신 분의 몸을 받아 모시자. 그분께 시선과 입술과 이마를 향하고, 이글거리는 신성한 숯불에 참여하자. 이렇게, 우리의 뜨거운 사랑의 불이 신성한 숯불로 타오를 것이고, 우리 죄를 살라버릴 것이며, 우리 마음을 비춰줄 것이다. 우리는 불을 품게 되고 신성한 불에 참여함으로써 신화될 것이다."[45]

> 사제와 보제가 성찬 교제를 한 후, 보제는 성반을 성작 위로 들어 올린 뒤 성반 위에 성체 조각들을 성작에 조심스럽게 부어 넣으며 말한다.
>
> 보 제 그리스도의 부활을 보았으니, 홀로 죄 없으신 분, 거룩하신 주 예수를 흠숭합시다. 그리스도시여, 당신의 십자가에 경배하며, 당신의 거룩한 부활에 찬양과 영광 돌리나니, 당신은 우리 하느님이시고, 당신 외에 다른 어떤 신도 우리는 알지 못하나이다. 그러므로 우리는 당신의 이름을 선포하나이다. 모든 신자들이여, 와

---

44 *Discours éthiques*, XIV, SC 129, 440.
45 Saint Jean Damascène, *Sur la foi orthodoxe*, IV, 86, PG 94, 1149AB.

> 서 그리스도의 거룩한 부활에 경배합시다. 십자가를 통해, 기쁨이 온 세상에 임하였도다. 언제나 주님을 찬미하며 그분의 부활을 찬양하나니, 우리를 위해 십자가를 견디심으로써, 그분께서 죽음을 죽음으로 멸하셨기 때문이로다.[46] 빛나라, 빛나라, 새 예루살렘이여, 주님의 영광이 그대 위에 떠올랐도다. 시온아 이제 기뻐 뛰고 환호할지어다. 지극히 순결하신 테오토코스여, 당신 아들의 부활을 기뻐하소서.
>
> 그리스도시여, 당신의 음성 거룩하고 사랑스럽고 달콤하나이다! 당신은 실로 마지막 때가지 우리와 함께 하시겠다 약속하셨나니, 이 약속을 희망의 닻으로 가진 우리 신자들은 기뻐 뛰나이다.
>
> 위대하고 지극히 거룩한 파스카, 하느님의 지혜요 말씀이요 권능이신 그리스도시여, 당신 왕국의 결코 저물지 않는 날에 우리로 하여금 더욱 완전한 방식으로 당신과 연합되게 하소서.[47]
>
> 그런 다음 보제는 성반 위에 남아 있는 성체 부스러기들을 조심스럽게 쓸어 모아 성작 안에 부으면서 말한다.
>
> 보 제   주여, 당신의 고귀한 피와 성모님과 모든 성인들의 기도를 통하여 여기 기억되고 있는 이들의 죄를 씻어 주소서. 아멘.

우리는 항상 파스카(부활)를 기념할 수 있다.

신성한 성찬 교제에 우리가 참여하는 것은 "우리를 위해, 우리 때문에 주님이 죽으시고 부활하셨다는 것에 대한 참된 고백이요 상기"[48]이다. 이 사실은 이제 집전자가 성찬 교제에 참여한 뒤 그리스도의 성체를 성작 안에 넣으면서 네 개의 부활 성가(트로파리온)를 읊는 것에 의해

---

46 부활대축일(파스카) 시과들.
47 부활대축일(파스카) 조과, 카논, 9오디.
48 Saint Cyrille d'Alexandrie, *Sur Jean*, XII, PG 74, 725D.

다시 한 번 확인된다.

신성한 성찬 예배에서 우리는 그리스도의 부활이 성찬 회중 안에서 기념되고 있음을 목격한다. 이제 성찬 교제를 통해 우리는 이 부활을 우리의 실존 자체 안에서 경험하며 살아간다. "주 그리스도가 한 인격으로 썩지 않는 순백의 옷을 입으시고 신성의 광채로 빛나시면서 우리 안에서 부활하시기 때문이다."[49]

사도 바울로는 우리가 그리스도의 거룩한 몸과 거룩한 피를 받아 모실 때마다 우리는 그분의 죽음을 선포한다고 분명히 말한다.(I고린토 11:26) 또한 "끊임없이 주님의 죽으심을 선포하고, 또 그렇게 함으로써, 우리는 항상 부활(파스카)을 경축할 수 있게 된다."[50] 성찬 예배를 거행하는 매번의 회합은 그리스도의 부활이며, 매번의 거룩한 성찬 교제는 그 교제에 참여하는 사람의 부활이다. "영혼의 부활, 그것은 생명과의 연합이다. 사실 죽은 몸이, 그 안에 생명을 주는 영혼을 받아서 혼합됨 없이 섞이지 못한다면, 살아있다고 할 수 없고 살 수도 없는 것처럼, 영혼 또한 참되고 영원한 생명이신 하느님과 말로 형용할 수 없는 방법으로 혼합됨 없이 연합되지 않는다면 홀로 그 자신 만으로 살아갈 수는 없다."[51]

신자가 단죄 받음 없이 성찬 교제에 참여할 때, 그의 생명 전체가 "하나의 유일무이한 파스카이고, 감각적 세계에서 지성적 세계로의 건너감이요 이주이다. … 우리는 그곳에서 끊임없이 그리스도와 서로 바라보며, 그리스도와 함께 살고, 그리스도와 함께 통치하는 가운데,

---

49　Saint Syméon le Nouvean Théologien, *Cathéchèses*, XIII, SC 104, 198.
50　Saint Jean Chrysostome, *Sur la Pentecôte*, I, 1, PG 50, 454.
51　Saint Syméon le Nouveau Théologien, *Catéchèses*, XIII, SC 104, 194-196.

우리 자신도 순결해져, 영원토록 순결하게 하느님 아버지와 본질이 같으신 성령 안에서 지극히 순결한 희생 제사를 드리게 될 것이다."[52]

> 이어서 보제는 회중을 향해 돌아서서 말한다.
>
> **보 제** 하느님을 경외하는 마음과 믿음과 사랑을 가지고 다가올지어다.
> **성가대** 아멘. 아멘. 아멘. 주님의 이름으로 오시는 이여, 찬미 받으소서.

성작에 다가가기 위한 준비

집전자는 이제 그리스도를 우리 안에 받아 모시기 위해 다가와야 함을 상기시킨다. 그것은 우리 인생의 가장 거룩한 순간이다. 그리고 우리는 우리 영혼과 몸의 자세가 우리가 경험하며 살아가는 이 신비의 사건에 과연 적합한지 살핀다.

성 요한 크리소스토모스는 이와 관련하여 이렇게 말한다. "이 신성하고 두려운 식탁을 향해, 이 거룩한 신비로의 입문을 향해 나아갈 때, 두려움과 떨림을 가지고, 순결한 양심을 가지고, 금식과 기도 가운데 다가가라. 소리 내지도 말고, 동동거리지도 말고, 주위에 있는 이들을 밀치지도 말라. 이러한 무질서는 가장 큰 어리석음의 표시이고, 거룩한 신비를 경시한다는 증거이다."[53] 그리고 성인은 질문한다. "내게 말해 보라. 왜 소란을 피우는가? 왜 서두르는가? 할 일이 많기라도 한가? 이 순간에도, 그대가 해야 할 일에 대한 생각으로 분주한가? 이야말로 그대가 이 순간에도 천사들의 합창대에 참여하기보다는 여전히 땅에 머물러 있으려 하는 돌 같은 마음을 지니고 있음을 보여주는 증거가

---

52 Saint Syméon le Nouveau Théologien, *Traités éthiques*, XIV, SC 129, 442.
53 *Sur la Nativité de Jésus-Christ*, VII, PG 49, 360.

아니고 무엇이란 말인가?"[54]

성찬 예배 경험은 우리를 신심으로 이끌고, 신심은 하느님의 자비를 끌어온다. 신성한 성찬 예배 안에서 거행된 예식들은 "'신비'라 불리고 또 진정 '신비'이다. 신비가 거행되는 곳에는 언제나 침묵이 지배한다. 그러므로 이 거룩한 봉헌 예식을 매우 질서 있게, 또 그에 합당한 경건을 가지고, 크나큰 침묵 안에서 참여하라. 이렇게 하여 우리는 하느님의 사랑을 더욱 더 끌어오게 될 것이고, 우리 영혼을 정화하고, 영원한 복락을 얻을 것이다."[55]

그럼에도 불구하고 거룩한 성찬 교제의 순간에 적합한 방식으로 참여하기 위해서, 우리는 미리 이를 위해 준비해야 한다. "하느님이 우리에게 이 모든 거룩한 것을 무상으로 주신 것이 사실이고, 또 우리는 그 중 어떤 것을 위해서도, 하등 기여한 바가 없이 다만 하느님의 절대적인 은총으로 인해 그 모든 것을 받는다 해도, 우리에게는 여전히 그것들을 받아 모시고 간직하기에 합당한 존재가 되기 위해 노력할 필요가 있다. 그와 같은 방식으로 준비되지 않은 사람이라면 이 성화의 사건에 참여하지 않아야 한다. … 이 신성한 과정을 그리스도는 씨 뿌리는 사람의 비유를 통해 우리에게 알려주셨다. '씨 뿌리는 사람은' 땅을 갈기 위해서가 아니라, '씨를 뿌리기 위해서 나갔다.'(마태오 13:3) 이를 통해서 이 준비 행위와 과정들은 모두가 미리 우리 자신에 의해서 실행되어야 함을 보여주신다."[56]

최선을 다해 준비함으로써 우리는 "신성한 신비의 더 많은 유익"을

---

54 *Sur le saint baptême de Jésus-Christ*, IV, PG 49, 370.
55 위의 책, PG 49, 372.
56 Saint Nicolas Cabasilas, *Explication de la divine liturgie*, I, SC 4 bis, 57-59.

얻을 것이다. "사람이 얼마나 준비하느냐에 따라 거룩한 성찬 교제의 은총도 그만큼 받기 때문이다."⁵⁷ 영적 준비는 우리 안에 믿음과 하느님 경외와 사랑을 증진시키는 것이다. 이 노력은 기도와 금식과 고백성사와 끊임없는 참회를 또한 요구한다.

하느님을 경외하는 마음과 믿음과 사랑을 품고

"하느님을 경외하는 마음과 믿음과 사랑"은 생명의 잔에 다가가서 그리스도에 참여할 때 지녀야 하는 마음이다.

믿음은 그리스도 안에서 살아가는 삶의 출발점이다. 우리는 믿음을 통해 그리스도 안에 태어난다. 그리고 믿음을 통해 그리스도 안에서 실존하고 살아간다. "하느님의 아들의 낮아지심과 그분의 모든 경륜은, 우리로 하여금 그분을 믿고 그분의 계명을 준수케 함으로써 그분의 왕국과 그분의 신성에 참여하는 자가 되게 하는 것이다."⁵⁸

믿음은 "우리가 보지 못하는 그 무엇에 마치 그것을 보고 있는 것처럼 우리 자신을 결부시키는 것"⁵⁹이다. 신성한 성찬 예배에서 신자는 보이지 않게 현존하시는 그리스도를 본다. "그 몸이 우리 앞에 있다. … 우리가 그 몸을 만질 뿐만 아니라 그 몸을 먹고 또 그 몸으로 우리 자신을 가득 채우게 하기 위해 우리 앞에 놓여있다. 그러므로 형제들이여, 가서 우리도 예수 그리스도의 옷자락을 만지자. 아니, 원한다면 예수 그리스도 전체를 소유하자. 지금 우리는 그분의 몸 전체를 우리

---

57 Saint Nicodème l'Hagiorite, *Exercices spirituels*, Méditation XXIV, III, 6ᵉ édition, Rigopoulos, Thessalonique, 1971, p.220.

58 Saint Syméon le Nouvean Théologien, *Discours éthiques*, III, SC 122, 418.

59 Saint Jean Chrysostome, *Catéchèses baptismales*, II, 9, SC 50, 138.

손에 가지고 있기 때문이다. 더 이상 그분의 옷만이 아니다. 단지 만질 뿐만 아니라, 먹고 우리 영혼을 양육하도록, 그분이 우리에게 주신 것은 바로 그분 자신의 몸이다. 그러므로 병든 우리 모두, 뜨거운 믿음을 가지고 그 몸에 다가가자. 그분의 옷자락을 만진 사람도 그토록 놀라운 효력을 경험했는데(마태오 14:36, 루가 8:46-47) 하물며 그분 전체를 받아 모신 사람에겐 무엇이 기다리고 있겠는가? 하지만 믿음을 가지고 예수 그리스도께 다가가기 위해선, 그 몸을 그저 외적으로만 받아 모시는 것으론 충분치 않다. 더 나아가 순결한 마음으로 그 몸을 만져야 하고, 우리가 다가갈 때 그것은 예수 그리스도 그분 자신에게 다가가는 것임을 알아야만 한다."[60]

* * *

마음이 세상 근심으로부터 해방될 때, '믿음'으로부터 '하느님을 경외하는 마음'이 생겨난다. 아빠스 이삭 성인은 이렇게 썼다. "하느님을 경외하는 마음이 덕의 시작이다. 누군가 말했듯이, 그것은 믿음으로부터 생겨나고, 세상사에 홀린 잡념들로부터 생각을 빼낼 때 사람의 마음속에 씨앗으로 뿌려진다."[61]

하느님 경외함은 두 가지다. "하나는 형벌에 대한 두려움 때문에 우리 안에 생겨나는데, 그것은 절제, 하느님에 대한 희망, 무정념을 순서대로 낳고, 그로부터 사랑이 나온다. 다른 하나는 이 사랑과 연관되어 있다. 그것은 항상 영혼 안에 신심을 가져다주어, 사랑의 자유를 통해 하느님을 경홀히 여기지 않게 한다."[62]

---

60 Saint Jean Chrysostome, *Sur Matthieu*, L, 2, PG 58, 507.
61 *Discours ascétiques*, 1, p.3, traduction française du père Placide Deseille, 앞의 책, p.57.
62 Saint Maxime le Confesseur, *Conturies sur la charité*, I, 81, SC 9, 86.

이런 상태에 이르게 되면, 사람은 사랑의 높은 경지에서 떨어지는 것 말고는 아무것도 두려워하지 않게 된다. 사랑이신 그리스도에 참여한 뒤 우리는 그분께 간청한다. "우리를 당신 사랑 안에서 굳세게 하소서."[63] 덕으로 완전한 영혼이 소유하는 이 두려움을 우리는 간청한다. "보라. 참된 사랑을 소유한 사람을. … 이 사랑은 그를 완전한 두려움 안으로 데려간다. 그는 두려워하며 하느님의 뜻을 지킨다. 그것은 더 이상 매 맞을까 두려워서가 아니다. 형벌을 피하기 위해서도 아니다. 하느님과 함께 있는 것의 달콤함을 맛보았기에… 그는 그것을 잃어버리지나 않을까 그것을 빼앗기지나 않을까 두려워한다. 사랑으로부터 비롯되는 이 완전한 두려움은 처음의 두려움을 쫓아낸다. 그래서 성 요한은 '완전한 사랑은 두려움을 쫓아낸다.'(I요한 4:18)고 말한 것이다."[64]

* * *

그리스도를 향한 사랑으로 마음이 흘러넘치는 것을 느낄 때, 사람은 그 사랑에 참여하고 연합해야 할 필요를 강하게 느낀다. 사람이 그 안에 주님을 받아 모시는 순간은, 하느님의 사랑이 주어지고 인간의 사랑이 그 선물을 받아 모시기 위해 다가가는 운동이다. 그리스도의 거룩한 몸과 거룩한 피는 영원한 사랑이다. '하느님을 품은'(테오포로스) 성 이그나티오스는 이렇게 말한다. "내가 원하는 것은 하느님의 빵이고 … 내가 원하는 음료는 그분의 피이니, 그것은 결코 부패하지 않는 사랑이다."[65] 그리스도는 "사람이 되시고, 채찍을 맞으시고, 희생되시는 것으로 만족하지 않으셨다. 그분은 또한 우리와 섞이길 원하셨고, 이

---

63 성찬 예배. 거룩한 성찬 교제 후 드리는 감사 기도.
64 Abba Dorothée, *Discours*, IV, 1, SC 92, 221-223.
65 *Aux Romain*, VII, SC 10, 117.

를 통해 단지 믿음으로만 아니라 실제로 우리를 그분 자신의 몸으로 변모시키셨다."[66] 그리스도는 "이 신비의 성사를 통해 우리 마음 안에 들어오시길 원하신다. … 오, 진실로 신성하고 가실 줄 모르는 사랑이여! 아니, 오, 하늘로까지 오르는 사랑의 불꽃들이여!"[67]

거룩한 교부들은 이 하느님의 사랑에 응답하라고 우리에게 간청한다. "이 신비성사를 통해 그대 자신을 온전히 하느님께 바쳐라. 그 극진한 사랑으로 이토록 귀한 신비의 성사를 마련해주시고, 천상의 사랑의 연합이 사랑하시는 하느님과 사랑받는 그대 사이에 놓일 수 있게 하신 이 사랑스런 예수를 사랑으로 받아들여라."[68]

우리는 우리에게 선을 베푸시는 분께 우리의 사랑과 감사를 보여드리고, 다시 한 번 선물들 안에 잠긴다. 벌써 우리는 하늘 왕국을 맛본다. "그리스도를 사랑함이 마땅하니 그분을 사랑하자. 그분을 향한 우리의 사랑은 그 자체로 하느님이 우리에게 주신 위대한 보상이다. 이 사랑이 하느님 나라이고 그 나라의 기쁨이다. 그것은 기쁨과 영광과 영예이다. 그것은 빛이다. 이 무한한 열락을 그 어떤 언어가 표현할 수 있을 것이며, 그 어떤 지성이 이해할 수 있겠는가!"[69] "낙원은 하느님의 사랑이다. … 우리가 이 사랑을 찾았을 때, 우리는 천상의 빵으로 양육되었다. … 사랑을 찾은 사람은 매일 매시간 그리스도를 먹는다. 그리고 그를 통해서 불멸하게 된다. … 예수, 그 사랑의 빵을 먹는 사람은 복되어라!(요한 6:58) … 사랑은 왕국이다. 주님은 바로 이 사랑에 대해 사도들에게 신비롭게 약속하셨으니, 그들이 주님의 왕국에서 먹

---

66 Saint Jean Chrysostome, *Sur Matthieu*, LXXXII, 5, PG 58, 743.
67 Saint Nicodème l'Hagiorite, *Exercices spirituels*, Méditations, 26, II, 앞의 책, p.217.
68 위의 책, p.217-218.
69 Saint Jean Chrysostome, *Sur l'Épître aux Romains*, V, 7, PG 60, 431.

고 마실 것이라고 하셨다. '너희는 내 나라에서 내 식탁에 앉아 먹고 마시게 될 것이다.'(루가 22:30) 그것이 사랑이 아니라면 무엇을 말하는 것이겠는가? 사랑은 양식과 음료를 대신해서 인간을 양육할 수 있기 때문이다. 사랑은 사람의 마음을 즐겁게 해주는 포도주다.(시편 104:15) 이 포도주를 마시는 사람은 참으로 복되다!"[70]

신성한 성찬 예배는 하느님의 나라이고, 하느님 나라의 잔치 양식은 사랑이다. 참회와 하느님을 두려워하는 마음으로 우리는 이생의 바다를 건너서 사랑에 도달한다. "참회는 배, 두려움은 항해사, 사랑은 신성한 항구다. 그러므로 두려움은 우리를 참회라는 배에 묶어서 이생의 바다를 건너 사랑이라는 신성한 항구로 이끌어간다. 참회를 통해서 스스로 고통과 짐을 짊어진(마태오 11:28) 사람이 향하는 곳이 바로 이 사랑의 항구이다. 그리고 이 사랑에 이를 때, 우리는 또한 하느님에 이르게 될 것이다."[71]

신자들에게 성체성혈을 먹여줄 때 사제는 각자에게 이렇게 말한다.

사 제 죄 사함과 영원한 생명을 위하여, 하느님의 종 (   )이(가), 우리 주 하느님 구세주 예수 그리스도의 성체와 성혈을 받나이다. 아멘.

신자들이 성체성혈을 받는 동안 성가대는 이렇게 찬양한다.

성가대 하느님의 아들이시여, 오늘 신비로운 성찬에 나도 참여케 하소서. 당신의 원수들에게 이 신비로운 성찬에 대하여 말하지 않고, 유다처럼 당신께 입 맞추지 않겠나이다. 오히려 강도처럼 당신께 외치나이다. 오, 주여! 당신의 나라에서 저를 기억해주소서.

---

70 Saint Isaac le Syrien, *Discours*, 72, trad. française, 앞의 책 p.437.
71 위의 책, p.283. traduction française, p.437.

주님은 각각의 이름으로 양들을 부르신다.

각 신자에게 주님의 성체와 성혈을 줄 때, 집전자는 신자의 이름을 부른다. 성부와 성자와 성령의 이름으로 세례 받고 은총으로 하느님의 아들이 될 때 받은 그 이름을 부르는 것이다.

거룩한 성찬 교제의 순간은 우리 각자가 주님을 인격적으로 만나는 순간이다. 집전자의 입을 통해서, 그리스도는 양들을 하나하나 부르신다. "목자는 자기 양들을 하나하나 부른다."(요한 10:3) 신자들은 그분께 다가가서 그분의 지극히 순결한 손으로 불멸을 제공하는 양식을 받는다. "사제가 그대에게 이 거룩한 신비체를 주는 것을 볼 때, 그대는 절대로 사제가 그렇게 한다고 생각하지 말라. 오히려 그대에게 뻗은 그 손이 그리스도의 손이라고 믿으라."[72]

그리스도는 단지 목자만이 아니다. 그분은 또한 양들의 문, 생명의 참된 문이다. 그리고 양들은 드나들며 양식을 얻는데(요한 10:9), 그 양식은 바로 그리스도 자신이다. "과연 그 어떤 목자가 자기 양들에게 자신의 신체를 양식으로 준 적이 있는가? 아니 목자는 말해 무엇 하겠는가? 우리는 출산의 고통 후에 자식들을 유모의 품에 안기는 어미들을 보지 않는가? 하지만 예수 그리스도는 결코 그렇게 하는 것을 견디실 수 없었다. 그분은 손수 자신의 피로 우리를 양육하고, 모든 방법으로 우리를 그분 자신과 한 몸이 되게 하신다. 이 거룩한 신비성사를 통해 그분은, 세례를 통해 다시 태어나게 한 신자 하나하나와 연합되고, 다른 누구에게도 맡기지 않고 그들에게 자신을 양식으로 제공한다."[73]

---

72 Saint Jean Chrysostome, *Sur Matthieu*, I, 3, PG 58, 507.
73 위의 책, LXXXII, 5, PG 58, 744.

우리와 그리스도는 하나다.

신성한 성찬 예배 전체가 하느님 은총과 사랑의 바다이다. 그리고 이 신성한 성찬 예배 안에서 우리는 은총의 선물들을 받는다. 하지만 특별히 우리는 이 거룩한 성찬 교제의 순간에 이 모든 선을 베푸는 분이신 그리스도 그 자신을 받는다. "여기서 우리가 받는 것은 그분의 어떤 선물이 아니라 바로 그분 자신이기 때문이다."[74]

거룩한 성찬 교제를 통해, 우리는 그리스도와 단 하나의 몸이 된다. "그대는 품에 주님을 안는다. 그분의 거룩한 몸과 섞인다. 하늘에 계신 그분의 몸과 융합된다."고 성 요한 크리소스토모스는 말한다.[75] 주님의 지극히 순결한 피는 우리의 피와 섞이고, 우리 영혼을 변모시킨다. "그 피는 우리 영혼을 굳세고 순결하게 만든다. 그 피는 사람의 언어가 설명할 수 없는 아름다움으로 그 영혼을 인도한다."[76] 그 신적 원형으로 말이다. 사람은 하느님의 형상대로 창조되었다. 그리고 "이 피는 우리 안에서 왕 같이 빛나는 형상을 형성해낸다. 믿을 수 없는 아름다움을 생성시키고 영혼의 고귀함이 삭지 않게 해준다. 그 피가 우리 영혼을 자주 적셔주고 양육하기 때문이다. … 이 피는 영혼의 성화와 구원이다. 영혼을 씻어주고 정화시키고 장식하고 타오르게 하는 것은 바로 이 피다. 이 피가 우리 지성을 불보다 더욱 빛나게 해주고, 우리 영혼을 금보다 더 찬란하게 만들어준다."[77]

우리 안에 들어오시는 그리스도는 단지 우리 영혼만 아니라 우리 실

---

74 Saint Nicolas Cabasilas, *La Vie en Christ*, IV, SC 355, 269.

75 Saint Jean Chrysostome, *Sur l'Épître aux Colossiens*, VI, 4, PG 62, 342.

76 Saint Jean Chrysostome, *Sur l'Épître aux Hébreux*, XVI, 2, PG 63, 125.

77 Saint Jean Chrysostome, *Sur Jean*, XLVI, 3, PG 59, 261.

존 전체를 성화시키신다. 신성한 성찬 교제를 통해 "우리 몸이 그분의 몸과, 우리 피가 그분의 피와" 섞이기 때문이다. "오, 신비성사의 위대함이여! 그러므로 그리스도의 영이 우리의 영과, 그분의 뜻이 우리의 뜻과 융합되고, 그분의 몸이 우리의 몸과, 그분의 피가 우리의 피와 뒤섞인다! 하느님의 영이 주인이 될 때 우리의 영에 어떤 일이 일어나겠는가! 하느님의 복된 뜻이 지배할 때 우리의 뜻에 어떤 일이 일어나겠는가! 그 불꽃(신성)이 승리할 때 우리 진흙(우리 몸)은 무엇이 되겠는가!"[78] 지극히 순결한 신비성사를 받는 것은 "그에 합당하게 참여하는 이들을, 은총과 참여를 통하여, 선의 원인이신 하느님을 닮은 존재로"[79] 만든다.

사랑으로 감동되어 하느님은 우리가 신화될 수 있도록 신성한 성찬 교제의 신비를 우리에게 가져오셨다. 그리스도는 "우리를 위해 십자가의 죽음을 통하여 스스로 희생되셨다. 그분은 우리 영혼을 양육하는 잔치처럼 자신의 흠 없는 몸을 매일같이 우리에게 주심으로써 끊임없이 자기 자신을 내어주신다. 그리하여 그 몸을 먹고 그 고귀한 피를 마실 때, 우리는 이 참여를 통해 의식적으로 영적으로 성장할 수 있게 된다. … 그리고 보다 순결한 모습으로 다시 형성된다. … 이렇게 해서 우리는 더 이상 우리 자신이 아니라 흠 없는 식탁을 통해 우리를 그 자신과 연합시키는 분께 속하게 될 것이다."[80]

신신학자 성 시메온은 신성한 성찬 교제 후에 이렇게 주님을 찬양한

78　Saint Nicolas Cabasilas, *La Vie en Christ*, IV, SC 355, 271.
79　Saint Maxime le Confesseur, *Mystagogie*, XXI, PG 91, 697A, traduction française, éd. Migne, collection «Les Pères dans foi», 앞의 책, p.128.
80　Saint Nicétas Stéthatos, *Chapitres physiques*, 94, *Philocalie*, volume III, 323, traduction française, 앞의 책, t.II, p.314.

다.

> "구세주시여, 당신의 한없는 자비는 무엇이나이까?
> 어떻게 불결한 자, 탕자, 창녀인 나를
> 당신 몸의 지체가 되게 하셨나이까?
> 어떻게 내 지체 전체를 빛으로 변화시키는,
> 불멸의 찬란함으로 눈부신,
> 빛나는 의복으로 나를 입히셨나이까?
> 당신의 몸, 당신의 흠 없고 신성한 몸은,
> 형언할 수 없는 방법으로 섞이고 결합된
> 당신 신성의 불로 눈부시기 때문이나이다.
> 나는 알고 있나이다.
> 나 또한 당신의 신성에 연합되었고,
> 지극히 순결한 당신의 몸이 되었나이다.
> 빛나는 지체, 참으로 거룩한 지체,
> 투명하고도 빛나는 찬란한 지체가 되었나이다."[81]

하느님과 사람의 연합이라는 이 설명할 수 없는 신비를 성 요한 크리소스토모스는 이 하나의 간결한 문장으로 묘사한다. "우리와 그리스도는 하나다."[82]

그리스도는 두 세상에서 우리를 먹이신다.

거룩한 성찬 교제는 하느님 나라를 미리 맛보는 것이다. 그리스도는 "그를 믿는 사람은 누구든지 멸망하지 않고 영원한 생명을 얻게 하여 주시려고"(요한 3:16) 우리에게 자신을 내주신다. 다가올 하느님 나라는

---

81 *Hymnes*, II, 1-17, SC 156, 176-178.
82 *Sur l'Épître aux Hébreux*, VI, 3, PG 63, 58.

거룩한 성찬 교제를 통해 우리 영혼 안에 나타난다.

구원받고 돌아가신 우리 형제들 역시 하느님 나라의 이 미리 맛봄을 경험한다. 그들도 이 거룩한 성찬 교제의 성화 은총을 받기 때문이다. "낙원이라고 부르든, 아브라함의 품이라 부르든, 아니면 하느님 나라라고 부르든, 여하튼 저 너머 세상, 그곳에 있는 이들에게 온갖 기쁨과 열락을 마련해 주는 것, 그것은 바로 이 잔과 빵이다. … 이것이 바로 주님이 직접 의로운 자들의 이 복된 미래를 잔치라는 명사로 지칭한 이유이다.(루가 14:16) 저 너머 세상에 이 거룩한 식탁보다 더 귀한 것은 아무 것도 없다는 사실을 주님은 보여주고자 하신 것이다."[83]

신성한 성찬 예배는 하느님 자녀들의 모임이다. 그들은 주님이 혼인 잔치에 오셔서 "문 앞에 당도하여 두드리는 사람에게 곧 문을 열어주시길" 기다린다. 그러면 주님은 "띠를 띠고 그들을 식탁에 앉히고 곁에 와서 시중을 들어주실 것이다."(루가 12:36-37) 우리는 오실 분을 기다림과 동시에 또한 그분의 몸과 그분의 피에 참여하고 받아 모신다. 우리는 다가올 이 기쁨에 참여한다. 이렇게 하여 죽음은 단지 찰라의 생명에서 영원한 생명으로 넘어가는 것에 다름 아닌 것이 된다. 감사의 성찬 식탁에서 하느님 나라 잔치로의 넘어감이다. "이 세상에서나 저 세상에서나 성찬 식탁은 오직 하나이고, 그 식탁에 우리를 영접해 주시는 분도 오직 한 분이시다."[84]

> 신자들에게 성찬 교제를 베푼 후, 사제는 말한다.

---

83 Saint Nicolas Cabasilas, *Explication de la divine liturgie*, XLIII, 45, SC 4 bis, 249-251, 257.
84 Saint Nicolas Cabasilas, *La Vie en Christ*, IV, 109, SC 355, 357.

사 제	하느님이시여, 당신의 백성을 구원하시고, 당신의 유산에 복을 내리소서.(시편 28:9)
성가대	[하느님 주께서 우리에게 나타나셨도다.(시편 118:27)] 우리는 참 빛을 보았고, 하늘의 성령을 받았으며, 참 신앙을 발견했고, 우리를 구원하신 분, 나뉠 수 없는 성 삼위 하느님을 흠숭하나이다.[85]

보제가 사제에게 말한다.

보 제	사제여, 높이 드소서.

사제는 거룩한 봉헌물에 세 번 분향하며 말한다.

사 제	하느님이시여, 하늘 높이 선양되시어, 당신의 영광 온 땅 위에 떨치소서.(시편 57:5)

사제는 거룩한 제단 앞에서 성작을 높이 들고 조용한 소리로 말한다.

사 제	우리 하느님은 (그리고 회중을 향해 돌아서서 큰 소리로) **이제와 항상 또 영원히 찬미 받으시나이다.**

이어서 성작을 예배 제단으로 옮겨놓는다. 성가대는 성가를 부른다.

성가대	아멘.(아멘, 아멘. 죄 용서와 영원한 생명이로다.) 당신은 우리로 하여금 당신의 거룩하고 신성하고 불멸하며 생명을 주는 신비의 성사에 참여할 수 있게 해 주셨으니, 주여, 우리 입술에 당신 찬양 가득하게 하시어, 당신의 영광을 노래하게 하소서. 우리를 당신의 거룩함 안에 지켜주시어, 온 종일 당신의 정의를 묵상하게 하소서. 알렐루야, 알렐루야, 알렐루야.[86]

---

85 오순절 성령강림 대축일 만과, 고유음조* 성가.

86 이 성가는 세르기오스 콘스탄티노플 총대주교의 시대였던 624년에 처음으로 신성한 성찬 예배의 이 순간에 불려졌다.(*Chronique pascale*, 351, Olympias, PG 92, 1001.)

우리는 참 빛을 보았다.

거룩한 성찬 교제를 통하여 신자는 자기 안에 참 빛을 받는다. 그 영혼은 의로운 태양이신 그리스도와 연합된다. 그 지성은 "하느님과 완전히 결합되어 그 신성한 빛으로 온전히 빛난다."[87] 그리스도는 성찬 교제에 참여하는 신자에게 모든 것이 되신다.

> 빛, 평화, 기쁨, 생명, 양식과 음료,
> 의복, 옷, 장막, 거룩한 집…
> 지지 않는 참된 태양, 항상 빛나는 별,
> 영혼의 집 내부를 밝히는 등불.[88]

우리는 영혼 안에 "몇 줄기 광선이 아니라 태양 그 자체"[89]를 받았다. 우리는 은총으로 그리스도 유일한 태양을 따르는 작은 태양들이 된다. 그리스도는 "그 빛나게 하는 권능으로 만물을 껴안음으로써 합당한 이들에게 영원한 빛을 주시고, 그들로 하여금 다시 태양들이 되게 하신다."[90]

자신의 거룩한 삶의 경험들을 드러내면서, 성 그레고리오스 팔라마스는 사람이 참 빛의 영역 안에 들어감에 대해 말한다. "그리스도는 그 자신의 신적 휘포스타시스(위격) 안에서 우리 본성을 연합시키는데 머물지 않으셨다. … 오히려 그분은 그분의 거룩한 몸과의 교제를 통하여 그분 자신을 각 신자들과 융합시키고 인간 개개인의 휘포스타시스

---

87 *Discours* sur Abba Philémon, *Philocalie*, volume II, p.251, traduction française, 앞의 책, t.1, p.613.
88 Saint Syméon le Nouveau Théologien, *Hymnes*, XLV, 32-39, SC 196, 105.
89 Saint Nicolas Cabasilas, *La Vie en Christ*, IV, 584 D, SC 355, 269.
90 Saint Grégoire Palamas, *Contre Akyndinos*, V, 6.22, édition Chrestou, t.III, Thessalonique, p.302.

(인격)와도 연합되신다. 그분은 우리와 단 하나의 몸이 되시고 우리로 하여금 신성 전체의 성전으로 만드신다. 그리스도의 몸 안에는 '하느님의 완전한 신성이 충만하게 육체적으로 깃들어 있기'(골로사이 2:9) 때문이다. 다볼산에서 제자들의 몸을 밝게 비춰주신 그리스도가 그 몸의 신적인 광선에 합당하게 참여하고 있는 이들을 어찌 비춰주지 않으시겠는가?"[91]

그리스도의 빛은 사람 전체를 비추시고 하느님의 신비를 관상하는 데로 이끈다. "단순하고 하나로 연합되어 있기에, 신성한 빛의 현존은 그 빛에 참여하는 모든 영혼을 그 안에 모아들이고, 그 영혼들을 그 자신으로 향하게 만든다. … 그 빛은 영혼의 지성적 관상 능력이 하느님의 심오함으로 향하도록 이끈다. 그렇게 하여 위대한 신비들을 관상하게 하고 그 빛에 입문하게 함으로써 또한 입문시킬 능력을 얻게 한다."[92]

의로우신 태양의 신비, 감사의 성찬 신비는 성부의 빛으로부터 우리 세상에 떠오르고, 세상의 빛이신 그리스도에 의해 거행되며, 위로자 성령의 빛을 통해 축성된다. 그리스도가 오시기 전, 예언자 다윗은 이렇게 예언했다.

"당신의 빛 안에서, 우리가 빛을 보나이다."(시편 36:9)

이제 우리도 거룩한 성찬 교제 후에 "빛이신 성부를 보았고 그 빛을 선포한다. 우리는 성 삼위 하느님의 간결하고도 단순한 신학이시고 빛이신 성령 안에서, 빛이신 성자를 깨닫는다. … 빛과 빛과 빛이지만 단

---

91 *Défense des saints hésychastes*, I, 3, 38, édition J. Meyendorff, 앞의 책, t.1, p.192.
92 Saint Nicétas Stéthatos, *Centuries sur la connaissance spirituelle*, XX, *Philocalie*, volume III, 331.

하나의 빛이요 단 하나의 하느님이시다."[93]

창조된 인간은 신성한 빛에 의해 통째로 비춰지고, 피조세계로부터 분리되어 하느님과 연합된다.

> 다시 그 빛은 나를 비추고
> 다시 그 빛은 분명하게 보인다.
> 다시 그 빛은 하늘을 열고,
> 다시 그 빛은 밤을 가른다.
> 다시 그 빛은 만물을 창조하고,
> 다시 나는 오직 그 빛만 본다.
> 다시 그 빛은 모든 가시적 현실로부터 나를 나오게 한다.
> 그리고 그 빛은 존재하는 모든 것 한가운데 있으면서,
> 또한 나를 만물로부터 나오게 한다.

세상의 빛이신 그리스도는 이 세상의 어둠을 흩으신다. 그분은 하늘을 여시고 우리를 새로운 세상의 영역으로 인도하신다. 거기서 신자는 빛을 만난다. 그 빛은 "다가올 영원한 세상의 아름다움, 시작도 끝도 없이 지속되는 하느님 나라"[94]이다. 그곳 하느님 나라에는 "밤이 없어서 등불이나 햇빛이 필요 없다."(묵시록 22:5) 그곳에선 "그리스도의 얼굴빛이 영원토록 빛날 것"이다.[95]

* * *

다가올 하느님 나라의 형상인 신성한 성찬 예배는 그리스도의 빛으로 빛난다. 아토스 성산의 새순교자 성 야고보는 "볼 수 없는 분"을 그

---

93 Saint Grégoire le Théologien, *Discours* XXXI, 3, SC 250, 281.
94 Saint Grégoire Palamas, *Défense des saints hésychastes*, II, 3, 54, Chrestou, 1, p.586-587, J. Meyendorff, 앞의 책, t. II, p.496.
95 성체성혈 축성 후 드리는 사자(死者)를 위한 기도문 중에서.

순결한 눈으로 보았다. "사제가 제의를 입기 시작했을 때, 천사들의 빛이 그 앞에서 빛났다. 그 빛은 새벽빛과 같았다. 사제가 '성찬 예물 준비 예식'(프로스코미디)을 시작하자, 네 개의 천사 군단이 와서 성당의 네 구석에 섰다. '성찬 예물 준비 예식'을 마치고 성보로 고귀한 예물들을 덮자, 빛이 퍼져서 예물들을 덮었다. 눈에 보이는 이 성보는 예물들을 덮고 있는 지성적인 빛을 드러내주기 때문이다. 대입당의 순간이 되어 사제가 거룩한 예물을 들고 지성소를 나오자, 빛이 그를 앞서갔고, 모든 신자를 감쌌다. 이어서 거룩한 예물들이 거룩한 제단 위에 놓이자, 이 빛은 마치 초승달처럼 제단을 둘러쌓다. 그 빛나는 원 안에 사제와 거룩한 예물이 자리 잡았고, 그 바깥에는 감히 다가오지 못하도록 천사들이 방어벽을 치고 서 있었다. 이 빛은 순결한 사제를 떠나지 않았고 그와 하나가 되었다. 사제가 복음경을 읽을 때나 기도를 드릴 때, 그의 입에서는 빛나는 불길이 뿜어 나왔다. 그가 손을 높이 들 때, 그의 손가락에서 빛이 뻗어 나왔다."

성인은 계속해서 말한다. "성체 성혈 축성이 끝난 후, 나는 주님을 보았다. 빛 속에서 성반 위에 앉아있는 어린 아기의 모습이었다. … 신성한 성찬 예배가 끝났을 때, 나는 다시 한 번 어린 아기가 거룩한 천사들에 둘러싸여 영광과 존엄 속에서 하늘로 오르는 것을 보았다."[96]

하느님이시여, 하늘 높이 선양되소서.

거룩한 예물을 제단 위에 놓은 뒤, 사제는 세 번 분향한 후 다음과 같

---

96 "Vie du moine et martyr Jacques de la Saint Montagne(11월 1일)", volume XI, 5e édition, Athènes, Mathaios Lagges, 1979, p.43-44. Voir résumé dans Macaire de Simonos Petras, *Le Synaxaire*, tome II, édition Indiktos, 2010, p.15.

은 시편 구절을 읊는다.

"하느님이시여, 하늘 높이 선양되시어, 당신의 영광 온 땅 위에 떨치소서."(시편 57:5)

"'높이 선양되소서.'라는 말을 들을 때, 그대는 예언자 다윗이 하느님께 추가적인 어떤 영광을 받아주시길 간청한다고 상상하지 말라. 그분은 추가적인 영광이 필요 없으신 분이시기 때문이다. … 그것은 특별히 하느님이 하늘에서 영광 받으시는 모습에 대한 암시이다. 하늘에서는 천사들이 하느님을 선양하고 영광 돌린다. 하지만 예언자는 하느님의 영광이 하늘에서처럼 또한 온 땅 위에서 선양되길 바란다."[97] 더 나아가 이 말은, 우리는 그리스도께 이렇게 말씀드리는 것과 같다 할 것이다. "비록 당신은 우리를 구원하시기 위해 육화의 자발적 겸손을 통하여 낮아지셨고, '죽기까지 순종하셨지만'(필립보 2:8), 이제 다시 하늘로 오르소서. 승천 후에 당신은 온 땅을 당신의 영광으로 충만하게 채울 것이기 때문이나이다."[98]

신성한 성찬 예배가 거행될 때마다, 그리스도는 우리의 구원을 위해 하늘에서 내려오신다. 그리고 이 순간, 그분은 다시 하늘로 올라가신다. 우리 신자들은 영혼의 눈으로 그리스도의 승천을 본다. 그리스도의 승천에 함께 했던 제자들처럼, 우리는 이제 큰 기쁨으로 하느님을 찬양하고 찬미한다.(루가 24:52-53) 그분의 영광과 사랑의 빛이 세상에 남아 온 세상을 비춰주기 때문이다.

---

97 Saint Nicodème l'Hagiorite, *Commentaires sur les 150 psaumes*, volume II, Thessalonique, Orthodoxos Kypseli, 1981.

98 Saint Athanase, Sur le psaume 56, PG 27, 260C.

***

　신자들이 성찬 교제에 참여함으로써, 우리는 이제 감사의 성찬 신비의 막바지에 도달했다. 사제와 신자들은 하느님께 감사와 찬양을 드리며 예배를 마감한다. "… 주여, 우리 입술에 당신 찬양 가득하게 하시어, …" 이것은 마치 우리가 이렇게 말하는 것과 같다. "주여, 당신이 우리에게 가득 채워 주신 그 모든 호의와 선에, 우리는 감히 성가를 바칠 자격조차 없나이다. 하지만 당신은 우리 입에 당신 찬양을 가득 담아주심으로써 … 우리에게 이 호의를 베푸시나이다." 이어서 "신자들은 그들이 받은 거룩성이 언제나 그들 안에 머물게 해달라고, 하느님 손의 도움으로 이 은총을 배반하지 않고, 받은 이 선물을 잃지 않게 해달라고 간청한다. '우리를 당신의 거룩함 안에 지켜주시어, 온 종일 당신의 정의를 묵상하게 하소서.' 여기서 정의는 이 신비성사 안에서 관상된 하느님의 지혜와 그분의 사랑을 가리킨다. … 이 정의를 묵상하는 것은 성사를 통해 받은 이 거룩성을 우리 안에 잘 보존하게 해준다. 그것은 하느님에 대한 믿음을 증진시키고 사랑을 불타오르게 하기 때문이다."[99]

> 보제는 임금의 문 앞에 서서 말한다.
>
> **보　제**　그리스도의 신성한 신비성사, 거룩하고 정결하고 생명을 주시는, 천상의 두렵고도 불멸하는 신비성사를 받았으니, 이제 일어서서 주님께 감사드립시다.
>
> **성가대**　주여, 불쌍히 여기소서.

99　위의 책, 241.

> **보 제** 하느님이시여, 당신의 은총으로 우리를 도우시고 구원하시고 불쌍히 여기시고 지켜주소서.
>
> **성가대** 주여, 불쌍히 여기소서.
>
> **보 제** 오늘 하루가 완전하고 거룩하고 평화롭고 죄 없는 날이 되게 해주시길 간구하였으니, 이제 우리 자신 각자를 우리 하느님 그리스도께 맡깁시다.
>
> **성가대** 주여, 당신께 맡기나이다.
>
> 사제는 작은 소리로 이렇게 감사기도를 드린다.
>
> **사 제** 온갖 좋은 것을 베푸신 자애로우신 주 우리 하느님이시여, 오늘도 우리가 불멸의 신비로운 성찬에 참여토록 허락해주셨으니 감사드리나이다. 주여, 영화로우신 동정녀 성모 마리아와 모든 성인의 기도와 중보를 통하여, 우리의 길을 바르게 해주시고, 당신을 경외하도록 우리를 굳게 세워주시고, 우리 생명을 지켜 주시고, 우리의 발걸음을 보호하소서.
> (큰 소리로) **당신은 우리를 거룩하게 하시니, 성부와 성자와 성령 당신께 이제와 항상 또 영원히 영광 돌리나이다.**
>
> **성가대** 아멘.

나의 구세주여, 나는 어떤 말도 찾지 못하나이다.

이 감사 기도는 신비의 만찬이 끝나고 그리스도의 제자들이 누린 기쁨과 감사를 우리 영혼에 불러온다.

"그들은 찬미가를 부르고 올리브 산으로 올라갔다."(마태오 26:30)

성 요한 크리소스토모스는 주목한다. "성찬 예배의 마지막 기도는 이 기도를 보여준다. 주님은 자신의 몸과 피를 제자들에게 주시기 전에 그의 아버지 하느님께 감사드린다. 우리 또한 감사드리게 하기 위함이다. 그분은 또한 주신 후에도 감사드리고 찬미 드리신다. 우리도 똑같이 하게 하기 위함이다."[100]

성 요한 크리소스토모스는 영성체 후에 드리는 아래의 감사 기도를 지었다. 성인은 이 선물들을 베풀어주신 그리스도께 어떻게 감사해야 할지 그 적절한 표현을 찾을 수 없음을 느꼈다. 그래서 그는 집전자들과 신자들을 "영예롭고 정직한 삶 안에" 지켜주시고, 그들이 생의 마지막 순간까지 이 천상의 제단에 합당한 존재가 되게 해달라고 주님께 간구한다.

> "사람을 사랑하시는 우리 하느님 당신께, 우리가 어떤 찬양, 어떤 성가, 어떤 감사를 드릴 수 있겠나이까? 우리가 죽음을 선고받고 죄 속에 빠져 있을 때, 당신은 우리에게 자유를 주셨고, 우리에게 그리스도의 성체와 성혈의 불멸하는 천상의 양식에 참여할 수 있게 해주셨나이다. 하여 간구하오니, 지극히 거룩하고 흠 없으신 테오토코스 평생 동정녀 마리아와 모든 성인들의 기도를 들으시어, 우리와 그리고 당신의 종인 보제들을 지켜주시고 모든 단죄에서 벗어나게 해주시고, 우리와 함께 여기 참석한 당신의 백성들을 영예롭고 정직한 삶 안에 지켜주시며, 우리가 마지막 숨을 쉴 때까지 영혼과 몸의 성화를 위해 이 신비로운 식탁에 참여하기에 합당한 자가 되게 해주시어, 당신을 기쁘시게 한 모든 이들과 함께 당신의 하늘나라에 거할 수 있게 해주소서. 당신은 거룩한 하느님이시고, 사람의 친구이시나니, 우리가 성부와 성자와 성령 당신께 이제와 항상 또 영원히 영광 돌리나이다. 아멘."[101]

---

100 *Sur Matthieu*, LXXXII, 2, PG 58, 740. 성 요한 크리소스토모스의 시대에는 이 감사 기도가 성찬 예배의 마지막 기도였다.

101 "Ancienne prière lue derrière l'ambon de la liturgie de saint Jean Chrysostome",

또 다른 성인, 신신학자 시메온도 성찬 교제 후에 주님께 감사드린다. 하늘로부터 받은 신학의 은사에도 불구하고, 그는 이 거룩한 성찬 교제의 크신 은총에 대한 감사에 적합한 표현을 찾을 수 없다고 고백하면서, 이렇게 감사드린다.

> 세라핌들도 범접할 수 없는 당신,
> 창조주, 조물주, 온 세상의 주님이신 당신,
> 당신은 나를 보시고, 내게 말씀하시고,
> 나를 양육하시나이다.
> 뿐만 아니라, 당신은
> 당신의 살과 똑같은 이 살을
> 내가 받아서 먹도록 허락해 주셨나이다.
> 그리고 지극히 거룩한 당신의 피를 마시게 허락해 주셨나이다.
> 하여 내 영은 머뭇거리고,
> 내 입술은 힘이 없나이다.
> 나의 구세주여, 나는 찾지 못하나이다.
> 당신의 선이 행하신 이 놀라운 일들,
> 당신의 종인 나를 위해 행하신 일들을
> 표현할 어떤 말도.
> 사람의 친구시여,
> 측량할 수 없는 자애로 …
> 당신은 나와 연합하셨나이다.
> 당신은 더러워진 내 집을 청소하셨고,
> 그 안에 들어가신 뒤,
> 오 나의 하느님, 성 삼위시여,
> 당신은 그곳에 사셨나이다.

Trembelas, *Leitourgiai*, p.155.

그런 다음 당신은
나를 당신의 거룩한 신성의 보좌로 만드셨나이다.
범접할 수 없는
당신 영광과 왕권의 집으로 삼으셨나이다.[102]

---

102 *Hymnes*, XX, 55-203, SC 174, 115-127.

8. 폐식사

사　제　평화롭게 돌아갑시다.[01]

성가대　주님의 이름으로

보　제　주님께 기도드립시다.

성가대　주여, 불쌍히 여기소서.

사제는 그리스도의 성화(이콘)를 향해 서서, 큰 소리로 암본*(설교단)에서 기도를 드린다.

사　제　당신을 찬미하는 이들에게 복을 주시고, 당신께 자신을 의탁하는 이들을 거룩하게 하시는 주여, 당신의 백성을 구원하시고, 당신의 유산에 강복하소서. 또 당신 교회의 충만을 지켜주시고, 당신 집의 아름다움을 사랑하는 이들을 거룩하게 하시고(시편 26:8), 당신의 신성한 권능으로 그들을 영화롭게 하소서. 그리고 당신께 희망을 걸고 사는 우리를 저버리지 마시고, 당신의 것인 세상과 당신

---

01 첫 몇 세기 동안, 성찬 예배는 집전자의 이 권면과 함께 끝났다. 이 말은 감사의 성찬 예배 모임의 마무리와 신자들의 파송(귀가)을 표시하는 것이었다. 다음에 이어서 집전자가 읊는 기도는 나중에 첨가된 것으로 '암본(Ἄμβων) 아래서 드리는 기도'라 불린다. 원래 이 기도는 암본 아래 성당 한 가운데서 드려졌기 때문이다. 아토스 성산에서는 집전자가 지성소 안에서 기도를 시작하여, "당신의 유산을 강복하소서"라고 말할 때 지성소를 나와 백성을 축복한다.

> 의 교회들과, 사제들과 당신의 모든 백성에게 평화를 주소서. 모든 훌륭한 선물과 모든 완전한 은총은 위에서 빛의 아버지이신 당신께로부터 오나니(야고보 1:17), 성부와 성자와 성령 당신께 이제와 항상 또 영원히 영광과 감사와 경배를 드리나이다.
>
> **성가대** 아멘.

평화롭게 돌아갑시다.

신성한 성찬 예배는 사람과 하느님의 만남과 연합을 목표로 한 여정이다. 이 목표는 이미 실현되었다. 우리는 우리 여정의 종착점에 도달했다. 우리는 참된 빛을 보았다. 전례적인 다볼산 위에서 변모되신 주님을 목격하였다. 우리는 그분의 거룩한 몸과 순결한 피를 받아 모셨다. 비록 우리는 "주님, 우리가 여기서 지내면 얼마나 좋겠습니까?"(마태오 17:4)라며 높은 곳에 오르신 주님께 속삭이고 싶겠지만, 우리 어머니인 교회는 전례 여정의 마지막이 우리의 영적 여정의 새로운 출발점이 되어야 한다는 것을 다시 한 번 우리에게 상기시켜 준다. "평화롭게 돌아갑시다." 우리는 변모의 산을 떠나야 한다. 다시 세상으로 돌아가 우리의 삶 속에서 '순교자'의 길을 다시 가야한다. 이 여정은 우리의 '마르티리아'(Μαρτυρία, 순교적 증언), 우리가 성찬을 통해 우리 안에 모신 길이요 생명이신 그리스도에 대한 증언이 된다.

신성한 성찬 예배 도중에 우리는 그리스도를 우리 안에 모셨다. 이제 우리는 그분을 세상에 전하라는, 그리스도의 생명의 증인들이 되라는 부름을 받는다. "우리는 하늘에서 내려가듯 … 이 거룩한 성찬 모임을 나가야 할 것이다."[02] 그렇게 해서 우리 가족, 우리의 친구, 우리의

---

02 Saint Jean Chrysostome, *Sur les paroles 'Si ton ennemi a faim'*, IV, PG 51, 179.

원수들이 우리를 볼 때, 우리가 교회에서 얻은 모든 유익을 이해할 수 있게 해야 한다.

성찬 교제 후에 우리는 그리스도와 성령을 지닌 자들이 되어 세상으로 나아간다. 이어서 우리는 이 빛이 꺼지지 않도록 보존하고 우리가 받은 은총의 선물들을 간직하기 위해서 투쟁한다. 그러면, 우리 현존 그 자체만으로 우리가 받은 은총을 성찬 예배에 참석하지 않았던 우리 형제들의 영혼에 전해주기에 충분할 것이다. '크리스토포로스'(Χριστοφόρος, 그리스도를 지닌 자)인 신자는 "저절로 열매를 맺는 땅"(마르코 4:28)이기 때문이다.

신성한 성찬 예배는 평화 안에서 시작했고, 성사가 거행되는 중에도 하느님의 평화는 여러 차례 우리에게 주어진다. 그리고 이제 집전자는 "우리를 성찬 모임에서 돌려보내면서, 다시 한 번 우리에게 이 염원을 표한다. '평화롭게 돌아가십시오.' 평화 없이는 아무 것도 전해질 수 없고 행해질 수 없다."03

평화와 사랑은 신성한 성찬 예배를 거행하며 우리가 드리는 기도의 뿌리이자 동시에 열매이다. "평화와 사랑은 우리 기도가 흠향되게 할 뿐만 아니라 기도 그 자체를 낳고 또 기도로부터 솟아난다. 하느님의 두 줄기 쌍둥이 빛처럼, 이 둘은 함께 자라나고 함께 성취된다."04 신자들은 이제 성찬 예배 모임의 열매인 사랑과 평화를 세상에 전해주라는 부름을 받는다.

---

03 Saint Jean Chrysostome, *Contre les Juifs*, III, 6, PG 48, 870. "평화롭게 돌아가십시오"라는 표현은 오늘날 "평화롭게 돌아갑시다"라는 표현으로 바뀌었다.

04 Saints Calliste et Ignace Xanthopouloi, *Sur ceux qui ont choisi de vivre dans l'hésychia*, VIII, *Philocalie*, volume 4, p.202, traduction française, 앞의 책, tome 2, p.551.

교회의 충만.

'암본' 기도는 신자들을 그리스도의 '교회의 충만'이라 규정한다. 교회는 이 세상을 항해하는 그리스도의 배이다. 그리고 그리스도에게 속한 모든 사람은 이 배의 승객들이다. "세상은 바다와 같다. 교회는 이 바다에서 마치 파도 위를 출렁이듯 끊임없이 요동치지만 결코 난파되지 않는다. 교회라는 배는 파선되는 것을 막아줄 경험 많은 선장, 그리스도를 갖고 있기 때문이다. 교회는 죽음에서 지켜줄 깃발을 항상 달고 있다. 그것은 바로 주님의 십자가다. … 이 배의 방향타를 조종하는 막대는 두 개가 있는데, 그것은 구약성경과 신약성경이다. 배 둘레를 감고 있는 밧줄은 그리스도의 사랑의 특징이다. 그리스도는 이 밧줄로 교회를 단단히 묶어 맨다. … 배를 밀고 가는 바람은 성령의 강력한 숨결이다. 성령은 하느님을 믿는 모든 이들을 이 숨결로 날인한다. … 또한 교회는 거룩한 천사들을 선원으로 가지고 있다."[05]

이생의 거친 바다를 가로질러서, 교회라는 배는 하느님 나라의 항구를 향해 나아간다. "교회는 좋은 나라 좋은 도시에서 살기 원하는 여러 지역의 사람들을 악천후 속에서도 그곳으로 실어 나르는 커다란 배와 같다. … 이 비유 속에서 도시의 임금은 하느님이시다. 선장은 그리스도이다. 부선장은 주교이다. … 승객들은 수많은 신자들, 깊은 바다는 세상, 역풍은 시련들, 박해와 위험과 온갖 고난은 파도에 비교할 수 있다."[06]

그리스도는 우리를 죄와 죽음에서 해방하셨고, 세례를 통해 다시 태어나게 하셨으며, 우리로 하여금 "그분의 교회의 충만"으로 만드셨다.

---

05 Saint Hippolyte de Rome, *Sur le Christ et l'Antichrist*, LIX, PG 10, 777B-780A.
06 Saint Clément de Rome, *Épître à Jacques*, XIV, PG 2, 49AB.

그분은 "진실로 '모으시는 분'(Ἐκκλησιαστής)⁰⁷이시다. 흩어진 양들을 하나의 '플리로마'(Πλήρωμα, 충만) 안에 모아들이고, 세상의 온갖 기만에 속아 여러 모양으로 길을 잃고 살아가는 이들을 단 하나의 회중 속에 불러들이신다."⁰⁸ 그리스도는 우리를 그 복된 백성의 구성원으로 만드신다. 그렇게 해서 우리 모두가 "머리요 동시에 신랑이신 단 한 분 '모으시는 분'(에클레시아스티스) 아래 있는 한 교회, 한 백성, 한 신부이다. 우리 모두가 연합되었고, 한 몸에 참여하였기 때문이다."⁰⁹

> **성가대** 주의 이름이 이제로부터 영원토록 찬양되시리이다.(세 번)
>
> 사제는 예비제단으로 가서 작은 소리로 기도한다.
>
> **사 제** 율법과 예언의 완성이시고, 우리를 구원코자 하신 성부의 모든 계획을 이루신 우리 하느님 그리스도시여, 이제와 항상 또 영원토록, 우리 마음을 기쁨과 즐거움으로 가득 채워주소서. 아멘.

주님의 이름이 찬양되시리이다.

주님의 이름을 찬양하는 이 마지막 성가는 사실 시편 113편에 나온다. 이 시편은 유월절 식탁에서 유대인들이 불렀던 일련의 시편 찬양(113편-118편) 중 첫 번째 것이다. 그러므로 주님과 제자들도 신비의 마지막 만찬 후에 틀림없이 "주의 이름이 찬양되시리이다."하고 이 시편으

---

07 그리스어로 '교회'는 '에클레시아(Ἐκκλησία)'라 하는데, 이는 '모임', '회합'을 의미한다. 그러므로 교회는 하느님께 예배와 영광 드리도록 주님이 불러 모으신 사람들의 모임이라 할 수 있다.

08 *Saint Grégoire de Nysse, Sur l'Ecclésiaste*, I, PG 44, 620B.

09 *Sur le Cantique des cantiques*, VI, PG 44, 905A. 여기서 그리스도는 이 단어의 "불러모으다, 부르다, 소집하다'라는 고전적 의미에 기초하여 '에클레시아스티스'(Ἐκκλησιαστής, 모으는 자)라 불린다. 왜냐하면 그리스도는 교회(에클레시아 Ἐκκλησία)의 모임으로 모든 신자들을 부르시고, 모으시고, 소집하시는 분이시기 때문이다.

로 찬양했을 것이다.

그리스도의 현재 제자인 신자들은 성찬이 거행된 다락방을 떠나기 전에 하늘에 계신 성부의 지극히 거룩한 이름에 영광 돌린다. 성 요한 크리소스토모스가 말한 것처럼, "바로 이 이름만을 통해, 죽음이 사라졌고 … 낙원의 문들이 활짝 열렸으며, 성령이 이 땅에 보내지셨고, 노예는 자유를 얻었으며, 원수였던 자가 자녀가 되었고, 이방인이 상속자가 되었으며, 사람이 천사가 되었기 때문이다. 천사뿐이겠는가? 하느님이 사람이 되셨고, 사람이 신이 되었다. 하늘은 땅에 속한 족속을 받아들였고, 땅은 헤루빔을 비롯하여 수많은 천군천사보다 더 높은 곳에 좌정하신 분을 영접했다. 하느님과 사람들 사이의 분리의 장벽은 제거되었고, 담은 무너졌으며, 분리되었던 것이 다시 연합되었고, 어둠은 제거되고 빛이 찬란히 비치게 되었다."[10]

셀 수 없이 많은 이 모든 호의와 선에 대해, 우리는 주님께 외친다.

"주여! 주의 이름 온 세상에 어찌 이리 크십니까!"(시편 8:1)

진실로 "이 이름 덕분에 수천수만의 과업이 성공했고, 바로 이 이름을 통해 우리는 거룩한 신비들 안으로 들어갈 수 있었다. 예언자 다윗은 이 이름을 통해 성취된 모든 기적들을 회상하며 말한다. '그의 이름 두렵고도 거룩하여라.'(시편 111:9) 그런데 그 이름이 거룩하다면, 성가로 그 이름을 예배하는 이들에게도 깨끗하고 거룩하고 순결한 입이 요구된다."[11] 바로 이런 까닭에 우리 교회는, 홀로 거룩하신 분이시고 거룩함의 원천이신 그리스도에 참여하는 성찬 교제를 통하여 우리 입을

---

10 *Sur le psaume 8,* 1, PG 55, 107.
11 Saint Jean Chrysostome, *Sur le psaume 110,* 7, PG 55, 289.

거룩하게 한 다음에, 이렇게 주님의 지극히 거룩한 이름을 찬양하라고 명한 것이다.

* * *

"우리 마음을 기쁨과 즐거움으로 가득 채워주소서." "여기서 말하는 기쁨은 어떤 것인가? 세속적 기쁨이겠는가? 하느님이 이런 속된 생각에서 우리를 지켜주시길! … 이 기도를 읊는 이들은 이생의 기쁨과는 아무런 공통점도 없는 이 신성한 기쁨만을 추구한다. 그것은 천사들의 기쁨이요 천상의 기쁨이다. 그들은 단지 이 기쁨을 간구할 뿐만 아니라 그것을 넘치도록 누리길 열망한다. '우리에게 이 기쁨을 주소서'라고 말하지 않고 '우리를 이 기쁨으로 가득 채워주소서'라고 말하기 때문이다. 아니 그들은 단순히 '우리를 이 기쁨으로 채워주소서'가 아니라 '우리 마음을 이 기쁨으로 채워주소서.'라고 말한다. 이 기쁨은 그 무엇보다도 먼저 마음의 기쁨이기 때문이다."[12]

보 제	주님께 기도드립시다.
성가대	주여, 불쌍히 여기소서.
사 제	주님의 강복과 자비가, 그분의 은총과 사람을 향한 사랑을 통하여, 여러분 모두에게, 이제와 항상 또 영원히 임하길 바라나이다.
성가대	아멘.
사 제	우리의 희망이신 하느님 그리스도시여, 당신께 영광 돌리나이다.
봉독자	영광이 성부와 성자와 성령께 이제와 항상 또 영원히 있나이다. 아멘. 주여, 불쌍히 여기소서. 주여, 불쌍히 여기소서. 주여, 불쌍히 여기소서. 사제여, 축복하소서.

---

12 Saint Jean Chrysostome, *Sur Matthieu*, LV, 5, PG 58, 547.

> 사제는 회중을 향해 돌아서서 기도한다.
>
> **사 제** 선하시고 사람의 친구이신 우리의 참 하느님 그리스도께서[15], 지극히 순결하시고 아무 흠 없으신 거룩한 성모의 기도를 통하여, 또한 고귀하고 생명을 베푸는 십자가의 권능을 통하여, 또한 무형의 천군천사들의 보호를 통하여, 그리고 또 거룩하고 영광스럽고 존귀한 예언자요 선구자인 세례자 요한과, 거룩하고 영광스럽고 빛나는 사도들과, 거룩하고 영광스러운 승리의 순교자들과, 성인들 중에서도 특히 우리의 교부, 콘스탄티노플의 대주교 성 요한 크리소스토모스와, 하느님을 품으신 거룩한 교부들과, 성 (… 성당 명명 성인)과, 하느님의 거룩하고 의로운 선조 성 요아킴과 성 안나와, 오늘 축일로 기념하는 성 (… 그날의 성인)과, 그리고 또 모든 성인들의 기도를 통하여, 우리를 불쌍히 여기시고 우리를 구원해 주시길 바라나이다.
>
> **우리 하느님 주 예수 그리스도시여, 거룩한 교부들의 기도를 통하여 우리를 불쌍히 여기시고 구원해 주시옵소서.**
>
> **성가대** 아멘.

주님의 강복과 자비

신성한 성찬 예배는 이제 마지막에 이르렀다. 사제는 "십자 성호로 회중을 축복하고 주님의 강복이 회중 위에 임하길 기도한 뒤 폐식사를 읊는다. 그는 지극히 순결하신 성모님과 모든 성인의 기도를 통하여 우리를 불쌍히 여겨주시고 구원해주시길 우리의 참 하느님 그리스도께 간청한다. 동시에 사제는 우리 구세주 그리스도의 경륜을 통해 그리고 이 거룩하고 신성한 성찬 예배를 통해, 우리가 이미 구원받았고 또 구원받을 것임을 선포하고 증언한다. 또한 그는 가장 위대한 신비, 하느님 육화의 신비에서 여종으로 봉사한 성모님의 기도가 우리 구원에 기여한다는 것을 증언한다. 이 신비를 통해서 거룩해진 모든 성인의 기도 또한 그러하다."[13]

사제는 우리의 구원을 위해 기도한다. "우리는 구원받았다. 우리가 구원받을 뭔가를 제시했기 때문이 아니라, 단지 홀로 우리를 구원하실 수 있는 분의, 아버지 같은 선하심에 우리가 시선을 돌렸기 때문이다. 그런 까닭에 여기서 사제는 다시 한 번 우리가 구원받을 수 있도록 도와줄 수많은 중보자들을 언급한다. 특별히 제일 먼저 지극히 거룩하신 테오토코스(성모님)를 언급하는데, 우리는 바로 그분의 중보를 통해서 자비를 얻을 수 있었다."[14]

* * *

마지막으로 집전자는 '안티도론*'(Ἀντίδωρον)을 나눠준다. 이 그리스어 단어는 문자적으로 성찬 교제에 참여하지 않은 이들에게 "유일한 선물(δῶρον, 성체 성혈) 대신에(ἀντί) 주어지는 것"이라는 의미이다. "그것은 이 선물들을 받지 못한 이들에게 선물 대신에 주어진다."[15] 안티도론은 "믿음으로 그것을 받아먹는 이들에게 말로 설명할 수 없는 강복을 전해주는 것으로서 모든 사람에게 분배된다."[16]

안티도론으로 분배되는 빵은 하느님께 봉헌된 것이기 때문에 거룩해졌다. 신자들은 "매우 공경하는 마음으로 그것을 받으며, 사제의 손에 입 맞춘다. 사제의 손이 구세주의 지극히 거룩한 몸을 만졌고, 그로 인해 거룩해졌으며, 구세주의 몸과 피를 또한 신자들에게 나눠주기에, 믿음으로 그 손을 만지는 이들을 거룩하게 할 능력이 있다고 여기

---

13 Saint Syméon de Thessalonique, *Sur la sainte liturgie*, C, PG 155, 304B.
14 Saint Nicolas Cabasilas, *Explication de la divine liturgie*, LIII, SC 4 bis, 307.
15 Saint Syméon de Thessalonique, *Sur l'édifice de l'Église*, CI, PG 155, 745D.
16 Saint Germain de Constantinople, *Contemplation*, PG 98, 452D.

고 그렇게 한다."[17]

안티도론은 성모님의 "동정의 몸을 표상한다." 지극히 순결한 성모님으로부터 생명의 빵인 그리스도가 형언할 수 없이 신비로운 방법으로 태어나셨듯이, 이 빵으로부터 그리스도의 몸으로 축성될 '어린 양'(봉헌빵 중심부의 빵조각)을 떼어내기 때문이다. 신성한 성찬 예배 중에 "성모님으로부터 태어나신 우리 하느님 그리스도의 흠 없는 몸에 참여함을 통하여… 성화와 입양(하느님의 양자가 됨)이 신자들에게 임한다. 영적인 강복과 또 다른 복들은 틀림없이 성모님의 몸을 표상하는 빵, 즉 안티도론의 분배를 통해서 그리스도인들에게 주어진다."[18]

선물(성체성혈)을 받지 못한 이들은 안티도론을 통해 영적인 강복을 받는다. 주님의 강복과 자비는 신자들 모두를 포함한다.

---

17   Saint Nicolas Cabasilas, *Explication de la divine liturgie*, LIII, PG 150, 489C. 고대에는 사제가 암본 기도를 드린 후 지성소로 되돌아가지 않고 곧바로 안티도론을 나눠주었다. 그리고 회중은 "주의 이름이 이제로부터 영원토록 찬양되시리이다. …"라는 성가와 시편 34편을 성가로 불렀다. 나중에 "주님의 강복과 자비가…" 그리고 폐식사 "선하시고 사람의 친구이신 우리의 참 하느님 그리스도께서…"가 첨가되었다. 안티도론 분배와 시편은 "우리 하느님 주 예수 그리스도시여, 거룩한 교부들의 기도를 통하여 우리를 불쌍히 여기시고 구원해주시옵소서. 아멘."이라는 기도문 앞으로 옮겨지게 되었다.

18   Saint Germain de Constantinople, *Contemplation*, PG 98, 452D-453A.

III
거룩한 성찬 교제 후의 감사 기도

생명을 베푸는 신비로운 선물들에
참여한 뒤에는
곧바로 찬미 드리고
마음 다해 감사드려라.
영혼을 다해 간절하게 하느님께 아뢰어라.
오 하느님, 당신께 영광 돌리나이다.
오 하느님, 당신께 영광 돌리나이다.
오 하느님, 당신께 영광 돌리나이다.

> 사제는 안티도론을 나눠준 뒤 예비제단으로 가서 성작 안에 남아 있는 것을 다 먹고 마신 뒤 다음과 같이 감사의 기도를 드린다.

익명의 감사기도

나의 주 하느님이시여, 죄인인 이 몸을 마다하지 않으시고 당신의 거룩한 성체성혈 성사에 참여하게 하신 것 감사드리나이다. 보잘 것 없는 이 몸이 당신의 정결하고도 신비로운 선물을 받게 하신 것 감사드리나이다. 자애로우신 임금이시여, 당신은 우리를 위하여 죽으셨고 또 부활하셨으며, 우리의 몸과 영혼을 깨끗하게 하시려고, 두렵고도 생명을 주는 이 신비로운 성찬을 허락하셨으니, 이 성찬이 나의 영혼과 몸을 깨끗하게 하고, 모든 적대자를 몰아내고, 내 마음의 눈을 비추어주고, 내 영혼을 평화롭게 하고, 부끄럼 없는 믿음과 꾸밈없는 사랑과 충만한 지혜를 주고, 나로 하여금 당신의 계명을 성취하게 하고, 당신의 거룩한 은총과 당신의 왕국으로 하여금 제 안에 머물고 자라나게 하소서. 당신의 성체 성혈의 도움으로 당신의 거룩함 안에 보호되어, 언제나 당신의 은총을 기억하고, 더 이상 나를 위해 살지 않고, 선을 베푸시는 우리 임금 당신을 위해 살게 하소서. 그리하여 마침내 내가 영원한 생명을 얻을 희망 속에서 이 세상을 떠나게 될 때, 이루 말할 수 없이 아름다운 당신의 얼굴을 바라보는 이들이 있는 곳, 그들의 무한한 기쁨과 축제의 합창 끊이지 않는 그곳에서 안식을 누리게 하소서. 우리 하느님 그리스도시여, 당신은 모든 사람이 참으로 열망하는 분, 당신을 사랑하는 자들의 형용할 수 없는 기쁨이오니, 이 세상 만물이 모두 당신을 영원토록 찬양하나이다. 아멘.

성 대 바실리오스의 기도

영원하신 임금, 온 우주의 창조주이신 주 그리스도 하느님이시여, 내게 주신 모든 복, 특히 정결하고 생명을 주는 당신의 신비에 참여케 해주신 것에 감사드리나이다. 사람의 친구이시고 지극히 선하신 이시여, 당신께 비오니, 나를 당신의 보호 안에, 당신의 날개 그늘 아래 지켜주시고, 마지막 숨을 거둘 때까지, 깨끗한 양심으로 당신의 신성한 선물을 받아 모실 수 있게 해주시어, 죄 사함을 받고 영원한 생명을 얻게 하소서. 당신은 생명의 빵이시며, 성스러움의 근원이시며, 모든 좋은 것을 주시는 분이시니, 성부와 성령과 더불어 당신께 이제와 항상 또 영원히 영광을 바치나이다. 아멘.

번역가 성 시메온의 기도

자발적으로 당신의 살을 양식으로 내게 주신 나의 창조주시여, 당신은 합당치 못한 자들을 태우시는 불이시나니, 나를 태우지 마시고 내 모든 지체, 내 모든 관절, 내 모든 장기와 내 마음 속을 꿰뚫어 주소서. 내 죄악의 모든 가시들을 태워버리시고, 내 영혼을 정화하시고, 내 생각을 성화하시고, 내 관절과 뼈를 굳세게 하소서. 내 오감을 비추어주시고, 당신을 경외하는 마음으로 내 존재 전체를 못 박아 주소서. 나를 항상 보호해주시고, 변호해주시고, 내 영혼을 죽이는 모든 행동과 말에서 나를 지켜주소서. 나를 성화하시고, 정화하시고, 아름답게 지창해 주시고, 개선해주시고, 가르쳐주시고, 비추어주소서. 나를 죄악의 소굴이 아니라 당신 성령의 거처로 만들어주소서. 성찬 교제를 통해 당신이 내 안에 들어오심으로 나는 당신의 집이 되었나니, 불을 피하듯 모든 악한 영과 정념이 나를 피하게 해주소서. 무형의 천군천사들, 당신의 선구자, 당신의 지혜로운 사도들, 특히 당신의 지극히 순결하고 흠 없으신 어머니를 비롯하여 성화된 모든 성인의 중보를 당신께 바치나니, 지극히 자애로우신 그리스도시여, 내 간청을 받아주시고 당신의 종을 빛의 자녀로 만들어주소서. 하느님이시여, 당신만이 우리 영혼을 성화시키고 비추어주시는 분이시니, 우리 모두는 매일매일 우리 하느님, 우리 주님이신 당신께 합당한 감사를 드리나이다. 아멘.

익명의 감사기도

우리 하느님 주 예수 그리스도시여, 당신의 거룩한 몸이 내게 영원한 생명을 주고, 당신의 고귀한 피가 내 죄를 사하게 하소서. 또한 나의 이 감사기도가 기쁨과 건강과 환희가 되게 하소서. 그리하여 당신의 두려운 재림 날에, 지극히 정결하신 당신의 어머니와 모든 성인들의 중보로, 죄인인 이 몸을 영광스러운 당신의 오른쪽에 서게 하소서. 아멘

성모님께 바치는 익명의 기도

어둠에 빠진 내 영혼의 빛, 내 희망, 내 의지처, 내 피난처, 내 위로, 내 행복, 지극히 거룩한 여왕이신 테오토코스여, 자격 없는 내가 당신 아들의 지극히 순결한 몸과 지극히 고귀한 피를 받아 모실 수 있도록 해주신 것 감사드리나이다. 당신은 참 빛을 낳으셨나니, 내 마음의 영적인 눈을 밝혀주소서. 불멸의 원천을 낳으셨나니, 죄로 인해 죽게 된 내게 생명을 주소서. 자비로우신 하느님의 동정심 많은 어머니시여, 나를 불쌍히 여기시고, 내 마음 안에 회한과 참회의 마음을, 내 생각 안에 겸손을, 내 사유 안에 성찰을 넣어주소서. 마지막 숨을 쉴 때까지 단죄 받음 없이 내 영혼과 내

몸의 치유를 위해 이 지극히 순결한 신비성사의 성화를 받아 누릴 수 있게 해주소서. 당신은 영원토록 복되시고 영광 두르셨나니, 내게 참회와 고백의 눈물을 허락하시어, 내 평생 날마다 당신께 찬양과 영광 돌리게 하소서. 아멘.

* * *

주여, 내가 당신께 감사드리나이다.

성찬 교제를 통하여 주님은 사람에게 주실 수 있는 가장 큰 선물, 다시 말해 그분 자신의 존재 전체를 주셨다. "이 신비는 '참여'라고 불리는데, 이 신비를 통해서 우리가 예수의 신성에 참여하기 때문이다."[01]

거룩한 아나포라 기도 앞부분에, 집전자는 하느님의 선물들을 열거하면서 신자들에게 이 선물들을 주신 하느님께 감사와 영광을 돌리자고 권면한다. "주님께 감사드립시다." 이제 모든 복된 선물 중 절정을 이루는 것에 도달한 다음, 집전자와 신자들은 저절로 다시 한 번 주님께 감사드려야 할 필요를 강렬하게 느낀다. 이 간략한 예식은 간결하지만 꼭 필요한 감사의 행위이다. 그래서 성찬 교제에 참여한 각 신자도 사람의 친구이신 주님께 이 감사의 기도를 바쳐야 한다.

신성한 성찬 교제의 선물들은 헤아릴 수 없이 많다. "내 살을 먹고 내 피를 마시는 사람은 영원한 생명을 누릴 것이다"(요한 6:54)라고 그리스도 자신이 말씀하신 것처럼, 사람은 영원한 생명에 참여한 자가 된다. 하지만 이 복들은 이미 이생에서부터 시작된다. "그리스도가 우리 가운데 계실 때, … 그분은, 우리가 저지른 범죄들을 묻지 않으시고 오직 우리 자신에 관심을 두시면서, 하느님을 두려워하고 공경하는 마음

---

01 Saint Jean Damascène, *Sur la foi orthodoxe*, IV, 86, PG 94, 1153A.

을 우리 안에 일으키시고, 악한 정념들을 죽이신다. 그분은 병자들인 우리를 치유해주신다."[02] "영혼은 거룩한 성령의 생명을 받고, 어린양을 맛보며, 그 피로 기름부음 받고, 참된 빵, 생명을 주시는 말씀을 먹고, 전진한다."[03]

죄 많은 인간을 향해 하느님이 베푸신 그 모든 선과 호의의 위대함을 생각할 때 "아무리 화강암처럼 냉랭한 마음이라도, 그 사람의 마음은, 녹아내리고"[04] 이렇게 외치게 된다.

"그러므로 내 영과 내 마음으로, 내 모든 신체로, 내 영혼과 내 살로, 당신께 감사드리나이다. 오 나의 하느님이시여, 내가 당신 앞에 엎드려 절하고, 당신을 찬미하고, 당신을 드높이고, 당신께 영광 돌리나이다. 당신은 이제와 항상 또 영원히 찬미 받으시나이다. 아멘."[05]

02　Saint Cyrille d'Alexandrie, *Sur Jean*, IV, 2, PG 73, 585A.
03　Saint Macaire, *Homélies spirituelles*, XLVII, 11, PG 34, 804A, traduction française du père Placide Deseille, 앞의 책, p.346.
04　Hiéromoine Isaac, *L'Ancien Païssios de la Sainte Montagne*, édition de l'Age d'Homme, collection «Grands Spirituels du XXᵉ siècle», Lausanne, 2009, p.239.
05　『거룩한 성찬 교제 준비 예식』, 신신학자 성 시메온의 기도 중에서.

▪ 후기

"나의 신비들은 나의 것이고 또한 내 사람들의 것이다."

신성한 성찬 예배에 대한 이 해설을 내놓으면서, 나는 특별히 오늘날 그리스도인의 삶을 살려고 투쟁하며 노력하는 독자들에게 교회 교부들의 그리스도 중심적인 전례 경험들을 전해주려고 노력했다. 교부들의 글들을 찾아 인용한 나는 그리스도의 안의 형제들인 독자들에게 용서를 구하고 싶다. 나의 낮은 체험으로 인해 교부들의 보화가 있는 그대로 정확하게 전달될 수 없었기 때문이다. 부당한 종이지만 나는 두려운 제단 앞에서 이렇게 기도한다. "여기 놓인 이 선물들에 내리는 성령의 은총을 내 죄 탓으로 거두지 마옵소서."[01] 거룩한 교부들의 선물들을 그리스도 안에 있는 우리 형제들에게서 떼어내지 말아 달라고 말이다. 다시 한 번 더 나는 나의 이 소박한 시도를 인준해 달라고 거룩한 교부들에게 이렇게 말한다.

"우리가 말한 모든 것은 우리 맘대로 말한 것이 아닙니다. 거룩한 교부들의 글들, 특별히 이 주제와 관련하여 높은 신학을 제시하신 믿음

---

01 『성 대 바실리오스 성찬 예배』, 에피클리시스(성령 임재 기도)에 이어지는 교인들을 위한 기도 다음에 드리는 기도 중에서.

의 박사들의 글들을 기초로 삼은 것입니다."02

"하지만 이 책의 독자는 이것으로 신성한 성찬 예배의 경이로운 신비들에 대한 해설이 완성되었다고 생각하지 않길 바란다. 오히려 어떤 도시의 찬란함과 보이지 않는 아름다움을 보고 싶어서 어떤 안내자를 만나길 원하는 사람과 같이 여길 필요가 있다. 그 안내자의 도움으로 마치 창문으로 보듯, 이 도시에서 뿜어져 나오는 빛나는 광채를 보는 데 성공은 했지만, 아직 그 도시에 있는 보화들의 본질에는 이르지 못한다. 주님이 말씀하신 것처럼, '나의 신비는 나의 것이고 또한 내 사람들의 것'(이사야 24:16, 테오도티온의 인용에서)이기 때문이다. 내가 주님에게서 완전히 단절될 뿐만 아니라 그분께 다가가는 이들에게서도 완전히 분리될 때, 어떻게 내가 그분의 신비들을 이해할 수 있겠으며, 그것에 대해 조금이라도 합당하게 무언가를 말할 수 있겠는가? 어쨌든 이 주제에 관한 우리의 해설이 그분의 가르침과 계명에 반대되지만 않는다면, 우리 능력을 다해 행한 것을 그리스도는 기뻐하신다. 그러므로 만약 독자가 이 책에서 조금이라도 유익한 것을 발견할 수 있다면, 이 책을 쓰기 위해 온갖 고생을 다 한 이 부족한 저자를 위해서, 죄의 용서를 위해 하느님께 기도해주시길 부탁드린다. 그리고 '영원한 산으로부터'(시편 76:4) 영적으로 볼 수 있는 은총을 받은 이들, 다시 말해 거룩한 교부들에게 베풀어주시던 대로, 신적인 조명을 허락해주신 것에 대해 하느님께 감사드리길 바란다.

오직 성부와 성자와 성령께만 모든 영광과 존귀와 경배가 이제와 항상 또 영원히 합당하기 때문이다. 아멘."03

02　Saint Syméon de Thessalonique, *Sur l'édifice de l'Église*, CI, PG 155, 748A.
03　Théodore d'Andida, *Protheoria*, XL, PG 140, 468BC.

성 요한 크리소스토모스의
부 활 절 설 교

하느님을 깊이 사랑하는 자는 누구나 이 밝고 아름다운 축제를 즐길지어다. 감사하는 자는 누구나 주님의 기쁨에 참여하여 즐길지어다. 단식으로 지친 자가 있으면, 이제 보수를 받을지어다.

맨 처음부터 수고한 자는 응분의 보상을 받을지어다. 세 시 이후에 온 자도 응당 축제에 참여할지어다. 여섯 시 이후에 온 자도 손해 보는 일 없을 것이니 의심하지 말지어다. 아홉 시까지 지체한 이도 주저하지 말고 올지어다. 겨우 열 한 시에 당도한 이도 늦었다고 염려하지 말지어다.

주는 은혜로우시니 맨 나중 온 자도 처음 온 자처럼 받아 주시는 도다. 주는 열 한 시에 온 이에게도 맨 처음부터 수고한 이만큼 안식을 주시는 도다. 나중에 온 자에게도 주시고 처음 온 자에게도 베푸시는 도

신성한 성찬 예배에 대한 해설서의 마지막에 이 설교문을 추가하는 것은, 성 요한 크리소스토모스의 이 부활절 설교야말로 감사의 성찬 신비를 신학적으로 요약하고 있기 때문이다. 성인은 여기서 감사의 성찬 식탁을 비유적으로 제시하고 있다. 이 설교는 매년 부활대축일 신성한 감사의 성천 예배를 거행한 직후 성당에서 읽힌다. 이로써 감사의 성찬 예배가 그리스도의 부활을 경축하는 사건임을 웅변적으로 보여준다.

다. 주는 노력을 좋게 보시며 된 일들을 받아 주시는 도다. 행실을 소중히 여기시고 의향에 마음을 쓰시는 도다.

그러므로 모든 이들이 다 우리 주님의 기쁨에 참여할지어다. 첫째와 마지막이 다 같이 보상을 받고, 부자와 가난한 이들이 함께 기뻐할지어다. 착실한 이들과 나태한 이들이여, 이 날을 경축할지어다. 단식한 이들과 단식하지 않은 이들이여, 오늘을 즐길지어다.

식탁은 풍성하게 차려져 있도다. 여러분은 당당히 식탁에 앉아 음식을 들지어다. 살찐 송아지가 장만 되었으니, 아무도 주린 배로 돌아가지 말지어다. 모두들 믿음의 잔을 같이 들지어다. 모두들 주님의 선의 풍요함을 맛볼지어다. 아무도 자신의 가난을 슬퍼하지 말지어다. 만민의 왕국이 도래하였도다.

죄 사함이 무덤에서 부활하였으니, 아무도 거듭 실패한다고 애통하지 말지어다. 우리 구세주의 죽으심이 우리를 해방하셨으니, 아무도 죽음을 두려워 말지어다. 주께서 죽음을 이겨내심으로써 그 죽음을 쳐부수셨도다. 주께서 저승에 내려가시어 그곳을 멸하셨도다. 저승이 그분의 살을 맛봄으로서 괴로움을 겪게 하셨도다. 이사야는 이 일을 미리 알고 '오, 너 저승이여, 지하에서 그분을 뵙고 몸부림을 쳤노라' 하였도다.

저승이 거세되니 괴로워하는 도다. 저승이 놀림당하니 괴로워하는 도다. 저승이 파괴되니 괴로워하는 도다. 저승이 폐허가 되니 괴로워하는 도다. 저승이 포로가 되니 괴로워하는 도다. 저승이 육신 한 구를 넣고 보니 놀랍도다.

하느님이 아니시던가! 저승이 땅을 붙잡았는데, 보라, 하늘과 겨루고 있질 않겠는가. 제 눈으로 본 것을 손에 넣었는데 그만 보이지 않는 것에 정복되고 말았도다. 죽음아, 네 고통이 어디에 있느냐? 저승아, 네 승리가 어디로 갔느냐? 그리스도께서 부활하시니 너는 폐허가 되고 말았도다. 그리스도께서 부활하시니 생명이 해방되는 도다. 그리스도께서 부활하시니 죽은 자들의 무덤이 텅 비는 도다. 이는 죽은 자들로부터 부활하신 그리스도께서 잠에 빠진 자들의 첫 열매가 되신 까닭이로다. 주님께 영광과 권세가 영원히 있나이다. 아멘.

용어 설명

『8조 예식서』 Ὀκτώηχος (옥토이코스)

'옥토이코스'는 '여덟 개의 음조'라는 의미이다. 정교회 성가는 8개의 음조 혹은 형식에 기초하고 있다. 『옥토이코스』는 『파라클리티키 (Παρακλητική)』라고도 불린다. 이 책은 제목처럼, 한 주간에 한 음조씩 할당되어 전체 8주를 주기로, 각 주마다 주일에서 토요일까지 만과와 조과에 불러야 할 성가들이 수록되어 있다. 스틱히라, 아포스틱하, 아폴리티키온, 테오토키온, 카논, 콘다키온, 엑사포스틸라리온, 애니 등의 성가가 있다. 그리고 이러한 성가들은 각 주마다 월요일에는 천사 등 영적 피조물, 화요일에는 세례자 요한, 수요일에는 십자가와 성모, 목요일에는 사도들과 교부들, 금요일에는 십자가, 토요일에는 주님의 죽으심과 순교자들, 모든 안식한 영혼들, 그리고 주일에는 주님의 부활 등 특정한 주제를 성가의 내용으로 삼고 있다.

고유음조 Ἰδιόμελον (이디오멜론)

자신만의 고유한(ἴδιον) 음조(μέλος)를 가진 찬양송을 말한다. 이와 반대되는 개념으로는 프로소미온(유사음조)이 있다.

기도명부 Δίπτυχα (디프틱하)

신성한 성찬 예배를 드릴 때 산자들과 죽은 이들을 위해 기도하는데, 이 때 사용하는 명부이다. 이 명부를 '디프틱하'라고 부르는 것은, 이 명부가 산 자들의 명부와 죽은 이들의 명부 이렇게 두 편으로 구성되어 있기 때문이다.

대입당 Μεγάλη Εἴσοδος (메갈리 이소도스)

신성한 성찬 예배 중에서 집전자가 예비 제단에 준비된 봉헌물들을 들고 북문을 지나 회중을 가로질러 임금의 문을 통해 지성소로 들어가 거룩한 제단 위로 옮겨 놓는 장엄한 행렬을 말한다. 이 행렬이 거행되기 전후 혹은 도중에 헤루빔 성가가 불린다.

독사스티콘 Δοξαστικό

성가 중 "영광이 성부와 성자와 성령께"라는 영광송의 구절 다음에 불리는 성가를 말한다.

리투르기아 Λειτουργία

성찬 예배를 일컫는 말로, 정교회에는 성 대 바실리오스 리투르기아, 성 요한 크리소스토모스 리투르기아, 성 야고보 리투르기아, 미리 축성된 리투르기아, 이렇게 네 종류의 리투르기아가 있다. 리투르기아는 보통 크게 세부분으로 나뉘는데, 첫 번째 부분은 봉헌 예물을 준비하는 프로스코미디, 두 번째는 예비 신자의 전례(혹은 말씀의 전례) 그리고 세 번째는 세례 신자의 전례(혹은 엄밀한 의미에서의 성찬 전례)가 그것이다.

리티 Λιτή

큰 축일일 경우 만과 도중에 축일과 관련된 특별한 성가를 부르며 행렬을 지어 성당의 예비신자석으로 나간 뒤, 예비신자석에서 그리스도교 백성 혹은 세상의 필요를 위한 긴 간구의 기도를 드린 다음, 다시 아포스틱하를 부르며 성당 안으로 들어가 게 되는 예식이다.

리피디온 Ριπίδιον

긴 막대기가 달린 부채 모양으로 된 도구로, 부채 모양 위엔 여섯 날개를 가진 세라핌 천사들이 그려지거나 조각되므로 천사상이라 부른다. 성찬 예배에서 행렬이 이뤄질 때 복사는 맨 앞에서 이것을 들고 행렬을 안내한다.

만과 Ἑσπερινός (에스페리노스, 저녁 기도예식)

하루 여덟 번 드리는 시간 기도 예식 중, 제일 먼저 거행되는 기도 예식으로 해질녘에 드린다. 전례적으로 하루는 저녁부터 시작하기 때문이다. 만과에는 다음 날 성찬예배를 드릴 경우 전날 저녁에 드리는 대(大)만과와 성찬예배가 없는 평일에 드리는 소(小)만과가 있다. 조과(아침 기도예식)와 함께 가장 중요하고 풍부하고 긴 기도 예식이다.

메타니아 Μετάνοια

일반적으로는 '참회', '회개'를 의미하지만, 또한 참회의 행위로서의 '절'을 의미하기도 한다. 예식과 예배 중에 정교회 신자들은 여러 순간에 먼저 십자성호를 그은 뒤 몸을 숙여 절을 한다. 머리를 허리까지 숙이며 하는 절은 '작은 메타니아'라 부르고, 대사순절 등의 기간에는 머리를 땅에 대고 꿇어 엎드려 절을 하는데 이를 '큰 메타니아'라 한다. 이런 방식으로 정교회 신자는 영혼만 아니라 몸으로 창조주 하느님 앞에 자신의 겸손과 참회를 나타내며 영광을 바친다.

미리 축성된 성찬 예배 Προηγιασμένη

대사순절 기간 평일에는 성찬 예배를 드리지 못하도록 되어 있지만, 이 시기야말로 주님의 성체 성혈을 통해 영적인 힘을 얻어야 하는 영적 싸움과 참회의 기간이므로, 주일 성찬 예배 때 미리 축성된 성체 성혈을 보관해 두었다가 평일 만과와 결합된 성찬 예식을 통하여 베푼다. 그러므로 미리 축성된 성찬 예배는 대사순절 기간 동안만 경험할 수 있는 예배이다.

삼성송 Τρισάγιον (트리스아기온)

"거룩한 하느님이시여, 거룩하고 전능하신 이여, 거룩하고 영원하신 이여, 우리를 불쌍히 여기소서"라고 노래로 부르거나 읊는 기도 성가.

석후과 Ἀπόδειπνον (아포디프논)

매일 드리는 예식 중, 만과(저녁 기도예식)를 드린 다음 저녁 식사 후 잠자기 전에 드리는 예식. 두 종류의 석후과가 있는데, 평소에 드리는 '석후소(小)과'와 대사순절 월요일에서 금요일까지 드리는 '석후대(大)과'가 있다.

성반(聖盤) Δίσκος (디스코스)

금속으로 된 원형 쟁반으로, 봉헌예물 준비 예식(프로스코미디) 때 봉헌 빵에서 떼어낸 '어린양'(나중에 그리스도의 몸으로 축성될 부분)과 성모님, 성인들, 그리고 돌아가신 신자들과 살아있는 신자들을 기념하기 위해 떼어낸 작은 빵 조각들이 놓인다. 이렇게 해서, 이 거룩한 쟁반은 그리스도를 중심으로 시공을 초월한 모든 성도들이 모인 교회를 상징하게 된다.

성작(聖爵) Ποτήριον (포티리온)

금속으로 된 잔으로, 이 안에 봉헌 포도주를 담는다. 나중에 그리스도의 거룩한 피로 축성되고, 여기에 성반 위에 놓인 축성된 어린양과 따뜻한 물을 섞어 신자들에게 성체 성혈로 제공된다.

성창 Δόγχη (롱히)

창 모양으로 된 양날의 칼로, 프로스코미디 예식 때 봉헌 빵에서 어린양 부분을 떼어내고 찌르는데 사용한다. 또한 봉헌 빵에서 성모님과 성인들 신자들을 기념하여 빵조각을 떼어낼때도 사용한다.

성화벽 Εἰκονοστάσιον (이코노스타시온)

성당에서 지성소와 성소를 구분하는 벽으로 중앙에는 '임금의 문'이 있고 왼쪽에는 '보제의 문' 그리고 오른쪽에도 별도의 출입문이 있다. 성화벽에는 보통 그리스도, 성모님, 세례자 요한, 성당 축일 이콘이 모셔진다. 양쪽 출입문에는 천사 이콘이 그려진다.

소입당 Μικρά Εἴσοδο (이소도스 미크라)

성찬 예배 중 '예비 신자의 전례'(혹은 말씀의 전례)에서 보제(혹은 사제)가 지성소에서 복음경을 들고 보제문으로 나와 회중석(성소)를 거쳐 다시 임금의 문을 통해 지성소로 들어가 지성소 중앙 제단 위에 복음경을 옮겨 놓는 행렬의 의미한다.

수대 Ἐπιμανίκια (에피마니키아)

성찬 예배 혹은 주요 성사들을 거행할 때, 주교, 사제, 보제의 스틱하리온 예복의 소매 위 팔목에 차는 천으로 된 띠로서 십자가가 수놓아져 있다.

스틱하리온 Στιχάριον

모든 성직자(주교, 사제, 보제)에게 공통된 예복으로, 넓은 소매를 가진 통옷이다. 보통 흰 색 계통의 밝은 색상의 천으로 만들며, 세례예복을 상징한다.

스틱히라 Στιχηρά

만과와 조과 때 시편 구절과 번갈아가며 부르는 짧은 성가로, 만과의 저녁 시편 성가와 조과의 찬양시편들과 함께 부르는 애니 성가가 이에 속한다. 보통 그날 축일의 성인이나 사건과 관련된 내용을 담고 있다.

스폰고스 Σπόγγος

둥그런 모양의 얇은 스폰지로 성반 위에 남아있거나 혹은 안티민손에 떨어진 봉헌 빵 부스러기들을 한데 모을 때 사용한다. 이렇게 모은 빵 부스러기는 성작에 넣어진다.

시과 Ὥραι

매일 드리는 예식 중 주간(晝間)에 드리는 네 번의 짧은 기도 예식들이다. 1시과는 새벽에 조과와 결합하여 드린다. 3시과는 성령의 강림을 기억하며 아침에, 6시과는 주님이 십자가에 달리심을 기억하며 정오에, 9시과는 주님이 십자가 위에서 죽으심을 기억하며 오후 중반에 만과에 앞서 드린다. 시편을 읽지 않는 부활시과, 시편을 세편 읽고 찬양송(아폴리티키온)과 시기송(콘타키온)을 부르는 보통의 시과, 그리고 그리스도 탄생 축일, 신현축일, 부활 축일 등에 앞서서 시편을 읽는 3시과 6시과 9시과를 연이어 드리는 대(大)시과가 있다.

시낙시스 Σύναξις

성사나 예식을 거행하기 위해 성당에 모인 신자들의 회중을 말한다. 이 회중은 그리스도와 함께 하늘과 땅, 과거와 현재의 모든 하느님 백성을 포괄한다.

아가페 Ἀγάπη

초대 교회 그리스도인들이 감사의 성찬 예배를 드리기 전에 함께 나눈 공동의 식사(사도행전 2:42, 46)였지만, 곧 감사의 성찬 예배는 공동 식사와 분리하여, 아침에 드리게 되었다.

아나포라 Ἀναφορά

감사의 성찬 예배의 중심이 되는 기도문으로 하느님의 모든 은덕을 기억하고 마지막으로 봉헌예물을 축성하는 것으로 끝이 난다. '아나포라'는 '가져가다', '들어 올리다', '바치다' 등의 뜻을 가진 동사 '아나페로'(ἀναφέρω)의 명사형으로 봉헌예물과 함께 우리 자신을 하느님께 바치는 감사의 성찬 예배 그 자체를 일컫는 말이기도 한다.

아남니시스 Ἀνάμνησι

'기억하다'는 뜻의 동사 '아나밈네스코'(ἀναμιμνήσκω)의 명사형으로, 최후의 만찬에서 주님이 "나를 기억하여 이것을 행하라"(루가 12:19)라고 말씀하신 것에 따라, 전례적으로 그리스도를 기념하는 행위를 말한다. 이것은 성찬 신비의 중심으로서 신자들은 이 행위를 통해 그리스도의 삶과 죽음과 부활을 본다.

아스테리스코스 Ἀστερίσκο, 별십자

'별'을 뜻하는 말로, 모양으로 구부러진 얇은 금속 조각두 개를 포개어 윗부분이 십자가 모양이 되게 한 덮개로서 봉헌 예물을 성반 위에 준비한 뒤 이것으로 덮고 그 위에 성보를 씌워놓는다.

아이르 Ἀήρ

수놓아진 붉은색 큰 보자기로 예비 제단에서 준비된 봉헌물을 덮는 데 사용한다. 성보(聖褓)라 부른다. 대입당 때, 보제 혹은 사제는 이것을 어깨와 등으로 짊어지고 성작과 성반을 제단으로 옮겨놓은 다음 다시 이 보자기를 그 위에 덮는다. 니케아 신경을 읊거나 노래로 부를 때, 사제는 이 보자기를 봉헌물 위로 펼쳐 든 다음 부드럽게 흔든다. 이 밖에도 이보다 작은 보자기가 둘이 있는데, 이것은 각각 성작과 성반을 덮는 데 사용된다.

아포스틱하 Ἀπόστιχα

스틱히라의 한 종류로 대축일이 아닌 경우 거의 매일 만과와 조과 마지막 부분에 그날 기념하는 사건 혹은 성인과 관련된 시편 구절과 번갈아 가며 부른다.

아폴리티키온 Ἀπολυτίκιον

주로 만과와 조과 그리고 신성한 성찬 예배에서 그날의 축일 사건 혹은 성인과 관련된 내용을 담은 축일 찬양송이다.

안티도론 Ἀντίδωρον

프로스코미디 예식에서 봉헌 빵 중 성찬예배 중에 축성될 봉헌 예물을 따로 떼어내어 성반 위에 놓고, 그 다음 남은 빵은 신자들에게 나눠 줄 수 있도록 잘라 바구니에 넣어 놓는다. 사제는 봉헌예물 축성이 끝난 후 이 빵 바구니에 축복한다. 그리고 예배가 끝난 뒤 영성체에 참여하지 못한 신자들은 성체(도론) 대신(안티) 이 축복된 빵을 사제에게서 받으며 인사를 나눈다. 영성체에 참여한 신자들도 사제와 인사를 나누며 이 빵을 받을 수 있다.

안티민숀 Ἀντιμήνσιον

식탁을 의미하는 라틴어 '멘사'(mensa)와 '대신에'의 의미를 가진 그리스어 '안티'(ἀντί)가 결합된 말로, 그리스도를 무덤에 장사지내는 형상을 수놓은 거축성된 천을 말한다. 감사의 성찬 예배는 제단에 이 천을 깔고 거행한다. 제단이 축성되지 않은 경우, 안티민숀은 성인의 성해 조각을 봉해 간직하고 있어야 한다. 안티민숀은 아리마태아 요셉이 그리스도의 몸을 감쌌던 수의를 상징한다.

안티폰 Ἀντίφωνον

본래, 이 명칭은 두 개의 성가대가 번갈아가며 시편 성가를 불렀던 것에 기인한다. 나중에 안티폰은 신성한 성찬 예배의 초반부 시편 구절에 뒤이어 부르는 "구세주여, 성모님의 중보로, 우리를 구원하소서"와 같은 응송에도 적용되었다.

암본 Ἄμβων

임금의 문 앞 회중석 쪽으로 반원형으로 돌출된 부분으로, 보통 보제는 이곳에서 복음경을 읽거나 연도를 두리고, 사제는 이곳에서 강론을 한다. 예전에는 암본이 성당 한 가운데 독립된 연단으로 조성되어 있었다.

애니 Αἶνοι

조과 마지막 부분에, 찬양시편(시편의 마지막 세 편, 148, 149, 150)에 이어서 마지막에 이 시편구절들과 번갈아 부르는 일련의 성가를 말한다.

어린양 Ἀμνός (암노스)

봉헌 빵(프로스포라)의 새겨진 십자가 모양의 날인 중에서 가장 가운데 부분으로, "ΙΣ ΧΣ ΝΙΚΑ"(예수 그리스도 승리자)라는 글자가 새겨진 부분을 따로 떼어낸 네모난 입체의 빵조각이다. 이 빵조각은 감사의 성찬 예배 중에 축성되어 "세상의 죄를 없애시는 하느님의 어린양"(요한 1:29)이신 그리스도의 거룩한 몸으로 변화될 것이기에 어린양이라 불린다.

에프카리스티아 Εὐχαριστία

성찬 예배를 일컫는 그리스어(영어로는 Eucharist)로, "감사"라는 의미이다. 성찬예배가 하느님께서 베푸신 모든 은총에 대한 감사로 드려지는 것임을 드러낸다.

에프콜로기온 Εὐχολόγιον

신성한 성찬 예배, 각종 성사들, 그리고 여러 가지 상황에서 사제가 드리는 기도문과 예식들을 포함하고 있는 전례서이다.

에피고나티온 Ἐπιγονάτιον

십자가 혹은 그리스도의 부활 형상이 수놓아진 마름모꼴로 된 다소 딱딱한 천 조각으로, 사제들의 허리띠 오른쪽에 묶어 매 무릎(γόνυ) 옆에(ἐπί)에 매달려 있게 한다. 이것은 하느님 말씀의 검을 상징한다. 본래는 오직 주교들만 이 장식물을 착용하였지만, 나중에는 수도원장(archimandrite), 대사제(archiprêtre)도 착용하게 되었다.

에피클리시스 Ἐπίκλησις

"호명", "부름"을 뜻하는 그리스말로, 성찬 제정사에 이어지는 기도를 일컫는다. 보통 "성령 초대 기도"라 번역한다. 거룩한 예물과 신자들 위에 성령을 보내시어 그 예물들을 그리스도의 몸과 피로 변화시켜주시고 신자들을 거룩하게 해주시길 하느님 아버지께 간구한다.

에피트라킬리온 Ἐπιτραχήλιον

보통 '영대'라고 번역되는 예복으로, 스틱하리온 예복 위에 입는데, 목(τράχηλος) 위에(ἐπί) 걸쳐 스틱하리온 밑자락까지 내려가는 두 줄의 넓은 띠이다. 띠에는 일곱 개의 십자가가 수놓아지고, 맨 아래 부분에는 술들이 달린다. 이 술들은 사제나 주교이 돌보아야 할 양떼인 성도들을 상징한다. 보제는 걸치지 않고, 오직 사제와 주교만 걸치는 성직 예복이다. 사제나 주교는 모든 성사와 예식을 드릴 때, 반드시 이 영대를 걸쳐야 한다.

엑사포스틸라리온 Ἐξαποστειλάριον

조과 마지막 부분에서, 카논 성가가 끝나고 소연도를 드린 다음, 그리고 찬양시편 성가(애니 성가)를 부르기 직전에 부르는 성가로, 그 날 기념하는 사건 혹은 성인과 관련된 내용을 담고 있다.

엑포니시스 Ἐκφώνησις

사제나 주교가 연도나 여타 기도를 드릴 때 마지막에 큰 소리로 외치는 부분을 일컫는 말로, 대개가 성 삼위 하느님께 바치는 영광송이다.

연도 Ἐκτενής (엑테니아)

예배 집전자가 하느님께 아뢰는 여러 가지의 청원을 연달아 드리는 기도 형식을 말한다. 각 청원에 신자들은 "주여, 불쌍히 여기소서"(Kyrie eleison) 혹은 "주여 들어주소서."라고 응송한다. 연도에는 보통 "주여, 불쌍히 여기소서"라고 응송하는 평화의 대연도, "주여 들어주소서"라고 응송하는 아침(혹은 저녁) 기원 연도, "주여, 불쌍히 여기소서"를 세 번 반복하여 응송하는 대자비 연도, 그리고 대연도를 축약한 소연도가 있다.

영성체송 Κοινωνικόν (키노니콘)

지성소에서 집전자들이 성체 성혈을 받아 모시는 동안에 부르는 성가로, 가사는 거룩한 영성체와 축일에 관련된 시편 구절들로 구성되어 있다. 예를 들어 "너희는 주님의 어지심을 맛들이고 깨달아라."(시편 33:9)가 대표적이다. 고대에는 영성체송이 예를 들어 시편 23편, 34편, 118편, 144편 등과 같은 하나의 시편 전체를 노래하는 것이었다.

오디 Ὠδή

구약 성경에 나오는 9개의 찬가에서 비롯된 일련의 찬양송 전체를 한

묶음으로 하는 카논의 구성요소로, 보통 하나의 카논은 8개의 오디(2오디를 제외하고 1오디에서 9오디로) 혹은 9개의 오디(2오디를 포함하여 1~9오디까지)로 구성된다.

오라리온 Ὀράριον

보제가 왼쪽 어깨에 걸치고 등과 가슴으로 길게 늘어뜨리는 폭이 넓은 띠로, 십자가가 수놓아진다. 보제는 가슴 쪽으로 길게 늘어뜨린 띠 중간을 왼손에 쥐고 예배를 거행한다. 보제는 주기도문을 드릴 때, 가슴 쪽 띠를 오른쪽 겨드랑이로 돌려 다시 왼쪽 어깨로 올린 뒤 왼쪽 가슴 쪽으로 떨어뜨리고, 영성체에 참여한다.

오모포리온 Ὠμοφόριον

오직 주교만 걸치는, 십자가가 수놓아진 천으로 된 넓은 띠로, 주교는 반드시 이 띠를 양 어깨에 걸쳐 앞쪽으로 길게 늘어뜨리고 예배나 예식을 집전해야 한다. 이 예복 장식은 그리스도가 어깨에 짊어지고 집으로 데려오기 위해 찾아 나선 잃어버린 양을 상징한다. 주교가 선한 목자이신 그리스도의 살아있는 형상임을 보여주는 장식이다.

이르모스 Εἱρμός

카논의 각 오디의 첫 번째 찬양송으로, 같은 오디에 속한 다른 찬양송들에 대해 리듬과 멜로디의 모델이 된다. 이르모스 성가의 주된 주제는 구약 성경의 9개 찬가와 관련된다.

일리톤 Εἱλητόν

신성한 성찬 예배가 거행될 때, 제단 위에 펼쳤던 천이다. 제단보라 부른다. 오늘날 이것은 주로 안티민손으로 대체되었다.

임금의 문

현재는 성화벽 중앙에 있어서 지성소와 성소를 이어주는 거룩한 문을 지칭하는 것으로 평소에는 닫혀있고, 예배드릴 때만 열린다. 하지만 원래는 예비신자석과 성소(회중석) 사이에 있는 문을 지칭했던 것으로, 예루살렘 성전의 입구인 "아름다운 문"에서 영감을 받았다고 한다.(사도행전 3:2) 이렇게 해서 하늘의 임금이 계시는 곳으로 들어가는 문이라 하여, 임금의 문이라 불렸다. 고대 황제들은 이 문을 들어설 때 왕관과 무기와 호위 무사들을 남겨두고 들어가야 했다.

제온 Ζέον

신자들이 성체 성혈을 받아 모시기전에 지성소 안에서 성작에 부어지는 "끓는 물"(ζέον)로 성령의 온기를 상징한다.

조과 Ὄρθρος 오르트로스

매일 예식 중 새벽에 드리는 기도 예식으로 하루 여덟 번에 나누어 드리는 매일 기도 예식 중 가장 중요한 예식이기도 하다. 여섯 시편(연합시편), 카티스마, 카논, 콘다키온, 시낙사리온, 엑사포스틸라리온, 애니 성가 등의 다채로운 성가들이 불려진다.

카논 Κανών

카논은 교회 법, 신앙의 규범 등 여러 가지 의미를 가지는데, 여기서는 조과에 부르는 성가로 경우에 따라 세 개, 네 개, 여덟 개, 혹은 아홉 개의 오디로 구성된다. 카논의 처음 여덟 개 오디는 구약성경에 나오는 8개의 찬가(오디)에 조응하고, 마지막 아홉 번째(9오디)는 성모님께 봉헌되고 신약 성경에서 그 내용을 가져온다.

카티스마 Κάθισμα

본래 시편을 순서대로 총 20개의 묶음으로 분할해 놓고, 그 각각의 묶음을 하나의 카티스마라 불렀다. 그리고 조과와 만과에 배치하여 일주일에 시편 전체를 한번 읽게 하였다. 물론 대사순절에는 6시과에도 카티스마를 배치하여 일주일에 시편 전체를 두 번 읽게 하였다. 이 시편을 읽을 때는 신자들이 자리에 앉을(καθίζω) 수 있었는데, 여기서 카티스마라는 용어가 비롯되었다. 이 용어는 시편 묶음을 지칭하는 것일 뿐만 아니라 이 시편 카티스마 하나를 읽고 난 뒤 부르게 되어 있는 성가에도 적용된다.

캐로스 Καιρός

사제나 주교가 예식 혹은 예배를 집전하기 위해, 성당에 들어가 임금의 문을 여는 예식을 말한다. 일반적으로 물리적 시간을 나타내는 크로노스(χρόνος)와 달리 캐로스는 결정적인 순간 기회를 의미하는 개념이다. 지성소의 문을 여는 것은 세상의 시간에서 하느님의 시간으로 들어서는 것임을 의미하기 때문에, 이를 캐로스 예식이라 일컫는다.

콘다키온 Κοντάκιον

그리스도의 축일 기간, 혹은 그날의 성인을 기념하여 부르는 성가로, 보통 조과 카논 6오디 다음, 그리고 시과에서 주님의 기도 다음, 그리고 신성한 성찬 예배의 소입당 다음에 부른다. 대축일 기간에는 기간 내내 부르기에, 시기송으로 번역하여 사용하고 있다.

테오토코스 Θεοτόκος

성모 마리아를 지칭하는 용어로, "하느님을 낳으신 분"이라는 의미이다. 제3차 세계 공의회에서 신앙의 규범으로 선언되었다. 이것은 성모 마리아의 신격화와는 아무 관련도 없는 것으로, 이 선언의 참된 목적은 마리아의 태를 통해 세상에 나오신 예수가 본성상 하느님이신가 아니면 단순한 인간인가라는 그리스도론의 문제였다. 예수의 어머니 마리아를 테오토코스라고 선언함으로써 예수는 하느님이심이 고백되었다.

테오토키온 Θεοτοκίον

하느님을 세상에 낳으시어, 인류에게 구원의 문을 열어주신 테오토코스를 찬양하는 성가다.

트로파리온 Τροπάριον

대축일 혹은 축일 성인과 관련된 짧은 성가들로, 그리스어의 액센트에 기초한 일정한 대표 멜로디와 리듬(프로소미아)에 따라 부른다. 스틱히라, 애니, 아포스틱하, 카논에 속한 성가 하나하나를 트로파리온이라 부를 수 있다.

파라클리토스 Παράκλητος

성령을 일컫는 다른 명칭으로, 위로자, 변호자라는 의미를 가진다.

파스카 Πάσχα

파스카는 본디 히브리 말로 '건너가다'라는 말에서 나온 단어로서 유대인의 유월절을 의미하며, 하느님의 은총으로 애굽에서 탈출한 것을 일컫는다. 이는 또한 그리스도의 부활 사건을 의미하는데, 유대인의 유월절이, 종살이서 하느님의 자유로운 백성으로, 애굽에서 약속의 땅으로의 건너간 것이듯, 그리스도의 죽음과 부활을 통해 죄와 사망에서 거룩함과 생명으로 건너가는 구원의 사건이 완성되었음을 의미한다. 이로부터 그리스도의 부활을 기념하는 부활대축일을 일컫는 말이 되었다.

펠로니온 Φελώνιον

사제가 신성한 성찬 예배나 주요한 성사를 드릴 때, 스틱하리온과 영대 위에 입는 소매가 없는 망토와 같은 예복이다. 앞부분은 짧아서 움직임이 자유롭게 하였다.

폐식사 Ἀπόλυσις

모든 예식 마지막에 사제가 읽는 기도문으로, 신자들을 대신하여, 성모님과 모든 성인들의 중보로 하느님께서 자비를 베풀어주시도록 간구한다.

프로소미온 Προσόμοιον

『월별 예식서』(미네온), 『8조 예식서』(옥토이코스) 등에 포함되어 있는 '대표 성가'(아프토멜론 Αὐτομέλον)의 멜로디와 리듬을 따라 부르는 유사음조 성가를 말한다.

프로스코미디 Προσκομιδή

신성한 성찬 예배에 앞서 드리는 '봉헌 예물 준비 예식'으로서 이 때 사제는 거룩한 봉헌 예물인 빵과 포도주를 성찬 예배의 축성에 사용할 수 있도록 미리 준비해놓는다. 이 예식은 예비제단(프로테시스)에서 행해지기에, 예비 제단 예식(프로테시스)라고 부르기도 한다.

프로스포라 Προσφορά

봉헌예물 중 신자들이 봉헌한 빵을 일컫는다. 이 빵은 보통 누룩으로 부풀린 둥그런 빵으로, 그 윗면에는 굽기 전에 특별한 도장으로 찍어 십자가 모양의 날인을 새기는데, 그 가운데는 "ΙΣ ΧΣ ΝΙΚΑ"(예수 그리스도 승리자)라는 글자가 새겨지고, 이 부분을 떼어내어 성찬 예배에서 그리스도의 몸으로 축성한다. 그래서 이 가운데 부분으로 어린양(암노스)라고 부른다.

프로키메논 Προκείμενον

사도경이나 복음경을 봉독하기 전에 읊거나 부르는 시편구절들.

프로테시스 Πρόθεσις

지성소의 왼쪽에 조성되는 또 하나의 제단으로, 예비 제단이라 부른다. 집전자는 이곳에서 제단으로 옮겨갈 봉헌 예물들을 준비한다. 프로스코미디라는 용어와 함께 봉헌 예물 준비 예식을 가리키기도 한다.

하느님의 경륜 Οἰκονομία (이코노미아)

인간을 하느님과의 연합으로 다시 데려와 하느님 집에 속한 자녀로 만들기 위해 하느님께서 행하신 모든 사건과 행위를 일컫는다. '집'을 뜻하는 그리스어 οἶκος(이코스) 와 '다스리다, 나눠주다'를 의미하는 νέμω(네모)의 합성명사이다. 하느님 경륜의 주된 사건으로는 하느님 말씀의 육화, 십자가의 죽음, 부활, 승천, 성령의 강림을 들 수 있다.

헤루빔 성가 Χερουβικός
"우리가 신비롭게 헤루빔을 모본하여…"로 시작되는 성가로, 대입당 전과 후 두 부분으로 나누어 부른다. 성찬 예배가 지상의 존재뿐만 아니라 천상의 존재와 함께 드리는 하느님 나라의 거룩한 잔치임을 드러내준다.

■ 신성한 성찬 예배와 관련된 교부 문헌들

아레오바고의 성 디오니시오스

『교회의 품계에 대하여』, III 장, PG 3, 424B-445C.

성 요한 크리소스토모스

『하느님의 이해불가성에 대하여』, 강론 6, PG 48, 747-756.
『유대인들에 대한 논박』, 강론 3, PG 48, 861-872.
『참회에 대하여』, 강론 9, PG 49, 343-350.
『우리 주 예수 그리스도의 탄생에 대하여』, PG 49, 351-362.
『예수 그리스도의 거룩한 세례에 대하여』, PG 49, 373-382.
『유대의 배신에 대하여』, 설교 1, PG 49, 373-382.
『이사야서에 대하여』, 설교 6, PG 56, 135-142.
『마태오복음에 대하여』, 설교 82, PG 58, 737-746.
『요한복음에 대하여』, 설교 46과 47, PG 59, 257-270.
『고린토에 보낸 첫 번째 서신에 대하여』, 설교 24, 27,과 28, PG 61, 197-206, 223-240.
『에페소에 보낸 서신에 대하여』, 설교 3, PG 62, 23-30.
『디모테오에게 보낸 첫 번째 서신에 대하여』, 설교 5, PG 62, 525-530.
『히브리인들에게 보낸 서신에 대하여』, 설교 17, PG 63, 127-134.

고백자 성 막시모스

『신비입문』, PG 91, 657-717.

콘스탄티노플의 성 게르마노스

『교회의 역사와 신비로운 관상』, PG 98, 384-453.

안디다의 성 테오도로스

『신성한 성찬 예배의 상징들과 신비들에 대하여』, PG 140, 417-468.

성 니콜라스 카바질라스

『신성한 성찬 예배 해설』, PG 150, 368-492.

테살로니키의 성 시메온,

『거룩한 성찬 예배에 대하여』, PG 155, 253-304.
『교회의 거룩한 전에 대한 해설, 거룩한 장식들과 신성한 신비 입문』, PG 155, 697-750.

성 요한 크리소스토모스의
신성한 성찬 예배
교회 교부들의 가르침에 따른 해설

초판 1쇄 인쇄	2018년 8월 24일
초판 1쇄 발행	2018년 8월 24일
지은이	아토스 성산의 수도사제 그레고리오스
옮긴이	박노양 그레고리오스
펴낸이	조성암 암브로시오스 대주교
펴낸곳	정교회출판사
출판등록	제313-2010-5호
주소	서울시 마포구 마포대로18길 43
전화	02-364-7020
팩스	02-6354-0092
홈페이지	www.philokalia.co.kr
이메일	orthodoxeditions@gmail.com

ISBN 978-89-92941-52-5 03230

정가 20,000원

이 도서의 국립중앙도서관 출판예정도서목록(CIP)은
서지정보유통지원시스템 홈페이지(http://seoji.nl.go.kr)와
국가자료종합목록시스템(http://www.nl.go.kr/kolisnet)에서 이용하실 수 있습니다.
(CIP제어번호 : CIP2018026368)

* 잘못된 책은 바꿔드립니다.

이 책의 한국어판 저작권은 정교회출판사에 있습니다.
저작권법에 의해 한국 내에서 보호를 받는 저작물이므로 무단 전재 및 무단 복제를 금합니다.